丝路百城传

丝路百城传

"丝路百城传"丛书编委会和编辑部

编委会

主　任：杜占元

常务副主任：陆彩荣

副主任：刘传铭

委　员：（按姓氏笔画排序）

丁　方　万俊人　马汝军　王卫民　王子今

王邦维　王守常　吕章申　邬书林　刘文飞

齐东方　李敬泽　连　辑　邱运华　辛　峰

张　帆　张　炜　陈德海　胡开敏　徐天进

徐贵祥　诺罗夫（乌）　　黄　卫　龚鹏程

阎晓宏　彭明哲　葛剑雄　谢　刚

编辑部

主　任：马汝军　胡开敏

副主任：邹懿男　文　芳

委　员：简以宁　蔡莉莉　陈丝纶

CHONGQING
THE BIOGRAPHY

大江东去唱渝州

重庆传

CHONG QING

吴景娅　嘎　子
鲁　克　孙涵彬　等————著

出版说明

2013年，中国国家主席习近平向世界提出共建"一带一路"的倡议。自提出以来，"一带一路"倡议深刻影响世界，逐渐从理念转化为行动，从愿景转变为现实，建设成果丰硕，得到国际社会热烈响应。

古丝绸之路打开了各国各民族交往的窗口，书写了人类文明进步的历史篇章。新时代共建"一带一路"的实践，为沿线国家和地区相向而行、互学互鉴提供了平台，促进了不同国家和地区、不同民族、不同文化、不同文明的深入交流。

城市是人类文明的结晶。"一带一路"沿线的城市中，蕴藏着人类千年的历史、多元的文化和无尽的动人故事。我们希望通过出版"丝路百城传"，展现每座城市独一无二的历史和性格，汇聚出丰富多彩、生动可感的"一带一路"大格局，增进文化交流和文明互鉴。

这是一次前所未有的出版探索，我们虽竭尽全力，也深知有诸多不足。期待这套丛书能够得到读者的喜欢，也期待更多的读者、作者、专家、学者等各界朋友们对我们的出版工作给予指正。

"丝路百城传"丛书编辑部

序　打望重庆 / 1

第一章　神奇山水

浸泡在诗歌里的三峡 / 9

抗战岁月：梅花落满南山 / 19

云卷云舒：歌乐山的节奏 / 30

缙云山：君问归期未有期 / 37

金佛山：被佛光照耀的神山 / 48

渝东南：天生一群喀斯特 / 52

第二章　魅力地标

永远的解放碑 / 62

城门城门几丈高 / 81

磁器口：被历史的风吹拂的一隅 / 89

天下大足：中国石窟艺术的下半场 / 94

钓鱼城：说不尽的迷离与伟岸 / 101

岩崖上的"故宫城" / 109

卢作孚和他的花园小城北碚 / 114

凯旋路：下江人的人间四月天 / 122

悦来：诗人余光中的乡愁和重庆新时刻 / 132

重庆大礼堂：现代版的天坛建筑奇迹 / 143

白象街、十八梯、山城巷：半城的沸腾人生 / 148

洪崖洞里鸟瞰万千吊脚楼 / 155

英国设计师与重庆鹅岭二厂时尚地 / 161

三层马路：轻轨穿过楼房与开满桃花的春天 / 168

像古人一样游一次黄葛古道 / 173

万盛：溱州故地的蝶变风景 / 179

第三章　爽朗传奇

绝不拉稀摆带的重庆男人 / 190

呔不到台的重庆女子 / 210

从西安自驾罗马：重庆火锅女子重走丝绸之路 / 233

闯海的重庆人：海上丝路波浪宽 / 241

重庆离伊斯坦布尔有多远 / 246

蜀道高速：重庆的路神话 / 251

山河入画：一座城的艺术范儿 / 261

川剧女皇：身披帮腔的疾风闯滩 / 272

"西梁"传奇　无远弗届 / 279

璧山有玉：一对父女的乡村博物馆 / 287

关于重庆菜的4个形容词 / 297

重庆上天入地的爱 / 306

洞子里除了阿里巴巴还有广阔天地 / 315

那些被电影宠坏的楼房 / 320

乘风破浪：第一位叩开重庆大门的"立洋人" / 326

一台百年发动机当年的"敦刻尔克"大撤退 / 332

百年前的山顶足球场和重庆第一次中英德比 / 337

一个奥当女子的法国水师营 / 343

重庆大事记 / 348

后　记 / 352

序 打望重庆

"打望"算是西南诸省的方言,在重庆就成了口头禅。其实,打望就是"张望"的意思,就是一个"看"字。当这个词挤进书本和报刊那些狭小的空间,读成汉语拼音的"四声"时,就显得庄重了,太严肃,它就不安逸了。当打望这个词读成了汉语拼音的"三声"时,一下就有了重庆的味道。它飞扬了起来,飘逸成仙,潇洒成雾,迷漫成风。它就有了江湖气,漫不经心,东张西望,目光所至,心花怒放。打望山,肯定是被伟岸和俊秀吸引;打望水,肯定是被温润和浪花吸引;打望人,肯定是被美女和帅哥吸引……

我想打望一本书,这本书叫《重庆传:大江东去唱渝州》(以下简称《重庆传》)。我知道为一个城市立传需要多少心血和时间,它们太重了。我不敢轻易去读,需要有一个专门的时间,需要焚香净手,平心静气,端坐书台,认真研究。

然而,收到《重庆传》的书稿后,我不由得就信手翻来,居然就被吸引了:读得愉快,看着轻松。

《重庆传》是一群重庆文化人用散文的方式完成的。每一个人对重庆都有独特视角和理解,每一个人对重庆的兴趣点也完全不同。这书读来让人兴趣盎然。这群重庆人边走边望,边走边唱,吹着口哨,抛着媚眼,明眸善睐;他们的目光深邃,行动敏捷。上下五千年,左右山水情,东西望城门,前后有男女，翻飞显灵秀，纵横有江湖。

如果说一本书要较为准确地为一座城立传，应该有与之相匹配的写作手法与风格去体现那座城独有的个性，表达它不可替代的气质，便不要拘于同一种形式。这样才可以让我们看到百城千姿，记住各地最令人着迷的特色。如《上海传》让我们想到世界大都会、时尚、优雅这些关键词；《深圳传》让我们想到风华正茂；《海南岛传》让我们想到碧海蓝天、风光旖旎，旅游与歌唱。而重庆城市的立体风貌，文化的多姿多彩，尤其是重庆人性格的鲜明、激情、特立独行、直来直去，他们对城市超强的集体自豪感和热爱，都决定了《重庆传》的表达可以也应该是立体的、多元的、激情又感性的，甚至需要点独辟蹊径。因为只有这样才对上了重庆的脾气，呼应这方水土。"书卷多情似故人，晨昏忧乐每相亲。"《重庆传》是一篇有气势又有风情的大散文，形散而神凝，它激情澎湃，读者自来。

开卷有益，《重庆传》让我们看到些什么呢？

打望重庆的山水

在开篇的章节《神奇山水》中，我们领悟到重庆的山不高，可以亲近，山上翠竹青青，芭蕉叶大。家就在山上，上山下山是日常生活。这就是山的城，你学会走路就必须学会爬山。重庆的水更多，一条嘉陵江，一条长江在重庆汇合。整个城市都在三峡库区，库区存水500亿立方米。重庆的山有好多名字，南山、歌乐山、缙云山、金佛山……我更喜欢都叫巴山。巴山有夜雨，夜雨中孕育着诗。没有诗的巴山夜雨就成了凄风苦雨。巴山夜雨还滋润着人的皮肤，这里的男人的皮肤像女人，女人的皮肤像美玉。在巴山夜雨中还有一层薄薄的雾，轻曼如纱，雾缠在桥上，挂在山腰，聚在你家窗口。你生活在雾都，在雾中你美若天仙。白天你可以雾里看花，隐隐约约，让你看不透；夜晚你可以雾里看灯，虚幻成迷让你看不清。

重庆的夜晚魔幻而又梦幻，山顶的灯光高高在上，疑是星星，山下的灯光闪闪烁烁，疑是渔火；远方的灯光犹犹豫豫显得神秘，近处的灯光神情安详充满温情。如果在周末，重庆的夜晚会突然隆重起来，高楼、江边、桥梁都被彩灯打扮过了，显得夸张，有点魔幻。整个城市在灯光的照射下再也不愿沉睡了，就像有一个伟大的节日要到来。

打望重庆的城

重庆的许多地标都是风云际会起长歌，历史与现实水乳交融，走在重庆城就是走在历史的书籍中，每一个"魅力地标"都是一段中国重要历史，甚至世界历史的见证。

重庆城门几丈高，重庆城内很复杂也很神秘。十八梯，山城巷，洪崖洞，磁器口……走在城内你会迷路。重庆城不是方的，没有中轴线；不是圆的，没有环城路；不是田字格，也没有弄堂。重庆城是立体的，连天上的北斗都会迷路。重庆的路就是逢山开洞，遇水架桥，见楼穿越。这时，重庆城就不叫重庆了，称之为魔都。

重庆的街道总是给你意外，当你发现没有路时，脚下就会出现向下或者向上的石级，重庆人叫梯坎。无论是上还是下，都会出现另一片天地。你的新发现其实早在古代就存在着。在重庆迷路时，解放碑就是你的地标。它不但是抗日战争时期的精神堡垒，也是抗战胜利的纪功碑，还是人民解放的纪念碑。解放碑的钟，随时会敲响重庆人的节日。

重庆曾有17个城门，现在所剩无几，大都成了地名。诸如千厮门、洪崖门、临江门、通远门、南纪门、储奇门……唯有朝天门让重庆人心中敞亮。朝天门是长江和嘉陵江交汇之处，两江相交绿水和黄水缠绕，就如两条巨龙。站在朝天门的江边眼望长江天际流，会让你产生幻觉，让人想入非非。朝天门有一种神秘的力量，会引诱你走向江边，踏波而去。从朝天门出发你上不了天，却能通向未来。因为重庆不但是一座古老的城，也是年轻的直辖市。楼群在山间势如破竹，桥梁如雨后彩虹，高速公路通向四面八方，渝新欧铁路通向世界，万吨货轮可直入海洋……

打望重庆的美食

　　说到重庆的美食不能不提重庆的火锅。重庆火锅本来是下里巴人一种简单粗暴的吃法。过去穷人吃不起肉，只能吃牛羊杂碎。杂碎有腥臭味，就大量放花椒辣椒一锅煮，俗称"水八块"。这是最早的重庆火锅。现在，重庆人发明了鸳鸯火锅、子母火锅，满足了各种口味。火锅进入高档餐厅，大家就一人一锅。

　　重庆的美食全国出名的还有重庆小面。一碗面能吃出万千味道。大家比着吃，就比出了重庆小面100家。重庆菜叫江湖菜，重口味，特别会用麻、辣、鲜、香唤醒食物的灵魂。重庆江湖菜贵在创新，吃鱼就有太安鱼、酸菜鱼、北渡鱼、豆腐鱼，吃鸡就是辣子鸡、泉水鸡、芋儿鸡；想混搭着吃的就创造出了毛血旺。有新菜，重庆人就捧场，跋山涉水，开着车可以跑几十公里去，真是菜好不怕在深山。江湖菜在南滨路和北滨路上摆开，面朝长江和嘉陵江，真的就有了江湖的味道。无论是白天还是晚上，重庆人吃起来都是惊天动地，叹为观止。白天，重庆人可以在40度的高温下大汗淋漓地吃，男人光着膀子，女人只穿吊带裙，男女猜拳行令，不醉不归。晚上，餐桌顺江而摆可达几十里，喝着、唱着、喊着，最后醉卧江风，快乐和悲伤都被两江的流水带走了。

打望重庆的人

　　《重庆传》里必不能缺少重庆人的身影，并且，他们不该是模糊而抽象的，因为城与人从来都是一体的，人创造了城，城打造了人。重庆人就是重庆城最好看的风景：他们有着自己的姓甚名谁和各种身世，或是巴人、移民之后，或是刚刚登陆这片土地的新市民。他们在这座城生存、奋斗、收获的故事，点点滴滴，流进长江、嘉陵江的两江汇合处，便成为这座城的"爽朗传奇"。

　　首先打望的当然是重庆的女人。重庆女人俏丽、挺拔、性格直率。爱你会捧出一轮太阳，恨你会把柳叶眉化成柳叶弯刀，这都能要了你的命。重庆女人走路的姿势很跩，昂头、挺胸、收腹、提臀，不知道的还以为受过专门的训练。重庆女人对陌生人很高傲，如果你的打望让她发现，她会扭头而去，长发一甩把你的自信清扫得干干净净，你只能望江兴叹。

重庆男人聪明、智慧、耿直。重庆男人被重庆女人称为"男娃儿"，无论是3岁的小孩还是50岁的大叔。重庆女人把自己男人当孩子一样爱着，也当孩子一样管着。重庆男人称自己老婆为"婆娘"，那是把自己女人当娘一样亲着，也当娘一样靠着。重庆女人能干，当家却不愿做主，她们认为动脑子"伤神"。拿主意的是重庆男人，抛头露面的是重庆女人。重庆女人认为男人说话直杠杠的容易搞砸。重庆男人拿定主意后就让女人去实施，自己却泡在茶馆里玩手机，随时遥控指挥。在重庆每一个成功的女人后边往往有一个聪明的重庆男人。所以，这里会出像声名远扬的重庆火锅那样麻辣鲜的火锅皇后，担任北京奥运会开闭幕式服装主创设计师的女艺术家，柔肩担正义的女律师……

打望重庆的生活

重庆是移民的城市，不排外，很容易找到家的感觉。古时候有"填四川"，抗战时是"陪都"，后来有"三线建设"，现在是中央直辖市。每一次的移民都给重庆注入了活力，繁衍出新一代重庆人。到了重庆你说话不知不觉就有了重庆味，比方一个"耍"字。"谈恋爱"叫"耍朋友"，这在北方那是在找抽，在重庆却被恋人们"耍得"如泣如诉，荡气回肠。还有一个"惨"字，喜欢就称"喜欢惨了"，恨你就是"恨惨了"。一个"惨"字被用得力透纸背。

重庆人生活在山城里，楼在山上，山在楼间，山头和楼顶林立成群。楼在山前无论多高都不显高，不敢言高，不敢比高，也不敢称老大。站在山上4层楼的阳台可以看到山下40层的楼顶花园。所以，重庆的楼很谦虚，从来不敢自称世界第一或者亚洲之最。重庆的楼还透着幽默和外地人开玩笑。你上8楼电梯却在下行，你下一楼电梯却上行，这让第一次来重庆的人抓狂。重庆的楼建在半山腰，平街而入，因路而出，上上下下要听山的安排。在楼顶上泡茶馆不用上楼，抬脚就去；在山坡下约朋友，不用下楼，侧身可入。重庆的茶馆好多，在山坡，在江边，在楼顶，在花园。一杯茶，有手机，大千世界，尽在眼前。

这就是《重庆传》，它的镜头由神奇、与众不同的大山大水渐渐推过来，然后是具有历史文化底蕴和神秘身世的地标和魔幻空间，然后是爽朗儿女的豪气与传奇，从宏观到微观……它是一部城市传，也是一些个人史；它有城市宏大的骨骼，也有市井细腻的肌理；它在高歌，也在呢喃。

《重庆传》作者里有70多岁的老者，也有90后的妹儿。《重庆传》具有深刻的人文情怀和社会关切，感怀历史，记录现在，以点带面，活色生香，生动活泼地讲好了重庆故事。

《重庆传》忝列"丝路百城传"中，与有荣焉。作为西南重镇对外宣传和人文交流的重要载体，对于展示重庆对外开放，推动重庆对外交往，提升城市知名度和经济外向度，《重庆传》都具有重要的价值。

2022年10月29日
张者
于嘉陵江畔
（作者为第8届鲁迅文学奖获得者、重庆市作家协会副主席）

CHONGQING
THE BIOGRAPHY

重庆传

神奇山水 第一章

华夏母亲河长江，从世界屋脊的青藏高原，从海拔6621米的各拉丹冬，自天而降；在一个叫作朝天门的地方，海拔已经降低至160米，长江亦跑过了它6397千米长度的一半多里程。那么，这条世界水能第一大河、第三长河，亚洲第一长河，佳期已临，正好举行自己的成人礼。之后，长江会劈开夔门，朝天放歌，浩浩荡荡，向东而去，汇入浩瀚无边的大海。

可以这样说，长江的成人礼，是在一个有着2300多年历史的山城举行的。这座城名叫重庆。

山城重庆，抬眼望山，城在山中，山在城里。那些山各具个性，就像它们的名字：歌乐、缙云、金佛……以及三峡巫山十二峰：朝云、神女、松峦、翠屏……再及似乎平常的南山，甚或已然是世界自然遗产的渝东南的天生一群喀斯特……

但，重庆的山水又有一种相似的风景——

那是李商隐的"君问归期未有期，巴山夜雨涨秋池"，是白居易的"涂山来去熟，唯是马蹄知"；是元稹的"嘉陵江岸驿楼中，江在楼前月在空"，是李太白的"两岸猿声啼不住，轻舟已过万重山"；……

各领风骚、气象万千；这些大山大水，成就了重庆这座山水大城。

后羿箭矢未及的太阳，给予了山的雄健；嫦娥芳心已托的月亮，赋予了水的柔媚。日月精华，山河永恒。由是，第一章曰：神奇山水。

浸泡在诗歌里的三峡

万里客经三峡路

发源于青藏高原的浩浩长江,同有中华文明摇篮之称的另一条大河黄河一样,孕育出的中华文明成为世界上迄今为止唯一没有衰微的大河文明。"上善若水",长江水文明已渗透在沿岸诞生的历史文化悠久的城市血液中。

中国西部大城重庆,便有幸诞生并成长于长江岸边。

英国作家彼得·阿克罗伊德在他那部著名的《泰晤士:大河大城》里通过一条母亲河(泰晤士河)来讲述一座城市流动的历史和文明,将河岸诞生的城市伦敦勾勒得水灵动人。他常把大河比喻为"母乳",哺育着岸边的城市从婴儿成长为壮汉。"泰晤士河对伦敦来说,已经成为伊甸园的象征,就像那些流过这个世界的最初的河流。""伦敦的活力与能量就是泰晤士河的活力与能量。"

来过重庆的人大多有这样的感觉,这座建于山地江岸的城市雄气十足,活脱脱像一个伟岸强壮的汉子,肌肉饱满,筋骨强健。浩浩长江水就是他体内奔腾流淌的血液,嶙峋陡峭的峡谷高崖就是他的铮铮铁骨。

正像彼得·阿克罗伊德所说,读懂一座城市,一定要读完哺育这座城市的那条河。我也正是多次乘客轮在长江重庆段,特别是长江三峡来来去去,才感受到了长江雄壮奇伟的气势，窥见到了三峡神秘瑰丽的真容。那是一座博大精深的历史文化宝库，也是重庆的文化之根，几千年来，滋养着山城重庆，才有今天这座挺立于中国西部的历史文化根基雄厚的现代都市。

诗歌，正是三峡历史文化宝库里最璀璨夺目的一部分。

难怪都在说，"天下诗人皆入蜀，行到三峡必有诗"。三峡是一条诗歌的峡谷，流经峡谷的江水，每一朵激溅开的浪花都是一首流传千古的诗。三峡的奇山异水，春天杜鹃盛开，秋天红叶燃烧，鸟鸣猿啸，云雾遮天，峡谷幽深，森林茂密，长江奔腾，高崖壁立……多么神秘秀雅、壮丽雄奇。诗人们来到三峡，无不被它的自然美景吸引陶醉，会情不自禁地歌咏它，描绘它。而奇峻险绝的峡谷里，江流湍急，浪涛轰鸣，都会触动诗人们压抑已久的血液，只一星激情的火苗，都会沸腾燃烧。有人曾专门统计过，在中国2000多年的历史长河中，写三峡的诗篇有5000多首。重庆当代作家蓝锡麟在《重庆赋》里概括道：《候人歌》引吭南音，楚臣赋惊艳高唐，"巫山高"唱响铙歌，竹枝词妙曼峡江。诗城葳蕤，李白杜甫双星同耀，彩云辞流丽千古，夔州诗擅绝八荒……

从屈原始，中经唐代的李杜，及李商隐、李贺，再至宋代的欧阳修、王安石、"三苏"、陆游，再至明清，几乎所有中国的大诗人都把自己的灵魂融入过三峡。他们的豪放与沉郁，化作锦云彩霞般美丽的诗篇，和这群特立独行的古代诗人们一道，组成了特有的三峡诗的文化。

在长江三峡诗文化浸润下的山城重庆，也因此留驻了中国诗歌的半个灵魂。

江山满目壮夔州

我在一个红叶满崖，秋风萧瑟的日子，乘一艘从重庆到宜昌的客轮，追随那些古代诗人西出巴蜀，东下三峡了……

客轮缓缓驶进崖高水激的重庆奉节的夔门，就算是真正进入了三峡第一峡瞿塘峡了。

我记得那是正午，阳光正烈，我们所有的乘客都挤在甲板的栏杆上，顺着陡峭的山壁朝上瞧，天空蓝得刺眼。其实，我希望的是晚上过夔门，而且是圆月当空照，就像我在那些漂亮的水墨画里看见的一样，月光下夔门更加雄奇，还透着种妙趣和神秘。有人说，崖顶上就是著名的白帝城，非常险要。传说西汉居摄三年（8），居蜀称王的公孙述在此筑城，因城中有一古井每晨常有一股白气飘出，视为"白龙献瑞"，自称"白帝"，遂名白帝城。至公元222年，蜀汉皇帝刘备伐吴失败，退守白帝城，病逝永安宫。他临终前，将儿子刘禅托付给丞相诸葛亮，史称"白帝托孤"。那是三峡文化瑰宝中最响亮的古城，曾经有多少著名诗人留下了大量诗篇，让永恒的诗魂萦绕着，因此又叫它诗城。

我们攀崖而上，去瞧瞧白帝古城的真貌。

我似乎瞧见顶上那棵歪脖子古柏树下，站着个白衫飘飘的老人。他朝远行的船挥着手，有些兴奋，不时地把手里的酒壶喂到嘴里，然后怪异地吼叫着。那就是唐代诗仙李白，曾3次进出三峡，而最让他欣喜若狂的就是站在夔门崖顶上，瞧着滚滚的江流和远方刚刚升起的朝阳。公元758年，58岁的李白因故获罪，被判处长期流放夜郎，他弃妻别子，从浔阳出发，逆江而上。三峡的山水依旧，但诗人的心情却和33年前第一次进峡时大不相同。那时他24岁，"仗剑去国，辞亲远游"，年轻的诗人为建功立业离乡远去。虽有乡愁淡淡，向上的热情却使眼前的一切充满了诗意。

峨眉山月半轮秋，影入平羌江水流。
夜发清溪向三峡，思君不见下渝州。

而此时，须发斑白的诗人溯流而上时，不仅觉得行船沉重如铁，而且心情更如阴云压顶，沉重得喘不过气来，"三朝上黄牛，三暮行太迟。三朝又三暮，不觉鬓成丝"。可祸福也翻转得太快，他刚行至夔门白帝城时，忽闻赦书，惊喜交加，站在崖顶灌个大醉。旋即放舟东下江陵，故题诗"下江陵"，那可是三峡诗里最畅快的，而诗人欣喜的心情比风更快。

朝辞白帝彩云间，千里江陵一日还。
两岸猿声啼不住，轻舟已过万重山。

在诗仙李太白驾一叶轻舟，如乘奔御风飞跃过万重山后，7年过去了。唐代另一位伟大的诗人来到这里，就在李白高崖饮酒赋诗的不远处，搭建草棚安居下来。杜甫携妻子杨氏和儿子杜宗文、杜宗武以及女儿离开生活了5年之久的成都，乘船东下向长江三峡地区出发，那是唐代宗永泰元年（765）5月，到唐代宗大历三年（768）正月中旬出三峡，在瞿塘峡口的夔州整整住了两年多。

开始，杜甫一家在城头一个名叫"沁园"的草亭安家。贫病衰弱的老杜很喜欢这里，浓浓的树荫遮蔽了烈日，旁边的小溪潺潺流淌，天刚亮，小溪旁树林里就百鸟喧哗，让他想起在成都搭草堂定居的那条"浣花溪"。可这个季节，峡口绵绵阴雨，风也刺骨寒冷。他搭建的草棚成天浸泡在阴湿的雾气里，浓重的霉味使他本来就有的哮喘病更加严重了。女儿发了高烧，妻子也患上了腹泻。住了不久，在友人的劝说下，他迁到了温暖向阳的赤甲。为了改善贫困的生活，在友人的资助下，他们一家又迁到了瀼溪管理一片果园。最后在东屯经营一片农田。在贫病的折磨中，在极为恶劣的自然环境和社会环境中，54岁的诗圣靠着一根枯木拐杖和满腹的诗情支撑着虚弱的身子，挺立在高崖上，以顽强的毅力和火一般的激情，用如椽之笔写下了480首"惊天地，泣鬼神"的诗歌。

后来，我见到一幅今人绘制的"杜甫吟啸图"。雄壮的夔门前风嘶浪吼，浩渺的江面激浪冲天。远山罩在阴沉的烟雾中，怪岣石礁犬牙交错，那大概就是诸葛亮当年搭建的八阵图遗迹吧？诗圣站在崖顶，银色须发随风飘起，他仰头长吟出那首千古绝唱：

风急天高猿啸哀，渚清沙白鸟飞回。
无边落木萧萧下，不尽长江滚滚来。
万里悲秋常做客，百年多病独登台。

艰难苦恨繁霜鬓，潦倒新停浊酒杯。

与"峡诗"大家老杜一样名垂青史、流传千古的还有白居易、刘禹锡、苏轼、陆游、范成大等，他们或云游于此，或贬官后生活于此，都在这里留下了咏诗作赋的浪漫身影，留下了大量的诗词题刻……

唐长庆元年（821），刘禹锡被贬到三峡做夔州刺史。因为在三峡巫山一带看到当地人踏歌（边跳舞边唱五句子情歌），便对三峡民间歌谣特别青睐，开始模仿写《竹枝词》。他做梦也没有想到，他创作的新《竹枝词》开创了一个新的诗歌形式，推出了一个别致的诗歌词牌。刘禹锡依调填词，写了许多摹拟民歌的竹枝词，流传至今。如诗人借一位初恋少女的口吻，用谐声双关语来抒情达意："杨柳青青江水平，闻郎江上踏歌声。东边日出西边雨，道是无晴却有晴。"又如："山桃红花满上头，蜀江春水拍山流。花红易衰似郎意，水流无限似侬愁。"诗人把比兴融为一体，婉转表达了情人间的浓情蜜意，音节和谐，情韵传神。细细读来，就读出了三峡流域踏歌（五句子情歌）的味道，甚至可以说，踏歌（五句子情歌）就是竹枝词的母体。

刘禹锡所继承和创新的三峡踏歌"竹枝词"不仅在中国影响深远，也影响到日本、韩国等东亚国家的民谣或宫廷唱曲，甚至传播到美国、英国、法国等西方国家，是中华文化走向世界最早、影响最大的民谣。

难怪三峡夔门白帝城，引领那么多伟大的古代诗人写下那么多诗歌。可惜时间的作弄使他们不能在同一时间同一空间里作诗。假如能，那肯定是热闹非凡的赛诗会。当然，历史不能假设，就像长江水不能凭想象而断流。"两岸猿声啼不住"，进入夔门的水依然会滔滔向前，在幽深的峡谷里穿行，把激浪撞击在山壁上。而诗人们的诗，肯定会一句一句题写在浪花尖上。

唯有山川为胜境

我们的客轮进入了夔门，就在长长的峡谷中穿行。那时，我最喜欢的就是坐在船头，扶在船舷的栏杆上，瞧着船头如锋利刀刃一般地切割开湍急的水浪。那一刻，躁动的心突然平静，好像风与树林的啸声都停止了，只有浑浊的江水在眼眸子上轻轻摩擦，而心里的那艘船却驶向更加遥远的地方。我突然读懂了那些古诗人写三峡江水的诗句，不仅仅是对自然美的描摹，更是博大胸怀的抒发。

这是条能量充盈、情感饱满的大江，它一直都在寻找机会发泄，用急湍的浪花敲砸崖壁和船身，那"喝喝喝"的声响不是愤怒而是放肆耍横后的欣喜。水激浪汹的样子会留在每一个行走过三峡的诗人心里。我就曾在初唐诗人陆敬的《巫山高》里读到过"悬岩激巨浪，脆叶陨惊飙"，"巨浪"和"惊飙"使人想见流水冲天、浪花飞溅的气势；杨炯在其《巫峡》中用一句"绝岩耸万仞，无风波浪狂"让人想见绝壁狂浪的严酷与凶狠，他还在《西陵峡》中写到"入夜分明见，长波射千里"，仅一个"射"字就活现了流水之急。

当然了，如今我每一次航行三峡时，都有这样的感觉，三峡的水与两岸的山是一体的，像树干与树枝，天空与白云，骨头与肉体。我甚至还有奇怪的想法，那笔直陡峭的山崖都是千百年来由一朵一朵浪花炸开后凝固成的。难怪郦道元说："自三峡七百里中，两岸连山，略无阙处。"古人的诗篇中，写山其实也是在写水，山与水是两个密不可分的诗歌意象。

三峡的许多山意象都进入了诗人们的文化视野，但是诗人们常常钟情于巫山。正如元稹的"曾经沧海难为水，除却巫山不是云"。巫山有令人神往的神女峰，还有美丽的巫山神女的传说。

而我运气真的不佳，几次行过长长的巫峡时，崖顶都让厚厚的灰雾罩着。偶尔有刺眼的阳光穿透厚雾射下来，只是在水面溅一下，就反弹起来，把晃动的江水反射到崖壁上，似乎雾纱罩着的崖壁也醉了酒似的在摇晃。依然见不到神女峰一丝尊容。

记得，我旁边有个日本小伙子，也仰头望着云遮雾罩的崖顶，嘴里叽里呱啦吐出些我听不明白的话来。那时，我刚在学日语，只懂些简单的词语，他说啥真的听不懂。他脸颊憋红了，笑了笑用生硬的汉语说，宋玉，《神女赋》。又指指雾气弥漫的崖顶，说：神女"旦为朝云，暮为行雨"。我听明白了，他说的是战国时楚国诗人宋玉那两篇写巫山神女峰的著名的《高唐赋》和《神女赋》。那是源自三峡一带古老的传说，楚襄王游高唐时梦见神女自愿与己相爱，醒来时又是一片空影。后又梦见与神女相遇，遭到神女拒绝。宋玉用诗赋描绘了这两件美丽传说之事，塑造了神女温婉多情又纯洁高贵的形象。关于神女的诗词我还知道一些，我没说出来，是因为旁边这个日本小伙望向崖顶的神态充满了渴望，他肯定希望雾纱能轻轻揭起，见到神女丰姿绰约、美艳风流的面容。关于神女峰神秘面容的诗歌也在我心内响起来：

  巫山望不极，望望下朝氛。莫辨猿啼树，徒看神女云。——卢照邻《巫山高》
  巫山与天近，烟景长青荧。此中楚王梦，梦得神女灵。——张九龄《巫山高》
  一自高唐赋成后，楚天云雨尽堪疑。——李商隐《有感》
  玉鞭魂断烟霞路，莺莺语，一望巫山雨。——韦庄《河传》
  ……

  深深的峡谷里，我一直在仰望捕捉，捉到那一座座神女峰之外的山峰。一山连一山，有的笔直陡立，有的犬牙交错，有的深藏雾纱羞于露面，有的如汹涌波涛。难道每座山峰都留有传说？历代诗人们都吟诵过诗歌？
  记得就在客轮的前甲板上，大群的人围着一位穿雪白水手制服的中年男人，听他以浑厚的嗓音讲述那些奇山异峰的传说。那是个很有艺术家气质的水手，虽说脸颊经风吹日晒早已粗糙黝黑了，可那一头长发在风中飞扬起来，潇洒极了。他说，诗人们一进三峡，浪漫的心就如鸟儿展翅飞起。江水和高崖在他们眼里都成了诗。宋朝诗人苏东坡船行三峡，心即飞扬，"江上看山如走马，倏忽过去数百群"。而他自己"舟中举手欲与言，孤帆南去如飞鸟"。多么豪放与浪漫！瞿塘峡有白盐山和赤甲山，白盐山耸入云端，色如白盐，南宋诗人陆游就在这里留诗"白盐赤甲天下雄，拔地突兀摩苍穹"。写出了白盐山与赤甲山壮美雄奇的气势。清代诗人张宗世的"火色漫夸腾上速，日光宠借十分红"。谓赤甲红光弥漫天空，日头也要借它几分光焰。杜甫的《虎牙行》里，更详细地刻画了巫峡虎牙山的凶悍险恶:"巫峡阴岭朔漠气,峰峦窈窕溪谷黑。杜鹃不来猿犹寒,山鬼幽忧雪霜逼。"

他叫我们瞧,巫山神女之外还有11高峰,那可是当年瑶姬带来的12位仙女呀!神女、圣泉、朝云、登龙、飞凤、松峦、集仙、聚鹤、翠屏、净坛、上升、起云,峰峰都有美丽的传说。而诗人们不仅仅吟诗咏山歌水,也写了峡谷间的云雾、松涛和哀怨的猿鸣。

他头一甩让头发飘飞起来,脸颊红了,说:辽远悠长且浪高水急的峡江本为无情的自然之物,可与诗人互动便有了鲜活的情感,有了别亲离爱的恋情,有了去国离家的愁绪。"万里王程三峡外,百年生计一舟中"(白居易《入峡次巴东》),"朝云往日攀天梦,夜雨何时对榻凉"(黄庭坚《和答元明黔南赠别》),"死别登舟去,生心上马回"(元稹《楚歌十首》),等等,在他们眼里,自然的凶险不如命运多舛,而岁月易老,心情也格外沉重。漂泊人生,就像这绵绵不尽的长江水一样一去不返。诗人们的失意与愁绪,正是通过奔流不息的长江水传达给后世每一位读者的。

他挥手指着江两岸的高崖,高声说:我们进了夔门,穿行长长的巫峰,从西陵峡口穿出来,眼界突然开阔,似乎阳光也明亮了许多。而那些经过多少磨难依然坚挺的古代诗人,从峡口走出去了,都有脱胎换骨的感觉。因此,三峡不仅仅是自然的峡谷,也是诗人们的熔炉。真金会光芒万丈,宝石会璀璨夺目。李白和杜甫留在三峡的诗都达到了他们诗歌艺术上的一座高峰。古往今来,无数诗坛巨擘在三峡吟咏长啸,挥洒翰墨,使长江三峡成为最负盛名的诗咏之地。他们遗留下的诗歌,内容广阔,博大精深,在世界范围内都实属罕见。清代诗人李调元在《谒杜少陵祠》中歌咏道:"一朝诗史为唐作,万丈文光向蜀留。"那不仅仅是歌颂杜甫名垂青史,也说所有经过三峡熔炉熔炼过的诗人,会在世间留下"万丈文光"。

那一天,听着他的讲述,我一直在默想,别看他只是一位普通的水手,常年在三峡行船,三峡的自然风光和诗歌文化早已浸润他的血液与骨髓。那时,我只是一位懵懂的在校学生,可我相信他的熔炉之说,相信博大精深的三峡文化的力量。

三峡红叶（吴光平 摄）

须信春风无远近

　　2022年的春天来得很早，新年刚过，山城重庆沿江岸的山脚和崖坡，绿树抽芽，樱花绽放。网上有开往春天的列车视频传播，还有云蒸霞蔚里，不息的车流穿行在魔幻似的跨江大桥和多层次立交桥上。就在这个春意盎然、万物萌动的日子里，长江国家文化公园建设正式启动了。这是继长城、大运河、长征、黄河国家文化公园之后，我国启动的第五个国家文化公园建设，是推动新时代文化繁荣发展的重大工程。重庆作为世界最大的内陆山水城市，巴渝文化、抗战文化、三峡文化、移民文化璀璨多姿，内涵丰富，理应成为长江国家文化公园建设的重点城市。长江三峡不但是中国古代、近现代中国交通的必经水道，也是文明与文化的孵化地。现在三峡又成为长江经济带大布局和走向世界的重要纽带和通道，"长江学"的提出和长江三峡国家公园的建立，更有利于长江流域地区建设与共建"一带一路"的实施中深入开展多种形式的人文合作，让这条盛满中国文化基因、传奇故事以及文化传承的河流谱写出崭新的诗篇。

彼得·阿克罗伊德说：这条古老的河，是亘古的纽带，也是大千世界的化身……

此时，我站在长江嘉陵江交汇处的堤岸上，背后便是有巨帆造型的来福士大厦。瞧着奔腾不息的长江水，向往远方三峡的召唤。大厦霓虹亮起来了，像极了被春风鼓起的红帆，是要驶向那巴渝文化宝库的诗峡，还是要驶向更加文明开放、繁荣昌盛的明天?

我朝着日夜奔流的江水气壮地吼了一声：起航了！

（嘎子 文）

抗战岁月：梅花落满南山

距离重庆城市中心最近的山，当数地处长江南岸的南山。

重庆主城区平均海拔约180米，城区最高点南山，海拔也仅有600多米。南山冬季也会飘雪，但罕有零度以下的严寒冰冻。得天地之精髓厚爱滋养，重峦叠嶂的南山，草木奇异，四时葱茏。看惯了青山绿水的重庆人，给南山起名"山城花冠"。

南山山脉北起铜锣峡，南至金竹沟，包括汪山、黄山、袁山、蒋山、岱山、老君山、文峰山、人头山等数十座山峰。在重庆主城区的3大山脉中，南山是小妹妹。她巧笑倩兮，美目盼兮，举手投足满是山城花冠的浪漫。

南山，是山名，也是地名。

南山地区，自古就是重庆城往南的门户。由重庆往贵州、云南，以至更远的湖南、广西、江西等数条茶马古道，都经由南山通往远方。

千年前的宋代，南山地区的"涂山窑"绵延数十里，其"黑釉曜变纹"神技声名远播，在西南地区的民窑中独领风骚。2007年3月19日，在纽约苏富比春拍上，一件标明产地为"四川涂山"的黑釉窑变盏，最后以10.9万元人民币成交。

从上古时期"大禹治水，三过家门而不入"，其妻涂山氏"候人兮猗"的绝世之恋，到从黄桷垭走出去的三毛那些"撒哈拉的故事"，再到音乐家施光南"美酒飘香歌声飞"的一腔豪情……南山骄傲，儿女英豪。

南山，注定将给予重庆、给予世界一段传奇。

仁安羌大捷与飞虎队皮夹克

1937年8月13日，日军悍然进攻上海。长达3个月的淞沪会战，最后以中国军队的失利告终，上海守军奉命撤退。上海沦陷后，近在咫尺的首都南京，危机重重。

1937年11月16日，蒋介石发表《国府迁渝与抗战前途》的讲话，他说：

"如以四川为国民政府办公所在，日本政府来消灭我在四川之国民政府，需要三年。

……我抵抗越久，各国必干涉远东事情，日本处于孤立。凡事已发动，便有成功。日本占上海后，气焰大张，英必不能忍，美亦不能忍也。如无此三月作战，决不如是国际形势。

虽然如此，但我决不期待，我所期待者，国府迁渝以后，政府同人、党部同志，大家努力革新，有新的气象、新的观感，不能认作南宋苟安局面。团结一致，持久抗战，转败为胜，转危为安，国家复兴之基础，于是焉立。"

11月20日，发表的《国民政府移驻重庆办公宣言》提道："……国民政府兹为适应战况，统筹全局，长期抗战起见，本日移驻重庆。此后将以最广大之规模，从事更持久之战斗，以中华人民之众，土地之广，人人本必死之决心，以其热血与土地凝结为一，任何暴力不能使之分离，外得国际之同情，内有民众之团结，继续抵抗，必能达到维护国家民族生存独立之目的。"

之后，地处西南腹地的重庆，作为中国的战时首都、国共合作为基础的抗日民族统一战线的重要政治舞台、世界反法西斯战争东方战场统帅部所在地，以巨大牺牲和卓越贡献，谱写了抗日战争和世界反法西斯战争的一曲浩歌，浓墨重彩，彪炳史册。

南山，就这样开始书写一段传奇。

从1938年2月到1944年12月，日军依仗其空中优势，对重庆及其周边地区实施了长达6年零10个月的轰炸，史称"重庆大轰炸"。

1941年12月23日，是"大轰炸"时期一个普通的日子。

冬日的南山显得格外寂静。森森的山形在灰蓝的天幕下，弥漫着被压抑的不安。

南山腹地深处，一条唯一的小道直直通往山上。青石铺就的石阶上，有随风飘落的星星点点蜡梅花。小路两旁的灌木丛中，不时涌动清洌的香气。一座砖木结构的3层灰色小楼，静卧山顶。高大茂密的马尾松，将这座名为"云岫楼"的建筑整个掩蔽起来。

云岫楼底楼的会议室里，蒋介石主持的"中英美军事代表会议"正在举行。美方代表是勃兰特·马格鲁特将军，英方代表是英印军总司令魏菲尔爵士，中方代表有国民政府军委会总参谋长何应钦。宋美龄在现场担任翻译。

半个月前，即1941年12月7日，日军联合舰队偷袭了美军太平洋舰队基地珍珠港。当天下午，蒋介石在云岫楼分别接见苏联大使潘友新、英国大使卡尔、美国大使高斯，并向他们移交了备忘录，建议中美英苏等国成立军事联盟。美国总统罗斯福很快回电，同意由蒋介石负责在重庆召集联合军事会议。

1941年12月31日，美国总统罗斯福提议设立中国战区。1942年1月3日，反法西斯同盟宣布建立中国战区，蒋介石出任中国战区盟军最高统帅，史迪威将军担任中国战区统帅部参谋长兼中缅印战区美军司令及美国对华物资与滇缅路的监理人。

中国战区的建立，拉开了中美英共同对日作战的帷幕。

中国远征军随即入缅作战。

中国远征军新38师（师长孙立人）113团团长刘放吾在接到命令后，率全团1100余人疾驰仁安羌。于4月17日至19日，与仁安羌日军的作战部队即33师团214联队（日军一个步兵联队约3700人）在平墙河两岸反复搏杀，最后以阵亡204人、伤318人的代价，撕开日军包围圈，成功解救英缅第一师突围。

中国远征军取得仁安羌大捷，距南山云岫楼那次"中英美军事代表会议"，仅仅只有3个多月的时间。

中国入缅远征军首次在境外取得胜利，增强了中国人对中国军队对抗日本军队之信心，得到了英军乃至整个西方世界的认同和尊重。英王乔治六世授予孙立人"帝国勋章"，美国总统罗斯福也授予其"丰功勋章"，并称赞道"其智勇兼备，将略超人之处，十足为盟军楷模"。

3年后的1944年秋，中国战区最高统帅蒋介石怀着复杂的心情，与一位同样身着戎装的飞虎队创始人陈纳德将军依依话别：此一去大洋茫茫、关山万里，二人互道珍重，愿胜利早至，和平早归！

抗战时期，美国飞虎队以牺牲1659位机组人员，失去500架飞机的代价，共击落敌机2600架，击沉或重创223万吨敌商船、44艘军舰、1300艘100吨以下的内河船只，击毙日军官兵67000名，并经由"驼峰航线"为中国运送73.6374万吨物资，有力地支援了中国人民抗战。

2022年4月9日，"铭记英雄——纪念飞虎队80周年及二战时期美国援华空军历史图片展"在美国国家航空和航天博物馆举行。两位白发碧眼的飞虎队老兵——101岁的哈里·莫耶和98岁的罗伯特·莫尔，在现场向当天出席图片展开幕式的中国驻美国大使赠送了一件特意定制的飞虎队飞行员皮夹克。秦刚大使当即穿上皮夹克并发表了讲话，他动情地说：

"今天很高兴参加这个图片展的开幕式，纪念飞虎队这段中美关系中的伟大篇章。任何一段伟大的历史都不应随着时间流逝而被淡忘，它值得后人以各种方式纪念和铭记。

……

飞虎队员哈里·莫耶先生、罗伯特·莫尔先生，我要向你们致敬！

飞虎队已经熔铸成两国的共同记忆，成为中美友好事业中永远闪亮的灯塔，成为彪炳中美关系史册、代代相传的佳话！……我们需要去书写更多像飞虎队一样的合作故事，为两国人民创造福祉，为世界带来和平与繁荣。"

秦刚大使最后引用飞虎队创始人陈纳德将军的自传《战士之路》中一段话作为结束：

"我最美好的愿望是，飞虎队的标志能在太平洋上空高高飘扬。不管是战争还是和平，它都能被太平洋两岸的人们当作是两个伟大民族能向着同一个目标前进的象征。"

现场响起一片掌声，两位飞虎队老兵的眼里，泪光闪动。

作为中国战时首都的长官官邸，云岫楼会议室召开过以下重要军事会议：

1941年12月23日，中、美、英军事代表会议在重庆黄山云岫楼蒋介石官邸召开，通过了"远东联合军事行动初步计划"。

1942年11月，蒋介石在黄山云岫楼官邸接待了英国历史上第一个访华代表团——英国议会访问团，为后来的《中英条约》的签署进行商讨。

1942年12月23日，蒋介石在黄山官邸主持召开了"东亚联合军事会议"。

1943年2月6日至7日，同盟军中国战区在重庆黄山举行中、美、英高级将领联席会议，商讨实施反攻缅甸计划及战区空运等问题。

1943年10月17日至20日，中、美、英3国军事领袖在重庆黄山再次举行军事战略会议，就3国进一步加强军事合作及收复缅甸北部联合作战问题进行会谈。

1944年7月，军事委员会在重庆南岸黄山蒋介石官邸举行军事会议。

……

沉寂在黄山密林中的云岫楼，见证了二战中远东反法西斯战场几多传奇！

以旗袍作战袍的宋氏三姐妹

南山密境幽深，步步风景。散落于山林之中许许多多风格各异的建筑，无一不镌刻着抗战时期各自的故事。

相传公元1363年定都重庆的"大夏国"皇帝明玉珍的儿子明昇，曾作有一首《桂花诗》："万物凋残我独芳，花心金粟带微黄。莫言些小难堪玩，露冷风清大地香。"不知道明昇在这里是咏物还是寄情。但南山的秋天确实被金桂、银桂、丹桂浸淫得无比香甜，即使没有杜康的加持，你也会怡然微醺。

1942年9月24日，正值金风送爽的中秋节，南山空气里氤氲着桂香，明月像一位乱世佳人在低首细阅南山。斯时，在离云岫楼不远的山下，那座被唤作"松厅"的房屋，沐浴在浓浓的亲情中。松厅的主人宋美龄身着素色旗袍，优雅得体地招呼着每一个来宾——在她的努力下，宋氏6兄妹在南山相聚赏月。

战争似乎被按下了暂停键。政见的分歧，人生的忙碌，乃至更多的尘世纷争，都被香透魂魄的万千桂子轻轻拂去。宾客们或许并不知道，这种因血缘和亲情的相聚，竟是宋氏6兄妹人生中的最后一次。之后，世事沧桑，他们彼此渐行渐远。

现今，松厅二楼客厅的墙上，有一幅题为《数点梅花天地心》的中国画，画面是岁寒三友，落款为"中正，美龄"，题字是带有欧体意味的蒋中正书体。画面中青松翠竹间几枝梅花凛然怒放，或许是作者某种心境的艺术表达。

在松厅对面的另一座小山顶，有一座砖木结构的两层建筑。该建筑后接半攒尖式亭阁，名为鹤归来亭，攒顶分八脊，四脊与主体屋面相连，四脊起翼，如羽似飞。底层由东侧亭阁入，2楼由楼外石阶上山顶入室。三开通门直入亭台，可观东方日出，西方落日，览黄山浅谷胜景。那就是蒋介石为孙中山夫人宋庆龄准备的寓所云峰楼。

宋庆龄在重庆期间，曾多次到黄山与蒋介石、宋美龄夫妇相聚，并数次留宿云峰楼。

宋庆龄的重庆岁月中，南山是不可或缺的一笔。

云峰楼2楼，挂着装裱得庄重朴素的宋庆龄当年题词：抗战到底。

来重庆之前，宋庆龄的人生重心是在像上海那样的大都市。"八一三"之后，她随即发表《国共合作之感言》："中共宣言和蒋委员长谈话都郑重指出两党精诚团结的必要。我听到这消息，感动得几乎要下泪。……我相信两党同志，经过十年以来长期的惨痛教训，再加上日寇无情的残酷的进攻，一定能够本'兄弟阋墙，外御其侮'的古训，诚信地友爱地团结成一体。唯有这样，才能使中华民国走上独立解放的胜利途径。孙中山先生死而有知，也该含笑九泉了！"

在战时的首都重庆，宋庆龄三姐妹全力投入到抗战中，当然，是以她们的方式。

她们与军队里的女兵们拉家常，亲如姐妹；她们视察战时儿童保育院，和蔼如慈母；她们视察公共防空洞，与群众一道喊出"愈炸愈强""在废墟上创造新中国"。1940年4月8日，三姐妹来到重庆第五陆军医院慰问伤兵，同时，还慰问了同在医院治疗的5个受伤的日本战俘。当日本战俘们知道了三位夫人的身份后，同时坐起来，向宋氏三姐妹致敬。宋庆龄趋前用日语祝他们"早日回到美丽的日本岛上去"。

三姐妹的身影，是战时首都街头一道特殊的风景。

像1942年中秋节这样的南山聚会，想必是宋氏三姐妹共同的温情时光和珍贵记忆。

与松厅咫尺之遥，有一幢黄山最豪华、建筑面积达713平方米的别墅——孔园，该建筑坐落在桂花树丛中，故又称桂园。孔园是芳名孔令俊的孔二小姐陪伴姨母宋美龄时所居住的一处山居别墅。主楼为一楼一底砖木结构建筑，上下层结构基本相同，前檐分别设计为走廊和阳台，2楼楼梯间有天桥通往后山，是典型的庭院式公寓建筑。

孔二小姐父亲孔祥熙，民国时期就任国民政府的行政院长兼财政部部长，其母是宋氏三姐妹中的大姐宋霭龄，宋美龄与蒋介石便是她的小姨和小姨父。由于宋美龄无子，便认了孔令俊做干女儿，对她宠爱有加。孔二小姐也最喜欢她的小姨妈宋美龄。据传宋美龄曾对孔二小姐说："女人不一定要俊俏，但一定要伟岸。"自此，孔二小姐便将自己的名字由"令俊"改成了"令伟"。

想当年，身着男装，手持雪茄的孔二小姐，是否常常会在夕阳西下时，倚靠在她那座豪宅的阳台上，望着近旁山坡上的松厅，期待着下一次与她小姨的会面？

自重庆成为战时首都后，世界40多个国家的使领馆纷纷迁驻重庆办公。南山地域广阔，山高林密，特别是在日本飞机对重庆主城进行长时间持续轰炸的情况下，一些使领馆为安全计，转而迁至南山。

南山的外国驻华使领馆，最集中的地方是现在的南山植物园所在的汪山。此地距离云岫楼所在的黄山只有不到3公里。

此地最气派的是苏联大使馆。

苏联大使馆位于汪山最高处，它是当时的苏联大使潘友新的住所。这是一幢3层的小楼，因了山地的环境，建筑的正门开在了2楼的西北面。门外有宽宽的连廊，时至今日，那些就地取用的石材廊柱，依然保持着美丽的天然纹理和漂亮的淡黄色。历经岁月的打磨，依旧清新如故。大门前那块相当大的平地四周，高大的乔木纷纷指向天空，不时有从重庆江北国际机场起降的飞机在天空轰鸣而过。

苏联大使馆东面约100多米，是印度大使馆。

印度大使馆最为显著的是它那宽大迂回、明显带有欧式意味的门廊和栏杆。1939年8月28日，印度国大党领袖尼赫鲁应蒋介石之邀，来到战时首都重庆，在云岫楼与蒋介石进行了会谈。当天，日机3次飞临重庆进行轰炸，两人因此三度中断会谈，进入防空洞暂避。会谈结束后，尼赫鲁专程前往印度大使馆，并留宿于兹。

印度大使馆门前稍低处，转过一个弯，可见一栋西班牙式别墅结构的两层小屋。这栋小巧精致的西班牙别墅，即当时的西班牙公使馆。别墅前的水池镶嵌在一片卵石和石滩之间，凤尾竹横出水面，红鱼嬉戏水中，与周围双亭、水池、花架等景观巧妙融为一体，显得匠心独具。宋庆龄曾在此接待过美国《时代》周刊记者白修德。

中国"黑室"就在南山

潘云国先生是我多年的朋友。面相慈直、做事认真的他自出生就一直生活在南山腹地的黄桷垭镇。已届古稀之年的潘兄对乡土文史研究情有独钟。南山山脉的每个山头，都留下了他探访的脚印。2011年，一部改编自同名小说，以二战重庆大轰炸为背景的谍战片《风语》播出，反响如潮。潘云国先生多年来通过走访知情者、现场考证和查阅资料，得出一个结论：《风语》中二战期间中国的"黑室"就在重庆南山腹地的黄桷垭。

1938年，国民党军统局从美国请来了美国密码之父、美国国务院"黑室"负责人奥斯本·亚德利到重庆，担任军统局密电组顾问，美中合作从事日本军事密电码的破译工作由此加快了进度。

到1939年末，蒋介石下令组建"军事委员会技术研究室"。中国"黑室"由此诞生。

原南山镇大群村大石头生产队社员吴瑞昌是一名抗战老兵，潘走访时吴已快满90岁了。吴瑞昌介绍说：当年他家旁边的洋兵房子1938年前是英国人的军营，修有操场、射击场。1938年后划归国民政府军事委员会。对面那座形状似人头的山峰叫人头山，是当年军委会的国际电台侦听组所在地。

另一位住在人头山的陈姓房主，也给潘云国讲述了其所居房屋的来历。他说：这幢房子以前是国民政府军事委员会国际电台的值班室，1946年电台搬回南京后，军委会请我父亲负责照看这片房屋。新中国成立后土改时就将值班室分给我家。周边的房屋成危房后已陆续被拆除。

潘云国走访的第三位知情者是王某，曾经在国民党军委会工作，任国际电台副台长。在黄桷垭一居民小区居住的王某儿媳妇说：她公公王某就在人头山电台工作，公公曾写有一本回忆录，遗憾的是老人家92岁时去世了。潘云国获准翻阅了日记中有关人头山的部分文字，得知王某是1940年到人头山工作的。当时日本谍报机关为了破坏中国"黑室"，时常有侦察机在山头上方飞来飞去，但人头山的"黑室"由于保密严格，隐藏得好，从未挨过炸。

那时候潘云国根据相关资料，找到了位于人头山西南方的军委会技术研究室的办公地址。房屋为砖木结构，外墙饰面系燕窝泥，典型的民国时期建筑。具体地点在原国民政府中央工业实验所，现今的重庆中药研究院大院内。

潘云国曾在南山陪同过到访的麦家先生。作为《风语》的作者，麦家先生在参观了中国黑室遗址后，不无遗憾地说：不知道还真有这地方，要是早一点知道，参观了黑室再写《风语》，该多好！

位于南山黄桷垭的中国黑室，最值得一提的高光时刻，是1941年12月上旬，黑室破译了日本准备发动太平洋战争的绝密情报。据说蒋介石当时把此情报立即转给了美国，但美方称已侦获此情报，且不知何故美军未做好相应防备，最终致使日本偷袭珍珠港得逞。如果中国黑室的那份情报不是阴差阳错未受到重视，二战的结局会怎样呢？

历史不能假设。

重庆，英勇的抗战之都，英雄之城。若要读懂重庆这段英雄史，南山就是开篇序章。而那些外观多为灰黑色的抗战遗址建筑，被历史风云拂过，一直都在那里……

中华人民共和国国务院于2013年3月5日，公布黄山抗战遗址为"全国重点文物保护单位"。

这也是战时陪都乃至中国西部最大的一处抗战遗址。

该抗战遗址总展览馆在"结束语"一段文字中写道：14年抗战的岁月是中华民族伟大复兴中最艰难的一段历程，也是战时大后方重庆的一段最珍贵的记忆。……在14年反抗日本军国主义侵略，特别是8年全面抗战的艰苦岁月中，全体中华儿女万众一心、众志成城，凝聚起抵御外侮、救亡图存的共同意志，谱写了感天动地、气壮山河的壮丽史诗。

南山，在中华民族最悲壮的岁月，书写就山城重庆最伟大传奇。

20世纪七八十年代，南山植物园引种了许多樱花。阳春三月，在天地间尽显娇媚，单瓣的、复瓣的、深红的、浅粉的，南风酥软，落英缤纷，云蒸霞蔚，一时惊艳。重庆人过节一般往南山涌动，以致从主城上南山的公路不得不实行临时交通管制。盛况空前却只惊鸿一瞥，很快，人们便不再为之躁动。但在每一个清寂的冬日，必定会有满面喜悦的男女老幼，络绎不绝去登南山。深

云岫楼，抗战时期蒋中正官邸和反法西斯远东战区指挥中心（鲁克 摄）

深浅浅的绿色中，梅花闪烁，暗香浮动。

南山，不仅仅只是山城花冠。

南山是重庆人的历史记忆，重庆人的一种情怀，南山更是重庆人宝贵的财富！历朝历代，吟颂南山的诗文不计其数。一个朋友说，只有当代诗人张枣的那一句最勾魂："……梅花便落满了南山。"

南山因此而年年芬芳。

（鲁克 文）

云卷云舒：歌乐山的节奏

山的名称，总是耐人寻味，有以所居方位命之，如东山、南山；有因使命而命之，如五岳之首的泰山。每一座山的名字都是山的大封面，隐含着山的身世和丰盈的故事。而多山的重庆，有一座山的名字格外有声有色有故事。歌乐山，这是一座会唱歌会起舞给人带来快乐的山吗？

歌乐山在重庆主城的西面，那里有多山之城难得的坝子平坦地：沙坪坝、西永大学城……而歌乐山突然就拔地而起，仿佛让世界都没有准备，大吃一惊。

这也难怪传说中有"大禹治水，会诸侯于涂山，宴宾客于歌乐山"，歌乐山因此得名。想一想做大事的伟男子大禹，可以随随便便找个地方来宴请宾客吗？那肯定会是个特别之地。被神话选中的歌乐山自然就是座特别之山。早在明代，它已成为渝州的名山胜地，抑或还回荡着上古的宴酣之乐、丝竹之声，中古的刀光剑影、王朝兴替，近代的开埠风云、抗战烽烟，直到现在的万家灯火、流光溢彩，多少被人传颂和被人忘却的故事，都被歌乐山巉岩峭壁紧紧搂住，温柔地抱在了怀里。

一

歌乐山，在很多人的心里是和一本小说有紧密联系的——长篇小说《红岩》。这本由重庆作家罗广斌、杨益言创作的长篇小说，抒写了一群共产党员和革命志士为追求光明公平的社会而在重庆城、在歌乐山下奋斗、流血、牺牲的故事。61年来，其发行量超过1170万册，为中国现代文学中发行量最高的作品。"红岩精神"也成为重庆的一种城市骨骼，永远感召重庆人的一种力量。一本书、一座山，一个无数志士用鲜血和生命捍卫自由与信仰的传奇。无泰山之雄、华山之险、峨眉之秀、黄山之奇的歌乐山，就这样在历史里有了厚度，带着亘古不变的悲怆与壮丽。

歌乐山长什么样子？

正如我们开篇描述的，山，在嘉陵江畔忽然无端拔起，巍峨耸立，一削千尺。古巴蜀人用青石板、青石条，在连绵不绝的山石茂林中，硬生生地开辟出一条连接渝州城与锦官城的官道。400多年来，贩夫走卒、达官贵人、文人墨客，在这条道上来来往往，悲欢离合，以巴人骁勇坚韧谱写生死传奇。虽历经岁月洗礼，迄今仍有一段古道完好保留下来，成为著名山城登山步道"三百梯"。"三"在这里只是虚数，意指山道石梯级数众多，陡峭难登。

即便是沿盘山公路驱车上山，驾驶难度系数之高，也让自驾旅游的外地人胆战心惊，不可思议：堂堂直辖市主城区居然有这么难开车的地方，搞错没？之字形上攀的陡峭山路，刚够两车并行。如果迎面而来的是公交车或者重卡车，几乎是两车贴身而过。车顶上不时有树枝划过，哗哗作响。车的动力稍差一点，发动机一路声嘶力竭，好像随时要掉下悬崖的样子。外地司机一路全身直冒冷汗，一路内心暗自叫唤：李白诚不欺我，蜀道之难，真是难于上青天！

但本地司机们却轻松地握着方向盘，神情笃定。因为大多数重庆司机王者般的开车技术，就是在歌乐山上一个又一个的弯道中硬"弯"出来的。"自驾没去过折多山，就先跑一圈歌乐山十八弯。"这是重庆司机们的共识。当重庆人从4S店提出新车，必定先去歌乐山十八弯溜达一圈，检验车的动力、侧倾、抓地以及方向盘的手感，和爱车一起，体验一把极致驾驶的乐趣。

二

作为土生土长的重庆人，生就一双健壮的小腿。爬山，是我最喜欢的运动。一高兴或者一不高兴，就往山林深处去。记得一次暴风骤雨中，和同伴一起，穿起雨衣，强登歌乐山。耳畔松风鸣涧，四周寒气逼人。山顶一挂急流，争着喧嚣而下，水石相击，飞珠溅玉。当我们艰难地穿过密林，来到半山腰的一块平畴时，暴雨骤停，金色的阳光从云层后透出来，呈现在眼前的是"芳草池塘处处佳，竹篱茅屋野人家"的田园景物。大片大片的油菜花以及田埂间杂种着的桃树、李树，粉中有白，黄中渗绿，热热闹闹、层层叠叠，向山峰那边蜿蜒而去。山峰脚下，是白屋红瓦，一处农家的立春时光。

这山水画，是属于艺术家们的。

遥想当年重庆作为中国抗战的陪都，一跃成为全国政治文化中心，便有大批文化名人云集渝州。而渝西的歌乐山自然成为他们常来常往、具有文艺腔调的私宠之山。郭沫若、冰心、老舍、臧克家、萧红等众多文学家蛰居这里，留下无数名文佳句。1940年冬，当代著名作家冰心，受蒋介石夫人宋美龄的邀请，举家从昆明搬迁至重庆歌乐山上的林家庙5号，远离市声，甘守寂寞，过起了清苦而安静的山居生活。这座被冰心命名为"潜庐"的小小房舍，是一栋砖木结构的2层小楼，坐落在歌乐山的半山腰上，四周有苍翠的松树和常绿的灌木环绕，推开卧室的窗子可以看见狮子山和云顶山，山脚下就是清澈见底的嘉陵江。碧水青山，乱世中的田园生活，让冰心不仅创作出广为流传的《我的童年》《我的母亲》《关于女人》等精品佳作，更是积累了取之不尽的创作素材。20世纪50年代，她写下名篇《小桔灯》，文中那个"光脚穿着草鞋"的歌乐山小女孩，成为儿童文学的经典形象，作品赢得了海内外亿万少年儿童的喜爱。

而与歌乐山最为亲厚的是著名作家、诗人臧克家。就算你没有听说过他的名字，也一定知道他的名句："有的人活着，他已经死了；有的人死了，他还活着。"

在歌乐山的一个小院里，臧克家隐居了4年。青峰、绿竹、溪流、云烟，以及满山的红杜鹃，歌乐山的美景洗涤了诗人的眼睛，歌乐山淳朴、勤劳的山民，温暖了诗人的心。他看着田里的秧子长成稻谷，小园子里各种青菜又肥又嫩；他站在院坝就会闻到大田里熟透了的稻谷香、坡上开始挂黄的苞谷香，更让他如醉如痴的是初夏晚风里，不知是哪里吹来的黄桷兰香。重庆人把两广人叫作白兰花的花树叫作黄桷兰，不仅因为它和重庆市树黄葛树外形类似，更因为它和黄葛树一样遍布这里的城市、乡间，都有一股子坚韧不拔的劲头。它们会让所有离乡背井人的乡愁，庇护在黄葛树的亭亭华盖和黄桷兰的幽幽甜香之中，熬成祛病除灾的酒。在歌乐山清苦的山居岁月，诗人写下了《泥土的歌》《古树的花朵》《向祖国》《感情的野马》等大量名篇。离开歌乐山后，他更写下了名诗《歌乐山》。诗中，他反复深情地吟哦：

歌乐山　歌乐山
我放弃了歌乐山
我永远占有了歌乐山
……

三

对于山环水抱、重峦叠嶂的歌乐山，最得它仙气与灵性的是国画大师们。1938年，才30多岁的画家傅抱石，第一次站在歌乐山脚，仰望"半山烟云半山松"的歌乐云景，心中多少是有几分凄凉的。手无缚鸡之力的文弱书生，在那个山河破碎、国土沦陷时代，扶老携幼，翻山越岭，辗转千里到达陪都重庆，何其艰难。为躲避惨烈的敌机轰炸，傅抱石在歌乐山金刚坡租下一间农舍安顿一家老小，自号"金刚坡下山斋"。

听起来又豪气又雅致的"金刚坡下山斋"，其实是一幢极简陋、又因年久失修而凋零朽败的农舍。然而，傅抱石却异常中意。屋后，是苍翠金刚坡的山腰，泉水自山隙奔放；屋外，环以青翠的毛竹，满眼是一块连一块的梯田。以金刚坡为中心的周围数十里，是画家时常攀登、徘徊、思索的乐园。无论春夏秋冬还是阴晴雨雪，他总是坚持步行，如同一个毛头小伙，手舞足蹈地奔向他的情人。而那条崎岖小径，即是他与歌乐山缘定三生，相识、相知、相守之路。他曾对友人感叹："真是好景说不尽呵，一草一木、一丘一壑，随处都是画人的粉本。烟笼雾锁，苍茫雄奇，这境界是沉湎于东南的人所没有、所不敢有的。"

每到夏季，狂暴的山雨袭来，四周顿时混沌一片。他戴上斗笠，冲进滂沱大雨中，看瀑布奔流，听雨打芭蕉，看雨雾弥漫，天地苍茫，"金刚坡下山斋"的两间房极小，不得已，他把全家人吃饭用的方木桌抬到门口，借着门外的光线，乘醉酒后的豪兴，决然放弃国画传统的皴、擦、点、染技法程式，创造出散笔乱锋、连皴带擦的"抱石皴"。以排山倒海之势，石破天惊地给千年来被束缚于条条框框中的中国山水画，开辟出一条崭新的道路。

犹记得第一次看到抱石先生代表作《巴山夜雨》时的震动。传统的中国山水画，情绪淡然、笔墨简练、讲究留白，更少有夜色的描绘。而这幅画，大半画幅放置层层叠叠的山峦，画中山脉层层向上，直逼云天。全画笔墨如卷云之势纵横驰骋，乱头粗服而斑驳披拂，气势磅礴。那重重的山，密云丛生的雾，层层叠叠的房舍，烟雨弥漫的夜色，小径、酒肆、小屋透出微微光亮……传神地描绘出烟笼雾锁、缥缈秀润的雨中夜色，渲染出画家内心的孤独，对抗战胜利的渴望和对友人的思念，"何当共剪西窗烛，却话巴山夜雨时"。

"金刚坡岁月"，是傅抱石艺术飞跃、成就显著的重要时期，也是他自谓"一生中最幸福的一个阶段"。歌乐山的山水，让画家内心激荡、灵感喷涌。山涧、流泉、峰峦、狂风、暴雨、乌云，流淌在他的血液里，然后，成了墨，成了画，成了《云台山图》《潇潇暮雨》《丽人行》《大涤草堂图》《屈原》《万竿烟雨》。一幅又一幅，源源不断问世的佳作，是歌乐山给傅先生最好的礼物，也是傅先生给歌乐山最深情的情书。

国画巨擘傅抱石，与他的艺术圣地歌乐山朝夕相伴8个春秋，直到抗战胜利，才随中央大学回迁南京。

而另外一个画家，则永远留在歌乐山的怀抱中。他是国画大师张大千的二哥张善子，被誉为中国画坛画虎第一人，享有"虎痴"盛誉。除却画虎，他还创下多个第一：中国第一个进入美国白宫的画家；第一个由政府派出，赴欧美宣传抗日、募捐的画家……两年时间，他在美国、法国举办100多次画展，共募得捐款20余万美元，取得巨大成功。涓滴归公，他将钱全部寄回国内支援抗战，被美国新闻界赞为"民族英雄"。然而，他自己回到香港后，竟然囊中空空，无返渝旅资。因为过度劳累，善子先生回国后便一病不起。不久，便在重庆宽仁医院溘然长逝，永远长眠在歌乐山松林坡的青峰明月间，享年58岁。张先生离去，备极哀荣，重庆各界举行了公祭和盛大的追悼会。据当时新闻报道，先生下葬时，"民众自发前往悼念，山上山下，长队十里"。"识与不识，皆哭先生"。这一天的歌乐山，铅云低垂、草木萧瑟、山水同悲。

除了张善子先生外，歌乐山应该也为一位才华横溢却命途多舛的奇女子痛哭过。她是著名女作家萧红，曾在歌乐山上写下了《滑竿》《林小二》《长安寺》《莲花池》等名篇。萧红旧居，位于歌乐山林家庙附近，开窗即见对面山顶的佛教名刹云顶寺，晨钟暮鼓隐约相闻。1940年萧红离渝去港，仅过两年，便病逝于香港太平山。太平山与歌乐山虽相隔千里，却犹如重庆与香港，在冥冥中有着宿命般的相似。不知道在太平山颠沛流离、辗转求医时，萧红是否曾怀念过歌乐山云顶的朝霞与云雾。但我却相信，当她带着无尽的怅恨合上双眼，彼时的歌乐山，定是满山松风呜咽，溪流悲鸣。歌乐山万分懊悔，当初为什么不强留下这位天才作家，让她得以在黄葛树下继续写作。如是这样，近代中国文学宝库又会多几颗璀璨夺目的明珠。毕竟她去世时年仅31岁，正是写作的巅峰时期，只能"留下那半部红楼给别人写了"。

四

1949年以后，歌乐山烈士陵园旁的荒坡上，挂牌成立了西南政法学院，被誉为政法界的"黄埔军校"。后来一墙之隔，又建立了四川外语学院（现四川外国语大学）。于是，春天的花香、秋天的风，以及冬天的云雾里，莘莘学子欢快的背影、琅琅的书声，让歌乐山的悲壮沉积于历史，变得青春、时尚。

薄雾蒙蒙的清晨，穿着白衬衫白球鞋的少年正在深情地朗读普希金的诗："爱情，也许在我的心灵里还没有完全消亡，但愿它不会再打扰你；我也不想再使你难过悲伤。"原来听起来粗糙而阳刚的俄语也会有脉脉含情的温柔；艳阳暖暖的午后，白发苍苍的教授正在给台下的少女少男们讲解紫式部的《源氏物语》，生涩的日文中忽然出现了《长恨歌》；月上柳梢的晚上，四川外国语大学模拟联合国大会发言的大赛上，一张张青春洋溢的面孔针砭时弊，挥斥方遒，而隔壁的西南政法大学也正在进行一场辩论赛，观点碰撞、思想交锋、火光四射；还有十里桃花中衣袂翻飞的曲裾深衣、松风晓月里的吉他与尤克里里、朝霞漫天时野餐垫上散发阵阵香气的焦糖玛奇朵与提拉米苏……青春、时尚的气息充斥着校园的每个角落，然后慢慢地溢出了，在整个歌乐山流淌、碰撞、跳动、传递。

校区外的那条小铁路，本是被废弃的重钢运输线路，也被打造成了文创景区。古旧的站台、信号灯，狭窄的老铁路两边，春天绿草入毡，秋天开满了小黄花，还有一个与《千与千寻》同款的隧道，举起相机、手机，随便一咔嚓，就是一张超美的海报。记得一个春天的周末，我穿着鹅黄连衣裙，光脚踩在运动鞋里，一边拍照一边和朋友嬉笑打闹，看着锈印斑驳的老铁轨在森森绿树和白色黄色小花的包围下不知道通往何方。多年之后，我才明白原来歌乐山下这条记录着川外、西政学子一茬又一茬被挥霍的青春的小铁路，是通往全世界的。他们在炎热的夏季告别了校园，告别了歌乐山，去到伊斯坦布尔的蓝色清真寺，巴黎的塞纳河，莫斯科的阿尔巴特街，肯尼亚的马赛马拉……但那长长的石板坡，盘根错节的黄葛树，雨后淡淡的云雾，会在他们的梦里，反反复复地出现。

（吴一汀 文）

缙云山：君问归期未有期

那场夜雨从唐朝末年下过来，让巴山的每个坑洼处都变成了诗人诗中所说的秋天池塘。水从里面一秒不停地往外溢，岂止是涨，天上地下都是水，拿再大的池塘也盛不住它们啊。晚唐诗人李商隐呆呆地看着，绝望也像这下个不停的雨，他计划的归期又泡汤了！

一千多年来，重庆人一直在考证、琢磨李商隐的这首《夜雨寄北》到底是他客居渝州何地写下的。夜雨缠绵的鹅岭浮图关，还是古来被称为巴山的缙云山下？这个地点很重要吗？很重要！人们就是想通过让诗人如此愁绪百结的地方，来阐释那首千古绝句里面所包含的人生叹息！

"君问归期未有期，巴山夜雨涨秋池。何当共剪西窗烛，却话巴山夜雨时。"与其说诗人在回答故人对自己旅程的提问，不如说诗人在自我叩问望不到边涯的季雨，望不到结束的异地奔波，望不到尽头的折腾日子，什么时候才能抵达安详宁静的家园，就着西窗外和煦的晚风，与亲朋举剪剪烛灯，言笑晏晏……这可能是每个人来世界走一遭的终极追求，所以这28个字的诗可谓力扛九鼎。然而令人好奇的是，这首诗那么微型的世界里，竟两次出现了巴山夜雨的画面，它们是刺激诗人诗情喷发最锋利的那枚针吧！

诗中所说的巴山夜雨会是发生在重庆北碚的缙云山？

一

2020年深冬的一天，我中学的同学伍定金在缙云山生态环道上散步，石壁上一块奇石让他两眼发光，他伸手剥下那块片石，然后小心翼翼地托在手心里。一朵"雏菊"开在石片上，栩栩如生。他心跳加速，直觉告诉他，当手伸向石壁的刹那，无意间似乎触摸到打开一座山身体秘密的开关，将有大事发生啊！果然，专家张锋鉴定后惊喜地说，这一朵石头上的"雏菊"，是生活在1.8亿年前的蕨类植物"似木贼"的化石。"结合2020年在北碚自然世界公园内发现的远古湖泊沉积所留下的流水波痕遗迹，一个个关于历史变迁的细节逐渐串联在一起，勾勒出缙云山的'前世'画面——浩瀚无际的古巴蜀湖，湖边分布有绿色森林。"

科技多美好，它让我们的眼睛能伸进几亿、几十亿年前，看到这个地球的稚嫩的面容。我已看到缙云山的9座峰像竹笋一样从大湖畔的森林中冒出来，向云端爬去——7000万年前燕山运动造就的背斜山岭成为这座古名叫巴山的缙云山。

所以巴山多雨一点不奇怪：它曾是浩瀚无际大湖边的森林，它的身心长期被大湖浸润；巴山的云蒸霞蔚也一点不奇怪：古森林里储存了多少水，便会给巴山蓄满多少水。水是个野东西，一不小心，便会冲破坚硬岩石的桎梏，跑出来作威作福，作妖作孽，或变雨滴，或变云雾。朝朝暮暮，霞色姹紫嫣红，烧红半边天，让人总怀想它特殊的童年经历。古人形容"赤多白少"的云为缙云，这也是该山名字之由来。

大山总会在一些时辰被烟云吞没，这仿佛是一切山的宿命。而有年夏天的黄昏，我却见到缙云山这般的奇景：西边的落日率领一群群深玫瑰红的云彩飞奔在山峦之上，像些桀骜不驯的战马踢踢哒哒由远而近，踏过香炉状的岩石和碧翠的竹海，把扫荡之处的每一隅全变得阳光灿烂；而东边的上弦月已像一把弓箭挂在了大皂荚树的树梢。银光把身子下垂的荚果勾画成一只只晶莹剔透的风铃，夜风一来，它们就会叮当作响。然而，夜色到达后，山野却迅捷地黑暗，连风吹起来都是黑压压的。你在想，那些桀骜不驯红玫瑰的缙云和银光下的风铃上哪里去了？它们是顺着哪条山路跑掉的？因为黑下来的大山完全无路可寻，仿佛成为一个找不到任何缝隙的巨人，刀枪不入。

　　白天的缙云山是有很多看头的。山中的那一座黛湖，是拿来给爬山爬到一半的人眼睛解渴的。著名诗人傅天琳在她那首小巧的诗歌《黛湖》中写道："感谢白屋诗人吴芳吉／给你取了这个古典美女的名字／让你安静地躺在山峦／只有诗人才知道／黛，是怎样的一种风景／一种状态／一种情愫……没见过比你更小的湖了／小得超然物外／小得焦渴的路人／一口就可以把你喝光／云说干净还分大小吗／远离尘埃的湖水／再小也是令人尊敬的／再小／也无法测量出幽深的／幽深的／从巴山夜雨一路深深深过来的意境……"有一点是天琳老师还没想到的，黛湖的年龄可能要用亿年来计算。在这里的沧桑之变中，老天仁慈了一把，留下个念想，让缙云山在碧玉般的湖光中，记起自己童年的样子。黛湖湖畔的岩崖上长满了鳞毛蕨、凤尾蕨、乌毛蕨、三叉蕨……它们的年岁又该以什么单位来计算呢？可它们年轻得那样可怕！尤其是在夏天，强烈的阳光直端端射在它们绿色的羽毛上，它们便像女妖一样扇动自己的翅膀，撩人！

　　巴山、缙云山，两个名字都值得古往今来的诗人为这座身世不凡的大山献上最美的诗歌。你在缙云山行走时，有人会指着一种看似平凡的树种正告你，别离它们太近，别打扰它们，更别伤害，它们是老祖宗的老祖宗的老祖宗……很吓人吧，它们叫桫椤，已走过恐龙时代，被称为植物界的活化石，是现存唯一的木本蕨类植物，已濒临灭绝。而它却依然在缙云山上蓬勃兴旺地生长。像这样属于国家级保护的珍稀植物如珙桐、银杉、红豆杉……都在缙云山的大家庭中德高望重，福如东海。这样的奇迹能发生在川东一座山上，只能说明老天的特别宠爱。所以，李商隐客居这里，写下一首千古名诗，又有什么好奇怪的。

二

　　山不在高，有仙则灵。
　　在中国文化的体系中，这种仙气往往来自浓郁的宗教气息。

缙云山是具有1500多年历史的佛教圣地，与四川峨眉山、青城山并称"蜀中三大宗教名山"。

缙云寺，始建于南朝刘宋景平元年（423），距今近1600年。大殿供奉的佛像不是本师释迦牟尼佛，而是他的前世之师——迦叶古佛。缙云寺也是国内唯一的迦叶古佛道场。

作为北碚人，会走路时便要学爬山。爬山的入门级别，就是能爬到缙云寺。小学二年级，爬到缙云寺山门，便可宣布自己成人了，脱下一双磨脚的塑料凉鞋，打着赤脚嗵嗵嗵再往上一路跑，大人也懒得在后面吼"别摔倒跌倒"……就那么匆匆跑过山门前的那两座石牌坊。人到中年才去仔细打量，它们一座上面的题字是"缙云胜景"，为明永乐五年（1407）成祖敕谕；一座上面题字是"迦叶道场"，为明万历年间神宗朱翊钧赐谕。想起当年，爱好书法的父亲，每次走到这里会停下来，仰头，细眯着眼去琢磨这两个牌坊上的8个大字，然后欣欣然赞叹：壮实！壮实！

我也是从父亲那里第一次知道抗战时期住在缙云山上的太虚大师。释太虚（1890—1947），法名唯心，字太虚，号昧庵。俗姓吕淦森。浙江桐乡人。他与虚云大师、印光大师、弘一大师并称民国四大高僧。

父亲说，最佩服太虚大师的便是：看透了人生，却仍是积极参与人生。这样类似禅语的话，我也是人到中年后才懂得。

太虚大师不故弄玄虚，他的"即人成佛""人圆佛即成"至今皆是普照善男信女的光芒。他说"末法期佛教之主潮，必在密切人间生活，而导善信男女向上增上，即人成佛之人生佛教"。以大乘佛教"舍己利人""饶益有情"的精神去改进社会和人类，建立完善的人格、僧格……谁说宗教是高高在上，冷峻的，苛求人的。你在太虚大师这里会找到宗教的温暖、亲切，找到人类千百年来离不开宗教臂弯的理由。

太虚大师言必信，行必果！

1937年，"七七事变"，中国人已从卢沟桥的炮火中看到了日本人要蚕食中国的野心和暴行。第一时间里，太虚大师便在庐山发出了《电告全日本佛教徒众》，谴责日本军国主义的侵略行为。同时发出了《告全国佛徒》的通电，号召全国佛教徒练习防护工作，奋勇护国。同年9月，太虚大师抵达重庆的北碚，登缙云山亲自主持他创建于此的汉藏教理院的事务。

在重庆，他接受记者采访，发表这样慷慨激昂之言："日本近年对中国之大蹂躏，全出不明人我性空，自他体同，善恶业报，因果缘生之痴迷，及掠夺不已之贪，黩武不止之嗔，凌厉骄傲之慢等根本烦恼。我中华佛徒必须运大慈悲，以般若光照破其忘执邪见，以方便力降伏凶暴魔焰，速令日本少数侵略派的疯狂病销减，拯救日本多数无辜人民，及中华国土人民早获安全，世界人民克保和平。……"抗战胜利70多年后的今天，再来读太虚大师的这番讲话，仍可听到掷地有声的声响，看到正义战胜丑恶的微笑。

听北碚人讲，大师登上缙云山的那天，傍晚缙云寺的鼓声是一击一回音，从狮子峰传到聚云峰、猿啸峰、莲花峰、香炉峰……久久地在九峰间荡漾。大自然也是懂善恶、辨是非的，它总以奇特又深情的表达来力挺人世间的正义！

汉藏教理院是1930年9月太虚大师首次到重庆与当时的四川省主席刘湘一拍即合创建的，目的正如他设计的："培训汉僧学习藏文，作入藏学习之准备。同时西藏的活佛、喇嘛来川，也有讲习接待之处，沟通汉藏文化，联络汉藏感情，岂不两全其美？"

1932年秋，汉藏教理院正式开学。太虚大师任院长，刘湘任名誉院长。汉藏教理院课程十分丰富，以藏文、佛学为主，兼授历史、地理、文学、艺术、法律、农业、伦理、卫生等学科。

太虚在开学典礼上口占五律诗云："温泉辟幽径，斜上缙云山。岩谷喧飞瀑，松杉展笑颜。汉经融藏典，教理扣禅关。佛地无余障，人天任往还。"寄希望于学员们在如此幽静而优美的环境中，将"汉经""藏典"融会贯通，用博学的"教理"去透彻"禅关"，领悟佛法。

除讲佛学外，太虚还教学生写诗。他曾写了一首冒雨乘滑竿赴北碚的七绝诗：

斜雨横风一滑竿，崎岖况值下山难；
也同国势阽危甚，要仗心坚胆不寒。

后来随着国民政府迁都重庆，汉藏教理院更抵达辉煌，达官贵人，文人名士纷至沓来：蒋介石、林森、张群、陈立夫等军政要员，郭沫若、老舍、田汉、梁漱溟等文化界人士，"或避日机轰炸，或讲学郊游，或谈禅论道，或吟诗作对，使之成为一个开放的学术殿堂，学员饱受其益，日后分化各方，皆为一地之翘楚"。

那时，缙云山伸入云端天梯般的青石板路上，往往是滑竿长长的一串，宛如游龙。山里的乡人便会站在岩崖上打望，尖起嗓与抬滑竿的人搭白（搭话的意思）：老幺，又抬了稀客来？

汉藏教理院不仅该时门庭若市，此后更是影响深远，作用之巨，有佛教史家言：汉藏教理院"学风不亚于昔日唐玄奘留学印度之那烂陀寺"。汉藏教理院还在"双柏精舍"内设立编译处，主要是翻译出版汉藏丛书，其中有《菩提道次第广论》《西藏民族政教史》《佛教各宗派源流》《现代西藏》等大小共40余种，运销西康、青海各地。《汉藏合璧读本》《藏文读本》等书，皆被当时的教育部采用为办理边疆事务教育的教材。

那时，正是中国深陷战火之岁月。但太虚大师却领导众僧潜下心来，光耀中华佛教文化，倾力于民族的沟通，不得不令人佩服其高瞻远瞩的睿智，心怀四海的气魄。而他也并非一味藏于深山老林办学，眼睛里总是闪烁着悲悯的光芒，痛惜那些被战争涂炭的生灵。他四处筹款募捐，支援前线；鼓励青年僧人或从军或参加医疗救护队、运输队、宣传部……1938年11月，他领导僧众设避难所于重庆江北塔坪寺，收容了大量入川难民；重庆遭受大轰炸时，又组织建立起了佛教徒僧侣救护队，参加救护工作……

抗战胜利，太虚大师被国民政府授予"抗战胜利勋章"，他当之无愧。

从1937年秋到1945年秋，8年的时间，太虚大师在缙云的晓风暮云中踏遍青山，播撒良善。他离开此山回上海的那天，缙云寺的晨钟又是声声如雷大震，从狮子峰传到聚云峰、猿啸峰、莲花峰、香炉峰……在空山转了一圈又回到了狮子峰……为什么又是狮子峰？因为在缙云诸峰中，这是太虚大师去得最多的地方。

在西南大学读大三的那年，和同学五六人，大热天趁夜登上狮子峰，想看翌日的日出。到底是年轻，东方的太阳跃出群山时，竟甜梦酣酣。梦中的狮子石是活鲜鲜的一头公狮，壮硕雄健，却安静、驯良地趴在崖边，眼神温柔、专注地盯着山下的动静，偶尔才起身抖动着身上的鬃毛。而青石筑起的太虚台上，好多人在那里席地而坐，或着袈裟，或衣长衫，彼此称呼虚公、法尊、苇舫、雨堃、平风、虞愚……他们面前瓶有菊花，盏有清茶，碗有斋饭……初秋之风刚上松枝，和煦之极；丽阳当空不暴不烈，暖人之至。他们拈阄吟诗，不亦说乎。一位脸型方正，天庭饱满，鼻直嘴阔戴着圆框眼镜的僧人，回过头，看着躺在青石上的我，慈爱地呼道：快起来，小施主，地下冰凉……

若干年后看资料，才大悟自己竟在梦中神遇了太虚大师和他的重阳诗会。只是不知神遇的是1940年、1943年的哪一次？

当年，太虚大师举办的两次重阳诗会都轰动了山城，可歌可泣。那是因为这里到处都是离乡背井的人，一过节就会心潮起伏、浮想联翩。而同样避难巴山的太虚大师，自然最了解体贴众生的愁绪。何以解忧？唯有登高与诗歌。登高能让人望得很远，望见乡土，望见天地的邪不压正；而诗歌可让他们与所想念的人挨得很近，像律诗中的平仄与对仗……

这可能是侵略者永远想象不到或无法理解的画面——他们在烧杀抢奸掠，干着比畜生还不如的事情。却有中国人端坐于山峦之巅，沐浴清风，吟诗唱和……什么叫高贵？那便是临危不惧、不慌张！临危仍不放弃对诗歌、鲜花、竹与茶……所有美好事物的膜拜、歌咏与信任！这样高贵的人，以及拥有高贵文化与德行的民族，怎么可能被征服？

三

从小写作文，总会是巍巍缙云山。长大后看多了天下的山，才知缙云算不上巍巍。然而，中年后，却愈发感到它的巍巍，高不可测的巍巍！

还是抗战时，以缙云山为支点画圆，方圆多少公里内便有在中国文化史、文学史中风流人物的身影：眼神如炬，有蒙人血统，却被称为"中国最后一位大儒家"的梁漱溟，在缙云山麓的金刚碑古镇住了差不多8年。虽然偏居，却壮心不已，干了许多惊天的大事，创办了勉仁中学、勉仁书院、勉仁国学专科学院（后改为勉仁文学院）。撰写出版了他的《中国文化要义》……而杭州人氏，哈佛文学硕士，潇洒洋派的梁实秋在北碚城的天生桥路某山堡的平房茅舍，租得一室一厅，取名雅舍，寓居7年，写出他的《雅舍小品》；北京正红旗满族人，幽默又谦和，喜欢交友又不时沉郁的老舍，在北碚天生新村一幢砖木结构的2层楼房——当时的中华全国文艺界抗敌协会北碚办公处，他在"多鼠斋"待了3年多，写出他著名的长篇小说《四世同堂》《火葬》……

这3位名人相距都不远，他们的3点连起来便是个漂亮的三角形，一个值得人一再回味的瑰丽空间，那是我的家乡北碚给予的。或许物质上简陋、窘迫，栖身地也难免风刮雨漏，但总算给了他们一段安定、安全的日子，给了他们巴渝人实诚的热情和关怀！后来看一些老照片，发现许多有趣的事，譬如他们都喜欢坐在圆圈藤椅上写作……那样的圆圈藤椅在20世纪七八十年代的北碚，哪一家都有一二把。它坐起来冬暖夏凉，背靠过去，像靠定了一座山……

金刚碑似乎自古以来就被黄葛树一手遮了天。那些老树子的根须真是如虬似蟒，在小镇横冲直撞，令你不得不怀疑它们就是从温塘峡那边爬上来，或从缙云山梭下来的那样的爬行动物。

依山又近水的金刚碑，曾是热闹繁华的煤炭码头，一个除了富庶还有故事的地方。如今依然，又成为重庆人喜欢去漫步休闲的网红地。只是我每次听低音炮歌手赵鹏唱《盼归》，唱他内心里金刚碑的痛楚：你喜欢过的忧郁姑娘，风掠过，雨笑过，现在很慈祥……心里也有痛楚——抗战胜利后，梁漱溟创办的勉仁中学与勉仁书院都陷入债务中，这让一介书生的他怎么办？只能拨开自己大学者的脸面，鬻字筹款！他登报救助：敬请各界同情人士，海内外知交，惠予援助。"惠捐五万元以上，当作书（对联、屏幅、匾额等）为报；百万以上并当走谢。"而后，漱溟先生便为此忙得呕心沥血，缙云山岂有不知？赵鹏唱："老屋的老灶台有一对斑鸠啊，在筑巢，在唱歌"……它们会不会是 1946 年斑鸠转世，曾目睹过已是老翁的梁先生挑灯夜战，一撇一捺写字、还债呢……

漱溟先生竟活到了 95 岁。看过他 92 岁时的一段演讲影像，说话中气十足，声音洪亮，还不断挥动手臂，来增强自己表达的斩钉截铁。他说：总结一句，我不是一个书生，我是一个要拼命干的人。我一生都是拼命干！

另一位梁先生——梁实秋，被冰心形容成为"最像一朵花"。冰心说："一个人应当像一朵花，不论男人或女人。花有色、香、味，人有才、情、趣，三者缺一，便不能做人家的一个好朋友。我的朋友之中，男人中只有实秋最像一朵花。"……用花来形容男子，冰心大概是第一人吧。这个男人自然不可能如贾宝玉嫌厌的浑身浊气，必定带着一股子芬芳。梁实秋把陋室取名为雅舍，实在是他心里雅风浩荡。即或在艰辛的日子里，那种名士的谱仍是要摆起的。有大月亮的夜晚，他从自己"雅舍"下完几十级泥土的梯坎，殷殷送客，这些客人中保不准就有冰心。挥别客人后，他望一望前面"阡陌螺旋的稻田"，再回眸半山腰那座青瓦白壁的房舍，竟有恬静喜悦的情绪在此刻产生，让他于动荡慌张的时日间品出清溪水一般的雅趣。

我是在 20 世纪 80 年代末，每个"文青"兜里都会揣着一本《雅舍小品》来闯荡文学江湖时才发现，雅舍离我小时候的家不到一公里。而我家离老舍故居天生新村 63 号更近，基本上是翻过半人高的砖墙便可跑去，那里是供顽童们"逮猫"、打打闹闹的广阔天地。其实那里是个被围墙圈起来的幽静大院，最初是北碚区人民政府的办公地，后来又改为区委所在地。那个院子里像老舍故居那样的两层青砖小楼有若干幢，每一幢的四周都被蜡梅和芭蕉包围。冬天的黄梅花，夏天的绿芭蕉，对于我们这些孩子都是逃不开的炸弹，炸出我们天性中的贪欲——我们的手总是伸得太长，而我们又总会被戴着"红笼笼"的老人抓住，问清爹妈是谁，即刻押送到在大院上班的爹妈面前，看着你被你家大人扇了耳光才肯善罢甘休。只有我被抓到而不被押送的……老人问：你老汉是谁？我昂着头答：吴庆华。他拍了拍我头说：哦，是老吴的女儿嗦。你老汉笑眯眯的，爱帮人……你莫和野娃儿混，我明天剪了花，让你老汉带回去……

老舍故居那幢楼也是我们爱去的，我一同学就住在那里。所以我说曾在老舍的"家"进进出出也毫不夸张。那里与他处不一样，没有梅花，只有一丛几丈高的芭蕉。那绿郁郁耸立着的一大片，在小孩子的我们眼里，就成了一眼看不透的黑森林。还好，青石梯下有柔软的土和竹篱笆，红蔷薇会在4月的上旬爬满那里，下旬才一朵朵依依不舍地离去。

大约是1995年，我在北海遇见了老舍的儿子舒乙先生。说起那幢青砖小楼，那盛满我们各自童年故事的空间，竟像对上了暗号：那一大丛森林般的芭蕉，那青石梯下的蔷薇花。他叫道：对啊！对啊！我小时候它们也在啊！它们真了不得啊，几十年了，还在那里！……我们在北海外沙桥的棚屋海鲜饭馆干了一杯又一杯酒，把我们共同的记忆一杯杯干进魂灵的深处。他说，我要改口喊你一声小老乡了，我们有个共同的童年故乡。

他还讲到1982年母亲胡絜青曾回到北碚，专门去看了他们住过的房子，一直赞叹：都没变，还是那样！是我们所有待过的旧居中保存得最好的。他母亲激动得不行，写了《一九八二年旅北碚诗》。舒乙用他标准的京腔念白似的念出来，"……嘉陵烟云流渔火，缙云松竹沐朝霞。劫后逢君话伤别，挑灯殷殷细品茶"。最后两句忽地让我想起了什么，……这不就是李义山"共剪西窗烛""却话巴山夜雨时"的景象吗？虽然相隔了1000多年，虽然该相对的那个人已在灯影下缥缈，但她终于与自己的时光重逢了。

四

李商隐不止一次来过渝州，在唐大中二年（848）、大中六年（852）皆来过。那时，他是失去爱妻的鳏夫，儿女寄居于长安同僚、好友、连襟韩瞻膝下。他的《夜雨寄北》，或许便是寄给这位知己，寄给深不见底的乡愁；抑或，冥冥之中，也是寄给自己地下的亡妻。秋雨绵绵，他简直无法扛住那泰山压顶一般的思念了！

会不会觉得，它仿佛也像是寄给所有回不来的人或事，回不来的历史，它们与他们都是君问归期的未有期……

不见得吧！隔着一二万亿年，缙云山童年的情形都会通过一朵开在石头里的"雏菊"捎个信来，何况那些才几十年、几百年、上千年的人间悲欣……

缙云山有的是时间来等待！

（吴景娅　文）

金佛山：被佛光照耀的神山

山是需要阅读的，尤其是金佛山这样一座被佛光照耀的神山！

金佛山，是一部博大精深的书，以雄、奇、幽、险、秀为主线，融山、水、林、石、洞于一身，将天地卧佛、碧潭幽谷、春秋同框、锦屏画山、金龟朝阳等金佛12景和云海、佛光、日出、晚霞、雾凇等气象奇观连缀成气势恢宏的篇章，翻一翻，篇篇精彩；读一读，句句美妙。

金佛山，有着奇特的书名。

8座苍莽的山峰和雄奇险峻的主峰层层相递、绵延相接，人称"九递山"。夏秋晚晴时，落日斜晖把山崖染得金碧辉煌，如一尊金身巨佛横卧天地之间，引来诗家惊叹："金佛何崔嵬，飘渺云霞间"，因此而得名——金佛山。这里，是南川最早的佛教活动场地，起于宋，兴于明，盛于清及民国中期，相继建有金佛、凤凰、铁瓦、莲花四大名寺。明末清初，金佛山佛教进入鼎盛时期，知名庙宇300来处，便有了"北峨眉、南金佛"的说法。金佛山，更是金佛一直化身于大山的自然形态之中，不靠有形的庙宇，直指心性，却让游客得以寄身托志、心灵栖息。

金佛山，扉页上记录的是追逐梦想的历程。

1988年荣列国家重点风景名胜区，1994年获国家森林公园称号，1999年成为全国科普教育基地，2000年被列为国家级自然保护区，2001年入选世界

穿上雪装的金佛山在云海衬托下宛若"海上巨舰"（汪新 摄）

遗产预备名录，2013年获评国家5A级旅游景区，2014年6月成功列入世界自然遗产名录。她是经过了千年万年的风雕雨琢，日光沐浴，以独特的自然风貌，品种繁多的珍稀动植物，雄险怪奇的岩体造型，神秘幽深的洞宫地府等自身魅力征服了中国乃至世界。

金佛山，是一部情节曲折的小说。

小说的序言是6亿到2.7亿年前的古生代时期，一片温暖的浅海。在距今约1.8亿年的三叠纪末期，它从海底升起成为陆地。经喜马拉雅山造山运动和千万次的痛苦分裂、生死轮回，成就了世界级规模的喀斯特台原，高海拔雨水型喀斯特地下河洞穴系统，谷底干涸或尚在发育的峡谷，世界罕有的生态石林等各类奇特、稀有的喀斯特地貌。

精彩的开篇是波涛翻滚的云海、如梦如幻的雾海。2238米的海拔造就了金佛山多变的外表。日出时，如梦似幻的雾气在金佛山的山与水间，烟雾缥缈、层层涌现，柔和的晨光伴随着磅礴云海一起现身，瀑布一般从蓝色的天空倾泻而下，行云流水，一泻千里。日落时，夕阳染红天际，绵绵云海将金佛山包围，汹涌澎湃，翻江倒海。夜幕降临，山川之上，星河璀璨，夜色中，云海奔腾，星空与云海，形成亦仙亦幻的缥缈美景。

恢宏的正文是绵延数十条大小山脉中，屹立的100多座峭峻峰峦。如连

49

绵数十里，宛如一道巨大织锦屏风的锦屏峰；如母子相携赶路，惟妙惟肖的母子峰；似天降神兵屹立在群山幽谷间，守护着金佛山万物生灵的石人峰；似有着勾状尖嘴、炯炯有神的鹰眼、展翅欲飞、搏击长空的鹰嘴岩；还有山体形似等待千年的神龟，伸着脖子凝望远方的金龟朝阳；还有石树共生、相伴相随的"生态石林"，拟人拟物，石趣天成，石中有树、树中有石……这些形态各异的自然奇观把长篇小说推向了新的高潮，一字一句都张扬着坚韧和挺拔的力量。

金佛山，是一篇灵动飘逸的散文。

方竹、古树茶、银杉、银杏、乔木杜鹃——"金山五绝"是散文的佳句。春暖花开时节，穿越杜鹃王国，路遇雍容华贵的阔柄杜鹃、粉面迎春的麻叶杜鹃，邂逅俏丽可人的喇叭杜鹃、恬静高雅的黄花杜鹃，欣赏洋洋洒洒的麻叶杜鹃、魔法变色的树枫杜鹃，感受生命的色彩，一呼一吸间都携裹着花朵芳香。秋阳下，外圆内方的方竹犹如大家闺秀，娇羞地深藏在高山密林里，破土而出，笔挺有力，像一个个护山的勇士遍布山野。漫山遍野的采笋人一边熟练地采笋，一边扯开喉咙唱着打笋歌。粗犷质朴的歌声和着竹海涛声奏出一曲丰收的乐章。我国特有的珍稀濒危植物——银杉，这300万年前的"来客"，自然繁育困难、数量稀少。金佛山作为全国野生银杉群落分布最多的地方，经过几十年艰苦卓绝的保护和人工繁育，已育苗3000余株，野外回归1700株。金佛山南麓的德隆镇依然保存着中国最古老的大树茶群落，最老的一株野生古茶树，树龄超过了2500年。千年古树茶、百岁老人村，它们以无言的力量接受着天地日月精华的洗礼和锤炼，让散文的每一页都回味无穷，每一句都摇荡心旌。

金佛山，是一篇温暖人心的报告文学。

"植物猎人"刘正宇扎根金佛山50年如一日，长期奔波在荒无人烟的崇山峻岭，先后发现和命名植物新品种106个，为中国药用植物资源研究倾尽毕生的心血；护林员李氏三兄弟在方圆200多公里的金佛山里，用了整整40年光阴，用汗水和生命守护着500多株野生银杉；10多年前，金山镇药农赵小明上山采药，不慎摔下悬崖。生命垂危之际，一只被当地人救治过的黑叶猴跑到十几里外，引来村民救下赵小明。此后，方圆1300平方公里的金佛山生活着上百只黑叶猴，赵小明和村民们从不惊扰它们，它们也从未打扰过村民，仿佛彼此都只是山的一部分，共同描绘着一幅人与自然同生共长的和谐图景。

金佛山，是一首情真意切的诗。

每一座巍峨的山峰、每一块灵性的石头、每一缕淡淡的花香、每一声清脆的鸟鸣，都是长短妙句。人与动物在金佛山随时会来一场温情邂逅。松鼠是林间的精灵，悠然自得地穿梭在树林之间。憨态可掬的斑头鸺鹠、舞姿翩翩的酒红朱雀在林间鸣唱。古佛洞内住着10000余只金丝燕，密密麻麻的燕窝星罗棋布……数以万计的精灵，在金佛山的四季里逍遥自在，在金佛山的山水田园间奔跑跳跃。

悠扬着诗情画意的不仅如此，散养奔放的土鸡、恣意畅游的野生鲫鱼、自由生长的高山羊，就着山里采回的天麻、玄参等中药材入锅，柴火铁锅炖制。那药膳汤色香味美，浓而不腻，是一种深深的怀旧味道，更是金佛山人传承的朴实无华的醇厚之味。当你随便走进一户农家，热情好客的金佛山人邀你上桌。肥而不腻的酸渍肉，色泽金黄的油茶汤，清香脆嫩的方竹笋，稻草清香的热灰粑……原汁原味的农家饭菜有母亲的味道，纯朴热情的乡村气息有久别故乡的温馨。

你会发现，自己的前世今生，和金佛山有一种难以割舍的缘分。金佛山，原本就是一首永无句号的抒情诗。

（唐利春 文）

渝东南：天生一群喀斯特

天生三桥

人在某个时候，会寻觅一种桥。桥的这端是现实，那端是梦境。

孟春时节，我来到气势磅礴的天生三桥。它位于重庆市武隆区仙女山南部，是全国罕见的喀斯特奇观，亚洲最大的天生桥群，集山、水、雾、泉、峡、峰、溪、瀑等美景于一体，国家5A级景区，为世界自然遗产。

静立在天生一桥下，一条沉睡的巨龙，高悬于头顶，横卧在羊水河峡谷之上。我轻轻吸气，轻轻呼气。游人的欢声笑语，甚至清脆的鸟鸣，竟然都令我微微有些担心，这条巨龙会不会被惊醒，腾空而去。它高235米，厚150米，宽147米，平均拱高96米，平均跨度34米，有顶天立地之势，得名天龙桥。

桥下的崖壁，有两个溶洞。南侧的叫迷魂洞。洞壁的一道道划痕，深深浅浅，长长短短，有隶书的韵味。数亿年前，洞中灌满地下水。这些划痕就是地下水的吻痕。一面石壁就是一部远古的情史，记录着一段洪荒之恋。

桥外草木葱茏，春意茂盛，每一片树叶都泛着冷翠的光，亿万树叶汇成一条冷翠之河。山风从中穿过，冷光粼粼，清亮了我的双眸。春泥、草木、溪水的气息交融，产生一种令人微醺的暖香。这是山野之气吗？五脏六腑都被冲洗，36500个毛孔都通透起来。

武隆天生三桥（王俊杰 摄）

天福官驿的飞檐翘角宛如巨鸟振翅，鲲鹏欲飞。心中的少年猛然惊觉，挽开铁弓，圆如十五之月。唐代，一条古官道经过这里。当时，自是行人不绝，马蹄声、牛铃声不断。但是，古官道后来到哪里去了？是它承载贩夫、走卒、马牛、风霜雨雪、旅人的哀愁太多了，太累了吗？是草木不忍，将之揽入怀中休憩吗？

恍惚回到盛唐，回到江南。山很绿，水很清，毛笔清瘦，发髻丰腴。诗集上的字，在歌女的唇舌间跳动。田田的荷叶，拂过云鬟；粗糙的荷梗，摩擦裸露的脚踝。我隐约看到一个隐士，似乎是自己，餐风饮露，只与影子相偎相依。

人朝着目标走，有时被欲望驱使忘记停下来，有时被人群裹挟停不下来。人应该在心中建一个驿站。提醒自己，走走停停才是人生。

雨过天晴，我伫立在青龙桥下。青龙桥即天生二桥，是垂直高差最大的一座天生桥，高350多米，宽150多米，跨度400多米。一条飞瀑从青龙桥中倾泻而下。山风阵阵，吹拂而过，飞瀑散成一条条水纱。阳光穿过，水纱幻化成彩虹。赤，绿，黄，橙，青，蓝，紫……种种颜色都洁净、透明。此时，青龙桥仿佛一条青龙，将要扶摇直上九万里。这个有关彩虹的镜头，我忘不了。我想，从此之后，只要云销雨霁，我的心都会回到这里。

青龙桥洞，倒映在湖水里，宛如一把青龙偃月刀，寒气逼人。而当我穿过青龙桥，回望桥洞，它又变成一条鲤鱼：头朝天，嘴轻张，身微曲，仿佛想奋力一跃，跨过龙门。传说，鱼跃龙门，过而化龙。化为龙的鱼，是否会比从前快乐，是否会怀念曾经是鱼的日子？

黑龙桥，也就是天生三桥，高223米，厚107米，宽193米，平均拱高116米，平均跨度28米。其桥洞幽深，顶部岩石有如一条黑龙盘卧。洞顶的飞瀑，乱撒珍珠。有的落在鬓边，有的溅到睫毛，更多的滴在岩石间。滴答的声音，清脆圆润，滚入耳膜，仿佛带着丝丝凉气。其中一眼雾泉飘出一朵朵云雾，像是开出一朵朵牡丹，随风飘动。

举目望去，皆是万丈悬崖。我和它们默默对视。我知道，三十而立了，应该不断地后撤，后撤，再后撤。直到撤到一座悬崖峭壁的边缘，前面是命运,后面是影子。直到每个梦都带有尖锐的锋芒,没有一粒灰尘能站立其上。

在"三桥夹两坑"里,我徘徊了一整天。我的身子在两坑之中游走,而灵魂在三桥之上。坐在风的外面,傻傻发呆,看着往事,痴想随风飘扬。

桃花源

人在某个时候,会寻觅一个洞。洞的尽头,就是一个心灵理想国。

大酉洞,位于重庆市酉阳县,是桃花源的入口。《桃花源记》有云:"初极狭,才通人,复行数十步,豁然开朗……"令人惊讶的是,昔日洞口"初极狭",而今洞口宽敞明亮。原来,此洞为石灰岩溶洞,流水溶蚀使得洞顶不断坍塌,洞穴不断扩大,从而产生巨变。当初极狭的洞口,千百年之后,变成高、宽各约30米的巨洞,令人产生一种桑海沧田之感。

石梯田里,清泉莹莹,仿佛是透明的玉。想伸手抚摸一下,又不忍心伸手抚摸。最大的那块石梯田里,一只石鹤独立。脚下,是一些几乎透明的小虾在嬉戏。然而,它视而不见,它在眺望洞外的云与霞。是想念求仙慕道的土司

酉阳大酉洞桃花源(邱洪斌 摄)

55

冉元吗？它是在启悟游人，还是在等待游人的启悟？

不远处，一只神龟呆呆的，像个沉思的哲学家，千万不要正视它。一群金鱼，在石鹤与神龟之间，游来游去。它们的影子很清晰，排布在石底上，像一行蝌蚪文。它们是在觅食？抑或在寻找仙人遗落的丹药？它们一生都在浮游，但是它们却似乎并不比入则高楼大厦、行则飞机轿车的人更累。

穿行到大酉洞深处，就隐隐约约地看到了桃花源。它是集"天坑、溶洞、地下河"三位一体的退化天坑，只有大酉洞可通外界。因此，当年的桃花源与世隔绝，当年的桃源人"不知有汉，无论魏晋"。桃花源至今保持着"秦风、秦貌、秦趣"，悠游其中，恍若置身于"秦时村落"，有一种"不知今夕是何夕"的感觉。大酉洞为国家5A级景区、国家级森林公园，集岩溶地质奇观、秦晋农耕文化、土家民俗文化、自然生态文化于一体。

美池旁的山脚，有一股山泉从石洞中涌出。夏天，将一瓶黑啤浸入其中，半小时后，就沁得冰凉。山腹里的凉意，一气就能吸入肺腑。酒与风景，自是绝配。一个是从眼醉到心，一个是从心醉到眼。

走过竹林桑田时，脚步不由变得很慢很轻。那一段路，好像是魏晋时的，不敢惊扰。美池里的水，和一千多年前的应该一样碧绿吧。站在陶公祠前，放眼望去，杏花胜雪，溪水荡漾，青草葱葱，黄牛闲步……春天的味道在这里格外浓烈。

一个老农，戴斗笠穿蓑衣，正在耕田。灰青色的大牯牛挽着犁，铧开水田。一道道沟，又深又直，像是写给春天的一行行赞美诗。这样的诗句，有力度，有深度，痕迹不仅刻在大地上，还将刻在每个人的五脏六腑里。哪个人能不食五谷？我以为，农人今生今世的证据是最充分的。

沉睡半个秋天和一个冬天的水田，被掀开了衣襟，由此引来了一些麻雀。它们在水田的胸脯中，跳跃着，啄虫子。吃得欢了，就飞上柳树，啁啾个不停。柳树一时像是长满了嘴，似乎是平生第一次听到这悦耳的声音。

铁铺的火旺得很。拉一阵风箱，出一身汗水，不由得想起嵇康打铁的故事。"岩岩若孤松之独立"的大才子，裸露着上身，在奋力打铁。茅草棚下，冠玉般的脸，古铜色的臂膀，漆黑的炭，赤红的火焰。他锤炼的不是宝刀，而是无处安放的旷逸。他的《与山巨源绝交书》写得极好，骂尽天下蝇营狗苟之辈。他当然不是与山涛绝交，否则他怎会在临刑时把儿子托付给山涛，他是与名利绝交。

旁边就是陶公祠。这两个人如果在一个时代，我想他们定是"会须一饮三百杯"的好友。和陶渊明喝米酒得放开些，他有时爱用头巾来滤酒，可能会有股子味道。不过酒中有旷逸的成分，终究芳醇，令人神往。陶渊明用文字造出了一个桃花源，这不得了，几乎容下了天下人的梦与诗意。

远处的田里种着油菜花。大片大片的，黄得灿烂，又黄得有些寂寞，似乎有些像李清照写的词里的菊花，美得那么寂寞，寂寞得那么美。一生能见多少次油菜花开？一生能有多少光阴来无忧无虑地欣赏油菜花？

走回大酉洞，一种悲喜交加的感觉，噎得我几乎说不出话来。我掏出随身带着的扁酒壶，喝了几口酒。这个时候，喝酒是得宜的。但是我不敢在桃花源久站，怕站着站着就站成了一株油菜……

蒲花暗河

人在某个时候，会寻觅一种河。河上有一条木船，载我们去"诗与远方"。

蒲花河系阿蓬江的支流之一，流经重庆市黔江区濯水古镇。其中有一个充满神秘感的高大溶洞。河流穿洞而过，是为蒲花暗河。它是罕见的岩溶地貌、水文和洞穴系统的完美组合，为国家4A级景区。

蒲花河畔，有一道长长的木栈道。它经历的岁月并不久，但经过特殊打磨，有了古代的韵味。这栈道将上游与下游连接了起来，也将当下与远古连接了起来。

走完栈道，登上木船，逆流而上，朝暗河划去。一路上，水极清亮，仿佛是初恋的心。燕子无数，在空中盘旋，时而俯冲至水面，又凌空而去。我与它们素不相识，它们的飞翔却令我心舒展。这些燕子比我聪明。这里有青山，有绿水，有百花；这里无农药，无鸟网，无市声，更没有红尘与心机。小时候放牛打柴，常羡慕停在电线上的燕子。那时武打片正流行，银幕上满是飞檐走壁的大侠。而燕子就是我眼中的玄衣大侠，轻功上乘，来去无踪。它们还时常飞到我的梦境里，在晴空下追逐，在雨中呆立在黝黑的树枝之上……

一刻钟过后，3座天生石桥，一座连一座，迎面而来。它们是洞体崩塌、溶蚀过程中残留的基岩体。峡谷成了桥峡，山洞成了桥洞。仰头望向天空，中间的天生石桥像是鼻梁，旁边的两个椭圆之洞便是一对眸子，仿佛"天眼"。金灿灿的阳光，从两个洞中透进暗河。仿佛"天眼"在放光。洞中的河水，一时波光闪闪，荡人心魄。我仿佛进入李白诗歌的意境。我想，如果在天眼下看满天星斗，看曾经的美好时光，该是多么浪漫的事。

暗河的深处，但闻船声、人声，不见船影、人影。似乎一瞬间就进入黑夜。行船之旅，顿时被未知感填满。而未知感与惊喜感，是一个硬币的两面。我打开手电筒，有点迫不及待，有些"人约黄昏后"的感觉。光束微黄，打在千奇百怪的钟乳石上，如梦如幻。石笋林立，宛如幢幢人影，恰似灵兽守窟。怪石嶙峋，比比皆是：一柱擎天，雨云倒悬，白浪滔滔，雄狮怒吼，猛虎下山，山鹰展翅，烈马奔腾……不胜枚举。一只蹲着的蟾蜍，背着一大串一大串的葡萄，是想送给我吗？这些石葡萄比人参果还难得。洞顶滴落的水珠，飞溅开来的雾状水汽，一微米一微米地凝结，历经数千乃至数万年，才结出如此的硕果。

暗河处在一个极高而极窄的溶洞里。千奇百怪的悬崖峭壁，一路向我压来。我却并没有太多的压抑感。或许，美感就是压抑感的克星。

前面出现了一道光亮，状如土家人的大砍刀，那就是暗河出口。又回到白天了。是这把利刃，斩断了黑夜吗？一阵河风猛然入怀。它很接近体温，给人微寒微暖的感觉，令我的心情焕然一新。我能寄一袋河风给青春时代的自己吗？我能装一袋今天的美妙时光储存吗？

我想，有一天我会在梦中穿过蒲花暗河，进入唐诗宋词。我会不断轻盈，不断透明，我的关节鸣河风音，我的血液作河水声。

（彭鑫 文）

CHONGQING
THE BIOGRAPHY

重庆传

第二章 魅力地标

自秦朝"仪筑江州"以降，有2300多年历史的重庆城，传说绵延、遗存丰盈。

重庆母城"九开八闭十七门"或已踪迹寥寥，依旧会自称"朝天"；从"精神堡垒"到"抗战胜利纪功碑"再到"人民解放纪念碑"，永远屹立在中华儿女心中的，已不仅仅是高度27.5米的钢筋水泥建筑，而是高耸入云的民族精神丰碑；

传奇大礼堂的奥秘，是不是人们津津乐道的"天坛版"？"独钓中原"钓鱼城，怎样影响了世界地缘政治的进程？

拥有"东方维纳斯"雕像的大足石刻，或许是最值得关注的中国石刻艺术下半场；卢作孚殚精竭虑的规划建设，终究让理想走进现实成为花园小城北碚；

其实，彰显重庆气质的不只是一个一个点，更广阔的一个一个面，同样精彩：

历时432年，存在时间跨越了整个唐代和大半个北宋的古溱州，地处渝南大山腹地，史书记载片言只语，改名南桐矿区后却成为赫赫有名的"抗战煤都"；而再次蝶变的南桐矿区则成为国家5A级旅游风景区，名称也变成了更加美好的"万盛"。

同样从古老传统变身现代时尚的，还有曾经承载了余光中无尽乡愁的悦来；明末清初由湖广迁徙来的李姓一家见这里山水清秀，土地也肥沃，地处嘉陵江渡口，便搭棚安家，之后逐渐成为一个名叫"悦来"的小街场；300多年后的今天，以"悦来国际会展中心"为代表的一个重庆新高地——悦来新区，取代了曾经以"远者来，近者悦"名扬天下的悦来客栈所在地。沧海桑田，乡愁依旧。

而更多的，则是随时代前行而异军突起的网红新地标——千与千寻洪崖洞，8D魔幻立交桥，山城步道，穿楼轻轨……

大山大水成就了重庆这座特立独行的大城，那些慷慨悲歌、那些人间烟火，都被凝固成山水之城重庆的一个个地标。不论生于斯、长于斯的"巴人"后裔，还是历经多次移民大潮最终落脚于斯的"新重庆人"，以及这个蓝色星球上所有先后走进这个现在已经是共和国最年轻直辖市的人们，注定绕不开的，就是第二章逐一解读的这些：魅力地标。

永远的解放碑

重庆有这么一座建筑，从 20 世纪 40 年代以来，它一直受到人们的景仰、崇敬，在重庆，甚至在中国、在世界都有着响亮的名字和影响。它，就是位于重庆市渝中区民族路、民权路、邹容路三大路段交会十字路口的一座纪念碑。从 1941 年的精神堡垒，到 1946 年的抗战胜利纪功碑，再到 1950 年的人民解放纪念碑，它见证了重庆城市发展的历程和走过的艰难岁月，象征着城市的气质、精神，寄托着人们对城市的情感，它是重庆人民心中一座永远的丰碑。

我自幼生活在重庆城市中心的解放碑附近，从小听着解放碑的钟声长大，对解放碑有着深厚的感情和依恋。几十年来，我们这一代人见证了并参与了解放碑地区的变迁、建设和发展。回望过去，留下许多难忘的故事和感悟。

一个民族和国家共同的记忆

最艰难时期的"精神堡垒"

1939 年 5 月，正是抗日战争的艰难岁月，蒋介石在全国范围内大张旗鼓地开展"国家精神总动员运动"。为表明全民精神总动员的决心，由国民精神总动员会、新生活运动总会等 4 家单位发起并筹资，选定在都邮街十字路口修建"精神堡垒"。1940 年精神堡垒动工，1941 年 12 月 20 日建成。精神堡垒为木质结构，外涂水泥，底座为八角形，写有"忠、孝、仁、义、爱、信、和、平"8个大字。堡垒主体为四方形木结构，四面题字有"精神堡垒""国家至上民族至上""意志集中力量集中""军事第一胜利第一"。顶端周围为城堞式，形似烽火台。堡垒共5层，通高7丈7，象征"七七"抗战。为了防空，通体涂成黑色。精神堡垒因结构简陋、长期日晒雨淋，加之日机轰炸，逐步损坏坍塌。后来，精神堡垒被全部拆除，在原地开辟街心草坪，中间立一旗杆，悬挂国旗，人们仍然习惯称此处为精神堡垒。精神堡垒与抗日战争、重庆大轰炸的创伤记忆连接在一起，凝聚着大后方人民不屈不挠的民族意志，是一座象征坚持抗战，全民浴血奋斗的丰碑，是硝烟与烽火下重庆人民的精神支柱。

中国唯一的抗战胜利纪功碑

抗日战争胜利后，当时的重庆市市长张笃伦于1946年10月9日主持市政府市政会议，为纪念抗日战争之伟大胜利，决定在精神堡垒原址修建"抗战胜利纪功碑"。1946年12月31日，抗战胜利纪功碑奠基，1947年10月落成。

抗战胜利纪功碑为钢筋混凝土结构，八角形，盔形顶，高27.5米，分为碑座、碑身、标准钟、瞭望台、警钟、灯光照明、风向器、纪念钢管8个部分。

碑座用青石砌筑，占地面积642平方米。上8步石阶为水磨石平台，直径20米。水磨石平台上建八角形碑座，碑座8个面都有浮雕和铭文，分别刻有国民政府定重庆为陪都的全文，国民政府行政院院长兼重庆行营代主任张群写的碑文，国民政府文官长吴鼎昌写的碑文，张笃伦市长题写的碑名，重庆市参议会的题词，美国总统罗斯福赠送给重庆市的卷轴译文等。在碑身23米高处的4个面分别安装一台标准钟。警钟设在碑身最高处，以便报警之用。

碑身为八角形，直径4米。朝民族路为正面，上面镌刻"抗战胜利纪功碑"7个鎏金大字，落款是"中华民国三十五年十月三十一日，重庆市市长张笃伦"。

罗斯福赠送的卷轴写于1944年5月17日，由美国副总统华莱士到重庆访问时带来。卷轴全文为："余兹代表美利坚合众国人民，敬致此卷轴于重庆市民，以表示吾人对贵市勇毅的男女老幼人民之赞颂。远在世界一般人士了解空袭恐怖之前，贵市人民迭次在猛烈空中轰炸之下，坚毅镇定，屹立不挠。此种光荣之态度，足证坚强拥护自由的人民之精神，绝非暴力主义所能损害于毫末。君等拥护自由之忠诚，将使后代人民衷心感谢而永垂不朽也。一九四四年五月十七日罗斯福亲笔。"

10月10日上午，在抗战胜利纪功碑广场隆重举行了有各界民众万余人参加的揭幕典礼，张笃伦市长主持典礼并致辞。

重庆人民解放纪念碑

1949年11月30日，人民解放军解放重庆，重庆人民欢欣鼓舞举着"打到大西南，解放全中国"的旗帜在全城游行。1950年10月1日，新中国成立后的第一个生日，15万重庆民众在解放碑举行盛大庆祝游行。时任西南军政委员会主席刘伯承同志题下"人民解放纪念碑"7个大字镌刻于碑体，字体表面贴金。从这一天起，"解放碑"名称已延续70多年。

当年便是繁华的商业、文化中心

20世纪30年代至抗战陪都时期，以抗战胜利纪功碑为中心的十字街是重庆市最繁华的商业区、文化区。20世纪初，十字街一条叫都邮街，另一条叫柴家巷、天官街、苍平街。陪都时期，柴家巷、天官街、苍平街改为邹容路，都邮街改为民权路、民族路。

十字街上的大型百货公司有1930年建立的"宝元通"百货公司（现友谊商店位置），1935年成立的华华公司，恒易生百货商店，1947年开办的西大市场（八一路），中国百货公司（现重百大楼位置），新生市场，群林市场，等等。

新生市场创建于20世纪40年代初，由罗涤凡、纪云生等出资，在被日机轰炸夷为平地的五四路与民族路之间（当时叫鸡街口）的土地上修建。新生市场有两个进出口，一处在下青年路，一处在民族路。新生市场是一座综合性市场，有固定店铺，也有小摊小贩，市场内各种商品无所不有，价廉物美。

群林市场创办于1948年，其原址最早是1915年由重庆富商杨文光创办的聚兴诚银行办事处。1934年改为中国国货公司。1939年5月被日机炸毁。1947年至1948年,于此地修建两楼一底商场,建筑面积约3000平方米,中间有空高达3层的宽阔内通道,国民党元老于右任为商场题名"琼林商场"。1959年由时任市委书记任白戈为商场题名"群林市场"。群林市场有3处进出口,一处在下青年路,一处在邹容路,一处在民族路。

老字号的食品、餐饮业遍布十字街。主要有民权路的冠生园（1938年9月从上海迁渝）,民族路的人道美（创办于20世纪50年代）,会仙楼、八一路的王鸭子（创办于20世纪30年代）,山城小汤圆（创办于20世纪40年代）,山城担担面（创办于1895年）,老四川（创办于20世纪30年代）,中华路的吴抄手（创办于解放初期）,邹容路的颐之时（创办于20世纪20年代）、陆稿荐,等等。

大型文化娱乐场所也主要分布于解放碑十字街一带,如邹容路的国泰电影院,临江门的重庆大戏院,夫子池的大众游艺园,大同路的胜利剧场,中华路的实验剧场（原青年馆）,邹容路的重庆剧场,新华路的人民剧场,始建于1951年的八一路解放军影剧院等。

国泰电影院是陪都时期重庆城内最著名的电影院,1937年2月建成,由著名电影事业家夏云瑚经营,有1500个座位。该电影院于1952年拆除改建,由重庆大学建筑系教授叶仲玑主持设计,1953年10月1日建成后更名为和平电影院。"文革"中易名为东方红电影院,1979年10月复用原名。

陪都时期著名的雾季公演,大量活动就在国泰电影院等场所举行。1937年抗日战争爆发后,南京、上海、武汉等地相继沦陷,大批戏剧家撤退到大后方。自1938年10月起,重庆成了国民党统治区戏剧活动中心。为躲避日机轰炸,根据山城天气特点,从1941年10月起,把雾季作为话剧团体举行公演的季节,因此出现了"雾季公演"。一年一度的雾季公演,一直持续到1945年,共演出了大型话剧150台以上。其中如中华剧艺社演出的阳翰笙的《天国春秋》,郭沫若的《屈原》,夏衍的《法西斯细菌》,于伶的《长夜行》,吴祖光的《风雪夜归人》,中国艺术剧社演出的曹禺改编的《家》,夏衍、于伶、宋之的合编的《戏剧春秋》,陈白尘的《结婚进行曲》,沈浮的《金玉满堂》,中央青年剧社演出的曹禺的《北京人》，怒吼剧社演出的匈牙利剧本《安魂曲》、俄罗斯剧本《大雷雨》，沈浮的《重庆24小时》，等等。周恩来、郭沫若等政界、艺术界人士，都是雾季公演的常客。《新华日报》对雾季公演刊发了大量报道。雾季公演对于促进话剧创作，丰富大后方人民精神生活，宣传统一战线，宣传抗日救国作出了积极贡献。

每条老街巷都来历不凡

以解放碑为中心，周边分布着几十条街巷，这些街巷有着深厚的历史积淀，留下了许多重庆人的记忆。

与纪念碑相距百余米之近的"五四路"得名于抗日战争大轰炸时期。1939年5月3日、4日，日军对重庆城区进行大规模轰炸，给山城人民造成巨大损失和灾难，史称"五三、五四大轰炸"。5月3日下午1时许，日机26架以密集队形空袭重庆，侵入市区狂炸，大梁子、苍坪街、左营街、陕西街等地均被炸起火，居民伤亡近1000人。5月4日，日机27架再度空袭市区，市区发生大火，都邮街、柴家巷尽毁，居民死2000人左右，伤3300余人。三、四两日，市区房屋被毁1200余栋。蹇家桥、鸡街、大子池、柴家巷一带街区房屋在5月4日大轰炸中损毁严重。炸毁重建后，将蹇家桥、鸡街合并改称"五四路"，意在提醒人们勿忘国耻，牢记五四大轰炸。

位于五四路92号原重庆市公安局内有一座真原堂，系1844年由法国天主教会修建。民国时期梵蒂冈任命的驻华公使蔡宁总主教、罗马教廷公使刚恒毅、美国红衣主教史培尔曼、南京教区主教于斌均到过真原堂。1945年9月，为庆祝抗战胜利，天主教会在真原堂进行了隆重的国际感恩大弥撒，驻渝英、美、法等国大使，国民政府要员孙科、宋子文等出席。1951年，真原堂9栋88间房屋交由重庆市公安局使用，教会人员迁磁器街教堂，1952年又迁若瑟堂。后市公安局改造扩建，旧房被拆除，仅存一座中西合璧建筑。2009年12月15日，这座建筑被公布为重庆市文物保护单位。因1939年之后该建筑由英商怡和公司使用，实际上亦作中英双方换情报的场地，故被命名为"中英联络处"。

五四路一端与戴家巷、临江路相连，另一端接民族路，中间有下青年路和来龙巷、江家巷两条老巷子。与五四路垂直相接的民族路全长约800米，原地名有小什字、龙王庙、靴子街、木牌坊、小梁子、会仙桥、都邮街。抗战时期拓宽改造，1939年街巷名称合并，命名为民族路。

青年路是解放碑周边非常重要的一条支路，因陪都时期在此修建青年馆而得名。青年路分下青年路、中青年路、上青年路。下青年路从五四路口到邹容路口，中青年路从邹容路口到中华路口，上青年路（过去叫天主堂街）从中华路口到民生路口。陪都时期青年路商铺密集、文化体育娱乐场所甚多，如实验剧场、著名电影实业家夏云瑚修建的国泰大戏院、青年馆、皇家照相馆等。20世纪90年代解放碑大拆迁、大开发前，下青年路有新生市场、群林市场、九龙服装公司、和平电影院、解放碑长途客运站、重庆市石油公司等，中青年路有解放碑酒楼、重庆盐业公司、重庆针纺站、实验剧场、重庆市妇幼保健所、重庆市交通局等，上青年路有市中区体育馆、新渝针纺公司、重庆工业品贸易公司、汽车客运站等。如今，现代时尚的商业、书城、酒店，如美美百货、新世纪百货、重庆书城、万豪大酒店、格兰维大酒店等，临青年路段都占有重要的一面。

来龙巷也是与纪念碑临近的一条老街巷。不要小看来龙巷，它还是一处藏龙卧虎之地。来龙巷过去有座旌表明代成化十九年（1483）廷试第二名（亦称榜眼）刘春的牌坊，牌坊上雕刻有两条龙和"来龙进宝"4字，来龙巷因此得名。光绪十九年（1893）重庆知府王遵文建立的渝郡书院，光绪二十七年（1901）算学书院（亦称经学书院）设在来龙巷。光绪二十三年（1897），由宋育仁先生创办的重庆第一家日报——《渝报》馆址先设白象街，后迁来龙巷。1905年，同盟会员吴梅修、杨沧白、朱叔痴、朱必谦等发起组织"重庆书报社"，租用来龙巷渝郡书院陈列开放供公众阅览。

抗战时期，杜月笙、范绍增、饶国模、康心如、胡漱芳（川剧名旦）等名人曾寓居来龙巷。

解放碑向临江门方向约300多米，就是重庆著名的夫子池。夫子池因有泮池（旧时学宫前的水池）而得名。民国时期，孔庙和奎星楼建筑犹存，周边有夫子池、夫子池街、油市街、横街。1931年,重庆市市长潘文华决定将孔庙泮池填平,修建公共体育场。重庆市工务局局长傅骕(傅友周)主持工程项目,委托著名设计师黎治平负责设计。由于资金筹措等原因,体育场场地平整后,室内场馆并未建成。1950年至1954年,孔庙残存建筑全部被拆除,原址先后改建为大众游艺园和重庆29中学。

特别值得一提的是,留法预备学校校址曾设在重庆夫子池,汪云松时任学校董事长兼校长。1919年,汪云松与温少鹤等集资开设重庆留法预备学校,招收留法勤工俭学学生,经培训后送法国留学。陈毅、聂荣臻、邓希贤(邓小平)等当时都在报名学子之中,汪云松曾是邓小平的老师,资助过邓小平赴法留学。

距离解放碑不到400米的中华路174号有一座中西合璧风格的青砖楼,这里就是当年赫赫有名的国民参政会。1938年7月国民参政会在武汉成立,同年迁至重庆。国民参政会是抗战时期国民政府成立的具有广泛影响的最高参政议政咨询机构,是国共两党第二次合作的产物。国民政府于1938年4月公布了"国民参政会组织条例",该条例第一条明确:"国民政府在抗战期间,为集思广益,团结全国力量起见,特设国民参政会。"国民参政会成立之后,由于各党派的共同努力,对发扬民主、推动全面抗战起到积极作用,也显示了在民族危亡的时期,中国各阶级、党派、团体、军队和人民大众的团结。国民参政会成立后,中共中央派毛泽东、林伯渠、陈绍禹、秦邦宪、董必武、吴玉章、邓颖超7人参加国民参政会,担任参政会议员。

相对解放碑和市中区而言,直至20世纪90年代,南岸、江北、九龙坡、大渡口等还被称为郊区,一直有"没到过解放碑就等于没有到过重庆"的说法。过去住在解放碑的人给别人介绍自己时,往往会透露出一种难以掩饰的优越感。毕竟解放碑是重庆人人都向往羡慕的地方。现居住南岸马鞍山的老居民余萍、张世娟对笔者讲,小时候大人带她们到解放碑都要穿上新衣服,打扮得漂漂亮亮的。那时把到解放碑叫作"进城",不论对大人或是小孩来讲,到解放碑都是一次难得的休闲、购物、满足口福和看热闹的机会,还需要有一种进城的仪式感。直至如今,对于许多重庆人来说,解放碑依然是必须随时要去转一趟的地方，对它总有一种归属感、亲切感、认同感，或是一种对重庆母城的精神寄托。

那个听着解放碑钟声长大的孩子

我从小住在听得到解放碑钟声的地方。几十年来，对解放碑的前世今生的熟识和依恋情感，仿佛是对久违的老友，不管什么时候，总是那么亲切、熟识与不舍。

"四娃子，去解放碑看几点钟了"

1951年，我父亲进入位于小什字打铜街的重庆市财政局下属基本建设投资管理处（即后来的重庆市建设银行）工作。1952年，家人从望龙门巷迁住解放碑来龙巷川盐四里，一直到2009年拆迁修建国泰广场。1952年我刚满5岁，从此开始了与解放碑长达70年的不解之缘。

川盐四里位于来龙巷11号，过去是川盐银行修建的房屋，大院由3座青砖楼房组成，20世纪50年代成为建设银行职工宿舍，居住了50多户银行职工。民国时期，重庆城里有好几处川盐银行董事长吴受彤主持建造的大楼。从1933年起，吴受彤先后在米花街（八一路中段191号）建成川盐一里，在石灰市建成川盐二里，在七星坎街（临江路67号）建成川盐三里，在来龙巷建成川盐四里，在真元堂巷（五四路）建成川盐五里；川盐银行总经理王政平在夫子池魁星楼巷建成庆德里。在当时的重庆城，建造这样成规模的6处青砖大楼是十分罕见的。

那时家里穷，没有钱买钟，每次母亲需要了解时间，就会大起声音喊："四娃子，快去看一下多少钟了！"我在家中排行老四，母亲叫我四娃子。我就跑到解放碑去看碑上的大钟，那时还不认识钟点，只知道长针指到几、短针指到几，回家再告诉母亲。

来龙巷上口有一处群众艺术馆，规模不大，但相当于现在的重庆美术馆。20世纪50年代到90年代，群众艺术馆是人们心目中的艺术殿堂。我在市中区私立达育小学（现中华路小学）读小学时，母亲经常带我去群众艺术馆观看各种展览，以培养我对艺术的爱好和修养。一直到20世纪90年代群众艺术馆拆迁之前，每有新的展出，我都会去观看，算起来前后已有30多年。

群众艺术馆背后是大众游艺园，这里留有许多重庆人童年和青少年的记忆。大众游艺园在原新生活运动委员会旧房和夫子池体育场基础上改建而成，1950年10月20日建成，属公私合营性质，1952年成为国有企业，由市文化局直接领导。大众游艺园是老重庆人十分熟悉的地方，相当于上海的大世界和武汉的民众乐园。我家到大众游艺园近在咫尺，我们经常去大众游艺园看露天电影、玩游戏、看木偶、照哈哈镜。大众游艺园门票便宜，买了票可在里面耍一天。20世纪90年代初，大众游艺园和群众艺术馆被拆除，原址修建了现在的世界贸易大厦。

放学路上的逛街时光

我小学在市中区私立达育小学，即后来的中华路小学，与民权路华华公司相邻。小学五、六年级又转到凯旋路小学（今大元广场一带）。初中在凯旋路中学，即后来的红岩三中、现在的复旦中学。从来龙巷川盐四里家出来，到学校有好几条路线可以走，我经常会选择不同的路线往返于家里与学校。那时读书远没有现在这么辛苦，空余的时间多，也给了我闲逛的时间。上学放学路上，我喜欢穿过群林市场、三八商店、华华公司，一为遮风挡雨、躲避烈日，再则可打望琳琅满目的商品和熙熙攘攘的人流。我读小学高年级和初中正是物资食品非常短缺匮乏的困难时代，因此，我也会选择路上有好吃的地方驻留，比如冠生园、大众食品公司、陆稿荐、王鸭子等地方。我驻足观看悬挂在橱窗里油汪汪的鸭子、各种菜肴、食品，使劲闻着店里飘出的诱人的香味。那时口袋里没有一分钱，只能是饱一下眼福，打一个精神牙祭而已。还有一个就是有书店的街。我上学路上有邹容路的古旧书店，民权路的新华书店，石灰市米亭子的古籍书店，后来还有长江文具店旁的外文书店。对于买书，母亲会给我一点钱，古旧书店打折的旧书，花钱也不多。进书店买书的时候少，看书的时候多。我小学学习写毛笔字的字帖，比如颜真卿的《多宝塔》帖、柳公权的《玄密塔》帖，都是在米亭子的古籍书店买的。及至1966年读高中，1978年读大学，我都会时常到解放碑，再不会去看餐馆、食品店了，主要是去书店看书、买书。我读高中时买的1964年版《英语语法手册》，读大学时买的1972年版《英语900句》、1978年版《新英汉词典》、1979年版《实用英语语法》，以及1979年版《实用摄影知识丛书》等书籍，都是在解放碑的新华书店或者外文书店买的。这些书我一直保留至今。

一次在解放碑街头擦皮鞋的经历

过去的时日总是和生活的拮据、物质的匮乏、辛苦的劳作等联系在一起。居住拥挤、物质匮乏、生活简单、苦中有乐，我们那一代人，大都是这样过来的。

因家里子女多，加之父亲受到一些冲击和不公正对待，母亲后来只有辍职在家。一方面要带孩子，一方面还要帮人家做一些诸如缝纫、代课辅导之类的事情，获得一点收入。家里几个孩子，每逢星期日、寒暑假，都要去做一些零工，以补贴家用。来龙巷有一个煤店，我们星期天去打蜂窝煤，大概是打一个收入5厘钱，一天可打上几十个。我们还到朝天门码头上下货，未长成熟的身体，抬着几十斤重的化肥、粮食等物品，穿过朝天门码头的台阶，踩着颤悠悠的跳板抬上运下。我们还打过棕麻，在家里折纸盒、做水泥袋、拆棉纱等等。

上小学时，通过母亲与29中学老师联系，我家几个孩子放假后到位于夫子池的29中挖防空洞。挖出的泥土用篾筐一次装四五十斤，穿过临江门古城墙，下陡峭的石阶到河边去倾倒，一天要折返七八次。记得当时临江门还保留有一些明代城墙，1992年奎星楼房地产公司开发临江门，老街和城墙全部被拆除。

为了帮助母亲减轻家里孩子读书交学费的压力，读小学时，我还有一次到街上去擦皮鞋挣钱的经历。我自己动手钉了一个小箱子，装上刷子和鞋油，瞒着母亲，和弟弟一起大起胆子出去，在解放碑去擦皮鞋。当时天气很冷，又下着小雨，那时穿皮鞋的人不多，好不容易等来一个人，我特别认真地擦了有生以来第一双收费的皮鞋,得到5分钱。恰巧被路过的邻居看见,回去告诉了我母亲。回到家,皮鞋箱子被母亲砸烂。擦皮鞋的事就这样夭折,我再不可能去擦皮鞋了,为此难过了好几天。

皮鞋不能擦了,我又和姐姐、弟弟一起,把家里的小人书收集起来,还到母亲工作的蹇家桥小学借了一些,把几十本小人书摆在解放碑和平电影院门口旁边,一分钱看两本,前后还收入了几块钱,都拿回家交到母亲手里。

岁月沧桑,往事如烟,几十年过去了,我们生活的城市发生了翻天覆地的变化。曾经住过的老院子、老街巷已不见踪影。但是,不管岁月怎么流逝,对于我们许多人来说,儿时的记忆仍然挥之不去,难以割舍。

直辖后解放碑重焕异彩

多少人用智慧与汗水建起的解放碑步行街

如果说,解放碑的变化是重庆直辖后的缩影,那么,给重庆人民留下印象最深的并不是解放碑周边的高楼大厦,而是重庆直辖初期建设的解放碑步行街。我一生中有幸策划、主持、参与了一些重要的城市形象工程和文物建筑保护修复工程,其中直辖初期的解放碑步行街是最难忘的一个。

1997年3月15日,全国人大通过了重庆列为直辖市的提案,给重庆人带来了巨大的惊喜。人们欢欣鼓舞,奔走相告,满怀期待,似乎直辖后一切都会很快变得更好。

刚直辖的市委市政府领导当然知道,短时间内重庆有大的起步和发展是不现实的。但是,面对人民群众极高的心理需求和盼望,政府又必须在短期内有所作为,让市民感受到直辖后的变化。如何寻找一个突破点、亮点、兴奋点,让市民看到直辖后的变化,增强对直辖市的信心?领导们不约而同地想到了既有厚重历史又是城市标志又是商业中心的解放碑。

彼时的解放碑形象并不乐观:解放碑大十字是城区交通枢纽,公共汽车、电车、人力车、自行车川流不息;人行道上布满了电线杆、广告牌,电线杆上管线密如蛛网,有线电车的导轨铜线布满天空,为支撑铜线的拉绳横七竖八牵在周边电线杆上；解放碑行道树都是小叶榕、黄葛树、泡桐树，由于被建筑物遮挡，普遍生长得弯弯扭扭；解放碑周边的广告牌密密麻麻，无序混乱，严重影响了城市的形象。诸如此类，问题很多。

解放碑毕竟是重庆人民心目中的城市中心和精神家园，如果能够在这个地方用大手笔，花大力气彻底改变其面貌，将解放碑大十字改造为市民步行街、商业购物广场，这将是足以让广大市民振奋的一个民心工程、形象工程。

当时提出的这个想法令人振奋，渝中区极力支持、拥护，希望马上付诸行动。我也摩拳擦掌，激动兴奋，希望亲自参与工程建设。

但是，问题还不是那么简单，许多矛盾接踵而来。首先，负责城市交通的公安交通管理部门、市政管理部门、电车公司、市公用局提出：解放碑是城市中心交通枢纽，好几路公共汽车、电车必须经过解放碑大十字。解放碑是全市商业中心，一到节假日，大量人流通过公共交通到达解放碑，交通压力很大，若改成步行街，将会造成极大的交通组织混乱。这首先成为建设解放碑步行街一大难题。

建设步行街涉及大量管线下地，当时天空各种管线密如蛛网，涉及电车、电力、通讯、电讯、路灯等多个部门，全部下地不是一件容易的事。另外还有一个压力是，在整个步行街施工中，不能完全阻断交通，要保证周边商家的正常营业和行人的正常通行。在工期非常紧张的情况下，这给建设工程确保工期增加了不少压力和不可控因素。

1997年5月20日，重庆市委市政府在渝中区政府5楼2会议室召开解放碑步行街高规格专题会议。在听取了各方意见后，市委书记张德邻、市长蒲海清拍板，立即建设解放碑步行街，由渝中区组织实施，当年施工、当年完成。蒲海清市长还提出了一个"各家的娃儿各家抱"的办法，就是说，除了渝中区政府外，步行街建设涉及的各部门、各单位都得有钱出钱，有力出力。会议明确工程名称为"解放碑中心购物广场"。但人们习惯称之为解放碑步行街。

随即，受区委、区政府委任，我任负责现场工程建设的常务副指挥长。区政府从部门、街道抽调干部组成现场工作班子，借用群林市场拆迁办公室作为指挥部现场办公室。从步行街工程准备阶段到正式开工竣工，我几乎每天都到现场和设计、施工、监理单位研究处理各种问题。会议在现场，解决问题在现场，接待群众上访在现场，中餐、晚餐吃盒饭在现场，晚上也会在现场。

在整个工程期间，建设者们团结一心，努力奋战，确保质量，抢抓工期。至今重庆电视传媒中心主任、当时的重庆电视台《特别报道》专题部记者淦玉华还清晰地记得彼时的情景。1997年11月23日，淦玉华到解放碑现场采访，看见我带着一帮人，每人手持一把小锤子在花岗石地面上敲打。一问，原来是为了保证花岗石铺装质量，避免发生坐浆不饱满，以后出现空鼓脱落，指挥部要求对铺装的几十万块200mm×200mm×30mm的花岗石都要一一用小锤敲打是否空鼓。检查不合格的用粉笔画上一个圈，施工单位立即返工。淦玉华深受感动，也拿了一把小锤加入敲砖检查的行列。类似在工程质量、工期上的严格要求和把关例子不胜枚举。当年的建设者们怀着一颗热忱的心，团结协作、精益求精、无私奉献、努力奋战，那些难忘的场景，至今还深深留在我脑海中，不时感动着我。

在面临诸多困难和制约因素下，仅用5个多月时间就完成了24000平方米面积的解放碑步行街工程建设，现在看来，这不能不说是一个奇迹。

1997年12月27日上午8:30，解放碑步行街举行隆重的建成开放仪式。当天解放碑万人空巷、人山人海、热闹非凡，几支老年人组建的秧歌队自发进入解放碑步行街表演。我在现场拥挤的人流中，看到记者随机采访步行街上喜笑颜开的市民，市民说：我们家没有客厅，现在我们终于有了城市的公共客厅了。感谢直辖市政府给我们做了一件大好事！我当时非常感叹：当年一个在解放碑底下看钟的小孩，如今成为主持全市重点工程建设指挥部的指挥长，成为解放碑步行街亲历亲为的参与者、建设者，自豪、兴奋、激动的心情难以言表。

解放碑步行街成为重庆直辖后第一个具有标志性意义的城市形象，也成为先于北京王府井步行街、上海南京路步行街的中国西部第一条城市中心商业步行街。步行街建成后，我接待了一些来自香港、北京、上海和兄弟省市的领导，他们都惊叹于解放碑的巨大变化，从一个小小的解放碑而对重庆刮目相看，可见解放碑步行街当时的地位和影响力。解放碑步行街的巨大成功，为年轻的直辖市增添了底气、信心和美誉度，也带动了后来的江北观音桥步行街、沙坪坝三峡广场、九龙坡杨家坪步行街等步行街、商业购物广场的建设。

春去秋来，花开花落，不经意间，解放碑步行街建设竣工已25年。至今，每当我徜徉在解放碑步行街，当时建设的情景依然历历在目，看到亲手栽植的树木长成参天大树，看到解放碑永远络绎不绝的游客，心里总是会涌起一丝温暖，一种幸福感、自豪感。

解放碑形象提升进行时

解放碑步行街的建设，打开了城市蝶变的大门，历经约10多年时间，随着一系列工程项目的实施，解放碑大十字地区面貌发生了天翻地覆的变化。

1997年解放碑步行街建成后，渝中区先后又启动了以下5个城市形象提升改造项目，将解放碑城市形象提升到新的高度。

1999年4月至2000年10月，启动临江门城市环境综合整治工程。1998年朝天门广场建成之后，我向陈际瓦（时任渝中区委书记）提出建议：对进入解放碑的重要节点临江门进行综合整治改造，拆除临江门天桥，所有管网全部下地，修建临江门地下通道。这一建议得到渝中区区委陈际瓦书记的支持和市委副书记、市政府副市长甘宇平的充分肯定，并列入1999年重庆市的重点民心工程。1999年4月至2001年9月30日，我担任临江门城市环境综合整治工程负责人，重庆市设计院李秉奇担纲临江门城市综合整治改造设计。1999年7月22日，临江门地下通道动工，2000年10月临江门工程全部竣工。

2000年2月至12月，启动八一路"美食街"工程。在区委区政府的领导下，我和时任渝中区政府副区长慕福君分别负责工程建设和商业招商工作。2000年2月启动前期工作，8月1日举行"好吃街"开工仪式，12月29日举行工程竣工暨"美食街"开街仪式。

2001年4月至9月30日，启动解放碑步行街延伸段工程。解放碑步行街民族路延伸段即建设银行、会仙楼、王府井百货一段，长度约300米。我邀请了曾在清华大学建筑学院任教，刚调回到重庆工作的刘杰担纲设计。2001年5月29日，解放碑步行街延伸段开工，9月30日工程竣工开放。

2006年12月30日，重庆十大文化工程之一的重庆美术馆和国泰艺术中心开工，建设范围在五四路、临江路、江家巷围合的三角形地带，主要搬迁了重庆市公安局、重庆市公安局出入境管理处、重庆市石油公司、渝中区第一律师事务所等单位。2013年1月工程竣工，同年10月，重庆美术馆、国泰艺术中心开放。

2008年至2013年，启动国泰广场拆迁建设工程。国泰广场范围包括五四路、来龙巷、川盐四里、下青年路等路段，动迁了国泰电影院、颐之时、山城图片社、重庆九龙服装公司等单位和几百户居民。

解放碑地区的大拆迁、大建设

20世纪五六十年代直至70年代，解放碑周边的建筑大部分还是砖木结构，包括三八商店、群林市场、新生市场、华华公司等等。到了80年代，友谊商店、重百大楼、会仙楼等建筑变成砖混结构、钢混结构建筑。1992年邓小平"南方谈话"之后，当时的市中区率先启动大拆迁、大开发、大建设，高楼大厦如春笋般拔地而起，解放碑面貌再次发生天翻地覆的变化。

作为区政府当时分管城市规划建设、拆迁开发的负责人之一，我亲自参与了这场变迁。

解放碑地区最早的开发项目应该是重庆商业大厦（亦称渝都大厦）。该项目20世纪80年代末期拆迁，1992年年底实施安置，业主是重庆市渝中区房管分局。该项目称"82020"项目，即1982年2月启动之意。被拆迁单位主要有重庆百货站。

20世纪80年代启动的还有工商银行渝中区分行大厦（现在的扬子岛酒店）。该项目于20世纪80年代末期拆迁，1992年实施安置，业主单位为工商银行重庆分行组建的房地产开发公司。被拆迁单位有重庆凤凰服装公司、重庆少儿图书馆、重庆工艺美术公司、重庆古旧书店、重庆陆稿荐餐厅等。

20世纪90年代在解放碑地区启动的主要开发项目有以下一些：

八一路雨田大厦，即八一路美食街一带。该项目20世纪90年代中期拆迁，2000年实施安置，业主单位为重庆雨田房地产开发公司。

得意世界，位于较场口附近。该项目1992年开始动迁，1999年竣工安置，业主单位为台庆房地产开发公司，该项目是台商进入重庆第一个投资的项目。被拆迁单位主要有渝中区铁货、木货市场等。

依仁巷片区，即现在的重庆大都会广场、太平洋百货，由香港长江实业、和记黄埔集团投资开发。1993年至1995年拆迁，拆迁范围包括依仁巷、下小教场、五一路、八一路下段范围，动迁了重庆长江轮船公司、重庆煤炭工业公司、重庆三峡油漆股份有限公司、工商银行重庆分行、重庆钟表眼镜公司、重庆百货站、重庆干果公司、大阳沟菜市场等150余户单位和900多户居民。

群林市场片区，即现在的时代广场，由香港九龙仓集团开发。1995年4月至1997年4月拆迁，拆迁范围包括五四路、下青年路、邹容路围合的区域。动迁了群林市场、四川新闻图片社（重庆美术公司）、新生市场、亨达利钟表行、和平药房等单位和400多户居民。

夫子池片区，即现在的重庆世界贸易大厦，20世纪90年代拆迁。动迁了群众艺术馆、大众游艺园、2路电车总站、市越剧团、重庆龙门贸易公司、沙利文西餐厅等单位。

渝海城片区，即现在的王府井百货一带，20世纪90年代初期拆迁，由重庆渝海实业开发公司开发。范围包括九尺坎、铁板巷、书院街等街巷，动迁了重庆市文化局、重庆市第二中医院等单位和数百户居民。

民族路片区，即现在的建设银行重庆分行、洲际酒店，由建设银行下属重庆业成房地产开发公司开发。20世纪90年代初期动迁，1997年11月建筑封顶。动迁范围包括了民族路、大阳沟、白龙池一带，涉及重庆雕刻工艺厂、心心西餐厅、人道美店、大阳沟日杂商场等单位。

临江门、来龙巷片区，即现在大世界酒店、国泰商城一带，由重庆市都市房地产开发公司开发。20世纪90年代末期拆迁，动迁范围包括大众商场、川北凉粉店、市中区房管局、电影器材公司、市糖酒公司等单位和庆德里等居民区。

老四川片区，即现在的渝亚大厦、重庆金店一带，由重庆渝亚房地产开发公司开发。片区共拆迁360户，拆迁非住宅56户，动迁了当时著名的"老

老解放碑（视觉中国 供图）

四川"（原来的粤香村）、留真照相馆、重庆金店等单位。

新世纪片区，即现在的新世纪百货一带。20世纪90年代末期拆迁，动迁了重庆交电大楼、重庆化工批发公司、重庆灯具总店、重庆市盐务管理局、青年路商场等单位。

解放碑商圈近年来拆迁建设的项目有江家巷片区，即重庆环球金融中心（WFC），2005年动迁，由重庆华讯实业集团公司开发建设。拆迁建设范围包括五四路、江家巷、民族路围合的区域，拆除了曾是80年代第一高楼14层的会仙楼宾馆。项目于2010年1月动工，塔楼于2015年交付使用。重庆环球金融中心共78层，建筑高度为339米，是当时重庆及西部地区第一高楼。

还有重庆市供销社危改项目"纽约·纽约"大厦，动迁时间为2002年，开发商为重庆英利房地产开发公司。被拆迁单位主要是重庆市供销社。建设公寓危改项目（即英利大厦），动迁时间为2005年，开发商为重庆英利房地产开发公司，被拆迁单位有建设公寓、和平药房、重庆机电设备公司、渝中区公安分局、关岳庙等。

今日解放碑步行街（何智亚 摄）

现在回顾起来，解放碑地区城市面貌发生巨大变化，成为重庆的CBD（中央商务区），与被拆迁单位，特别是广大居民对城市拆迁建设的理解、支持、牺牲、贡献是分不开的。20世纪七八十年代，直至90年代初，市中区50多万居民拥挤聚居在仅9.33平方公里的土地上，人口密度可以说是世界之最。解放碑地区除了临街的商铺、办公楼、宾馆，背街小巷密密麻麻的房屋住满了居民，人均居住面积在3平方米以下的不在少数。就以我家来说，8个小孩，父母，加上一个老人，居住在只有30多平方米的公房里。我家住的川盐四里那时还算比较好的青砖楼房大院，但几十户人家只有一个旱厕，那种不方便现在想起来都难以言喻。但是土生土长几十年，解放碑的人舍不得离开解放碑。那时候有"宁要中区一张床，不要郊区一套房"的说法。最终，数万户居民还是舍了小家，移居到远离解放碑的其他地点，不少居民去了南坪、江北、大坪等地。拆迁建设历时20多年，解放碑终于从以居住为主的居民密集区蝶变为中央商务区。

岁月沧桑，往事如烟。几十年过去了，解放碑地区发生了翻天覆地的变化。不管怎么变，纪念碑不会变，它始终是重庆人民心目中永远的丰碑。抗战时期，纪念碑见证了重庆作为中国的战时陪都、第二次国共合作与抗日民族统一战线英雄城市的地位，见证了重庆人民同仇敌忾、愈炸愈强之精神。中华人民共和国成立后，人民解放纪念碑见证了城市的变迁、进步、发展，也见证了重庆人民面对任何困难挫折，不气馁、不言败、勇往直前、义无反顾，自强不息、生生相传的气质、性格、精神特征。

社会在发展，时代在进步，解放碑十字金街越来越时尚、现代、靓丽，它始终敞开胸怀，迎接四面八方的来客。解放碑给我们留下的回忆永远留驻心里。匆忙行走的我们，无论走出多远，回忆都能带我们找到回家的路，不忘初心、不舍乡愁、缅怀历史、展望未来、增强自信，这就是我们今天来讲述解放碑故事的缘由。

（何智亚 文）

城门城门几丈高

重庆，一座江与山构筑的城市。

房子建在山上，城墙修在江边。墙是城的衣，门是城的口。

重庆城有17张"口"，九开八闭。9个城门可通行，8个城门"守口如瓶"，从来不开。有童谣唱："城门城门几丈高，三十六丈高。骑马马，坐轿轿，走进城门遭一刀。"版权当属重庆无疑。山高水长的，要进城门来可不要骑大马、坐"滑竿儿"吗？来者若不善，谨防遭刚直的重庆人拿刀砍。

重庆地处四川盆地中著名的川东平行岭谷，与长江、嘉陵江的相交相会之处，造就了重庆城三面环水，一面依山。因地制宜，随山就水的城墙——西面齿合，南面圆润，东面尖锐，宛若一只石楔，凿进青黄相接的两江，在泾渭分明中昭示着专属于重庆城的独特与鲜明，城门也便不拘一格。

高屋耸立，大水汹涌，城墙壁垒，城门森严的重庆城不是什么人都能闯得进来的！

南宋时期，蒙古军队大兵压境，来势汹涌，四川制置副使兼重庆知府彭大雅一边打仗，一边不惜代价斥巨资和人力加固城防，在重庆打造了一座在当时规模相当大的要塞城市。当所向披靡的蒙古铁骑带着不可一世的傲慢兵临城下，未曾想到等待他们的将是千年不灭的梦魇。蒙军在攻城战中付出了惨重的代价，苍狼白鹿折戟在山峦与怒涛交织的山城堡垒，就连大汗蒙哥也战死在钓鱼城下。蒙哥汗的死唤回了包括忽必烈在内的当时正在欧洲大陆上横冲直撞的"安答"们，饱受上帝之鞭笞的欧洲人这才有了喘息的机会。重庆曾以一城之力，改变过世界历史的走向。

明朝洪武年间，重庆守将戴鼎成为集重庆城门之大成者。按"金木水火土"五行确定方位，以"九宫八卦之象"确定数量，完成了"九开八闭"的城门格局。此设计沿用至近代，也成就了重庆城17座城门的传奇。

有首《重庆歌》，老一辈的重庆人大都能够哼出，短短百余字，道尽了重庆老城门昔日的风采：

  朝天门，大码头，迎官接圣。翠微门，挂彩缎，五色鲜明。千厮门，花包子，白雪如银。
  洪崖门，广船开，杀鸡敬神。临江门，粪码头，肥田有本。太安门，太平仓，积谷利民。
  通远门，锣鼓响，看埋死人。金汤门，木棺材，大小齐整。
  南纪门，菜篮子，涌出涌进。凤凰门，川道拐，牛羊成群。储奇门，药材帮，医治百病。
  金紫门，恰对着，镇台衙门。太平门，老鼓楼，时辰报准。人和门，火炮响，总爷出巡。
  定远门，较场坝，舞刀弄棍。福兴门，溜跑马，快如腾云。东水门，有一个四方古井，正对着真武山，鲤鱼跳龙门。

前几年央视录制的纪录片《城门几丈高》里，便用地道的重庆话吟诵了这首民谣，乡音一出，铿锵而低沉，如江水拍岸般气势磅礴，道尽这座西南重镇的沧桑。

几百年来"九开八闭"的重庆老城门，陪着山城经历风霜雨雪，瞧着这门里的车水马龙，望着百姓的聚散离合……如今17道城门仅保存下来通远门和东水门两座。2010年后，人和门、太平门、南纪门相继得到发掘。这5座之外，剩下的老城门，有的仅以名字的形式留在街道名称与公交站牌上，如朝天门、千厮门、临江门、储奇门、金紫门。有的已经被抛到岁月的尘埃里,不知所终。只是它们的故事如同奔流的两江水,依旧在传唱。

朝天门

渝中半岛东边的豁口,有一道门,朝天而开!

纳东来紫气,开万丈胸襟!

它就是众门之首——朝天门。它左侧的嘉陵江碧绿轻漾,右侧的长江大水走泥。一青一黄两条大龙于此合一,乱流形成"夹马水"景观,其势如野马分鬃,激浊扬清。

朝天门,光听这名儿就很有来头。明朝时戴鼎在两江交汇处建这道最大的城门一定是费了一番心思的。如果把重庆其他16道城门看成是盘踞在山头的龙身,朝天门当属威风赫然的龙头无疑。此地天大水宽,威仪浩荡。古代的官员们在这里接天子圣谕,迎朝廷钦差。大锣敲响处,8抬大轿过来,城门便轰隆隆地朝天打开!

在几百年里,朝天门是两江枢纽,也是重庆最大的水路客运码头。如今,朝天门是重庆的地标,是重庆的牌面。如果重庆是一本适合开宗明义的书,那么朝天门一定是写在扉页的赋。

关于重庆城的概念,最早是以朝天门为坐标逐渐向四周延伸开的,所以,朝天门是重庆人心中的紫禁城,在那里出生的人,一定拥有皇族一样的尊贵。"我是朝天门的崽儿!"一句话出口,立即会收集到一大把羡慕的目光,那是大重庆人对正宗老重庆人的认可和仰视。

朝天门码头自古江面樯帆林立,舟楫穿梭,江边码头密布,人行如蚁。门外沿两边江岸有不少街巷。虽以棚户、吊脚楼居多,可也热闹成市,商业繁盛。门内则街巷棋布,交通四达。只是随着城市转型,直到20世纪90年代还繁荣着的朝天门码头,如今已经没有了商埠的功用,曾经一有货船靠港力夫便会蜂拥而至,被唤作"棒棒"的下力人如今也鲜有看见了。

20世纪90年代,重庆渝中建CBD,朝天门首当其冲:两江汇合的大码

83

头，成片的楼宇被到处伸出的钢铁吊臂拔出地面，气势巍峨，高可接云。朝天门建筑群近观犹如偌大的露天舞台，远看恰似一艘扬帆启航的巨轮，被当时的重庆市民骄傲地称作："永不沉没的泰坦尼克号"。

如今的朝天门，北峙外型挺阔的重庆大剧院，左肩重楼叠灯的洪崖洞。2019年投入使用的由世界级大师摩西·莎夫莎迪设计的集商场、办公、公寓、酒店一体的来福士大楼，以最舒展、浪漫，又不失奇绝、伟岸的姿势在曾经的大码头上，横卧于风帆造型的两座楼宇间。正是：

　　楼立两江起樯帆，卧看飞云指朝天。

随着时间的推移，大江大楼掩映中的朝天门广场渐渐成为配角。然而，这丝毫没有减缓朝天门的人潮涌动。过去人们来重庆朝天门是看古城，现今是隔江看3D城市的网红轻轨和索道。

遗憾的是，朝天门古城门已是踪迹难觅，但那道曾经的大城门却永远留在重庆人温情的念想中。

通远门

与朝天门东西相对的是重庆城唯一通向陆地的古城门——通远门。它与朝天门像两颗铆钉，牢牢地固定着重庆古城的版图。几百年来，任凭船坚炮利，雷电风雨，都没能改变得了这座古渝州城的山水模样，凹凸身形。

古重庆又像极了一片柔软的叶，叶尖是朝天门，叶茎相连处是通远门。骑马或坐轿子顺着这根"茎"走出去，可达天府平坦之地，甚至更远的地方。通远门——通向远方的门！

重庆所有的古城门都建在江边，易守难攻，优势明显。唯有通远门独立于西边陆地，像打马出阵的一员大将，在擂鼓呐喊声中单挑来自陆路的进犯者。壮哉——通远门！

"克壮千秋"是通远门城门上的4个大字，期待其千秋长久。筑城人还特地在通远门左右两边设置了金汤门与定远门，寓意"金汤坚城，挥戈定远"。

如今定远门早已踪迹难觅，而金汤门则以金汤街的名义保留了一丝存念。金汤街口烟火美食，挨着始建于1951年的川剧院。再往后则是民国时期英、法、美、德等领事馆和各国领事集中的"领事巷"。金汤街像一个时空机器的入口，一头连着嘈杂喧嚣的闹市，越往里走越能感受时间流转，在那尽头便是通远门。

从金汤街城墙入口一侧，沿着一道略显狭窄的青石阶梯拾级而上，在城墙的顶上有3座浮雕，叙述了3个与通远门相关的筑城、守城、攻城的历史故事。

南宋末年，忽必烈强攻重庆，守将张珏血溅城门，重庆失守，那是通远门第一次大规模血战；明末崇祯年间，张献忠围攻重庆。入城后，张献忠大肆杀戮以泄愤，尸体抛在通远门外七星岗一带，成为骇人听闻的乱葬岗，也就有了《重庆歌》中"通远门，锣鼓响，看埋死人"的说法；还有秦良玉救渝、1886年重庆教案、"三·三一"惨案等。

如今在通远门城墙外立有重现明末农民起义军攻城的塑像。每每于某个寒夜从灯影晃动的城墙下路过，抬头见云梯高悬，雷石滚落，再见城头上的将士拉弓挥臂，口目大张，战场倏忽在咫尺之间，恍惚中似有刀斧擦火，血光闪现。

看着那盘踞着老树根的斑驳城墙，让人想起稍早一些的重庆都市怪谈里，"七星岗闹鬼"总是绕不过的话题。想必是传者依然想要警醒世人，在这座平安喜乐的城市里，祥和与幸福曾是用多么高昂的代价换来的。

如果贪图享乐与消沉，只怕在某个雷雨交加的夜里，那些静默在城墙之上的铜塑，会再次发出嘶吼，让人冷不丁地铁马冰河入梦来。

如今的通远门如同一个经历沧桑的传奇老人般平和而持重地伫立，风雨动荡的年代已经过去，乱葬岗成为通途。通远门城楼上不再有守城战士，而是享受着慢生活的市民。他们和城墙、茶肆一起组成一幅老重庆市井图。不见了那入城要道的肃杀与紧张，通远门本身也失去了功效，和它的城墙一起成为了通远门城墙遗址公园的一部分。

然而，通远门却以另一种方式存在着。

和平隧道，紧邻通远门旁，因建有两个隧洞，形状若门，不少人还以为这两个门洞就是通远门古城门。其实，这是个误会。

和平隧道工程于1947年7月竣工通车。此前，将原来的培德堂街、五福街、金鱼塘街、走马街合并改建成公路，名曰：和平路。和平路到通远门就止住了，高耸屹立的通远门那道山梁将城内城外隔阻为两半，公路不能连通。修隧道，为的是交通畅通，因隧道洞位于和平路上端，这才起名叫作"和平隧道"。

脱离了战火的苦难，城墙却成为城市的牢笼，和平隧道打通了城墙的桎梏，联通古城的内外，走向开放与发展，这何尝不是另一层含义上"通向远方之门"呢？

和平隧道托身于通远门的城墙，亦是通远门的延伸，是它在新时代中赋予了古城门新的意义。

几百年前它是唯一，几百年后依然如此。

东水门

重庆城中仅存的两道古城门中的另一座是东水门。

东水门，从重庆17座古城门中脱颖而出！它是正东的城门，却以最平民化的姿势，侧过脸去，门不朝江，而向北打开！

东水门的名字与西水门相对应，民俗有面南背北左东右西之习。西水对东水，西闭而东开，恰好龙凤之俦，天成一对。

不似通远门的金戈铁马，东水门曾是过往南岸的主要渡口，也是重庆通往云贵的要津。各省来的客货船尤其是江南一带的满载"苏货"的船多在东水门外停靠。这些苏货大量运来，使东水门内商贾云集，各种字号、货栈林立。货架上、柜台上，商品琳琅满目，应有尽有，是昔日重庆最繁荣的地方之一。所以东水门的周边也是重庆会馆修得最多的区域。鼎盛时期，东水门一带修有二三十家会馆、公所。其中江南会馆、湖广会馆以及广东会馆三大会馆紧靠东

远眺朝天门（张岩 摄）

水门而立，明清时期的建筑群错落有致地分布在周围。这热闹的景象一直持续到抗日战争时期，城垣已拆，到处可以出城，便改由紧挨着的望龙门渡江，东水门一带才冷落下来。

几十年间，东水门开始很耐心地迎送小商小贩们从这里进进出出，仿佛有意侧身倾听沿山而建的吊脚楼里每日里锅瓢的脆响；细听小巷人家黄昏时呼儿吃饭的悠长；有意要细听每天十几趟开往南岸的过河船在江上悠悠地"突突突……"，侧耳细听花3分钱上下的望龙门缆车小心地"叮叮当当……"

如今湖广会馆依然作为重庆都市旅游的重要景点，终日迎送着数不尽的游客。黄墙青瓦间，道不尽的沧桑变迁。而从游人如织的湖广会馆出来不过数百步的地方，东水门便静默地立在那里。

同湖广会馆相比，东水门老街显得有些萧瑟，甚至好多本地人都不曾晓得还有这么一处厚重的古迹。仅有百把十米的街道上，原东水门城墙下的旧木房被黑瓦白墙的仿古建筑所替代，崭新又让人怀旧，是说不尽的故事；滨江公路从脚下延伸而去，似无边无尽，让人恍然想起，身处这条恬静的古街，俨然在那悬崖峭壁之上。

"东水门，有一个四方古井，正对着真武山，鲤鱼跳龙门。"而今四方井早已经无迹可考，但城门对面正是南岸的真武山，长江中以前曾有巨石，王尔鉴编纂的《巴县志》便有记载："水中二巨石，各大书楷行'龙门'二字，皆宋绍兴中刻。"这大概就是"鲤鱼跳龙门"的来处，对面的龙门浩也得名于此。

东水门已经没有了太多存在感，城门显得低矮而脆弱，抚摸过风化而微凉的石砖，猛然碰着了那些个很久的以往。就连城门门额曾经遒劲有力的"东水门"3个字也已模糊不清。东水门仿佛已经如同它作为码头的历史使命一同终结了。

码头虽然成了历史记忆，但就在老街的头顶，以东水门命名的东水门长江大桥炫目亮相。它承继了送南迎北的古码头的憨直与倔强，像个阳刚十足，荷尔蒙爆棚的男神，健硕又帅气地牵手南岸与渝中。轻轨列车从它胸膛上龙舞一样地扑过来，入夜的山城万家灯火铁水钢花般地绽放。在此，历史与现实，积淀与速度，高调撞上！

看见每个来重庆打卡的旅游者和重庆人的脸上都泛起欢喜的光亮，那是由衷的惊艳和自傲：

祝福大重庆——明天更好！

（梁奕 文）

磁器口：被历史的风吹拂的一隅

不记得在哪儿听说过这样一句话：没有被历史的风吹拂的地方，再好的风景也是死的风景。"吹拂"这个词，真是传神。在我看来，磁器口古镇便是偌大世界之中被历史的风吹拂的小小一隅。

确实，磁器口很小，小到只有薄薄一条青石长街，浅浅几处窄巷；磁器口又很大，幽幽深深，目不可测。这小与大并非比喻，而是她存在的张力。

昔日，磁器口因浩荡的水码头而有"小重庆"之称，如今她被称作"老重庆的缩影"。1997年，重庆发行一套《最后的回忆》地方磁卡，与解放碑、通远门、临江门并列的就是磁器口大码头。无疑，磁器口是重要的、珍稀的历史文化遗存，但很少有人想她因何而重要。自然，也不会去思索这么一个问题：我们见到的磁器口究竟是如何构成的？而人们到底喜欢她的什么？

要我回答的话，解析磁器口实际有两个答案，一个是所有人一览无余的那个视觉意义上的磁器口；另一个磁器口，则可能需要依托想象而完成，准确地说，是借助历史遗留的线索还原。抑或，磁器口原本就是由这两部分——看得见的和另一些看不见的——所构成。

磁器口拥有"一江两溪三山四街"："马鞍山踞其中，金碧山蹲其左，凤凰山昂其右，三山遥望，两谷深切。凤凰、清水双溪潆洄并出，嘉陵江由北而奔，江宽岸阔，水波不兴。"

重庆文化学者何智亚这样描述古镇:"一条石板路从江边蜿蜒逶迤,向上坡方向延伸,顺着石板路进入场中心就是千年古寺宝轮寺。随地形的起伏变化,街区形成若干曲径通幽和富于转折变化的小街巷。街巷的建筑依山就势、错落有致,有小天井四合院建筑,有穿斗木壁结构小青瓦民居,有砖木结构和砖石结构的院落,也有民国时期中西合璧的近代建筑。各种建筑相连成片,构成独特的山地沿江城镇建筑景观和风貌。"磁器口的主体其实就是一条石板街,最宽不过七八米,多为三四米。我的朋友、建筑文化作家舒莺认为,这正好是适合人行、骡马载货的宽度,也是不紧不慢、徐徐而过的老尺度。不远不近,擦肩而过与相向而行。她有一个观点很有意思:"正是这个距离感使得古镇富于人情味。"

古镇的韵味,除了老街巷,其精髓还在于民居。磁器口的钟家院,建于清末,在布局和构造上采用二进院落的格局,既无飞檐翘角的戏楼,也无雕梁画栋的装饰,朴素的卯榫梁柱与朴素的木格窗棂,十分低调。但流连其中,其许多细节却耐人寻味——廊柱上悬挂的楹联,表达的都是"耕读传家,诗书继世"的古老家训;房间里摆设的老家具,可看到曾经闲适而精致的生活;宽敞天井里,丹桂馥郁,已有些风化的石缸中,睡莲慵懒地开着。在古镇,保存基本完好的院落还有多处——翰林院、深水井、童家院、戴家院……老实说,古镇上简朴的民居院落,与徽商的深宅大院或江南精致园林相比,是有云泥之别的。但身处深宅大院或江南园林,总有一种隔膜,怎么也觉得是别人的风景。而置身磁器口的院子,就像在自家老屋,像是回"爷爷奶奶的家"。也许这就是老院之于磁器口,磁器口之于重庆城的意义。

磁器口另一特征是庙宇多,曾有"九宫十八庙"。古镇保留至今的庙宇建筑中,历史悠久、规模宏大的,要数宝轮寺。依山而建,面江而立的宝轮寺,历经千年,附着了众多真伪难辨的传闻。该寺兴建于隋唐,据说建文帝曾隐居于此。建于明代的大殿,不用一根铁钉经历数百年而巍然屹立,还躲过日本飞机的狂轰滥炸。如今游客来到这里,仍然虔诚地进香礼佛,祈求平安。香客不一定清楚其历史,朝拜者也不一定知道它的传奇,人们需要的是,在千年不变的古老仪式中让心灵泅渡向宁静的彼岸。

建于清代的宝善宫是一个四合院，位于磁正街丁字路口。初为道观，由木楼合围，势低一端有戏楼高搭；中庭石板铺院，古树荫荫，华盖蔽天。院中一立，便有沉雄古意袭身。20世纪30年代，宝善宫曾一度作为内迁的课堂，诺贝尔奖获得者丁肇中幼年在此就读。如今，宝善宫除设有"丁肇中纪念馆"外，还是"茶文化馆"，有传统茶艺表演，川剧变脸——寻幽访古的人们来到这里，泡一杯盖碗茶，听一段折子戏，就仿佛回到了百年前的古镇。

金碧岩上的文昌宫，宫殿已毁而寨门犹存，残垣断壁的遗址更让人平添几分幽思。过金碧桥往右，"华子良脱险处"几个大字刻在一面绝壁上，十分显眼。有人说，当年徐悲鸿画《巴人汲水图》，就是在这里取景。因为空旷，这里成了登高望远，俯瞰山川美景的好地方。在山城多雾的早晨，城市高楼消失了，远处的山岭如蓬莱般漂浮，似有若无的江水，从九石缸静静流淌。

上面说的，大概就是人们对于磁器口的印象了。然而，还有一些事物是看不见却又确凿存在的。而恰恰是这些不被看见的事物构成了一座真实和完整的磁器口。这一切都在述说，磁器口是如何区别于国内其他古镇的。

我觉得，首要便是两个对立又顺应的名词：马鞍山与嘉陵江。

磁器口"三山并列"，但最根本的还是居中的马鞍山（很多人在古镇游览时几乎都不会发觉自己其实正沿着山脚行走）。事实上，古镇的走向就是马鞍山的走向。马鞍山算不上大山，名山，但确确实实是一座有故事的山。人们不了解她，不意味着她不重要。事实上，磁器口的整个发展史都与她相关，没有马鞍山也就没有这座古镇。某种意义上，沉默的马鞍山与不绝如缕的嘉陵江，这一山一水，一动一静，一同构成了磁器口的图腾。

磁器口，古名白崖，历史上长期隶属巴县。宋代就有商贸业，史料上称其为"白崖市"。这里解释一下，古代所称的"市"，并非城市，市镇都算不上，更接近我们现在说的庙会。古时偏远地区怎么购买日用品？商品如何流通？——全靠庙会。有市，说明这儿宗教文化比较发达。此之前，我们应知道的是，磁器口为何有庙？

白崖原为远古巴人贵族墓葬之地，汉代时期大量江州居民在此建墓。巴地历代崇尚神龙，而白崖背山靠水，马鞍山其整体山行，似龙脉东衍。既是龙山，又兼白崖神的民间传说，白崖山就成为人们礼拜之地——香火不绝，渐渐有了白崖神庙。之后才有了川东名刹宝轮寺。这条脉络实际上隐含了磁器口兴盛的起因：一是风水与自然环境，二是交通。

磁器口作为水路要津的定位始于汉代时期，那时磁器口的陆路又在哪里？答案是：马鞍山。磁器口在汉代就有较为便利的民道。白崖，即为古驿道。据史志介绍，当时古人要去往歌乐山，唯一一条路径——就是马鞍山，除此再无捷径。民国《巴县志》中所载，重庆往川北、陕西的驿道干线正北路，经过今磁器口，即"十里白崖"。

如果不是水陆通会，江山交望，就不可能有市，更不会有后来这座重要水码头。反过来也成立，是时运选择了这个位置——磁器口。有码头，便有了集市，有了故事。不得不说，颇显悲情色彩的建文帝来宝轮寺挂单的传说，极大地增加了磁器口的神秘性和知名度，以至于在历史上很长时间里，磁器口都名为"龙隐镇"，而宝轮寺则改成"龙隐寺"，故"龙文化"异常发达也是磁器口一大特征。然而，真正给磁器口带来兴盛的并不是这些故事与传说，而是产业，也就是我要提到的另一个关键词：瓷。

来过磁器口的外地人，都有一个疑问：磁器口，顾名思义是卖瓷器的集市，看起来却跟瓷器并无多少关联。事实上这应该是一系列疑问：磁器口原名白崖，因建文帝在此隐修而得名龙隐，后来被改称磁器口——但是，为何不是"瓷器口"？上述疑问里，其实隐藏着一部蜿蜒的古镇生长史。

磁器口制瓷业最早萌生于湖广填四川，当时福建汀州的江氏三兄弟来到巴县白崖镇，选址青草坡，给磁器口带来了真正意义上的手工业——制瓷作坊。江氏家族在此开设瓷厂，延续8代，开创了一个日后影响巨大的日用瓷品牌——沙坪窑。随着瓷业崛起，磁器口成为瓷器重要销售与中转口岸，装船外运，远销各地。"北至陕西、南充、遂宁，西至宜宾，向东出川到湖北等地，供不应求。"因瓷器贸易兴盛，民间又将龙隐镇称为"瓷器口"。但"瓷器口"为什么变成"磁器口"？据说，这点小改动源自古人对于字句的考究。重庆著名文史专家林必忠先生认为，"磁"与"瓷"通假，但"瓷"仅只是单一词汇，而"磁"意更多，既有瓷的意思，也包含制瓷所需材料。因此，"磁器口"最准确的含义应是"制瓷产地"与"瓷器销售口岸"。

瓷业极大促进了水码头的商贸，百业竞兴，以至"白日千人拱手，入夜万盏明灯"。"千人拱手"指每天都有上千只船划向码头，"万盏明灯"指入夜后码头边点亮的油壶、电石灯和汽灯如繁星闪烁。这种繁盛景象在抗战时期达到顶峰，成为许多老重庆人和下江人的共同记忆。随着时代变迁，航运渐渐退出历史舞台，磁器口瓷业也定格在历史中成为一帧远去的影像。

然而，有些记忆是永远不会褪色的。由于特殊位置和自然环境，磁器口曾作为风起云涌的沙磁文化区的核心——容纳多达上百所学校，一度大师云集，形成了独特的抗战文化、名人文化。教育大家高显鉴、梁漱溟、马寅初、张伯苓，画坛巨擘如常书鸿、傅抱石、秦宣夫、吴作人、徐悲鸿、张书旂等，文化名人巴金、丰子恺、郭沫若、王临乙、夏云瑚，以及政界名流林森和著名科学家丁肇中等在磁器口均留下或深或浅的人生印迹，构成了这块地域的一分荣光。

历史总是由人创造和组成的。所以，"吹拂"的真正含义，是历史上的人们与这片地域相互交织、浸染、滋养的过程。这个隐形的古镇事实上才是古镇的灵气所在。她应该被更真切地"看见"。

（宋尾 文）

天下大足：中国石窟艺术的下半场

那条河有自己的名字。在唐朝，她叫"大足川"。

对的，就是这样说出她的名字。用你南腔北调的舌尖，来说出大地上盛放的满足："大足"。她的发音简单、平缓、雍容。半个晚唐和宋朝的南方，也在"川"的富足里复苏了，搅动了。

公元3世纪，源自古印度的石窟造像艺术传入中国，在北方兴起了两次造像高峰，并留下了多处鬼斧神工之作。但至公元8世纪中叶（唐天宝之后），北方战乱频发，王朝风雨飘零……外忧内患间，盛极一时的石窟造像艺术似乎正在走向断绝。

嗟叹惋惜之际，一个神秘的现象却出现了：在中国丰沃柔媚的南方，洞窟造像艺术却悄悄兴起，且呈现出蓬勃发展之态。从公元9世纪末至13世纪中叶，在昌州（今大足）境内，建成了以"五山"摩崖造像为代表的石刻艺术，形成了中国石窟艺术史上的又一次造像高峰，从而把中国石窟艺术史向后延续了400余年！此后，中国石窟艺术停滞，其他地方未再新开凿一座大型石窟，大足石刻也就成为中国后期石窟艺术的杰出例证。

大足石刻以北山、宝顶山、南山、石篆山、石门山（简称"五山"）摩崖造像为代表，是中国石窟艺术重要的组成部分，也是公元9世纪末至13世纪中叶（中国晚唐景福元年至南宋淳祐十二年）世界石窟艺术中最为壮丽辉煌的一页。

是什么，让这神秘的石窟艺术完成了从北到南的悄然转移？是自然，是天意，是人的心——或许还有一个答案，是河流的流动和等待。

有河流的地方就有人。在中国的西南，也名为濑溪河的大足川和周边的几条支流一起，冲积出一块神奇的丘陵地带。她和北方大地一样古老，多情又富有想象。她宠辱不惊地望向天空，似乎浩渺宇宙里有一双眼睛，也在回望着她，并已经给她安排了最好的命运。

公元650年（唐永徽元年），大足川奔流不息。她在等待一个人，一群人。等待大地露出它那积攒已久的山顶、石壁、洞窟和河湾。她紧贴大地，已经听到了北方金戈铁马的铮鸣，听到了车轮碾在干土上的声音，听到了一大批匠人所携带的工具撞击他们口袋里石头的声音。

河面上，笼罩着柔和的月光。

石窟造像艺术作为一门手艺，离不开匠人们的传承和造艺功夫。同时，关于遥远南方温暖而舒适的想象，使南下的匠人越来越多。

她看到我了。这是我，一名唐代的匠人。在大批工匠和商贾向南迁徙的路上，我们走得风尘仆仆。在北方的石窟中，我曾经年不息地凿刻石壁，我熟悉石头。远远地，我就闻到了石头的味道。

在昌州，行进的队伍慢了下来。我的祖上是蜀国人，此地的吃食让我忘乎所以，另一个原因，是我感到有什么物质正磁铁般地吸引着我。工匠们已经出发，我却借口贪看那2月的彩灯和舞龙，留了下来。这天夜里，一曲清雅的笛声穿透了我的灵魂。我跨上一匹迷途的老马，它带我来到城外，来到了一条大河的河畔。

河面上，似有小船从雾里驶出。我欲转身走开，笛声却又响起。我如在梦境，一位着白衣的仙女般的女子，已到我的跟前。

"你是谁？"我不禁问道。

"我是大足川。"她说。

对她的回答，我不甚明白，身边的山脉却裂开了道道弯曲的裂缝。天上升起了一轮巨大的月亮，将天地间映照得亮如白昼，密匝的鸟群栖息在扇形的树冠上。风从河谷吹来，带着青草的香气。

我猜大足川或许是河神的化身。

"我在哪里？"我又问道。

她没有回答我，只将月白色的宽袖朝空气中轻轻一挥："你看。"

顺着她的指引，我惊讶地睁大了眼睛：群山排列，如大地的巨人露出头颅和肩膀；河流密布，宛如蛟龙奔涌而至。山水交融，气候温润，最最难得的是，千百年来的地壳运动和地质堆积，形成了大量摩崖造像所需要的立体画布。一面面或光滑、或粗粝的岩壁悬挂在高高的山上，经日晒雨淋挤干了多余的水分和线条，等待着一双双能工巧匠的手再次将它们塑造。

"你可以用指尖去识别它。"她说。

我心里一阵狂喜，扑到一面石壁上，像久别重逢的老朋友。我伸出手去，抚摸着一块光洁如玉的石壁，几乎不需要草图，我就知道它在手中会变成何种模样。我掌心的温热弥漫开来，在北方的洞窟里，我曾经雕刻的无数画像正在远方回应着我。

我的眼睛湿润了。本来，我已经准备改行去做点别的。我摊开我的双手，它们因为即将大展宏图而不住地颤抖。

"你是在等我吗？"我斗胆问道。

"是，也不是。"她点了点头，又摇摇头。

"即使你不是在等我，我也愿意死在这里。我就是一个工匠的命。"我遥遥地指向身后的群山。

"你不介意自己的名字并不为后世所知晓？"她爱怜地看着我。

"我的命在岩壁上。"我骄傲地说。

"好，我答应你，你死了以后，可以选择栖身在你所造的像中。"

"我想我可以做一头石狮子。"我说。

葳蕤的植被，很快遮盖了我们的脚印。清晨即将来临，大足川就要上船离去。我忍不住又好奇地问道：

"你还在等谁？"

"一位理想主义者。"她笑道。

我知道她在等谁。那是几百年之后的事了。如她所言，在我死后，她把我变成了一只崖壁上的石狮子。我的眼珠会在夜里转动，会追赶天上的闪电和交谈的鸟群，我会想念我在中国南方和北方的作品。如果你到大足石刻来，如果那天我又心情不错的话，说不定会朝你眨眨眼。

既然大足川等待的人不只是我，那么，还会有谁？我想，就称之为你吧，这样亲切。

公元885年（唐光启元年），昌州由静南县迁治大足。此时，"天时地利人和"似乎万事俱备。唐至南宋，茫茫400余年，这等待望眼欲穿。我知，她知。

终于，你走进了我们的视野。今天人们说到大足石刻，总会提到你：宋朝僧人赵智凤。

"传自宋高宗绍兴二十九年七月十有四日，有曰赵智凤者，始生于米粮里沙溪。年甫五岁，靡尚华饰，以所居近旧有古佛岩，遂落发剪爪，入其中为僧。年十六，西往弥牟，云游三昼。既还，命工首建圣寿本尊殿，因名其山曰宝顶。发弘誓愿，普施法水，御灾捍患，德洽远近，莫不皈依。凡山之前岩后洞，琢诸佛像，建无量功德。……初，是院之建，肇于智凤，莫不毕具……"这是迄今为止所发现的直接反映赵智凤生平事迹唯一的文字资料。

传说般的文字中，似乎难以瞥见这位佛教传人的真容。但只要在宝顶山走走，就可理解什么是大足川如先知般定义的"理想主义者"是怎样的人，或者是当下流行的说法：那是生命最好的修行。

在赵智凤的带领下，宝顶山摩崖历时70多年，是中国唯一一处密宗曼荼罗。"纵横五里，多达十三处。"其中大佛湾的摩崖造像是宝顶山石刻艺术的精华所在，在三山石岩的马蹄形山湾内，刻出了长达500米的宗教艺术走廊。

这里的造像都经过了赵智凤的设计，先开凿小佛湾为蓝本，再统一布局，在大佛湾扩大雕造。佛教的教义碑连环画式的石刻通俗图解，一组组表现佛教人生观、世界观、修持方法以及儒家伦理，大型高浮雕巨龛相连，气势磅礴。

有人称它是"几乎将一代大教收罗毕尽"。其造像题材不重复，构图严谨有序，图文相间，表现手法朴实无华，自然生动，将深奥的佛教义理通过活生生的艺术形象和风俗情节体现出来。

赵智凤耗费了毕生精力，把他对佛法和艺术的理解，倾尽在了这山谷的浮屠世界中。

然而，以他一己之力，是断不能完成如此规模宏大的大足石刻的。那些不说话的石头见证了，在长达1200年的时间里，多少信众捐款捐物，聚沙成塔；多少匠人为它舍生忘死，呕心沥血。

这一切也因宋朝的经济和文化而兴。要完成这些巨幅大作，需要非凡的天分与深厚的功力，造像的每一个环节都浸润着科学思想与审美情趣的结合，凝聚着心血和智慧，从而使大足石刻成为具有中国风格的石窟艺术典范。

规模宏大、意象万千的宝顶山石窟和美神荟萃、形若画廊的北山石窟，仙风道骨、神形完备的南山道教石窟，释踪仙迹、佛道合一的石门山石窟，还有稀世罕见，可谓凤毛麟角的儒、释、道三教合一的石篆山石窟一起，众多石窟组成了今日大足石刻的全部面貌。它集儒、释、道三教为一体，熔民族文化与外来文化为一炉，博采兼收，开拓了中国石窟艺术的新天地。

就在这里，差点断绝的中国石刻艺术，再次迎来了辉煌，且前有古人，后无来者！从中国晚唐景福元年至南宋淳祐十二年（9世纪至13世纪中叶），完成了隐于山水间的巨石艺术方阵：近50000尊造像对着悠悠宇宙，吐露着大地的心灵之歌。

中国石刻艺术的下半场，在这里尘埃落定。

1999年12月1日，大足石刻被联合国教科文组织列入《世界遗产名录》，被认为符合下列3条标准：第一，大足石刻是天才的艺术杰作，具有极高的艺术、历史和科学价值；第二，佛教、道教、儒家造像能真实地反映当时中国社会的哲学思想和风土人情；第三，大足石刻的造型艺术和宗教哲学思想对后世产生了重大影响。

这是继敦煌莫高窟后，中国第二个进入《世界遗产名录》的石窟艺术。

大足川仍在奔流不息。

人们叫回了她曾经的名字濑溪河，这样更有烟火气，"大足川"，这神圣的名字啊！她被尊为大足的母亲河，从大足中敖镇出发，与嘉陵江、沱江等一

大足石刻（沈歆昕 摄）

起，为这片土地增加着灵气。在大足石刻成为世界级文化遗产后，人们从四面八方赶来，涌入宝顶、大佛湾，人们也像一条流动的河。

蓦然回首，已是千年身。和我一样，匠人们的灵魂最终都变成了一只只石狮子，一级级台阶，变成了造型各异的无数佛像的手。每天，我们听到悦耳的女声在介绍：

"北山摩崖造像位于大足县城龙岗镇北 1500 米处，开凿于唐景福元年至南宋绍兴三十一年，造像的万尊，以其雕刻细腻、精美、典雅著称于世，展示了晚唐至宋代中国民间佛教信仰及石窟艺术风格的发展、变化，被誉为唐宋石刻艺术陈列馆。"

"宝顶山石刻共 13 处，各种雕像 15000 多躯，主要造像有千手观音，卧佛等。大足石刻的千手观音有 1007 只手，被誉为天下奇观。"

何为超绝？就是这样：

"大足石刻是洞崖造像向摩崖造像发展的佳例。在诸多方面开创了石窟艺术的新形式，风格多样化，生活气息浓厚，充满了人间烟火和众生相，是当时人民安居乐业的生活写照。"

一句话，它既有高超的艺术水准，又有民间的智慧，真正是生机盎然，贴近大众，是一幅从唐到宋的人世间巨幅画卷。

我想，人在世上活着，就难免有祈愿，有相信，有作为。这是大足石刻从唐永徽元年（650）就埋下的秘密。

多少年来，我伫立在石壁上，观看着来来往往的人。

有一天，一位穿白衣裳的女子在经文前虔诚地跪下，我那颗沉寂已久的心脏突然莫名地狂跳起来。她低头喃喃自语，似乎在祈祷着什么。突然，她抬起头来，对着我嫣然一笑。是一位长相和大足川一模一样的女子。我惊呆了，等我再回过神来时，她已经消失在络绎不绝的人群中。

（敖斯汀 文）

钓鱼城：说不尽的迷离与伟岸

有诗曰：那时候，所有的故事都开始于一条芳香的河边，涉水而过，芙蓉千朵……（席慕蓉）

在重庆这片有着大川大山的地方，所有的故事都离不开河流。在大江边长成的重庆人深谙水性，深懂大江大河……正如美国黑人诗人兰斯顿·休斯所说：我了解河流／比我们的血液还要古老的河流／在夕阳下泛着金光的河流／我的思想变得深邃／我的灵魂变得深邃……

沿重庆人称为小河的嘉陵江溯流而上 56 公里，有一座叫合川的小城。和四川所有的小城一样，生气勃勃而朴实无华。三条大江——嘉陵江、渠江、涪江在此汇流立即使其非同凡响。

真正让这座城市更加非同凡响的是离它 5 公里，嘉陵江南岸的钓鱼城，一座坐落在悬崖峭壁之上的更小的城，一座由石头垒起来的城。三江汇流后的嘉陵江在它的脚下抛出一个圈，像极了蒙古人套马杆的那个套。760 年前，一场凶险的民族生存战争使它名扬中外。

坐车从现在的合川城区出发，过嘉陵江大桥抵南岸沿公路行约数公里，眼前陡然出现一座完全耸立在悬崖峭壁上的石头城，它那连绵的巨石垒起的城墙，那赳赳雄风磅礴气势立即使你产生一种敬畏之感：这是一个坚不可摧的堡垒，世上没有任何军队能攻得上去！

我耳边响起央视纪录片《天神折鞭之地——钓鱼城》男播音员那低沉浑厚的声音:"760年前,世界的中心,不在腐败衰落的中原王朝,也不在宗教黑暗笼罩的欧洲,而是在草原深处,鄂尔浑河畔的哈拉和林,蒙古帝国的首都。随着成吉思汗的迅速崛起,蒙古铁骑将草原帝国的疆域向西推展到俄罗斯,整个西亚;向东至高丽,向南至长江流域。蒙古的扩张,深刻地影响了世界。然而,一个无名的城寨却刹住了狂奔的蒙古战车……"

钓鱼城的小与大

在钓鱼城护国门下原来的狭窄的河滩上,现在建成游客中心,所有游客要上到悬崖上的城堡,要么坐摆渡车,要么沿陡峭的石梯拾级而上。我年纪大点,是坐摆渡车上去的。

其实坐摆渡车上去是对的。那条公路途经马鞍山盘旋而上,山腰正是钓鱼城西北的外城墙,山头上还有一段并没有建在峭壁上的内城墙,此处是貌似坚不可摧的钓鱼城的软肋。760年前,蒙哥汗的军队正是在外城墙下挖了一条地道,在一个风雨交加的黑夜里攻破了外城墙,差一点就攻破内城墙,那是整个钓鱼城保卫战最暗黑的时刻。当然这是后话。

摆渡车停靠处是一个比一般足球场要小的坝子。坝子由有些年代的石头铺成。据说此处便是古钓鱼城的练兵场。

据20世纪80年代在西师读书的嘎子同学讲,他以前来时,没有现在青条石筑成的城墙和跑马道,但是有这个练兵场和护国门。现在插着旌旗的城墙都是后来旅游部门修的。不变的是那些因风尘刻画出岁月痕迹的地基。

有篇研究钓鱼城历史的文章说,真正的钓鱼城早已在地下,地上的都是后来建的。在现在的城墙后20米的某一处,有一段标注着宋代城墙的遗址。那是倾斜的,由长满荆棘的石头垒成的城墙,显露出一角真正的宋代钓鱼城面目,沉默地矗在那里,注视着前来寻古思幽的我们。

现在的钓鱼城海拔391米,面积2.5平方公里。它真的很小,练兵场很小,复原的军队营房也小,加上一个很小的复原衙门和一个很小的祠堂,好像还有一个小小的庙宇，参观它不用半天时间。

与它的小对应着的是它史诗般的宏伟：它改变了中国，甚至改变了世界。它刹住一路狂奔的蒙古战车，甚至弄死了骄傲无敌的蒙古大汗，天神在此折鞭，天神死了。你敢相信吗？你敢相信这么小的地方竟然会发生那么大的事吗？

千古事，欲说还休

关于钓鱼城，关于 760 年前在此发生的钓鱼城保卫战，关于死于钓鱼城下的蒙哥大汗，目前可以查到的史籍资料纷繁复杂。仅蒙哥大汗之死的说法起码有 20 种以上。

央视版的《天神折鞭之地——钓鱼城》，我看了好几遍。老实说，该片在我看到或听到的官方说法中算最靠谱的。光冲该片的片名——"天神折鞭之地"，就知道制作方求实的态度。4 集纪录片拍得很认真，采纳了一些主流史料但也没把话说死，也承认钓鱼城之战因缺乏一些关键实证和史料而显得迷雾重重……

但是，该片仍然不能完全解答我心中关于钓鱼城的疑问。

我也想试析一下钓鱼城之战。准确地说，忍不住，想说。

发生在当时世界中心，蒙古帝国的首都哈拉和林，并影响了整个世界的大事件是蒙古帝国的第二任大汗窝阔台之死。

1241 年 12 月，蒙古帝国第二任大汗窝阔台突然死亡，此时正值蒙古帝国发动的"长子西征"（第二次西征）的高峰。蒙古帝国的长子们所率蒙古铁骑横扫俄罗斯及东欧，全歼匈牙利国王率领的军队。距离神圣罗马帝国的首都维也纳仅 10 多公里。就在这一年，窝阔台去世，西征的诸位长子需要赶回鄂尔浑河畔去选举新可汗。"长子西征"因此结束。

"长子西征"的结束让水深火热之中的欧洲长舒了一口气，但也是蒙古帝国分裂的开始。在西征就为喝酒的事和拔都统帅差点打起来的窝阔台长子贵由，在母亲的精心策划下得继汗位，第二年就发兵攻打手握重兵的拔都，可是还没走拢就一命呜呼了。结果蒙哥在拔都的支持下登上了汗位。

蒙哥汗继承的是一个已显分裂端倪的蒙古帝国。向西是不太愿意承认他汗位的窝阔台汗国和察合台汗国。往欧洲方向看，就是横亘在他面前的拔都的钦察汗国（俄罗斯及东欧），再向西亚方向，就是旭烈兀建立的伊利汗国（伊拉克、伊朗和土耳其等国）。这些汗国的兄弟们一个个都是强悍无比、建功立业的蒙古统帅。因此，自尊心极强并急于建立功勋证明自己的蒙哥汗只能把征服的目光瞄准南方的南宋。

1257年底，蒙哥汗在六盘山成吉思汗行宫祭旗，先派忽必烈率军10000绕行四川攻下云南，再派勇力过人的猛将纽璘率军10000先行入川，击败宋军蒲择之，拿下成都，平定川西川南各州。然后，在1259年初蒙哥汗集结的40000大军分成东西两路，东路由他的堂兄弟塔察尔率领经河南进攻襄樊，西路则由他亲自率领御驾亲征四川。

关于这次西路军的兵力，各种史料所述相差甚远，说多的达几十万，说少的只有5000人。多数史料认为是40000。综合上述分析，蒙哥最初所率兵力应该不超过10000。沿途汇集如汪德臣、纽璘等先入川或在川经营多年的蒙军，再加上一路势如破竹降服的宋军，抵达合州（即今合川）钓鱼城时的兵力应在两万左右。

我去过石子山标为蒙军大本营驻扎之地，那里与钓鱼城所在的钓鱼山中间隔着一条深涧。那是一处很小的山凹处。当时那里是一座养家禽的饲养场，各种鸡鸭鹅队队排成行，耀武扬威，喧闹非常。而且山凹处与钓鱼城同一江岸，不远处便是嘉陵江。

1259年初，蒙哥由汉中沿嘉陵江顺江直下时，同时有另一支蒙军走米仓道进攻夔州，召纽璘率军在涪州建浮桥阻断下游宋军援助之路，想一举攻下合州和重庆，再沿江而下与忽必烈（此时进攻襄樊的蒙军统帅已换成他了）、兀良合台等在鄂州合兵南下拿下临安灭亡南宋。

蒙哥南下的川北地区历来都是贫困地区，人口、出产、粮食都支撑不起双方太多的军队。有资料显示，自剑门苦竹隘以下，大获城、得汉城、大良城、青居城、钓鱼城、重庆城、白帝城等堡垒城寨的南宋驻军，人数少得可怜。军队多一点的就是钓鱼城4600人和重庆的14000人以及成都附近的云顶城的7000—8000人。此时的川西应该已被蒙军占领，整个四川仅剩下1/3的地方掌握在南宋军手中。相对而言，蒙哥的两万人马的确是大军了。难怪势如破竹，无人可挡。根本就是没人去挡。

钓鱼城保卫战，可以总结为以下过程：即1259年农历二至五月围绕南水军码头和一字城，宋蒙展开的激烈争夺战斗。蒙军攻占南水军码头，宋合州水军全军覆灭，钓鱼城彻底成为孤城；农历7月蒙军悍将汪德臣挖地道攻破马鞍山下的外城墙，守卫此处的马军寨乡兵全部战死。守军主将王坚率军在外城与内城之间的狭窄洼地展开生死厮杀，王坚身负重伤；眼看蒙军将要攻破内城，此时却突然停止了进攻并迅速撤离，蒙哥大汗死了。

关于钓鱼城保卫战，我认为前面提到的央视4集纪录片《天神折鞭之地——钓鱼城》演绎得很精彩，尽管有些地方稍嫌戏说，缺乏一些关键依据，但仍然是目前能够找到的较客观完整的叙述，值得一看。

有无数种说法的蒙哥之死

蒙哥汗本人是一个很特别的蒙古王。《元史》上说他"刚明雄毅"，目光远大，是蒙军中少有的主张不杀降俘的统帅。据说他还是一个在黄金家族中绝无仅有的不酗酒的可汗。

他是拖雷的长子，成吉思汗的孙子。拖雷这一房人，受汉族文化影响较深，他几个儿子从小便请了汉族老师教授汉文，是蒙古族中较为开化的人。蒙哥作为一个蒙古族首领，这是比较难得的。他的亲兄弟忽必烈也具有这种特质。

他的死有无数种说法，使这位蒙古大汗之死成为千古之谜。

《多桑蒙古史》说他得了痢疾而死；《马可·波罗游记》词条说他中箭死；《重庆府志》说他中了飞石而死；《合州志》说他为炮风所震而死。

死亡地点也各有不同。《元史·宪宗本纪》说他死在钓鱼山；《宋季三朝政要》说他死在钓鱼城下；《续通鉴纲目》说他死在合州城下；《宋史·理宗纪》说他死在军中；《钓鱼城记》说他过金剑山温汤峡时驾崩。

众多说法中显然《元史》和《史集》更可信一点。《元史》是明代皇帝朱元璋下令编撰的，属"二十四史"，公认的正史。《史集》则由14世纪伊利汗国的拉施特等编撰，是世界级的史书。编写的时间也距事发时代更近，没有理由不相信。

这两本史书都说蒙哥是病死的。

另外一点可以肯定的是，蒙哥死在钓鱼城下。他的战车在钓鱼城下遭到他意料之外的激烈抵抗，他在这里损兵折将，颜面扫地。因此他违背了蒙古人夏季不作战的传统，在合州三江交汇，在闷热潮湿的河谷地带作战，使得不耐酷热的蒙古军内痢疾、瘟疫横行。他本人在农历6月就染上痢疾，7月不治而亡。

从窝阔台时代就开始进行的宋蒙战争，到蒙哥"钓鱼城之战"时已经长达17年。并且经历了诸如"沔州之战""江淮之战""入川之战""阳平关之战"等著名战役，如果算上忽必烈时代的"鄂州之战""襄樊之战"等血战，单纯从战争角度看，"钓鱼城之战"似乎并没有非常突出的地位。但是，由于蒙哥这位蒙古大汗死在了这里，带来了许多令人意想不到的后果，使得这座无名小城名扬天下，并在世界史上占有一席之地。

如果说蒙古帝国的第二任大汗窝阔台之死拯救了欧洲，那么这个草原帝国的第四任大汗蒙哥之死，则触发了蒙古帝国的内战。原来一统的大帝国分裂为横跨欧亚的5大版图，重塑了当时世界的模样，并直接促成了元朝的建立。

最后的钓鱼城

蒙哥死后的钓鱼城主要由王坚的副手张珏担任守将。这段时间四川南宋军民的主要作战对象应该是以杨大渊、杨文安为首的东川降军集团。

杨大渊原为南宋阆州守将，蒙哥南下时降蒙得以重用。后来以杨大渊、杨文安为首的东川降军集团与宋军围绕渠江流域展开激烈争夺，成为钓鱼城后期面对的最凶恶的敌人。

降蒙之后的杨大渊甘为蒙古帝国血战四川。他攻打运山城，说降守将张大悦；攻打大良城，说降守将蒲元圭；攻打青居城，诱使偏将刘渊杀主将段元鉴降蒙。在其经营下，嘉陵江中游的大获、运山、青居与渠江的大良城，成为蒙古进攻南宋的"四帅府"。为蒙元平定四川立下大功。

在3年内战中，战胜了另外一位称汗的兄弟阿里不哥，建立元朝的蒙古皇帝忽必烈，改变了进攻南宋的策略。他放弃了从四川迂回进攻的方略，直接进攻江南门户襄阳。由于四川蒙军以及杨大渊、杨文安等东川军的牵制，四川的宋军无法援助襄阳，南宋失去了四川这一战略后方。

1273年，经过6年血战，蒙军攻占襄阳城。忽必烈的蒙元统一中国已成定局。1276年，宋太皇太后背着5岁的小皇帝投降，并向全国发出投降诏书，南宋实际上灭亡。

这个时候的钓鱼城守将已是王坚的儿子王立。此时合州集中17万历年战乱逃避至此的百姓。合州又连续两年遭遇秋旱，已经发生食人的惨剧。

传说这时王立有个收养的小妾熊耳夫人站出来说，她是西川王相，西川行枢密院副使李德辉的表妹，可以去西川给李德辉带信，以保全全城百姓生命为条件投降。而这个李德辉素有仁义之名。

李德辉闻讯后仅带了500士兵赶来合州，带来了忽必烈不杀一人的保证，接受了王立的投降，并命令长期与钓鱼城军民作战的东川军不得报复。1279年正月，坚持抗战36年的钓鱼城拆除了坚固的城墙，一片降幡出石头。从此，钓鱼城成为一片斑驳的记忆，在历史的天空中白发飘飘。

救了一城人性命的熊耳夫人极大地激发了后世人的想象力，以至许多文学作品以她为主角，但正史上并无此人。倒是李德辉值得一提，此人是西川王相，西川行枢密院副使，在西川蒙军中属萧何式的人物。他对平定蜀地一直力主安抚，对保全残破的四川起了相当大的作用，深得人心。史料上记载，他63岁去世时，合州军民痛哭流涕，声震山谷，设祭拜祀。我猜想，民间流传甚广的熊耳夫人救了一城人性命的故事是不是出自他？

1494年，明朝在钓鱼城里设忠义祠，祭祀王坚、张珏。清乾隆年间又加入余玠和冉氏兄弟。明弘治年的合州知府陈大文将王立、熊耳夫人和李德辉请进了钓鱼城忠义祠并刻碑讲他的道理：这3人使合州十几万军民免于蒙元军的屠戮，"实有再造之恩"。后来，清光绪年间的合州知府华国英又将 3 人迁出了祠堂，移居别室。再后来郭沫若先生有诗怒骂王立、熊耳夫人为"贰臣、妖妇"……

引郭沫若《凤凰涅槃》中一段来形容 700 多年前合州军民的处境：

  我们飞向西方，西方同是一座屠场。
  我们飞向东方，东方同是一座囚牢。
  我们飞向南方，南方同是一座坟墓。
  我们飞向北方，北方同是一座地狱。
  ……

钓鱼城里已饿殍遍野了呀，老兄！
面对如此凄惨走投无路的百姓，骂，公平否？

尾声

还是席慕蓉的《博物馆》：
  ……
  在暮色里你漠然转身 渐行渐远
  长廊寂寂 诸神静默
  我终于成木成石 一如前世
  廊外 仍有千朵芙蓉
  淡淡地开在水中
  浅紫 柔粉
  还有那雪样的白
  像一副佚名的宋画
  在时光里慢慢点染 慢慢洇开

（罗易 文）

岩崖上的"故宫城"

20世纪80年代，我曾在重庆市11中学读书，周末闲暇时分，我经常和同学到长江边的巷子游玩。其中就有慈云老街。

慈云老街因有始建于唐朝的千年古刹慈云寺而得名。慈云寺依山傍水，流传着"青狮白象锁大江"的典故。因长江水道情况复杂，宋朝时常常发生船运事故。佛教文献中有"文殊坐花莲而跨青狮，普贤执如意而骑白象"一说，并延伸出"青狮献瑞、白象呈祥"的美好寓意。于是，青狮被古人雕刻出来，放置于慈云寺门前，正对着渝中区的白象街，借青狮与白象的威严震慑湍急危险的大江，锁住商人们的财富。

在我有些褪色的记忆中，慈云老街里没有很正式的路，就是一些青石板梯步和吊脚楼院子。老街边自然是滔滔长江，看得到飘零的打鱼船和远处的朝天门，回想起很有野趣。走到老街，恍惚中奇遇了开埠时风云际会的场面，触摸到老街巷的沉沦兴旺。长江水养育了吃苦耐劳的南岸儿女，水码头的人们在这里肩挑背扛讨生活。旧梦里有叶子烟的雾霭、老荫茶的热气、龙门阵的悠闲。旅英作家虹影少年时生活在这附近，她在《饥饿的女儿》中对江边的家乡有这样的描写："在南岸的坡道街上走十分钟，能闻到上百种不同气味，这是个气味蒸腾的世界。"

所以后来，当得知慈云老街上居然有一个闻名全国的藏宝地安达森洋行时，我感到吃惊而自豪。

南滨路是一条极不平凡的路，这条路上，巴渝文化、宗教文化、开埠文化、大禹文化、抗战遗址文化如珍珠般遍布。上溯远古，这里有"禹娶涂山，三过家门而不入""女娇呼归，江边诞子"等优美传说，南岸区地名"涂山镇"和"弹子石"因此而来；清乾隆年间，"巴渝十二景"中有4景："黄葛晚渡""龙门浩月""字水宵灯""海棠烟雨"散落在滨江线上，马鞍山天主教堂、慈云寺、大佛寺、千佛寺等宗教名胜一路均匀分布，暮鼓晨钟，岁岁年年。而南滨路在重庆历史上刻下的重要一笔，是公元1891年，重庆开埠——

由于沿江水码头的便利，英、法、日、美、德等国在长江沿岸境内设海关、开洋行、圈租界、建军营、立公司，经营出口贸易、航运等商务活动，火柴业、猪鬃加工业、棉织业、缫丝业等飞速发展，一时繁华风光。如今保留着大量的百年老建筑，如隆茂洋行、太古洋行、平和洋行、安达森洋行、立德乐洋行、卜内门洋行、法国水师兵营、美国使馆酒吧等，为那段历史作证。

安达森洋行，始建于1891年，修建者安达森是瑞典人，洋行主要经营鬃毛和腊肉及百货等。这几栋破旧的仓库，却流传着抗战时期故宫文物南迁的传奇。

1933年2月5日深夜，紫禁城被严寒和黑暗包裹，正在发生一件大事。……大量持枪的军警神色紧张，大批车夫拉着板车匆匆进入故宫神武门，不一会儿，2118个贴着封条的木箱从太和门鱼贯运出。

在青石板上一路颠簸的木箱里，装着的全部是故宫的珍宝，随便拿出一件都价值连城。

搬运拉夫准备将打包好的故宫文物之木箱，运送至紫禁城前门的火车站。

从这个夜晚开始，故宫中13427箱，还有颐和园、国子监等处的6000余箱共19557箱，承载着中华民族5000年历史的国宝，被陆续"押送"上了火车，在山河破碎的国土上，它们翻过车，涉过河，躲过日军一次又一次的轰炸……

在一篇回忆故宫博物院第二任院长马衡的文章里，有这样一段文字，让人穿越到惊心动魄的1933年。自日军攻陷山海关，北京城里学界人士极为忧虑故宫文物的安危。故宫博物院理事会决定将故宫部分文物分批运往上海。2月5日夜，故宫博物院的第一批南运文物2118箱从神武门广场起运。至5月15日运走文物5批，共13427箱又64包。其中，书画9000余幅，瓷器7000余件，铜器、铜镜、铜印2600余件，玉器无数。文献3773箱，包括皇史宬和内务府珍藏的清廷各部档案，明清两朝帝王实录、起居注，以及太平天国的档案史料等。还有《四库全书》及各种善本、刻本。当时国内发现最早的印刷品之一《陀罗尼经》五代刻本，国内最古老的石刻"岐阳石鼓"亦在其内。人类历史上一次最大规模的文物大迁徙——故宫文物南迁正式拉开序幕。

纪录片《上新了，故宫》中对这些文物包装的用心作了回忆。例如最重的"岐阳石鼓"，使用浸湿的棉纸覆在石鼓面上，包上两层棉被，棉被外又用麻绳打成辫子缠紧，再把石鼓放在厚木板做的大箱子中，箱内用稻草塞严实，箱外包上铁皮条。"故宫人打包就花了半年，文物包装至少有四层：纸、棉花、稻草、木箱……保证不论翻车、进水，损失微乎其微。"

1936年底，南京朝天宫库房建成，国宝从上海运至南京存放；隔年秋天"七七事变"爆发，为护国宝周全，文物从南京出发，分3路向西紧急疏散。北路走陆运，存放于四川峨眉山。南路水陆兼运，存放于贵州安顺。中路走水运，进入重庆。1938年5月，9000多箱文物在重庆分3处秘密存放，位于南岸南滨路的安达森洋行存放3694箱。

南滨路的安达森洋行就这样在文物史上创造了传奇。瑞典是一个拥有永久中立国身份的国家，根据国际惯例，在战争时期，交战双方的任何一方都不对中立国采取敌对行动。每当日军飞机来轰炸时，洋行的老板安达森就叫工人把瑞典国旗在门口的旗杆上升起来或平铺在空地上，让敌机清晰可见，以表明这是瑞典的地盘，不能侵犯，求得安全。所以，当重庆不少地方被炸成废墟时，安达森洋行却幸免于难。为防万一，后将安达森洋行等处的文物宝藏溯江船运至四川宜宾，再换小船运往乐山存放，使这批藏于安达森洋行的故宫文物毫发无损。

就这样，途经10余省，跨越数载，上万箱珍贵文物在故宫人及沿途军民的共同守护下，完成了一场堪称人类文物保护史上的奇迹"长征"。

有的人可能不解：为什么要耗费大量人力物力进行文物南迁？文物记载了中国古代的历史和文化。一个民族要想不被其他外族和国家侵占，除了武力上的反抗，保护自己的传统文化不流失也非常重要。文化在，民族的魂就在，精神支柱就永存，我们就不会被打败。这些文物的精神价值比它们的物质价值更高。故宫文物南迁，实际上是中华民族抗战史上的重要组成部分。明白这一点，才能明白故宫文物南迁的意义。

2017年，时任故宫博物院院长的单霁翔带着团队，沿着抗战期间故宫文物南迁路线，前后奔赴四川、重庆、贵州等地，调研当年故宫文物南迁路线中15个故宫文物存放点。来到南岸区安达森洋行旧址时，令团队感到惊讶的，不仅是百年历史建筑群保存基本完整，还发现于当年存放过文物的仓库外墙上赫然写着两个暗红的大字——"不拆"。

原来安达森洋行旧址虽然属于文物保护单位，但这个当年保存南迁文物的仓库却并未被划入文物保护范围之中。在多年前重庆市南岸区狮子山片区的拆迁征收中，南岸区文保单位担心此具有重大历史意义的老仓库遭到拆迁的"误伤"，专门使用色彩醒目的红油漆在其外墙上标注了"不拆"两个字，当得知这两个字背后所承载的故事后，单霁翔感动不已。

最终，团队决定将"故宫文物南迁纪念馆"落户于重庆的安达森洋行旧址处，让故宫博物院和重庆再续"千里之缘"。普利兹克奖评委团里的首位中国面孔、著名建筑设计大师张永和教授多次实地考察，提出了文化中心和共享中心的理念。

2018年，故宫博物院、重庆市文化和旅游发展委员会和南岸区人民政府签订三方合作协议，启动"重庆故宫文物南迁纪念馆"项目，在安达森洋行旧址落地故宫学院（重庆）分院、紫禁书院、故宫讲堂等。2020年，重庆故宫文物南迁纪念馆主体建筑修缮工程通过验收；2021年，重庆故宫文物南迁纪念馆正式开馆。

至此，南岸区海狮路2号，历经百年风雨的4栋文物建筑、4栋传统风貌建筑、1座缆车遗址，整体建筑面积约2800平方米的安达森洋行"活化"了。4栋文物建筑按照文物修缮原则进行保护，采取原材料、原工艺、原形制、原做法"修旧如旧"，最大限度保留文物历史信息；而4栋传统风貌建筑则"变旧为新"，例如加入玻璃幕墙、钢结构、转木梁等现代元素，呈现出新与旧的对话，历史与现代的共生。

它位于重庆市历史核心保护区域内、两江四岸的核心区南滨路上，依山而建，层层向上，西临慈云寺，东临缆车道遗迹，古巴渝12景——字水宵灯景点也坐落于此。土墙石阶，灰瓦黄墙，紧凑端庄，厚重低调。其中最高处那栋双层仓库外观，恰似故宫博物院的建筑形态。分别容纳了角楼咖啡、数字故宫、故宫课堂、故宫出版社书吧、故宫文物南迁纪念馆、故宫文物南迁主题邮局等业态。依托纪念馆的对外开放，故宫博物院与重庆市还将在文创产业、学术科研、文化教育、数字化应用等方面加强交流合作，不断满足公众精神文化需求。仓库变展厅，在滚滚长江边，诉说沧海桑田，格外古朴庄严。从渝中区隔江望去，正如一座岩崖上的故宫城。

文物映耀百年征程，故宫文物南迁纪念馆重现了故宫文物南迁的峥嵘岁月，见证了中华民族的英勇抗争历史。主题展览、活动、小型演出，无不在展示南迁史实，传播文化遗产保护理念。游客来到这里，触摸百年风云，了解故宫文化、抗战故事，能够更深刻地体会，在那战火纷飞时代背景下，无数文化学者做出的这一壮举的深远意义。打卡网红的"故宫角楼咖啡馆"，手捧一杯"康熙最爱巧克力"咖啡，参观"故宫style"的各类文创产品，那一杯杯醇厚浓郁的不只是咖啡，更是流芳的文化，让人沉醉文物陈香。在探秘"护宝传奇"中抒发爱国热情，激发昂扬斗志，凝聚奋斗力量！

（赵瑜 文）

卢作孚和他的花园小城北碚

重庆主城西北，嘉陵江畔，一座小城像江中巨硕的石头决然而立，雍容又从容。它是我的北碚。它的美丽与一个响亮的名字永远分不开。

一个春风拂面的下午，我正在飘浮着花香鸟语、草木馨香的大街上"逍遥游"，忽遇两位拎包背囊、大汗淋漓的外地客人："请问，还有好久才走得出公园？""你们这儿的公园才大哟，脚都走痛了还没走完……"愣了一瞬方才回过神来，原来他们把这步步是风景、处处是花园的小城当成了一座大公园！

当听说这些繁花似锦、绿树成荫、芳草如织、喷泉吐虹，并时有城市雕塑依依守望的一个接一个的花园就是街道的一部分时，两位外地客赞不绝口："走南闯北到过很多地方，如此干净、整齐、清新、美丽的小城还是第一次看见！""城是花园，花园是城……真是神仙居住的地方！"

也无怪外地客错把小城当公园，自著名爱国实业家、教育家、乡村建设先驱和社会改革家、北碚之父、船王卢作孚先生，20世纪30年代初在这里的街边栽下第一棵法国梧桐树开始，北碚便以"花园小城"蜚声于世。说到梧桐树，就不能不提到卢作孚的一句名言，即"愿人人皆为园艺家，将世界造成花园一样"。具有大格局、大胸怀、大智慧的卢先生深谙美好环境、现代氛围对教化民众的重要性，故1927年他出任峡防团务局局长，在为北碚清除匪患、化匪为民之后，想到的第一件事就是如何将这脏、乱、差的江边乡场变成一座现代化的花园小城。

走南闯北、眼界开阔的卢作孚深知，要想开启北碚的现代化之旅，首先就必须大力发展经济和教育。为此，他高薪聘请丹麦铁路工程师守尔慈来渝担任总工程师，主持修建四川的第一条铁路北川铁路，以使初具规模的天府煤矿经济效益、社会效益更上一层楼。北川铁路修好之后，卢作孚又邀请守尔慈担任市政总设计师，以协助他开发、建设城市格局相当落后的北碚市区。在随后的10多年里，守尔慈先后参与了中国西部科学院、北碚城区的建设与规划等工程……心存高远又脚踏实地，经过一番努力和奋斗，卢作孚这些"最初悬着的理想"全都在其主导下变成了人间现实——北碚除建成了天府煤矿、北川铁路之外，还修建了三峡织布厂等；开辟了嘉陵江温泉公园、北碚平民公园、澄江公园、澄江运河公园、黄桷桥头公园等；修建了中国西部科学院、滑翔机场、民众体育场、医院、图书馆、博物馆以及各类学校；同时还布设了乡村电话、邮局和银行……因北碚市区的规划是守尔慈这位丹麦专家按照北欧风貌来设计的，故从建成的那天始，北碚便以中国当时鲜见的带有北欧风情的现代花园城市呈现在世人面前。

城市不能仅有表面的艳丽，内瓤还应明亮而温暖。卢作孚又在思考："一座花园城市能否'亮'起来，则是现代化的标志！"1930年，卢作孚赴青岛考察，见这座在街灯映衬下的带有欧式风情的海滨城市如诗如画、别有情调与安逸，便当即立志：一定要"让北碚亮起来"。事实上，早在1926年，他到上海为民生公司建造第一艘轮船时，就先买了一台发电机，在北碚的近邻合川发电、供电……当三峡织布厂用上电力纺织机"动"起来之后，他又把发电机的马力加大，以给北碚市街供上电；1931年春节后不久，北碚的街灯终于亮了！"亮"了的花园小城，现代化程度无疑又上了一个新台阶，人们不禁发出"北碚不是场，简直似城"的感叹！

然而"山水无绿不成景，风景无文没有情"，故这座花园小城在卢作孚脑海里初步成型之时，就长满了遍布上海、南京等繁华大都市的梧桐树——这种也叫悬铃木的树虽来自法兰西，却在中国的土地上入乡随俗，不仅落地生根且枝繁叶茂、高大遒劲……这无疑符合卢先生对北碚乡建的殷切期望，一是环境优美，二是蓬勃开放，以他的话来说，就是"皆清洁，皆美丽，皆有秩序，皆可住居、游览！"

为实现这个花园梦，卢先生除了革故鼎新、发展经济、崇文尚学之外，还想方设法从上海法租界运回一批法国梧桐幼苗，将其遍植于北碚的街道两旁和重要建筑的周边。经过一茬又一茬的管理和繁育，不过数年，这外来之树就像盛满阳光雨露的杯盏，就此青绿了北碚的天空。

"栽好梧桐树，不愁凤凰来"，20世纪30年代之前，北碚最多也只能算是个不起眼的江边小镇和乡野码头，鲜有外人知晓，但之后却因法国梧桐的种植、新旧文化的碰撞，以及"动"起来"亮"起来所带来的繁荣、兴盛，竟渐渐与北京、上海齐名，成为抗战时期第一版联合国出版的中国地图上仅有标识的3个城市之一。

如是"花园"的北碚，自然而然便吸引了数以千计的文化、科学、教育界名流巨擘前来打卡、驻足，进而"诗意地栖居"。1936年，大儒黄炎培应卢作孚邀请前来北碚考察，流连在绿韵摇曳、香氛荡漾、生机盎然的梧桐树撑"天"的花园里，不禁衷心赞叹："花团锦簇，盛极一时！"并颇具慧眼地指出北碚的嬗变："……与其说因地灵而人杰，还不如说因人杰而地灵吧！"而这个"人杰"，正是堪称"北碚之父"的卢作孚先生吧。

因了这份诗意的导航，抗战时，竟有3000多雅士名人、专家学者，如郭沫若、梁实秋、老舍、晏阳初、翦伯赞、梁漱溟、陈望道、陶行知等纷至沓来。"我有嘉宾，鼓瑟吹笙"，北碚的梧桐树自然是张开双臂拥抱、拥抱、再拥抱……也许是花园小城的清新民风、优雅环境、文化氛围的点染和浸润，这些因国难家殇而入川入碚的文人墨客，灵感竟如温塘峡的泉水哗啦啦奔淌——老舍在北碚他的"多鼠斋"写作了《四世同堂》，梁实秋在雅舍创作了《雅舍小品》，梁漱溟在勉仁文学院编著了《中国文化要义》，林语堂在石华寺撰写了《战时重庆风光》……剧作家田汉、曹禺、夏衍、洪深、阳翰笙等，在北碚创作、排演了《全民总动员》《塞上风云》等优秀的抗战剧目……教育家梁漱溟、晏阳初、陶行知、顾毓琇、陈望道等，则在北碚兴办教育，着力播撒乡建和科学的种子。由于当时中国学术界、文化界、科学界的代表人物在此云集，抗战时期的北碚，曾被称为"东方的诺亚方舟"。

说到这里，不禁想起儿时，剧迷母亲曾多次说起的、有关郭沫若的爱国历史话剧《屈原》在北碚公演的璀璨往事——

那是抗战最艰苦的1942年，为鼓舞军民士气，《屈原》在渝中的重庆国泰大剧院首演引起轰动之后，便受北碚实验区署区长卢子英（卢作孚的四弟）之邀，定于6月25日在北碚的民众会堂公演。得知消息后，母亲不顾夏初的暴热，排队两三个小时，终购得一张印有屈原长啸《雷电颂》剧照的票。"幸好是在花园小城，幸好有梧荫撑伞、花香润心，否则不被晒晕才怪，"说着，母亲不禁吟起《屈原》剧中的经典台词，"……风！你咆哮吧！咆哮吧！尽力地咆哮吧！在这暗无天日的时候，一切都睡着了，都沉在梦里，都死了的时候，正是应该你咆哮的时候，应该你尽力咆哮的时候！"

然而，让人始料未及的是，25日那天却突降暴雨，当时还是半露天的民众会堂无法演出。于是等到28日天空放晴，方才正式演出。据母亲说，为了这场演出，郭沫若专程从沙坪坝来到北碚，不仅带来了剧中人物婵娟作道具用的珍贵的大瓷花瓶，还特地吟诗一首："不远千里抱瓶来，此日沉阴竟未开。敢是热情惊大士，杨枝惠洒北碚苔。"

由于卢作孚、卢子英的大力宣传和支持，而《屈原》剧组又汇聚了当时中国戏剧界的精英，即陈鲤庭出任导演，金山饰演屈原，张瑞芳饰演婵娟，白杨饰演南后……故演出的这一天，北碚万人空巷，看剧的不仅有当地人，更多的则是来自江（北）、巴（县）、璧（山）、合（川）等临近区县的观众。当晚，北碚的旅馆挤满了住客，有的还借宿于亲朋好友甚至刚刚认识的"邻座""观友"的家。而距离北碚约10公里路且隔着一条嘉陵江的水土沱的观众，更是携带着观看了精彩戏剧、欣赏了欧式风情花园小城的兴奋和喜悦，连夜渡船过江、徒步回家。

更令母亲自豪的是，《屈原》原计划在北碚演4场，后应观众的一再要求，又续演了一场，用"盛况空前"来形容，还真是恰如其分，亦如她当时所订阅的《新华日报》报道："《屈原》在此（北碚）连演五日，每日售票约七千元之多，观众以学生为最多，军人次之，商人更次之。场场客满，卖票时摩肩接踵，拥挤之状如重庆（渝中的国泰大剧院）门前⋯⋯"

聊到此，母亲往往还要翻出那本珍藏在箱底多年的笔记本："这是大明星白杨给我这剧迷的留言——'能在北碚这美丽、文明的花园小城演出，是我的幸运！'"虽然晚生多年，但对于白杨所言的"幸运"，我却感同身受，毕竟诞生并成长于这座"花团锦簇，盛极一时"的小城，毕竟曾居住在小城的美丽之巅——北碚公园（原名火焰山公园，后更名为平民公园，现名为北碚公园）的后门旁。读幼稚园和小学时，我和两个哥哥每日上下学都要翻越整个公园，并顺带俯看花园小城的高颜值街景、远眺嘉陵江小三峡的蜿蜒清流，以及缙云山、鸡公山、飞蛾山等的嵯峨峰影⋯⋯美景于我，既是蜡笔下的画，也是心页上的诗。

不过，出于少儿的好奇心，我当时最感兴趣的，还是咱家出门抬头可见、和小伙伴常到其对面的九道拐景点"跳房子""藏猫猫"的清凉亭：一是约两百平方米的双层亭阁，竟建在火焰山临江的悬崖峭壁上，亭前阁后绿树成荫、花香沁脾，但地势却异常险要；二是该亭阁朱漆圆柱、彩画斑斓、琉璃红瓦、雕窗飞檐，在北碚市街和北碚公园诸多别具一格的中西合璧的建筑中，也甚为吸睛。

"北碚公园（也包括北碚的街心花园）是卢作孚上任之初，主导规划并带领青年学生用自己的双手和双肩，从嘉陵江边一担一担地挑鹅卵石和河沙上火焰山而建造的。可以说，公园的一池、一路、一花、一木，都凝聚着卢先生的智慧和心血、汗水和辛劳。"作为小老百姓的母亲常常赞叹："为把北碚建成花园，卢先生可以说是殚精竭虑、无私奉献！"

母亲是20世纪30年代才因船载的繁荣从成都迁居北碚。关于北碚公园的创建故事，是她从"老北碚"对作孚先生崇敬、爱戴的目光和讲述中获得的。而对清凉亭"清"与"凉"的那一份解读，则是她的亲身经历和亲眼所见——

那是1935年正月，卢作孚的母亲60大寿，亲朋好友和北碚各界人士，出于对卢先生拥千万资产却不留遗产、不买房，坚持扶贫把北碚从土匪窝变成金银窝的感激和感佩，纷纷借此机会馈送礼仪贺寿。卢先生辞谢不收，将其全部捐献给北碚公园，用这份3500银圆的"寿礼"，在九道拐景点前面修建了这座典雅、别致的亭阁，以供老百姓和游人观赏、游览。

卢作孚先生1941年去成都，在著名平民教育家晏阳初先生寓所与长子卢国维（右）、次子卢国纪（左）合影（卢晓蓉 供图）

为让我这个初识文字的小不点读懂清凉亭的"清"和"凉"，某日得暇，母亲专程带我进清凉亭去参观："为尊重馈赠者的善意，清凉亭初名'慈寿阁'，后来，卢先生觉得'慈寿阁'的名字较为狭隘，不符合他的'个人为事业服务，事业为社会服务'的初衷，于是便将其改名为'清凉亭'，并请当时国民政府主席林森题'清凉亭'的铭牌……感动于此，抗战时移居北碚的诗人傅琴心还特地为清凉亭赋诗一首'千峰万壑郁葱茏，出峡春波宛似龙；更倩红楼凉一角，江山顿觉太玲珑！'"

"我不会写诗，但从卢先生'忘我忘家，绝对无私'（晏阳初评价）的一生看来，这个'清'，就是'清正廉洁'；这个'凉'就是'前人栽树，后人乘凉！'"望着那块挂了多年的铭牌，母亲不禁感叹道。从母亲的解读中，我还惊讶地得知，当时正在民生公司上海分公司任职的舅舅（母亲唯一的兄长）也曾托家人"凑份子"3个银圆。为此，舅舅在日记上留下"印迹"："凭着我对卢先生的了解，我知道他不会收受这份薄礼，大概率将用于北碚的乡村建设。于我来说，这点钱虽少，但却是一种感恩和学习——感恩他在我父亲去世后，使前来投奔我的寡母和妹妹能安居这花园小城；学习他公而忘私的高尚品德，也算是为我的第二故乡北碚作一份小之又小的贡献！"因卢先生的"清"和

"凉"的言传身教,宜昌大撤退时,已调任民生公司宜昌分公司总务主任的舅舅,本着"国家有难,匹夫有责"的精神,在卢作孚的指挥下,与同事们竭尽全力地投入这场中国实业史上的"敦刻尔克大撤退"。许是积劳成疾吧,从宜昌撤回重庆不久,舅舅骤然病逝……

　　清凉亭内得清凉,清凉亭外沐清风。

　　卢先生的这份爱国无私的"清"和"凉",不仅使他的属下像他那样"梦寐勿忘国家大难",同时也使北碚的平民百姓在国难当头时,勇于担当——1939年2月,受卢作孚邀请来到花园小城北碚并住进清凉亭的人民教育家陶行知,在此挂上"晓庄研究所"和"育才学校筹备处"的牌子办公。寓居期间,陶先生常与董必武、林伯渠、梁漱溟等知名人士在亭中畅谈时事、交换心得。为此,他在亭中写了一系列《晓庄研究报告》,其扛鼎之作便是《兵役宣传之研究》……在陶先生的倡导下,北碚发起了志愿兵运动,先后有3000多热血青年奔赴抗日前线。20世纪90年代初,我有幸采访其中一位参加过宜昌保卫战、"从血堆堆里爬出"的抗战老兵:"战火纷飞,怎舍得离开这静谧、温馨的'小陪都'(当时北碚被称为小陪都)?""没有国哪有家,哪有这宜居的花园小城?"他的回答直截了当:"即便鬼子的机关枪打伤了我的左臂,我都始终记得卢先生在清凉亭下的清风里(北碚的新兵当年都是从清凉亭山下的民众体育场出发上前线的)、为我们这些新兵写下的'位卑未敢忘忧国'……"

　　欲"升华"这篇文章,我把朋友、卢作孚的长孙女卢晓蓉女士给我的微信中最令我动情的一段呈现在此,从中我们都可阅读卢先生热爱北碚的伟大灵魂:"为了给'整个中国现代化'做出示范,祖父以毕生精力思考、探索、实践并完成了三大现代集团生活试验,即1924年在成都创建的通俗教育馆,1925年在合川创办的民生公司,1927年开发建设的北碚。而其中祖父花费时间、精力、心血最多,社会文化历史价值最大,示范作用最广泛久远的,便是北碚的现代化试验。也因此,在毕生事业中祖父最为钟爱的就是北碚,正如他在1947年写的《新北碚的建设》中说:'我对北碚事业之关切,超过我对民生

1948年前后,联合国教科文组织驻中国代表美国人胡本德到北碚考察,卢作孚与四弟卢子英摄于北碚民众会馆对面的钱岳乔公馆(卢晓蓉 供图)

公司经营的兴趣。'他在1948年所写的另一篇文章《如何改革小学教育》中也说:'我之喜欢北碚,胜于自己所主办的事业……'"

欲"点睛"这篇文章,我和儿子特地重返红楼(北碚图书馆)和清凉亭。——我儿子之所以能从这里走向写意的远方,其成长显然与作孚先生为北碚创造的一切分不开,他创办的图书馆、兼善中学(儿子的母校)以及他呕心沥血为之奋斗的美丽小城等等,皆给予我儿子一种难得的大度、从容和自信……推开清凉亭二楼的窗户,俯看楼下梧荫依旧的花园小城,远眺楼外波光依旧的嘉陵江,历史仿佛是一阵透窗而入的风,顿时涨满了我们的胸襟——这挺立在花园小城之巅的亭台楼阁,给予我们的岂止是一处可以阅读的"名胜",更重要的是,它给予我们北碚人一种高洁、忠贞、挺拔的精神,一种无处不在生生不息的美学气韵与文化氛围,使我们至今享用不尽。

"一个人和一种树/可以互换为一份悬铃木精神/当举着绿色的酒杯痛饮阳光/谁能说杯中的岁月不是永远?"我用自己的诗行敬一位远逝的智者、英雄和长辈!北碚感谢您!

(李北兰 文)

凯旋路：下江人的人间四月天

一

重庆人喜欢把从这里到那里说成是"杀"——越是山路弯曲，缺少速度，越要说"杀过来杀过去"，足见重庆人骨子里的倔与幽默。有一次我陪几个外地客从较场口经凯旋路"杀"到解放西路，却真把她们个个"杀"得花容失色。尤其是那个几乎成30度夹角的大拐弯，让她们觉得已失去地心引力，会被抛到空中。

像凯旋路这种令人不可思议的路，在重庆恐怕有几十条。抗战时，这样的路让下江人惊骇又血脉偾张。特别是那些著名的文化人，重庆的路简直让他们愤声滔滔又着魔似的迷恋。

那时，重庆陡峭、大起大落的道路上行走着多少中国文化艺术界呼风唤雨的人物，恐怕只有天知道！人们开玩笑说，如果路边的树丫枝被风刮下来，很可能前一秒不幸砸着一位诗人，后一分会砸着一位画家。这些温柔骚客像鹞子一样从这条路"杀"向那条路，无论是坐滑竿、骑马，或徒步，都可能在质疑自己的目光所及，并安抚一惊一乍快要咚咚跳出来的心脏……

他们得出的结论是：重庆的地理是魔鬼安排的！

张恨水这样写道：重庆因山建市，街道极错落之能事。旧街巷坡道高低，行路频频上下。新街道则大度迂回，行路又辗转需时。故下游人至此，问道访友，首感不适。他还描述过如此情景："犹记一次访友，门前朱户兽环，俨然世家，门启乃空洞无物，白云在望。俯视，则降阶二三十级处为庭院。立于门首，视其瓦纹如指掌也，不亦趣乎？"

老舍1938年大热天到重庆后，所率领的中华全国文艺界抗敌协会便在重庆渝中区临江门一带租房暂且栖身。那里下到一号桥，又是堪称魔鬼造化之路：垂直山道的青石板梯，一梯一丈量，宛如要去接近深渊，相当考验眼神与胆量；若沿大陡坡马路缓缓而下，走路时，双脚需前掌发力，步步扣牢泥地，身体微微向后倾斜，保持一种灵巧的平衡，才不会走着走着，啪嗒摔一跤。

当然，这些道路比起歌乐山的三百梯，或再遥远一些的武隆白马山"上十八公里、下十八公里"那样的生死之道，简直就是无比慈爱了。然而，哪怕是有去无回的路，仍有人要走。画家傅抱石当年甚至骑马三百梯，回自己歌乐山金刚坡的家；而当年的重庆这个战时的首都正是通过白马山那条在山腹中划出若干"之"字的川湘公路，再经由它向黔、向滇，才把许多物资运向滇缅前线的。

重庆的许多路，都值得你脱帽致敬！

在著名书画家丰子恺繁多的绘画杰作中，《重庆凯旋路》尤其令人凝思。那是对20世纪40年代重庆凯旋路逼真又艺术的描摹：画面呈大地驼色与灰蓝色调。蟹青色的岩崖，褐黄色的坡地层层相叠，幢幢白身子灰瓦的小房小楼你挤着我、我挨着你，依山而立，也仿若奇峰耸秀。一条陡峭的石梯挂在那里，两位背柴人穿蓝着红，背着比自己身体小不了多少的大背篼，似乎正要从那个天梯走下去。他们头顶远处的山岩上正有一辆吉普车拐了弯，飞驰而来。他们身后左侧的背景里，也蹲着一辆绿吉普，像个大号猛兽似的神气活现。可见那时这种时髦又先进的交通工具正大行其道。

其实，对于当时来到重庆的下江人，道路作为行的考验只是吃、穿、住、行之中的一种。抗战前只拥有30万居民的重庆，抗战胜利时竟撑下了100多万人，人口达125万，真像一个骨瘦如柴的小个子要挑起千斤担，其艰难困苦谁能知晓？

而所有的下江人，是被敌人的刺刀和炮火逼到重庆来的，自然没有多少观光的心情来欣赏这里独特的山河，不过是勉强打起一百个精神来对付这大西南山城生活的诸多不适：山高坡陡、酷冷酷热的天气，大辣大麻的饮食，要干架似的语言……甚至连饮用水，都得雇人去江边、河里、池塘里挑……还要随时跑防空洞，躲避天上敌机的轰炸……下江人苦啊！他们首先当然便会把自己的苦怨朝重庆发泄，看重庆是处处不顺眼——

张恨水长叹："其在雾罩时期，昼无日光，夜无星月，长作深灰色，不辨时刻。晨昏更多湿抗雾，云气弥漫，甚至数丈外浑然无睹。故春夜月华，冬日朝曦，蜀人实所罕善见。"并担心自己贸然入川，健康必难久持。

巴金回忆才来重庆时的生活，也是烦闷交织。那时他在重庆文化生活出版社工作，借好友吴朗西开办在沙坪坝的互生书店楼上蛰居，埋头写作。那个书店立于公路旁，天一亮，来往汽车的轰轰声，扬起的尘土烟雾，以及两隔壁饭馆炮制出来的油烟，都像要把巴金埋葬似的，巴金苦不堪言，狂咳不止，笔墨行进艰难；而到晚上，总算安静了，但小楼除了闷热无比，还有老鼠与臭虫跑出来捣乱。有次巴金与室友忍无可忍，举烛烧臭虫窝，却险些点燃木床。

丰子恺更是坦率地说："故客居他乡，往往要发牢骚，无病呻吟。尤其像我这样，被敌人的炮火所逼，放逐到重庆来的人，发点牢骚，正是有病呻吟。"

1937年，丰子恺一步一回头地望着浙江老家桐乡的缘缘堂——他的身体与精神安妥之所，泪流满面地渐行渐远。那么多书、字画……他也只能一跺脚把它给丢弃，拖儿带女踏上逃难之路。途中，他写下10个字：宁当流浪汉，不做亡国奴。他知道自己只能选择流浪。若在沦陷区，日本人岂能放过他……他们一大家子，其中还有高龄的老岳母，从桐庐、兰溪、衡州、上饶、萍乡、醴陵、湘潭、长沙、汉口、桂林、宜山、思恩、河池、都匀、遵义……八千里路血与火地辗转，才终于来到重庆。却没想到在此找个稳定的落脚处比登天还难。他就干脆在离市区一小时车程的沙坪坝某荒山坡前，建起抗战小屋。小屋自然简陋，竹子糊泥为墙，青瓦做顶，仅够遮风挡雨而已。小屋旁无邻家，孤零零地矗立在山边，远看如一亭寂寂。丰子恺便自嘲是"亭长"。

在这个时期丰子恺的画作里，常会出现倚竹怅然立于暮色的女子，她们举头呆望明月，思乡之情，力透纸背。

1944年的中秋夜，来渝3年的他，在沙坪小屋与亲友聚会，空对着皎洁明亮的月亮，却酩酊大醉睡去，冷落了巴山月。次晨醒来，便在枕上填了一曲打油词《贺新凉》，一吐悲怆：

> 七载飘零久。
> 喜中秋巴山客里，
> 全家聚首。
> 去日孩童皆长大，
> 添得娇儿一口，
> 都会得奉觞进酒。
> 今夜月明人尽望，
> 但团圆骨肉几家有？
> 天于我，相当厚。
>
> 故园焦土蹂躏后。
> 幸联军痛饮黄龙，
> 快到时候。
> 来日盟机千万架，
> 扫荡中原暴寇。
> 便还我河山依旧。
> 漫卷诗书归去也，
> 问群儿恋此山城否？
> 言未毕，齐摇手。

好一个"言未毕，齐摇手"。重庆竟让这下江人的一家大小，厌恶之至。丰子恺把这首《贺新凉》词抄录若干，不但贴在自己的壁墙上，早晚阅诵之，以浇心中块垒。更是送给一些亲朋好友，共解背井离乡的愁怨！

二

然而，光阴荏苒中，下江人却渐渐发现了重庆并非他们口中的"不是人待的地方"，重庆一直在给予他们微笑、安慰和倾尽全力的帮助。重庆这地方有种神奇的"巫气"，会把所有的来者不善，千难万险都在自己山与水的胸襟中捏吧捏吧，搓揉搓揉，那些极端的恶，刀锋一样要人命的东西，慢慢就规矩了，让人可以骑在它们头上来作威作福了。

这股神奇的"巫"气是什么啊？

"重庆人实诚，耿直、热心，不偷奸耍滑！"这个结论是我这个北京人的姥姥下的。

1938年她和姥爷带着一家十二三口从江苏宿迁逃难到重庆，租下了悦来场一段姓人家的房子。那时，我母亲才三四岁，八舅才半岁，10多张嘴要吃要喝。姥姥说，那家的段妈是个活菩萨，大清早，迈着巴掌大的小脚，弯过几大坡田坎细路，带她下到河滩去买船老板运来的青菜头，它们比场上的便宜一半。又帮她背一大背篓回来，手把手教她做榨菜，还把自家的两个大凉板都借出来晒菜。"那一年，全靠做成了几坛榨菜，我才糊住了十几张嘴哟。"

"那些下江人逃难过来，衣服都没多的两件。来了水土不服，一身长疮，造孽得很。"这些话是我重庆土著婆婆（即奶奶）说的。我们老家北碚状元碑那带，抗战时也是民国政府一些机关的所在地，比如国民政府行政院法院就在附近歇马镇的石盘村。那些机关人员多是下江人，从状元碑上上下下，总会跑到我们吴家药铺来寻医问药，因为我爷爷便是这一带远近闻名的中医。而爷爷也总对这些下江人格外关心和照顾，叮嘱婆婆和"丘二"（帮工），下江人看了病抓药，若说先赊账，就赊账；若说实在没钱，也要抓药给人家，一丁点都不能少。少了量，还治什么病？一到春末夏初，他就配好汤药料，让"丘二"熬好，用大缸装好。一听到外面有说下江话的人路过，就赶快请人家进来喝一碗。他说："这个时节你们喝上几碗，就去了热毒。这里的水土就认得你们是自家人，再不欺生了！"

我姥姥我姥爷，我婆婆我爷爷本来天南地北，岂能相遇。却因一场抗日战争成为了亲家,我身上所有流淌的血液便是他们会师之处。下江人和重庆人就这样你中有我,我中有你,水在乳中轮回!

三

渐渐,在文人骚客们的眼里,重庆不只是已变成上海那样热闹的大都市,更自有她的俏丽可爱。若有人说这里俗气,便有下江人立马怼过去。朱自清就在《重庆一瞥》中说:"傍晚的时候我跟朋友在枣子岚垭、观音岩一带散步,电灯亮了,上上下下,一片一片的是星的海,光的海。一盏灯一个眼睛,传递着密语,像旁边没有一个人。没有人,还哪儿来的俗气?"朱自清还写道,他站在南岸某山头朋友家小廊子中,隔江、隔着烟云看渝中的市景,宛如一幅扇面上淡墨轻描的山水画。说:坐轿子,坐洋车,坐公共汽车,也看到不少街上有飞机肆虐过的炸痕、瓦砾场。但整个重庆仍是堂皇伟丽。街上还是川流不息的车子和行人,挤着挨着,一个垂头丧气的也没有。甚至,某次,他坐在黄家垭口宽敞的豆乳店里吃早餐,街上开过来几辆炮车,引得满店的食客起身观看,沿街也聚着不少看热闹的男女—— 一场嘉年华与战火纷飞就这样无缝衔接,人们也可在呼天抢地的悲恸和喜气洋洋的谈笑间快速切换:敌机丢了炸弹,飞走了,没死的人或从瓦砾堆里挣扎着站起来,拍掉浑身上下的灰尘;或从防空洞跑出来,手里拎着还没打理完的四季豆。朱自清感慨:"怎么轰炸重庆市的景象也不会惨的。……这些人的眼里都充满了安慰和希望。"

重庆人,视白老虎为自己祖先,天不怕地不怕的,谁奈其何?

重庆也多雨,但这里的土著却不觉得多雨有何不妥,更不拿它们来多愁善感、辗转难眠。这不得不让下江人惊讶又叹服!好心情是可以传染的,兴致勃勃过日子的劲头也是可以传染的——

于是,朱自清可以一撩长衫,心满意足地从七星岗黄家垭口那家豆乳店出来,这里的早餐从未辜负过他,他好上了重庆豆腐脑这一口。

巴金的新娘肖珊托人去外地买了4个玻璃水杯——战时的奢侈品,便挽着穿西装的丈夫搬进了都邮街(现在的解放碑一带)五一路的一间小房子里。

日子仍是清寒，有时晚上想买碗抄手来当夜宵，肖珊也要掂量一下铜板。但，两个人你一口我一口吃一碗抄手的时候总是有的，美滋滋的！巴金却为此苦恼了，说他最不愿意的便是有时不得不东跑西跑，要离开家。

丰子恺在他的沙坪小屋四周用竹篱笆围了墙，种菜，养了大白鹅。他把这只高傲的家伙当鹅老爷来伺候，当亲儿子来疼，以至后来写出了中国散文范文级别的经典之作、儿童教育的必读篇什《白鹅》。他还琢磨出川菜回锅肉的妙处，觉得它是相当睿智的美食：一肉多用，煮肉的汤，加青菜便是好汤。肉吃完了，剩下的汁又可烧豆干、卷心菜……

吾心安处是故乡，中国文化中豁达的生活观总会在山穷水尽时，拯救绝望的下江人。他们在重庆安身立命，劳动、婚配、生儿育女，建设陪都的新路、新地标，创造一个个有希望的日子，这些日子里自然包括着文学、艺术，绘画与诗……

文人、艺术家们从没停下手中的笔，他们要用笔让世人记住这场战争给中国和中国人带来的苦难。他们在忠实记录这个时期的民族史。老舍写《四世同堂》，巴金写《还魂草》《火》《寒夜》，萧红写《放火者》，张恨水写《金枝玉叶》……徐悲鸿画出了目空一切、奋蹄前行的马，郭沫若的《屈原》大戏让雾季的重庆万人空巷……

重庆岁月也是丰子恺创作的高峰期，创作了大量反映抗战和大后方形形色色人们生活的诗画作品，如《蜀江山碧蜀水青》《纤夫》《落红不是无情物，化作春泥更护花》《胜利之夜》等代表作。

令人赞叹的还有：1943年，抗战最紧要的时刻，他画出了《江流石不转》。该漫画一问世便震撼了重庆乃至全国。因为它具有不可言状的象征意义：一堆乱石倔强地挺立于江流之中，任凭狂浪击打，我自岿然淡定。丰子恺是借这屹立于重庆奉节县南江中的一堆顽石（据说是当年诸葛亮八阵图的原形），来励其心志，构建起自己和民族内心的精神高塔。

另外，丰子恺的许多表现当时重庆民间生活、非常接地气的漫画也同样为人们津津乐道，啧啧称奇，如《蜀道》《黄包车》《下坡》《重庆夜市》……

尤其是《重庆夜市》，应该算是中国较早以漫画艺术的形式来表现重庆人嗨火锅场景的绘画作品了。漫画刻画了3位吃火锅吃得酣畅淋漓的人物。3人依然是恺式漫画的特色：没鼻子没眼。但传神与风趣却令人忍俊不禁，遐想无限："他们围坐在火锅前，左边一位打着赤膊，双手开弓，头几乎要埋到锅里；中间一位，左手执碗，右手举着筷子飞舞，似在高谈阔论；右手一位正在夹着只螃蟹，准备下锅，却又被高谈者的话语吸引，头歪在一边手悬在半空仿佛凝固了一般。"

那时的丰子恺相当调皮，往往会趁着夜色从沙坪坝"杀"到渝中的较场口与朋友宵夜，大啖重庆的美食，当然也包括了重庆火锅。而当时较场口恰恰是火锅店、火锅摊的大本营。郭沫若也是这里忠实的粉丝。常常是跷足于长条凳，一边喝高度酒，一边捞毛肚，一边谈诗论词。其潇洒状，令路人注目……所以，丰子恺能留下这么一幅活灵活现的众生饕餮火锅图，绝对来源于当年火爆火辣的现场。

四

1946年4月，重庆最美的人间四月天，许多下江人要漫卷诗书喜欲狂，青春作伴好还乡了。

丰子恺也是还乡大军中的一员："那正是清和的四月，我卖脱了沙坪坝的小屋，迁居到城里凯旋路来等候归舟。凯旋路这名字已够好了，何况这房子站在山坡上，开窗俯瞰嘉陵江（这里应该是扬子江，丰子恺误为嘉陵江，特注），对岸遥望海棠溪。水光山色，悦目赏心。晴明的重庆，不复有警报的哭声，但闻'炒米糖开水''盐茶鸡蛋'的叫唱。这真是一个可留恋的地方。"

丰子恺带着家人在凯旋路大概借居了几个月，那是他异常快乐又沉思的日子。首先，他在反省这3年对重庆的"厌恶"是否公道。他说："岂知胜利后数月内，那些'劫收'的丑恶，物价的飞涨，交通的困难，以及内战的消息，把胜利的欢喜消除殆尽。我不卷诗书，无法归去；而群儿都说：'还是重庆好。'在这情况之下，我重读那几句词句（指一年前填写的《贺新凉》），觉得无以为颜。我只得苦笑着说，我填错了词，应该说：'言未毕，齐点首。'"

又说:"临别满怀感激之情!数年来全靠这山城的庇护,使我免于被发左衽,谢谢重庆!"

从"问群儿恋此山城否?言未毕,齐摆手",到"言未毕,齐点首";从对重庆的怨声滔滔到谢谢重庆,这何止是丰子恺一个下江人的心路历程?

我姥姥姥爷返乡复原时,只带走了两个小舅舅。把读大学的大舅,读高中的二舅,读中学的母亲全留给了重庆。下江人的血脉晕染开来,渗进重庆的河流、池塘、小山堡、深山老林,隐秘的窄巷,竹篱笆糊泥支撑起的粉墙青瓦大院,其轨迹迅猛又深刻,直到下江人这个名词在这座城渐渐被人淡忘……

凯旋路为何叫凯旋路?

重庆城区最初的公路是沿着半岛从西向东形成了南区干道和中干道两条:从菜园坝到朝天门的南区干道和从上清寺到朝天门的中干道。而这两条干道间相对高度却往往大于50米,无法互通,只能各自为政。

到了抗战时期,作为中国首脑之地的重庆,解决道路问题已迫在眉睫,首先就得沟通这两大干道的彼此。于是,市政部门就先后修建了南区公园路、中兴路、打铜街,把两条主干道连接起来,凯旋路也是此时所建。

建凯旋路对于彼时中国也犹如登青天的艰难,难度系数最大。"一是直线距离短,不过100多米,却要跃上50米的高度,必须修成之字拐;二是靠近磁器街时,面临一壁悬崖峭壁,只得像修桥一样,垒建起一个与城墙一样的石砌高墙来与磁器街连接。那高墙下还得起拱,像是城门;三是靠南一边,要砌堡坎,防止马路塌方。"可见工程何其艰巨又宏伟。所以说,它的建成,就是身处国难的中国人挺胸抬头的一次凯旋。

凯旋路正对储奇门,储奇门江对岸就是海棠溪,海棠溪就是那时川黔、川湘公路的起点。前方打了胜仗,英勇的将士凯旋,往往是渡过海棠溪,从储奇门进城。久而久之,人们就把这条带回前方归来的将士和胜利消息的道路,称为凯旋路。仍是当年,许多来自重庆各大学的学生受"一寸山河一寸血,十万青年十万军"口号的感召,也是从这条路铿锵出发,跨过大江,奔赴中缅战场去与日寇殊死搏斗。他们在抗战史上被称作中国远征军。……这条路上有过多少母亲登高远眺、挥别儿子；又有过多少勇士归来与妻儿相拥而泣。凯旋路，凝视它，气壮山河又泪痕斑斑！

1947年的元旦，丰子恺在杭州写完了自己的深情之作《谢谢重庆》。他在江南六桥的明月下搁笔，恍惚间却是，巴山凯旋路边的植物过路黄又花叶汹涌，漫过他的眼眸。那里湿润了！

（吴景娅 文）

悦来：诗人余光中的乡愁和重庆新时刻

近者悦，远者来

  传说是一个地方扬名的碑，由风传诵，传得更远，流得更久。

  明末清初那个移民大迁徙的年月，由湖广迁徙来的李姓一家见这里山水清秀，土地也肥沃，就先在这里搭棚安家。某一天，有个脸色苍白的中年人来李家讨口水喝，却晕倒在门前，又高烧不退。善良的李家人煎药熬粥，让这位客人歇下来，安心养病。原来这位客人也是外迁来的，他见这里地处嘉陵江渡口，又是南来北往的交通咽喉，方便远迁而来的移民有个歇脚之处，就常来这里接引移民去他早就看好的地方安居。几个月后，那位客人又带领一批移民来到这里，见恩人还住在简陋的草棚子里，就领着木匠泥匠们帮助李家修房盖屋。房子院落盖成后，温暖的炊烟在青山秀水之间飘散开来，他们都乐了：这才是诗里说的"结庐在人境"呀，就该多一些人间的烟火气。后来，这里就成了来往移民们暂住之地，李家人烧水煮饭、安排住宿，热情款待又不收取分文。来往的人越来越多，有热心的客人说，这里就干脆开成客栈，为来往的移民们提供方便，李家人也可收取一点点银两来补充家用。有一位读书人为李家人十年如一日的善良义举所感动，在客栈门外写下"远者来，近者悦"的楹联，取名为"悦来客栈"。李姓老板仁义厚道，过路人都愿投店住宿，慢慢地周围人家也多了起来，形成一个小场街。

300多年后的今天，我沿着悦来国际会展中心旁的那条大路往北走约1公里，是一片由施工挡板拦起来的大工地，那就是曾经以"远者来，近者悦"名扬天下的悦来客栈所在地——悦来场老街。拆迁的老场街像翻耕过的田土，播下的正是当代重庆人对未来的希望。

300多年岁月如江水流逝，可"悦来"的传说依然流传。为"悦"而来不仅仅是留住远方来客，也是为了焕然一新地走向世界。

2022年初春，如果你来到这里，来到嘉陵江畔那个依然平静的江湾，你将看到一座古老而又年轻的正在生长的城。那沸腾的建设工地和鳞次栉比的高楼就沿着江湾生长开来，经过科学规划建设的新城区和生态化改造的环境，展现出一座城市迅速崛起的奇迹。

余光中的"乡"与"愁"

我是追着诗人余光中那首著名的《乡愁》来到这里的。诗人的"乡"已经拆除了，那些拆不掉的"根须"依然生长在肥沃的土壤里，会生出苗壮的苗，长成参天的树。对往日依恋的"愁"依然浓厚，在这个雾气迷茫的冬日早晨，我在眼前的青山与荒野上的草丛里，嗅到浓烈如酒的愁滋味。当然，不是诗人那一篇篇诗文里常写到的鹧鸪声声、子规滴血似的鸣叫，而是我踩着荒草枯叶慢下来的脚步，一步比一步更加凝重。

那条通往老码头的小路还在。沿小路踩过一片荒草丛是一条长长的石梯，从坡顶朝下伸向江岸。石梯上落满了枯叶，在我脚底踩出了瓷片破碎的脆响。从茂密的树林穿出去，就瞧见一江的静水。很安静，像极了一大盆清洌的水，没有晃动，阳光落在上面也没溅出一丝声响。土坡上立的牌子还在，上书"悦来场渡口"几个字记录着岁月的磨损。渡口的趸船卧在江岸，静悄悄的像是没有人，更像一匹渴饮江水的骡马。嘉陵江就这么静悄悄地躺在那里，任由岁月潇洒奢侈地流过，似乎什么也不会留下。可是我瞧着瞧着，泪水却忍不住从酸涩的鼻腔内上涌，阳光与江水都在我泪水里浑沌模糊了。

我同许多喜欢余光中先生诗的人一样，站在江岸时都不由得朝对岸山坡顶上望去。不知道山顶上哪个浓密的树丛里隐藏着先生的故居朱家祠堂；哪个高坡上站着先生的母亲，在太阳刚刚洒在山坡草丛时，就站在那儿瞧着儿子远去上学的身影？我心里回荡着先生那首《乡愁》，先生说，诗中的第一句就是写的这里，山顶的朱家祠堂，望儿上学身影的母亲，一封又一封母子俩互通消息的信件，还有嘉陵江岸永远也飘散不尽的浓浓乡愁。

小时候，
乡愁是一枚小小的邮票，
我在这头，
母亲在那头……

那是抗战时期，还是10岁的余光中同父母从南京逃难到四川。为避日本飞机轰炸，他们在嘉陵江岸的悦来场暂时安家。他在这片安静的青山绿水处生活了整整7年，从不懂事的少年到有家国情怀的热血青年。日子过得清贫，却与山里孩子们一起玩乐，自由且幸福。他时常回忆起在树林草丛里捉鸟捉虫，到江岸钓鱼掏螃蟹，瞧着一片片薄薄的石头击打在江面一下又一下地跳舞。他说他永远记得那山高高的，春天，嘉陵江在千嶂万嶂里寻路向南，好听的水声日夜流着，像在说："我好忙，扬子江在山那边等我……"

后来，他就在山下的悦来场里青年会中学读书。据他讲，青年会中学虽然没有高大的楼房，但周围是青翠的树林和连绵起伏的山脉，空气清新。余光中曾在一篇散文中，这样描绘母校的风光："校园在悦来场的东南，附近地势平旷。大门朝西，对着嘉陵江的方向，门前水光映天，是大片的稻田。农忙季节，村人弯腰插秧，曼声忘情唱起歌谣，此呼彼应，十分热闹。阴雨天远处会传来布谷咕咕，时起时歇，那喉音柔婉，低沉而带诱惑，令人分心，像情人在远方轻喊着谁。"

2005年10月，余光中先生受邀来重庆一所大学讲学，他一下飞机就深深吸了口气，笑着说："终于呼吸到重庆的空气了，还有过去的味道。"他兴奋地用一口地道的重庆话，对来迎接的人说："我以前就在重庆读的中学，那时候住在嘉陵江边往北三十公里，紧靠北碚上面的一个小镇子叫'悦来场'的地方。我算是乡下人，是在重庆从少年成长成为青年的。""在我少年的记忆深处，我早已是重庆人。悦来场那一片僻壤早已属于我一人。"

尽管离开已经半个多世纪，但刚下车，余光中先生就认出了自己熟悉的地方。"来这里时10岁，离开时17岁，60年前，就是这悦来场，嘉陵江边，我和母亲住镇北5公里的朱家祠堂。"余老感叹，可能是当年太小的原因，记忆中的嘉陵江更宽，江边的青山更远。

踏上老街的石板路，余老兴奋极了，故意把脚踏得很响，对老伴说，听听，还是那个味儿。连映在老墙壁上的回音都和过去一模一样！老街静悄悄的，阳光把那些老楼朽屋歪歪斜斜的影子洒在地上，他一个影子一个影子地踩着踏着，说："过去我们上学时，太阳也刚刚把影子洒在这里，我们在房屋影子上奔跑着，像鸟儿在屋顶上飞着。"有几间卖杂货的商铺开门了，他站在铺子前说："过去这里很热闹，一条街串着好多个商铺，卖铁器的布匹的山货的甜食的酱食的都有，来来往往的人也多，尽管那时日本人的飞机天天来重庆轰炸，天天都听到炸死人的传言，可这里要清静得多，世外桃源一样。悦来悦来，自古以来这里就是热闹的商贸码头小镇，做生意的跑码头的都寻着快乐而来收获满意而去嘛。"

儿时玩伴来了，南京青年会中学的校友来了。他们有的从市区赶来，有的从郊县赶来，年龄都在80上下，为的是与儿时的伙伴、同学、校友叙叙旧。他们似乎都回到了意气风发少年时代，手挽着手，踩着那时的步子，哼着那时爱唱的歌，朝曾经的青年会中学校园走去。嘉陵江畔，群山环绕的青年会中学，在悦来场的东南。在这里余光中那颗求学的心，像干燥的海绵饱吸着水分。先生称，自己一半的才气，都是少年时悦来场的山山水水中孕育出的。在这里，童年就是和大自然亲近，和乡村娃儿做各种游戏：放风筝，捉蟋蟀，养小狗，用石片漂水花……

母校依然是那个农家院子，不过岁月的风雨早就把它的原貌改变了。屋子是重修的，过去的宿舍也没影了，只有一大片收割后的农田还没翻耕，谷桩留在干硬的土地上，大群的麻雀叽叽喳喳地寻食。过去校园中心的银杏树也不见了，往日里那可是学生们最喜欢的地方，夏日像巨大的伞盖遮着荫凉，秋冬顶着灿然的金黄，似乎风一刮动就会叮叮当当地摇响。瞧着快被岁月涂抹掉的校园，他心里有些惆怅，可见到曾经的读报栏时，他眼睛就亮堂起来，那群老人都围拢过来，在残破的读报栏前拍照留影。60年前，他们每一天都要围在这个读报栏前，了解国内抗战消息，也是这个读报栏，告诉了他们日本投降、抗战胜利，他们兴奋得把食堂装水的镔铁桶都敲破了。

离开时，他向农家院子的主人要了一片青瓦。他说，那是母校的瓦，要好好保留下来，常常瞧瞧。他又去了山坡上的朱家祠堂，那是他住了7年的家，那里的每一个角落都能让他想起勤劳的母亲和少年的自己。他也带走了朱家祠堂一片瓦，就像远去的游子带走一抔家乡的土。

那一天，阴雨的天空突然放晴，阳光清澈透亮，悦来场老街道也让雨水冲洗得干干净净，归来的余光中先生走在石板街上，似乎每一步都有写诗的冲动。他离开前，把一首诗留在了这里：

>六十年的岁月，
>走过了天涯海角。
>无论路有多长，
>嘉陵永恒的江声，
>终于唤我，
>回到记忆的起点——悦来场！

重庆悦，世界来

又一个初春的早上，我来到重庆悦来国际会展城，站在悦来生态园的高坡上，俯瞰下去，那情景像是一只刚刚破茧而出的彩色蝴蝶，漂亮的翅膀已经伸展开来，似乎轻轻一扇就会飞到天空上。晨光下，那片建筑工地已经忙碌起来了，一条宽展的大道伸向遥远处，道旁一幢幢新起的大厦错落有致地生长在青山绿水间。我明白了重庆市委市政府的深刻用意，把重庆国际博览中心设计成彩蝶之形，就是想让这片厚重的土地来一次美丽的蝶变。

住在这里的老住户对我说，才短短的10年，悦来已经变得越来越令人惊喜了。

"惊喜"，正是对一座城市翻天覆地变化的惊叹、好奇与喜悦。

"规划向北，建设向北，发展向北"是2010年成立两江新区后，"再造一座重庆城"的宏伟梦想。因此，重庆市政府的"重庆新中心，打造新重庆"的发展战略顺势而生，并定位于悦来新城。按重庆市政府规划，这里将成为生态城、会展城、艺术城、设计城、智慧城的"五城同创"规划格局，集国际商务、会议展览、智能创新、文化创意、生态居住为一体，以会展经济带动悦来片区的迅速发展。

悦来开发建设者说，悦来是一部书，需要慢慢翻阅，细细品读。

我来到这里，翻开这部书，一页页读下去，感觉这是一部处处闪耀激情火花的诗集，也是一部敬重自然生态，贴近百姓生活，充满智慧光焰的散文集。

我沿着那条滨江健身步道，从绿树花草遍布的山坡，到喧哗热闹的都市街道，一页一页地慢慢翻阅，细细品读。生态城、会展城、文艺城、设计城和智慧城，每一个章节都生动有趣，充满活力。

今天，我一到悦来，就感觉到空气清新甘饴，这不仅仅是紧靠嘉陵江湾，集合了江、河、溪、谷、崖壁、滩涂、台地等各种地形地貌的得天独厚，也有开发建设者们精心别致的生态建设和"百园之城"的打造。国家级海绵城市试点区域和国家绿色生态示范城区的建设，条条道路都会"吐纳"不积水，溪沟池塘会"净化"更清澈。这是诗中的神来之笔，一勾一画，就使这里山清水秀，花草满野。流连在这里，更像诵读一部长诗，每一步都踩着情深切切的韵律，回响着颂山咏水的诗意。这里有让人沉醉的江湾7景："花岩叠翠""赤岩飞燕""石黛碧玉""江湾夕照""明月衔江""顾影轻波"和"思悦乡愁"，还有3层观景平台、3级慢行系统的多维度活动空间和多方位观景廊道。瞧着诗意般宁静的江湾，大片紫色马鞭草在晚风中摇曳起舞，心里自然地跳出那句古诗：峰攒石绿点，柳宛曲尘丝。岸草烟铺地，园花雪压枝……自然纯净之美扑面而来。

一半山水一半城的"生态海绵城"规划设计更是领先重庆50年。集生态、环保、节能、减排为一体的宜居生活区，享有世界级的城市资源价值，代言重庆未来的居住价值和理念，将成为宜居典范。

我眼前的那座如蝴蝶展翅的重庆国博中心建筑，就是开放的重庆向世界张开的臂膀，这座荣获过中国最优秀的建筑工程大奖詹天佑奖、鲁班奖和国家优秀工程奖的五星级会展场馆，已经成为重庆最有国际范的地方。这里举办过亚欧互联互通产业对话会、世界旅游城市峰会、中新金融峰会等标志性国际大会，举办了智博会、西洽会、服装展、药机展等国家级大型展会，举办了"一带一路"国际技能大赛、全国青少年击剑大赛等大型竞赛活动。

"有朋自远方来，不亦乐乎"，这里能见到重庆人真挚热情的笑脸，见到不同肤色和服饰的人群。一座会展场馆，使重庆与世界走得越来越近。

在悦来，我不管是漫步在让小涂鸦、小雕塑和小制作装扮的街道，还是在让花草与树木掩蔽的山间水岸，都能感受到浓重的艺术气息，会有翻阅一本色彩浓重、情感丰厚的画册的感觉。国博中心大厦对面山坡顶上，背靠嘉陵江岸的悦来美术馆，就是一座与山地草坡融为一体的，造型现代，颇有艺术气息和画面感觉的建筑。它不但外表造型先声夺人，更在入口处就让你驻足：环状的浅水池上，镜面的石材隐约显现出自然的光谱，静静隐匿着一圈书法妙字，你似乎看得懂又看不懂。那是徐冰的作品，为悦来美术馆题写的"近者悦，远者来"。徐冰何许人？就是因创作了《天书》等而引起世界艺术界震撼、被称为艺术天才的著名艺术家。这次他又将英文字母"嫁接"到中国书法的运笔之中，的确又是让人脑洞大开和惊喜的"天书"！……迈入展厅内部，其一隅由钢材与玻璃呈现出的曲线与几何平面的美妙造型，构成了时尚工业风而又不失自然的生态景象，像苍穹一般神秘，惹得许多观赏者来此拍照。这座集当代艺术展览、艺术教育和艺术研究等功能于一体的美术馆，举办过"临界""六个盒子""姓·名""向下生活里的X种方案""水墨再定义：中国当代艺术邀请展""画家黑泽明"等当代艺术展。这开放的国际视野和世界艺术交流平台的打造，被重庆人赞为艺术"氧舱"。

走出悦来美术馆不远，国博中心周围那片宽阔的绿草坪上，我让一尊尊各具特色又创意丰富的公共艺术雕塑作品惊讶得说不出话来——

在春光明媚、花香浓郁的地方，是从哪里凭空掉下来这么多漂亮的雕塑作品？问旁边也在观赏这些作品的老先生，他告诉我说，那是去年由著名雕塑家、中央美术学院教授隋建国策展，邀请了丁乙、谷文达、刘韡、庞茂琨、宋冬、汪建伟、向京、岳敏君、尹秀珍、张大力10位极具影响力的当代艺术家，在重庆悦来结合当地文化进行的跨界公共艺术创作。

这10位艺术家来自不同的艺术领域，他们根据自己特有的艺术理念、敏锐的空间环境把控能力和丰富的创作经验，调动重庆本地资源创作出多元的公共艺术作品。其中，谷文达的《重庆碑林》把抽象的传统文字与当地景观相结合；庞茂琨的《永恒之爱》是以罗丹《吻》中的形象与西方古罗马柱结合，象征工业时代的人性与爱的永恒；宋冬的《重庆悦来中轴线计划》关注烟火气的市民生活，充分与当地人互动；尹秀珍的《尾喉》体现对环境保护的重视；张大力的《感官世界》侧重讨论人和自然之间的关系……展出后，这些作品就永久性地放置在这里了。这批栖身在公共空间的艺术作品，将带给城市新鲜的活力，充分体现悦来人与自然环境的和谐共生。

其实，就在离悦来美术馆不远处，还有一个最新的、令人不能不看的大型雕像，方力钧《2021.11.08》。方力钧Logo式的光头人物，像是刚睡醒打着哈欠，眼神迷茫地望着天空，也像在奋力疾呼。我们望着"他"，一不小心也看到要从迷茫羁绊中挣脱出来的自己。

有位悦来的建设者对我说，这里正在建设集商务办公、购物餐饮、休闲娱乐、生态游玩、艺术体验等于一体的都市生态艺术商业综合体——"悦来汇"。这里正在打造集工业记忆、文艺街区、特色展览、艺术体验于一体的文化艺术新高地——"悦来庄稼"。这里时不时会开展"诗艺桃源悦来节""余光中诗会""新生活计划——有限劳动下的创造""聚落的迭代，共生与尺度"论坛和"悦来新诗力"国际文化艺术节等公共艺术交流活动，为广大的文艺爱好者奉上丰盛的文化大餐。

我一页一页翻阅内容丰富且色彩缤纷的画册，每一幅都让人赏心悦目。悦来正是以它特有的文艺气质和浪漫情怀，带给重庆人当代艺术的熏陶与感悟。在设计城和智慧城的建设方面，悦来的开发建设者告诉我，他们将携手国内外一流城市规划师和网络运营商，打造全球工业设计的产业平台，建成设计人才培训地、设计企业集聚地、设计新产品展示地、设计信息发布地、优秀设计产生地。打造两江新区乃至全中国首个集智能家庭、社区、交通、教育、医疗等管理为一体的"礼嘉悦来智慧园"。

这里有重庆市政府授牌的"重庆设计公园"，已经建成的一期项目——"悦·设创艺展示中心"，成功承办了2020重庆工业设计创新成果展、2021山城悦阅读书会和"设计之都"创新设计邀请展等活动，引进有邓文中、柳冠中两位大师工作室，入驻有深圳无限空间创新设计集团、重庆工业设计协会、法诺集团汽车设计研究院等设计机构。

早在2017年，悦来规划建设者就请新加坡NCS公司制定了智慧会展城市规划，建成的"智慧岛"集结了悦来18.67平方公里的建筑、道路、地形地貌、地下管线等数据，创建有1∶500精细三维模型、实景三维及管理平台，构建起多维融合的全域感知体系，用"看得见的数据、能体验的场景、可预期的价值"，着力"为产业赋能、为管理增效、为经济加速"，为智慧会展、智慧城管、智慧交通、智慧生态等提供强有力的智能支撑。

在悦来"智慧岛"和"智慧小区"里，几十余项先进科技在小区内集成应用，智慧因素与日常生活紧密联系，让日常生活变得聪明。自动驾驶巴士开放示范运营，将这一属于未来的场景，驶入寻常百姓家。来到这里，我亲身感受了新开发的人工智能和数字管理平台，体验过智慧会展、智慧城管、智慧交通、智慧生态等，真正感觉到了"科幻不幻，未来已来"。

假如你来到悦来公交车站，会发现这里竟也成为装置艺术。包括四川美院焦兴涛教授创设的《如歌的日子》和《等待的风景》。前者是我们惯常见到那种大红大蓝的塑料方凳，但有两个变成小屋般的硕大，其余10余个都和现实的方凳相仿佛；后者是若干柱子长在鞋子里，它们要让等车的人生出怎样的心情来呢？

今日悦来（悦来投资集团 供图）

  它们要说的比艺术更多。因为悦来要说的比地域更多……

  "一带一路"串联起了东方和西方最繁华最现代最美丽最有历史文化价值的城市，新生的更加繁荣，历史文化底蕴厚重的保护起来，而另一些在岁月的风雨里破朽了，就让它来一次美丽的蝶变，在原乡的土壤上来一次翻天覆地的变化。

  今天，随着新悦来的建成，越来越多的生态、绿色、艺术和智慧元素正汇聚而来。悦来，正在成为未来重庆辐射世界的新地标，重庆十大城市片区建设之首，重庆两江新区皇冠上的明珠，重庆的新中心。

（嘎子 文）

今日悦来（悦来投资集团 供图）

重庆大礼堂：现代版的天坛建筑奇迹

最早与大礼堂有交集，是从它的名称开始的。

那时我刚上小学2年级。有一天老师在课堂上讲人民大会堂，老师深入浅出，循循善诱，但我听得一头雾水。下课后我去问老师："你说大礼堂在一个很大很大的广场边上，我看到的那个广场没有那么大呀！"老师很惊奇：你亲眼见过人民大会堂？我很肯定：就在暑假，我跟着爸爸妈妈去看的！老师更惊奇：你坐火车了？我说不是坐火车，是坐过河船……那个老师恍然大悟，笑得花枝乱颤。然后她很认真地告诉我：你去的那叫人民大礼堂，在我们重庆。人民大会堂是在首都北京，去看它要坐火车……

人民大礼堂和人民大会堂，仅一字之差；一个小学生把二者搞混，也许情有可原。

但关于重庆人民大礼堂的故事，很长一段时间真假难辨，甚至以讹传讹，就不正常了。

"大礼堂的设计师后来被枪毙了"——这是众多传言中最具爆炸性的一个。如同许多重庆人一样，我也听说过，同时也无法证实或证伪。

直到重庆市人民大礼堂在20世纪90年代要改扩建，我才从主持改扩建工程的负责人陈荣华先生口中，第一次知道大礼堂的设计者、那个被人称为"张聋子"的张家德，是在80年代因病去世的。

那就来说说"张聋子"张家德和大礼堂的故事。

众多传说中，有一个版本是这样的——

当年刘伯承、邓小平、贺龙主政的西南军政委员会，面向社会征集重庆市人民大礼堂设计方案，各路大师纷至沓来，但他们的设计方案都欠缺了那么一点点。直到1951年6月的某一天，戴着瓶底厚眼镜的张家德抱着一卷图纸走进了工程招标办公室，在众人面前小心翼翼地展开那幅他亲手绘制，近20米长的设计方案图卷……

观者全都眼前一亮！心直口快的贺龙脱口而出：就是它了……于是，张家德高超的绘画技巧让他的设计方案一举中标。

传说只是传说。张家德的方案中标，绝不是"画得好看"。

当年，张家德很详细地介绍了自己的工程设计方案——

"我的构思是集北京故宫和皇家建筑之大成，但采取了全新的构图法则。进厅的顶部参考了天安门的形式，而大礼堂的屋顶上面则以天坛式三重攒尖宝顶作为皇冠，南北两翼配上柱廊式的长楼，并以不同形式的楼阁加以分割和收尾，具有故宫午门的架势。这种造型比 St. Peter（圣彼得大教堂）或 St. Paul（圣保罗大教堂）还要壮观，用超越古代皇宫的建筑作为当今天子——人民大众共商国是的殿堂无疑是非常合适的。它坐落在马鞍山上，俯视则虎踞龙盘，仰视则巍然屹立，显示出革命胜利后人民政权的轩昂气宇。……我要把中国的天坛大圆顶放在半圆球体的钢架结构上，来个洋为中用，中洋结合！"

张家德敢这样说，是他相信自己有这样的实力。斯时，张家德39岁，作为一个建筑师，正当年。

我们看看张家德的履历，便可知他为何底气十足——

张家德1913年出生于四川省威远县一个贫寒的乡村教师家庭，自幼勤奋好学。1930年以优异的成绩考取了南京国立中央大学建筑系，同时选修结构专业课程。

1935年7月，张家德从中大毕业，并于同年获得全国高等建设文官考试第二名。在此后的两三年间，他参加设计了南京军校工程、市民新村等七八十幢建筑，其中南京国民大会堂获得了全国建筑工程师第四等奖。

1938—1940年间张家德回到四川，在成都蜀华实业公司担任总工程师，设计了成都新声剧场原址的中央大戏院、聚兴诚银行、沙利文舞楼、私人住宅以及泸州23兵工厂等工程。就在聚兴诚银行工地检查工程质量时，一场大雨使他患上了肺炎，又被庸医所误，药物中毒导致了永久性耳聋。

1941年起，他开始主持"迦德建筑师事务所"，在重庆主要作品有：陕西街建设银行总行、内江分行、小龙坎电影院等。

1949年9月2日，在重庆那场惨烈的"九二火灾"中，张家德所居住的一幢4层小楼也在火海中付之一炬！所幸他当时不在楼内，逃过一劫。

1949年11月，重庆解放，张家德到新成立的西南建筑公司设计部做了一名组长。他以满腔热忱和一丝不苟的态度投身到"建设人民的新重庆"热潮中，并在中华人民共和国3年"恢复时期"，完成了自己的巅峰之作——重庆市人民大礼堂。

大礼堂以其鲜明的民族建筑形式，于1954年4月全面竣工投入使用后，为重庆、为中国赢得了很高的声誉。朱德、周恩来等党和国家领导人相继莅临，众多外国政要、访华团体和各界名流，纷纷慕名前往。印度总理尼赫鲁甚至指示驻华使馆通过中国外交部索要大礼堂设计图纸，为在新德里修建印度国家大剧院做参考。

有句话怎么说的？天有不测风云。

1955年4月9日，《人民日报》发表题为《豪华的大礼堂，花钱的无底洞》的文章；紧跟着在"反对以梁思成为代表的资产阶级的唯美主义的复古主义思想"中，重庆市人民大礼堂又遭到了点名批判。

张家德从他人生的高光时刻转瞬跌入人生低谷，逐渐淡出人们的视线；更有甚者，"张聋子被枪毙了"的谣传亦不胫而走。

但在业内，张家德依然没有消失。1959年2月3日起，张家德应邀参加了在北京前门饭店召开的全国建筑界著名专家关于"十大工程"的设计研讨会，并作为周恩来总理亲自指定的3位钢结构专家之一，负责审查北京人民大会堂的设计图纸，奉命在将承担终身责任的责任书上签下自己的名字。

只是，后来他连在图纸上签字的机会也没有了。

1979年，张家德终于得以彻底平反，并被调任中国建筑科技研究院副总建筑师。

当国家建委、建研院的领导与张家德见面时，张家德第一句话就是："请给我工作，马上给我工作！"

1982年5月20日，张家德终因肺气肿、肺心病在北京辞世。

大礼堂奇迹的创造者去了天上，而大礼堂的传奇一直都在人间！

2004年8月，中国建筑学会建筑师分会向国际建协提交的"20世纪中国建筑遗产"的22项清单中，就已将重庆市人民大礼堂列入。

2013年，重庆市人民大礼堂成为全国重点文物保护单位，也是第一批至第七批、共507项全国重点保护单位中为数不多的、新中国成立以后新建公共建筑中的一项。

《弗莱彻建筑史》1987年英文版第19版中，收录了作为"中国当代建筑43项"之一的"重庆市大礼堂"，它位列43项的第二位。

大礼堂从建成至今的近70年时间里，经历了5次大修，数十次小修。

在20世纪末，又一次对大礼堂进行修缮时，重庆市政府有关部门专门请了北京的一个著名古建修缮队来重庆，因为许多表面的彩绘、涂饰，技术性很强，当时重庆本地古建筑修缮水平还达不到要求。这里还有一段有趣的插曲：因建筑外立面的土红色抹灰需要用猪血调制，且用量极大，所以重庆人火锅主菜之一的"血旺"，短期内有可能供不应求。为此市里还特别层层传达了有关精神：大意是望广大市民理解，支持大礼堂修缮云云。我记得在一次传达会上当场就有人喊："支持支持！肯定扎起（重庆话，意思是力挺）！血旺少了没关系，多吃毛肚就是！"话音未落，笑声一片。

其实，"吃"大礼堂的高段位，是真正进到大礼堂里面去，吃它的"环境"。

大约3年前，我在三亚碰见多年未见的一个朋友。他开了一辆手动挡的路虎把我接到他拥有无敌海景的度假房，拎出一瓶茅台，又亲自做了一顿海鲜大餐。当我俩都有一点懵圈时，他一脸幸福地说："知道我至今难忘的是哪一顿吗？""那一顿！……"我奇怪自己怎么敢如此肯定。朋友会心一笑："对，

重庆人民大礼堂（嘎子 摄）

就是我去浦东之前，你在重庆大礼堂请我喝的那一顿。"他曾走遍半个世界，也不记得20多年前到底喝的啥酒了，一直忘不了的是重庆大礼堂宴会厅的精美环境。

我有些感动，又斟上一杯："为重庆大礼堂，干！"

大礼堂已成为重庆重要的文化遗产和城市LOGO。

建筑界泰斗梁思成先生曾这样评价："重庆市人民大礼堂是1950年代中国民族建筑形式具有划时代里程碑意义的代表作品。"曾主持大礼堂改扩建的重庆市设计院原总建筑师陈荣华先生说："张家德如同设计澳大利亚悉尼歌剧院的丹麦建筑师伍重，……他俩都'只辉煌了一次，但这一次就成了一个传奇！'"

诚哉斯言。

（鲁克 文）

白象街、十八梯、山城巷：半城的沸腾人生

重庆最早的母城，就是九开八闭 17 道城门围住的渝中半岛，总面积不到 10 平方公里。

重庆城最早孵化在重庆人叫作大河的长江边，之后才沿着母城的山脊往上延伸，于是又有了上半城和下半城之分。

下半城有一条很有名的街道：白象街。白象街从太平门弯弯曲曲一直延伸到储奇门。石板铺就的路面与两旁高高低低的房屋很契合。朝南的一面也就是临江的一面，开有几个下河的石阶路口。在很长一段时间里，那些又高又长的石阶，上上下下最多的，就是靠"卖水"为生的担水人。在重庆没有健全自来水供水系统之前很长的一段时期，很多住户都要买水度日。

与白象街几乎平行的是一条不算太宽的城市干道：解放路（以前叫林森路）。解放路从道门口沿着大河从东到西一直通到中兴路口。储奇门把解放路分成了解放东路和解放西路，储奇门也是解放路最低的地方。因了地势，成为"三大步"的终点。

储奇门的"三大步"

"三大步"是重庆下半城的特有景观，是重庆老百姓对那时的人力运粪车

运输过程的谑称。运粪车其实就是在板车上固定装有一个圆形木桶（最后也换成了铁桶），两轱辘，前面两根把杠，简单结实。与京城胡同、上海里弄一样，重庆城的巷子里，老百姓每天也会在某个时间，将装有自家有机肥的"尿罐"拎出来，倒进公厕或者经过门前的拉粪车。最后在某个时间，拉粪车定时来储奇门河边，与等候装运有机肥到农村去的木船完成交接。那时候，解放路就会出现"三大步"的独特景观——

架着粪车的清洁工人，从东边的道门口或者从西边的石板坡方向，"嚯——嚯——嚯"地吼着，衣袂飘飞，人车一体，跨着电影中"慢动作"一般的"三大步"，往储奇门近旁的"粪码头"顺路飞降，吆喝而来，犹如天神驾到。令人惊奇的是，"三大步"队伍里也有女性。人们都说，拉"三大步"的不但要有强壮的体魄，还要有很强的"技术性"：一架粪车几百斤重，斜坡弯路，愈跑愈快，全程仅靠一人驾驭，一般人真还未必干得了。一直到20世纪70年代，农村开始大面积使用化肥，下半城的"三大步"奇观才逐渐绝迹。

解放东路距储奇门不远，有一扇类似上海石库门的小巷，巷口的石头门楣上，从右至左有"成泰巷"3个字。

重庆的小街小巷与其他任何地方都不一样，没有"横平竖直"的整齐划一，只有上坡下坎左弯右拐。因此常有路人在成泰巷迷路。当年若在成泰巷巷口往里看，眼前时常是这样一幅画面：一位老年或中年的妇人，坐在小竹凳上做针线活或者织毛衣，甚至正在煤球炉子上炒菜，她身后高大的木门半掩着，屋里暗得看不清。如果是第一次来成泰巷，你很可能以为将会走进那户人家。只有当你惬意享受着炒菜的香味一直走到煤球炉子跟前，下了两步石阶，正要开口向那位妇人问路，才发现往右拐才是通道。大概走不到5米迎面却又是一堵青砖砌就的高墙，又得左拐。这时，眼前才豁然开朗曲径通幽。

当你沿着弯弯拐拐的巷子往里走，大大小小的院子逐一迎来。成泰巷、白象街的各色人等便依次出现：

1949年前，是重庆药材同业公会的经纪人，兴华小学校的教员，电厂的技工，"江全泰"号的雇员……

1949年后，是在"单位"按时上下班的"干部"，在运输社拉板车的汉子、因丈夫远去未归的留守女人、白家馆的川菜厨师……

杂院里最热闹的是"火炉"重庆的夏夜。那年代没有空调，连电扇也是稀罕物。盛夏晚饭后，左邻右舍将各自门前的那块地坝用水泼了散去暑热，再用两条长凳架上凉板，男女老少都一身"短打"，在梧桐树下摇着蒲扇摆龙门阵。有时蚊子咬得太凶了，也点一支蚊烟（后来是蚊香）。然后，家长里短，天南海北地摆谈起来，一派和谐氛围。夜空里时常会流过一段清亮的竹笛或是悠悠的二胡声。到最后，总是四周鼾声渐起，头顶夜色渐浓……

那时的岁月，更像典型的下半城。那时的下半城，似乎更具坚韧包容的重庆性格。

十八梯的"棒棒"老杨

钻出成泰巷，顺解放路往西经过储奇门走到凤凰台，拐进去就是连接上下半城的十八梯。

与成泰巷不同的是，十八梯既是连接上半城与下半城的重要通道，也是历史上下半城逐渐向上半城生长扩张的居住片区。抗战时期，十八梯居住的多是下力人、城市贫民、小手工艺者和逃难到重庆的人。20世纪50年代之后，房管部门和有条件的机关单位先后建了一些砖房，老百姓自己也不断将简陋的竹木房、板壁房、油毡房、砖柱夹壁房等结构简陋的房屋修修改改，加层扩建。最终形成了以十八梯为人行交通主线，横街纵巷的道路结构，依山靠崖、层叠向上的"七街六巷"格局，成为最具山城特色和重庆烟火气的居住片区。

记得20世纪末，我将原来没有甩干功能的单桶洗衣机，换成了带甩干功能的三峡牌双桶洗衣机（现在这种类型的洗衣机也没有了），那时还没有现在这么完备的社会物流体系，我便叫了"棒棒"从解放碑把洗衣机弄回家。那个叫作老杨的"棒棒"把他的工具递过来，"这个你帮忙拿一下"，然后一躬身，背起偌大的洗衣机就走。

我提着"棒棒"老杨的那根南竹棒棒，一道从十八梯往下半城走。快到花街子路口，"棒棒"老杨说歇一下。他把洗衣机小心放下来，再往边上挪了挪说："你帮我盯到起，我马上回来。"便一头转进路边小巷去了。不到5分钟，"棒棒"回来了，气喘吁吁说："耽搁你了。"我说没关系，又问他跑得这么急去干啥了。"回家喝点水，太口渴了。"他有点不好意思。"回家？""我住在那点儿。"他指着不远处堡坎上一间用石棉瓦搭的棚房。"你的家？"我有点吃惊。他忙说他家人还在武胜农村老家，这里是他们4个棒棒搭伙租的，"算下来每晚每人只花一块钱，划得来！"

到了我家楼下，他抬头见不是电梯房，得知我住5楼，站住喘了一口气，便埋头一步一步沿着楼道往上走。虽是寒意未消的初春，他头上的汗水早已顺着灰白的鬓发往下淌。

等他将洗衣机搬到阳台放好，我递过去一大杯水，"棒棒"老杨一口气喝干，冲我笑了笑。我说歇一会吧，"棒棒"老杨又笑了笑，站着用衣袖擦了擦满脸的汗。摆谈中得知"棒棒"老杨的幺女在重庆某大学读大四，已经被学校推荐保送读研。他说自己起码还要干3年，有点担心身体还扛不扛得下来，"幺女读书每年最少要好几千块钱呐！"听得出，老杨很为自己的幺女自豪。

重庆"棒棒"是特定历史时期的产物，"棒棒"们那种不惧艰辛，敢与命运叫板，用一根南竹棒棒扛起全家生活，扛起儿女未来和人生希望的韧劲，的确很重庆。

后来，一位本土摄影家以一大群重庆"棒棒"为主角的一幅作品，曾在摄影界引起不小的轰动；而我总觉得照片中边上那一位，就是曾为我搬过洗衣机的"棒棒"老杨。

我至今忘不了"棒棒"老杨脸上的笑，还有十八梯堡坎上"棒棒"老杨和他几个兄弟们的"家"。

十八梯，活脱脱一幅重庆版"清明上河图"。

但岁月使这幅"清明上河图"慢慢变得陈旧了。进入21世纪，十八梯片区6000多户居民，往往还是一家几口人、几代人挤住在十几平方米的房子里。没有卫生间，没有天然气，没有正规厨房，不敢用大功率电器。一家几代人挤在仄逼的空间起居，煮饭，冲澡，早晨起来挤公共厕所……

十八梯难道就永远不融于近在咫尺的解放碑"十字金街"？下半城的烟火

气就永远不融于上半城的时尚新锐?

十八梯涅槃新生已属必然。

自 2003 年动迁开始,经百姓投票、专家论证,十八梯旧城改造开始启动……

2021 年,历经 10 年打造的重庆母城核心区十八梯片区,重新开街。那些精心保留下来的老石梯,带着老重庆的市井烟火气,惊艳亮相。

作为一个城市更新的成功案例,重生后的十八梯除了那些大石梯,还有黄葛树、老堡坎、纵横交织的梯步,曲径通幽的巷道,开敞的空间节点,高低错落、层叠变幻的建筑形态……

除了小滨楼、重庆沱茶这些老字号以外,十八梯还有了 KFC 和星巴克……

蝶变重生的十八梯,模糊了重庆人以往观念中下半城与上半城的界限。

下半城涅槃绝不止十八梯一种模式,规模更大的白象街整体改造项目也已尊容初现。

山城巷的汤圆西施

这里,还特别要说说几十条山城步道之一的山城巷。

山城巷紧邻十八梯西边的中兴路口。怎么说呢?应该说山城巷比十八梯更重庆!

它弯弯曲曲地挂在岩壁上,虚幻得似乎遥不可及。去山城巷,应该从山脚下往上而不是相反,"上坡容易下坡难"是古今人们的共识。

山城巷路口有一小摊,现烤现卖的烧饼有咸甜两种口味,外脆里软。当然一路往上,几乎重庆所有的小吃都有:冰粉凉虾酸梅汤、桂花醪糟豆腐脑、猪油麻花酸辣粉,还有重庆火锅和重庆小面……

走到山城巷的半山腰,你会被一家叫"啥子巷巷大汤圆"的店名吸引。坐下来吃白或绿或粉的大汤圆,每个的味道都让你惊叹不已——汤圆好吃起来竟也像酒一样令人如痴如醉!店主龚艺林,被称为"汤圆西施",这绝无半点夸张。面容姣好，有着异国血统的她大学时参加"重庆小姐"比赛，就获得过十佳佳丽的荣誉。龚艺林琴棋书画皆通，而唱意大利歌剧，跳弗拉明戈更是其拿手戏。就这么个重庆妹崽，偏偏喜欢上研究外婆家祖传的做汤圆秘诀，爱上做汤圆。大学一毕业就先做了线上网店。山城巷刚修复开张，她的门店就成了第一个入驻商家。3年多来，她家的"龚氏大汤圆传统制作技艺"已是重庆渝中区的非物质文化遗产。她更在传统之上花样翻新，创造了10多个品种的汤圆，上了央视的《开门大吉》《越战越勇》和《好吃客 重庆》……好多外地客，汗流浃背地爬山城巷，就是想看一看"汤圆西施"，吃一碗龚氏大汤圆来铭记蜜与谜一样的山城巷诱惑。

山城巷当然不只是吃货们的最爱，它也是文青和摄影人的打卡地。在山城巷凭栏俯瞰，脚下的长江自西向东浩浩汤汤，"桥都"果真名不虚传：目光所及，菜园坝大桥，长江大桥，长江大桥复线桥，轨道专用桥，东水门大桥……都在水波里沉思着；唯独重庆主城的第一座公路跨江桥——长江大桥桥头的4座人体雕塑"春""夏""秋""冬"，似乎仍在述说当年江湖和庙堂对这些人体雕塑"是否可以裸体"的争议。

还有夕阳里新中国第一条铁路——成渝铁路的终点"菜园坝火车站"，也在你的目光里欲言又止。

山城巷倔强地沿崖壁一路向上，最后抵达重庆母城唯一的陆路城门"通远门"。通远门外最早是一片乱坟岗，当年去四川省城的官道就从那里经佛图关向西远去。所以通远门也是重庆母城陆路通向外面世界的起点。

这样说来，山城巷也是下半城走出重庆，走向世界的一条历史悠久的道路。

下半城可以走得更远。

张恨水曾在他的《山城回忆录》里写道："重庆半岛无半里见方之平原，出门即须升或降，下半城与上半城，一高踞而一俯伏。欲求安步，一望之距，须道数里。……如十八梯、储奇门、神仙洞，均坡中之最陡者。由坡下而望坡上，行人车马，宛居天半。"

山城巷的陡峭，远甚于十八梯。山城巷也更能展现重庆城山地建筑的精妙,更能诠释重庆人骨子里的那股"冲"劲!

街、梯、巷,它们在重庆人心中只是叫法不同,并没有根本的差别,倒有一种共同的特质,那就是随遇而安,但坚韧!

小时候读过一篇课文《天上的街市》,是一首诗:

远远的街灯明了,好像闪着无数的明星。
天上的明星现了,好像点着无数的街灯。
远远的街灯亮了,像天上的街市……

与老师们讲解的不同,重庆下半城的娃儿们,并不觉得那些诗句有多高妙,有什么了不得的夸张。因为他们从小就看着山城巷那些星星点点的"天灯"长大;而且他们都知道,山城巷曾经就叫作"天灯巷"。

(鲁克 文)

洪崖洞里鸟瞰万千吊脚楼

重庆城叫山城,不是把建筑修得高大如山,而是让吊脚楼这种古老的民居建筑自然生长在高崖土坡之上,那种自然生长之美和高高低低错落有致的层次感,成为重庆特有的景观。作家张恨水在《说重庆》一书中,将重庆的吊脚楼称为"世界上最奇怪的建筑"。有了这样的建筑形式,在两江夹峙里的渝中半岛和崖陡岩峭的江北南岸,不管你从哪个角度看,都美如山水画廊。

多年前,我就听一个老重庆讲,要看吊脚楼,就到洪崖洞上去。他说,悬崖壁上的洪崖洞其实不是洞,只是一个斜凹进大块岩石下的大岩窝子,有股清亮的水就从岩石顶上滴下来。岩窝四周绿树葱茏,野草茂盛,雨后的阳光晒在洞前融进水瀑里,常常出现美丽的彩虹。有人说那是神仙在洞子里修行,还说亲眼见仙鹤在那里飞进飞出。因为岩窝能遮风避雨,又在重庆九开八闭城门的闭门洪崖门之外,就成了一些难民、乞丐和流浪汉休养生息的好地方,之后简易的竹木捆扎的吊脚楼一片又一片建造起来,把好好的神仙洞子遮盖住了。

我在翻阅老巴县县志时,见清乾隆时巴县知县王尔鉴介绍过洪崖洞。他说:"洪崖洞在洪崖厢,悬城石壁千仞,洞可容百人,上刻'洪崖洞'三大篆字,诗数章,漫灭不可读。城内诸水越堞抹额而下,夏秋如瀑布,冬春溜滴,汇入池入江。石苔叠翠,池水翻澜,夕阳返照,五色陆离,莫可名状。至若渔舟唱晚,响答岩音,又空色之别趣也。"这神秘的洞充满了仙气与诗趣,让好探险寻奇的我想去看个究竟，看看历代诗人骚客镌刻在石壁上的诗句，哪怕它们让岁月和风雨冲蚀得"漫灭不可读"。

那是30多年前了，我站在临江的那条公路上，抬头仰望高高的崖壁，一大片歪斜杂乱的吊脚木楼生长在崖壁上，稀疏的绿草与树木混杂其间，见一条长长的石梯蛇一样地在木楼丛里穿进穿出，然后消失在高高的岩石旁。公路旁有一群学画的小孩在写生。那个年代临江的这条路上常有画家和学画的孩子们来写生，那些破旧的悬在岩石上的吊脚楼群诱惑了好些喜好画画的人。他们告诉我，这楼看着破烂不堪，可就适合这样的山地。那神态姿势就像有生命似的，根咬在山壁，魂附在山体。画下来，就鲜活了，不用着色就是幅好画。

我却想沿着石梯走进去，走进吊脚楼的丛林里去，走近那个滴水的崖洞前，掬一把崖上滴下的清冽泉水。

我跟着几个挑着重物的"棒棒"（即挑夫），朝山壁上走去。石梯窄小，可能很久没有修理了，好些地方石阶破碎，像缺了的牙齿。我没爬多久就气喘吁吁了，挑夫们却很轻松，尽管挑着重物，粗着脖子轻哼着什么为自己加油，一会儿就把我扔得好远。我曲里拐弯地穿行在吊脚楼丛里，抬头看不见路的尽头。木楼间烟火味浓重，那是烧煤球和炒菜煮饭的油烟混合味。天空悬着烈日，木楼烤得焦脆，似乎手一摩擦就会溅出片火星来。我也热得受不了，脱得只剩背心。

好不容易从木楼丛里穿了出来，我听见了滴水声，滴滴答答地敲击在石板上，响声清脆。我东找西寻，都寻不到水滴在何处。问旁边居住的人，说是在木楼背后，人进不去。那个洞子也在那里，里面是什么公司的仓库，堆放着乱七八糟的东西。热心的他带我去他家悬楼上，从窄小的窗户看出去，我见到了刻在石壁上让苔藓污染了的几个大字"洪崖滴翠"。

"洪崖滴翠"这4个字让人遐想，不知道是哪个朝代哪个诗人取的。据说这是旧时重庆12景之一，比洪崖门洪崖洞还有名气。那位带我寻到崖石刻字的热心人，就随口背出好一串古人的赋诗。他最赞赏的还是王尔鉴的那首赋诗："洪崖肩许拍，古洞象难求。携得一樽酒，来看五色浮。珠飞高岸落，翠涌大江流。掩映斜阳里，波光点石头。"当然，那个时代高崖下还无人筑楼居住,空留一眼滴水石洞让过路文人墨客们观赏后写诗诵吟。后来,崖上居住的人多,形成了大街小巷,崖下靠着洞子和流水处也搭起了成片的吊脚楼子,"洪崖滴翠"这一景便渐渐淡出人们的视野,只留存在往日的记忆里了。

他指着眼前那片简易的、向一边歪斜的吊脚楼说,别瞧不起这些破破烂烂的房子,我家在这里住了3代人了,住惯了嗅着这里的烟火味都很舒服。他指着那些木楼说,别小瞧这些简单丑陋的吊脚木楼,其实历史久远着呢!明洪武四年(1371)重庆府指挥使戴鼎在宋代旧城基础上大规模修筑石城,形成九开八闭17个城门之规模,城墙围合面积约2.35平方公里。明朝天顺年间,重庆人口数量为西南之最,城区也日渐扩大。尤其是沿江一带的商业性用房已是鳞次栉比,突破了城墙的限制,形成城内八坊、城外附廓两厢的城市规模,城内城外民居多为吊脚楼,"家家楼阁层层梯,冬雪下来不到地,春水生时与树齐。"这是明代诗人杨慎在《竹枝词》里描写吊脚楼的情景。从那时起,这里居住的就都是穷人,不是搬运工就是纤夫,还有不少洗衣人。俗话说富人的大街漂亮,穷人的窄巷热闹。明代以来,这里虽说在城门以外,居住的大多是穷苦之人,也热闹得很。酒店、茶馆、客栈一家接着一家,街巷里商人、船员、居民、力夫各色人等来往穿梭,进进出出。入夜后,酒店、茶馆内灯火通明,生意非常兴隆。

他让我仔细瞧,这些吊脚楼大多采用捆绑结构,工艺简单,所以适宜在重庆山地地形建造。重庆吊脚楼建筑材料的选择以竹、木等自重轻、受弯、抗剪性能良好的材料为主。外墙多由竹编夹泥墙或木板墙做成,屋顶多为小青瓦双坡悬山式,楼面采用简单木地板。在外地人看来,高高的木楼歪斜着悬在半空,半挑的窗户飘出缕缕炊烟,瞧着都为住在里面的人惊出一身的冷汗。其实多虑了,这是千百年来居住此地的人们同大自然和谐相处中创造出的民居样式,饱含山地民居建造的智慧。吊脚楼采用本土材料,装修简单,古朴自然。而重庆的山形地势,潮湿燠热,这样的建筑能透气纳凉又能防毒虫的伤害,轻轻松松地就把一户户人家的根扎在土坡山崖上了。像那些自然生长的草木,生了根就茂茂盛盛地葳蕤起来。

他说,那个时候,吊脚楼里住的都是下层市民,纤夫、船夫、力夫、贩夫、跑江湖耍把戏的、开店铺做小本生意的，还有一些小职员、小店员和教书匠，都拥拥挤挤，热闹在这里。就因为捆绑式吊脚楼结构简单，租金也低廉。他们这一片吊脚楼子里的居民真的是"鸡犬之声相闻"，人与人之间也亲热得很。吃饭时，家门口的街边边，各家简单的菜食一摆，凑成一桌，不分你我，边吃边摆"龙门阵"。夜晚就在梯坎旁乘凉。自家的凉椅、凉板常谦让给邻居坐着躺着，摇着蒲扇，把"壳子"和"龙门阵"冲上了天，哈哈……

他笑了，说：你知不知道，吊脚楼在我们重庆还有个称呼，叫"望儿楼"，是从龙门浩那边传过来的。据说是大禹母亲站在长江南岸之滨的崖边楼房上，天天倚窗遥望远方，期盼治水的儿子早日归来而得名。"望儿楼"背山面水，与闹市、船码头近在咫尺，是母亲盼望远方讨生活的儿子归家的地方。重庆开埠后，工商贸易发展迅猛，外来移民也大量增加。于是他们在岩坎上悬空建起一间间下面用竹木支撑，崖壁上打孔，用木榫借力拉扯的吊脚楼。这些修建在崖壁上的吊脚楼，看上去好像悬挂在人头上的耳朵，于是又叫它"望耳楼"。站在楼顶的窗前，伸着耳朵顺风听听，能听见遥远老家的声音呢！

忽然他哀叹一声，眼内似乎有泪，咬紧牙齿说：我不谈重庆新中国成立前夕发生的那场让重庆吊脚楼毁掉一大半的"九二火灾"，只说1929年重庆建市，在第一任市长潘文华任内，千厮门外蔡家湾一带突发一场大火烧毁千家，从火里逃生的人遇上老城墙又高不可越，因此烧死的不少。洪崖洞亦遭灾，大火封洞，乞丐和无家可归的流浪汉死者甚众。张恨水的《说重庆》曾这样描写那个时期的重庆吊脚楼："重庆的房子，尽管悬崖陡壁，搭屋四五层，却全是木板木架钉起来的，大风一刮，可以倒几十幢。大火一烧，可以烧千百间……"

这位给我带路的热心人感慨地说：日本飞机轰炸重庆时，洪崖洞洞口坍塌，人们以砖柱撑持。那个年代，重庆人顽强得很，个个都不怕死。小日本的炸弹扔到崖顶就像滚石一样朝崖下滚，带火的爆炸把一片又一片木楼掀倒了。可熏人的硝烟刚飘过，埋在泥土里的人又爬起来，挥着拳头对天空高声咒骂：任你龟儿子疯，任你龟儿子炸，格老子就是不怕……他们又把倒塌的木柱子立起，房架捆绑起来，高高低低歪歪斜斜的吊脚楼又生根在崖壁上了，温暖的炊烟味又从半开的窗口飘散出来……

唉唉，他望着屋外那片破朽不堪的吊脚木楼，脸红了，拍着胸脯说，岁月不居，古洞垂老矣。但也正是这种年迈，它才拥有完全属于自己的历史。我相信它不会永远这样破烂下去的，会有新生的一天。它的将来肯定是美好的。他笑了，问我信不信？

我当然相信，因为我看见老朽的树根正有几枝青嫩的苗芽顽强地生长着。30年后，由重庆著名女企业家、被誉为"火锅皇后"的何永智率领团队打造的洪崖洞楼群，正是在这样的建筑文化传统里寻找到灵感，复活了吊脚楼这种古老的山地民居。新建的"洪崖洞"在山崖叠翠里，把吊脚楼的乡情与现代时尚融为一体，建成一片崭新的山地建筑群，成为重庆的一个新地标。

1993年修建嘉滨路时，洪崖洞居民整体搬迁。2002年洪崖洞片区开工建设，2006年洪崖洞民俗风貌区落成开业，它"一不小心"成了重庆的网红名片。洪崖洞民俗风貌区，现在已是重庆最知名的景区之一。万千游客来到重庆，人人都想一睹它的真容。这组有吊脚楼风格的建筑群依着山势朝上生长，古老与现代的混搭使它更加时尚，在薄雾里像古画里的山水楼阁一般的神奇俊秀。建筑楼群吸取了传统吊脚楼的精华，以前是用捆绑的杉杆支撑着一间间四四方方的木楼，现在木头变成了条石，竹墙变成了砖壁。不变的是那依山就势、层层耸叠、错落有致的风貌。乘坐两江游船或站在雄鹿似飞跃大江两岸的千厮门大桥上的人们，都会为它的神韵所迷醉。特别是夜幕降临，五颜六色的霓虹灯一起绽放，洪崖洞建筑群便展示了另一道风情：每一幢仿古建筑都似宝石打造，晶莹剔透，璀璨夺目，真是美轮美奂的人间仙境……

我跟随天南海北来打卡观赏的游客，走进这组建筑群，踏上充满怀旧气息的青石板街道，脚步会不由自主地慢下来。这不是在建一座只适于居住或单纯的商业用途的房子，而是在筑一座城，有街道有商店有展馆有戏院有逛街人群的浓缩了巴渝城市古韵的小城：青砖石瓦、飞檐斗壁、镂花窗格……像一张张光影迷魅的黑白老照片，勾起人们心底那些模糊而久远的记忆。设计者采用传统的框架，把一幢幢松散的街道民居构连在了一起。走在街上，恍入古代，又似在未来，建筑的功能在这里获得了极限扩张，又有让人品味不尽的

璀璨壮观的洪崖洞（嘎子 摄）

民俗之美。

　　不知道那位曾经为我介绍吊脚楼的热心人，今天迁居去了何处？如是他今天也站在这里，是否也会伸出拇指赞叹一番这换了新貌的人间呢？

　　"山是一座城，城是一座山"，这就是重庆，中国独一无二的山城重庆。

　　今天，重庆人都能讲洪崖洞的老故事。而在来重庆的旅游者眼里，洪崖洞是一处此生必去打卡地，是从童话世界里走来的建筑群。不管白天还是夜里，不管在崖下还是崖顶，你遇上了她，都会禁不住赞叹：这是自然生长在山崖上的最奇特最现代最漂亮的吊脚楼群。

（嘎子　文）

英国设计师与重庆鹅岭二厂时尚地

山坡上的老厂房

这是一部电影的镜头：靠山滨江的酒吧露台上，一片掩映在夜色与树林中的建筑物彩灯闪烁，像极了满戴彩色珠串的手臂，朝坡下柔嫩的江水伸去。当翠蓝色的夜空与江面冉冉升腾的紫雾搅混一团时，宽阔的大江与岸边高低错落的建筑群紧紧拥抱在一起。

一艘金碧辉煌的游轮缓缓驶过，影片主人公对身旁的同伴说了那句著名的台词——"感谢那些人擦过刮过，生活才有更美轮廓……"

这部曾经是国内最火爆的青春浪漫影片，有个充满诗意与幻梦的片名：《从你的全世界路过》。

我不知道是因为影片取景于重庆鹅岭山头上的老厂房，成就了影片梦幻般的画面氛围，还是影片里那些青春飞扬的梦，成就了这片废旧厂房改造的文化创意园。今天，我来到的鹅岭二厂文化创意园，已经是重庆最热火的网红打卡地之一。

民国时代的中央银行印钞厂，20 世纪 70 年代变身为重庆印制二厂，而今在英国著名建筑师威廉·奥尔索普魔法般的设计捣弄下，以"试验平台 2 号"（TESTBED 2）还魂重生。一座积蓄了 77 年厚重历史的老厂，它的文化根基如一棵老树盘踞在这片江岸的山坡上，每一块破砖碎瓦都能说出一段动人心弦的故事。中国改革开放后，特别是重庆直辖后，城市建设生机勃勃，到处都是拆毁新建的大工地。而这里的一切没有一丝一毫损毁，一幢幢搬迁后的老厂房绝地重生，依然挺拔地站立着。像凤凰涅槃，褪去陈旧，换肤新生，又一副翩翩少年的模样。

它靠山滨水，前面是更为广阔的世界，新生的它伸出手就与整个开放的世界拥抱在一起。

2012 年初秋

重庆这座被称为火炉的山城，炉里的火还没完全燃尽，英国建筑师威廉·艾尔索普就带着他的团队来考察。那时，艾尔索普刚刚完成了北京来福士广场的设计项目，他就听说了重庆，有人对他说，那是个非常有趣的地方，最能诱惑像他这样创造力旺盛的先锋设计师大展身手。为建设有特色有品质的国际化大都市，重庆对国外有成就的建筑大师们敞开了大门，吸引了很多外国建筑师集聚山城论剑。长长的名单中，加拿大 B+H、科伦，美国 JSFA、易道、MRY，澳大利亚柏涛、CDM，新加坡巴马丹拿，英国阿特金斯，丹麦 SHL，日本久米、黑川纪章、隈研吾等著名事务所和建筑师均在重庆留下了作品。

那天，我在印制二厂的一个老车间里，采访了这位性格火辣的老建筑设计师艾尔索普。他把老车间改造成了设计工作室，我一进门他就眯着眼睛瞅着我，叫助手拿来一瓶撬开盖子的红酒，倒满了酒杯，笑了，说他就喜欢红酒，特别是像太阳颜色一样的红酒，喝一口像沐浴在阳光下一样舒服。他笑了，脸颊和鼻尖都红了，像个孩童似的兴奋了。他讲起了自己的建筑设计，讲起了自己的童年，还有那些让他忘不了的青春往事。

刚来重庆的那几天，从早到晚艾尔索普都沉默地坐在车内，叫司机从繁华的大街穿行到狭窄的小巷，又沿着植被丰厚的山道行驶到长江嘉陵江两岸。他从江南走到江北，从喧哗热闹的解放碑商圈，走到寂静偏僻的鹅岭浮图关。他仔细观赏了新建的大剧院、科技馆和图书馆，又在解放碑那些巨型摩天大厦和国泰艺术中心前驻足停留了很久。他对同行的人说，这真的是一座非常有趣的城市，依山靠江，植被丰厚，空气清新，风景非常美丽。它不像其他中国城市，一眼就能瞧见它的"鞋垫"，就像你开车行驶在山道上，永远不知道前面的拐弯处能给你怎样的惊喜。他笑了，说自己喜欢这里，想在这里做一些有趣的事。

重庆当然欢迎这位荣获过大英帝国荣誉勋章以及全英建筑最高荣誉斯特林奖，并在全世界都留下过优秀作品的建筑大师了。可他单单瞧中了鹅岭山顶上那片刚刚搬迁走后遗留下的老厂房。

他对我说，那天他就站在印制二厂那幢搬空的厂房平顶上，眼前就是罩着层蓝色雾气的长江。刚下过雨，灰蓝色的雾气在岸边山坡和树林间隙升腾弥漫，像极了朦胧虚幻的中国水墨画。他说："我最不喜欢的就是把好好的一幢或一片有故事的建筑物彻底毁掉，再在原地设计或修筑起模样怪异，能满足你激进思维或先锋创意的东西，可它毕竟是新生长出来的树苗，没有了老建筑那样深厚的文化根基，老建筑身上那些让人回忆不尽的老故事也随之消失了。那样，我一点也不喜欢。"

他又吞下一口酒，轻松地吐出一口气，指着工作室窗户外面景色，对我说："我明白自己为什么签下改造这片旧厂房，而不去签其他的建筑项目了。这也许是我的一个梦，在很小的童年时就在心里生了根的梦。"他笑了，脸颊红艳艳的，像飘着两团红霞。

他仰起头瞧着窗外，眼睛里充满了回忆。他对我说："那真的是我童年的梦。"

1947年的那个大自然色彩最丰富的季节，威廉·艾尔索普诞生在英国北部小城北安普敦郡的一位普通会计师家庭。那是个古典建筑与乡村色彩组合成的现代装饰画的拼盘，冰爽的晨风里都满是湖光山色与花花草草的味道，大自然的色彩与味道陶冶了小艾尔索普的情趣，他很小的时候就喜欢使用色彩来表现自己的幻梦，特别是用小小的积木玩具，搭建起一个色彩丰富的建筑空间时，他就很兴奋。他曾对自己会计师父亲说，他想做个真正的建筑师。父亲笑着拍拍他的小脑袋，用正在演算一串数字的笔敲敲他的小鼻子，说：你的想法很好。要是不懂数字的秘密，不知道计算的乐趣，你能搭建一幢真正能居家住人的楼房吗？哈哈，你还是学着把数字演算好了，再做梦吧。

那时，他住在外祖母的家里，那是幢从祖上继承来的老房子，梁柱朽了，窗棂架也掉了。房屋的墙皮也掉了一大片，染着潮湿的绿苔藓。小艾尔索普眨眨明亮清澈的眼睛，看着色彩拼盘似的原野，咬咬牙，用坚定的口气说，我一定要自己设计改造这幢老房子，让它和蓝色的小河绿色的树林五颜六色的鲜花一样的漂亮。

1953年艾尔索普6岁时，真的画了这幢房子的设计图。后来，他成为建筑设计师时，把这幢带着童年梦想的奇幻小屋，建在北安普敦乡村色彩的土地上。他没有拆掉重建，该留下的全留下来了，他说亲人们住在这里，每一个拐角都能想起曾经发生的故事。

艾尔索普站起来，拉着我到外面的平台上，指着脚下的那片老厂房说，这个项目就叫"试验平台2号"（TESTBED 2），同他在英国伦敦的"试验平台1号"（TESTBED 1）一样。那个旧的奶制品厂房让他改造成设计师们的工作室，在那里自由地表现自己的先锋精神和创新思维，在伦敦影响很大。他又指着一幢一幢爬满枯枝藤条的老建筑说，这里每一幢建筑每一扇窗口，都会亮起一种颜色，闪耀起来一定是美丽绚烂的宝石光。

2016年盛夏

他把自己的工作室"英筑普创"设在二厂印制车间2楼上。

他对我说，设计项目签下来时，他就一再对工作室的设计师们说，这是一个强壮的工厂建筑。在他看来，二厂原来的建筑就很有意思，如果因为改造而被拆掉将非常可惜，"我想保留二厂原来的建筑，再加一些新的设计元素，打造更多的空间，让新旧建筑完美融合，这是我的设计理念。"

他叫我瞧瞧他的工作室，这里的改造也一样，原有的空间没有破坏，只用油漆色彩作了一些修饰与点缀。原车间内一台生满铁锈的废机器移到门外，经过他们的拆卸拼接成了有趣的铸铁雕塑。他把所有水电控制开关放在大门外,用卡通小图案有序地排列在墙壁上,那些控制按钮似乎也活了,在老旧的墙壁上讲述一些妙趣横生的童话故事。他非常喜欢活跃的创造性思维,要求每一个雇员都能把自己的想法与思考亮出来,在每天早晨喝一杯咖啡的时间里碰撞出火花。在工作室两大墙壁上,一块他设计成巨大的黑板墙,墙下放置着各种色彩的粉笔,那是涂鸦墙,允许所有人随意在墙壁上作画,发泄情绪表现自己。他要每一个雇员都要发挥自己的想象,把瞬间思维用涂鸦的形式画在墙上,画什么都可以。另一堵是他自己的绘画墙。每天他都会在墙壁上贴一张大大的纸,然后扇动想象的巨翅,把流动的思维化作创意的色彩涂抹在纸上。那是他绘画的习惯,从模糊混沌的开始,逐渐到思维清晰明朗,一幅色彩绚丽流动的抽象画呈现在白纸上。在绘画时,他对项目的设计构想也渐渐清晰起来。

在这个天天都发生动人故事的建筑空间里,艾尔索普说,他发现了建筑的新意:生长中的建筑。一个建筑师不光是创造新建筑的大师,更是复活旧的濒临毁灭的旧建筑使它们继续生长,延续它的历史故事的魔术师。像长江与嘉陵江的汇合,这座旧印刷厂改造后,处处体现出了新与旧、东方与西方在审美艺术与建筑元素方面的融洽,赋予了让人激动的新的生命力。

他与自己的团队对整个厂区进行了细心的考察测绘,绘制了大量设计过程图。他把堆放在工作台上的那些设计图纸翻出来叫我瞧,很多图纸上都写着"尊重老建筑,尊重历史,这是我们的设计宗旨""旧城改造,最漂亮的往往很有可能是那些原本就存在于场地上的生命"。艾尔索普笑着说,这就是他和他团队的设计理念——不过度设计,老建筑本身就很酷,我们只是让它更酷一些,让新旧建筑能够富有质感地结合。

正在施工改造的厂房正是按他的思路与构想进行的。针对工厂的具体情况,威廉·艾尔索普从建筑的对外开放性、空间构造等多方面进行了改造设计,并加强了建筑的"印刷概念",增加了建筑外观上的粗糙与精致的对比。在空间上,他独创的船形走廊,那是在江边水岸的元素上取材,把一幢幢全封闭式独栋建筑相互连接起来,成为既有独立空间又相互构连的集群建筑。增加色彩与趣味图案,使一个个封闭空间内的人与轻松开放的外界相互沟通。在环境运用与融入方面,把原来厂房的地形等高线、三层马路、建筑轮廓等元素通过图形抽象化的方式，结合格构式钢包柱的结构加固手法印刷在柱子的外立面上，让人们在新生事物的背后感受历史的痕迹。这些方方面面的改造相结合，组成了一个个既复古又极具现代感的建筑艺术作品。

这个阳光满窗的早晨，艾尔索普倒满一杯英国木桐酒庄的红葡萄酒，透过香气满溢的玻璃杯，看着落地窗前的阳光，他像个天真孩童似的笑了。他叫我也透过酒杯瞧窗外的景色，说那是一种神秘的色彩，朦胧中透出一片鲜亮的金色。他吸一口雪茄，把烟雾朝那种神秘的光芒喷去，思绪也跟着烟雾走向了遥远。这么多年过去了，幼年的梦，青年时代执着的追求，像一朵又一朵开放的花儿一样，以灿烂的姿态一个又一个地实现了。他一遍又一遍地对我说，他喜欢阳光，喜欢阳光下艳丽的色彩。他的工作室都建在阳光的簇拥中，在这里享受阳光的同时，更能对事业充满信心。

2018 年 5 月 12 日

英国伦敦，暖融融的阳光透过厚实娇贵的悬铃木枝叶，洒满街旁花台盛开的五颜六色的鲜花丛时，这位被英国媒体称为前卫建筑大师的威廉·艾尔索普走到了生命的终点，他躺在病床上安静地闭上了眼睛。阳光从落地窗温柔地飘进来，洒满了他的全身，像罩了层绵柔的轻纱。终年 70 岁。

一位在"英筑普创"工作过的青年建筑设计师告诉我，还在一个月前，他透过一杯红酒制造的迷幻色彩，久久瞧着阳光下的泰晤士河岸那些高高低低的建筑物，对身旁的助手们说，他很想再去中国重庆，去吹吹长江岸边凉爽的风，嗅嗅带着花香的清新空气。他想去已经建成开业的二厂"试验平台 2 号"酒吧里坐坐，享受那里由创意之梦打造的一个又一个新鲜有趣的东西。

鹅岭之上的文创园

2022 年早春，夜晚的寒气还没褪尽，一抹清亮的阳光便从厚重的云层洒下来，渐渐地淹没了"试验平台 2 号"（TESTBED 2）那些五颜六色的老建筑。这里，重庆人都叫它二厂，也是年轻人最喜欢来玩的打卡之地。

我拿着相机来到这里，想拍一些有特色的建筑，为杂志做一页旧厂房改造的图片，讲一些建筑背后的故事。

像涂鸦一样绘在建筑上的每一种颜色，都代表了一种让人血热心动的内容："隐居"美术馆酒店、"领尚1号"茶艺、"真理客厅"生活美学馆、岭空间当代艺术中心、艺术家工作室、感懒树、花和海的椒、美国精酿啤酒馆、意商会"外交官俱乐部"、卡萌摄影、高山装饰、顽童创意、外模经纪公司，等等。有现代艺术展览与交流、陶艺吧、摄影树、服装秀，还有年轻人最喜欢的剧本杀、卡通流、模型迷。有一个口号杂混在墙壁上的涂鸦里：这里不生产铜臭，只批发彩色的梦。一群又一群鲜嫩的年轻人来到这里，又哄地散开，让那一幢幢彩色砖楼木楼吞没了。里面安安静静的，音乐声也非常轻柔，云烟似的四处飘散着。天空似乎有五颜六色的东西升腾起来，瞧着像是鸟是蝶是花瓣，其实那就是花季少年们在这里制造出的梦。

又一队中老年人来到这里，他们站在场院里吵吵嚷嚷地乐起来，指着这幢楼那幢楼开始喋喋不休地讲述，那里是彩色制版车间，这里是印刷车间，那边是分切和模切车间，这边是手工车间……他们的故事很多很多，每一拐角每一块砖头都能讲出一段让人感动的故事。

我想起了设计师威廉·艾尔索普那张孩童一般天真的脸，会心地笑了。这正是艾尔索普想要的东西，也是他对老建筑设计改造的理念。他曾经说过，建筑是一棵有生命的树，尽管它有百年的苍老，只要根须强壮，土地肥厚，剪掉枯死的老枝叶，强壮的根须上依然会生长出鲜嫩的芽苗。生活与艺术本就是一体，改造就要赋予它生活的颜色，看起来细碎杂乱，吵吵嚷嚷，可世界因此就有了生命活力。

也许，这就是今天的重庆，生活与文化的厚实，包容与开放的结合，过去、现在和未来的混搭。魔幻之城不仅仅有复杂且变幻无穷的山地水岸，还有古老都市的情怀与故事，有现代城市的喧嚣与激情。

（嘎子 文）

三层马路：轻轨穿过楼房与开满桃花的春天

如果说山城重庆是一本现实魔幻主义的大书，那么三层马路就是这本大书里奇幻得最嚣张的那么几页；如果说踏遍整座山城感觉就像在拆盲盒，那么拆开这个盲盒时，你会不由得惊呼起来，在这里山城将自己折叠成3个维度，远观三层马路全貌，你会发现，它不是一段普通盘山公路，而是重庆人民自己在山的一面开凿出的一条刀削面一样的公路，一层一层往山里推进。这简直就是重庆现实版造梦空间。空间可以这样弯曲地呈现出来，它美得很奇妙。三层马路今天所具有的美学意义并不是一开始就有所追求的，而是一群乐观的重庆人为了在重庆这座天险之城生存，不得不顺应自然而开凿出来的。重庆人不但生存下来，他们还生活得有滋有味。三层马路的美学意味在时光的冲刷下变得越来越浓烈，越来越精致。它大概就是老天爷的一个手把件，被他摩挲得熠熠生辉。

走在三层马路这根刀削面的中间那层，这里就是李子坝正街，你会看到轻轨穿楼的奇特景象，这对于重庆人来说司空见惯，但是对于一个旅人，它足以让你驻足流连。特别是春天。空中列车轰然驶来，穿过如桃红火焰一样热烈，粉雾一样迷茫的早春红梅，然后它消失于一栋楼。就这样，空中列车像变魔术一般钻进一栋楼里，你就只听见轰鸣声远去了，列车呢？你看不见它，迷惑于它去了哪里。这大概就是开往春天的列车的最好的诠释。你不知道它去了哪里，但你觉得它直抵人心。

　　轻轨穿楼的景象并非重庆人有意而为之，这本是一种无奈，最后却实属一个惊喜。牛角沱—李子坝—佛图关—鹅岭这一条轻轨线路是在重庆城市交通总体规划中确定下来的，至于李子坝的那栋现在十分著名的楼，它在修建这条轻轨的同时已基本建成，这楼就挡在李子坝轻轨的前面，怎么办？工程师们便想出了让轻轨穿过这栋楼的解决办法。而这栋楼的第八、九层就作为李子坝轻轨站。从外观上看，轻轨在穿过楼的那一刹似乎浑然天成，但其实在内部，轻轨与楼房是完全分开的两套系统，这一方面是为了稳固与安全的考虑，另一方面也是为了减震降噪。在李子坝轻轨站的上方的楼层里还生活着二十几户重庆居民，但是他们的生活完全不会因为有轻轨的穿过而受到影响。谁都没有想到无心插柳的"轻轨穿楼"今天成了重庆一个网红景点。一个阴差阳错铸就了今天的李子坝轻轨站，这大概是情理之中，意料之外。

　　牛角沱—李子坝—佛图关—鹅岭沿线盛开着早樱、红梅、紫薇，当轻轨宛若游龙一般地穿梭于这一片片花海，你会发现重庆的另一张脸，另一重天地。重庆不仅有迷漫着烟火气的魔幻，还自有它的曼妙仙气。春日的列车一路驶去，这一路你会忘记时间，忘记烦恼，各种层次红色花海荡漾在你的身旁，随着列车的行驶，像在花海中漫溯，那样真实，那样触手可及。

　　从李子坝轻轨站往前走一段，有一座黄色古堡式样的建筑矗立在马路边，它就是觉庐，建于1944年，为抗战时期交通银行办事处营业部旧址，它将一条宽阔的大马路一旁又劈出一条窄马路——这就是有名的三层马路（狭义），车流一遇上觉庐就自动地分流向两边，觉庐矗立在这车流之中像河流中冒出水面的礁石一般。现如今觉庐内部已经改建成了一间间文创室或餐吧，它古朴又明亮的外观被最大限度地保留下来，而内部依然保留着黑色木地板，踏上去怔怔作响，楼梯边的黑色木质扶手不知道被多少人抚摸过，被餐吧的员工擦得锃亮。在里面喝一杯鸡尾酒或者吃一点轻食感觉像是置身于一场民国大戏。

　　傍晚，沿着觉庐慢慢往上走，夕阳的余光温柔地荡漾在觉庐黄色的墙壁上，大面积的明黄抢了之前桃花列车的戏，兀自风雅，来这里照相就是要出大片，穿一条黑裙子把腰一凹，一瞬间美就被定格，无论秋冬，这一份暖就照进人们的眼里，让人们眼中尽是明媚与希冀。

手扶着毛毛刺刺的黄色墙壁，慢慢向上走去，人行道路很窄，所以你只能是独行，当你走得有一点不耐烦的时候，史迪威将军的纪念馆就到了。这里是三层马路的最顶层的起点，嘉陵新路63号，这里曾经为宋子文的官邸，后来为史迪威将军1942年3月起居住在重庆长达2年又8个月的旧居，人们尽最大努力保留了这个建筑。

进入史迪威将军纪念馆的铁铸大门，是一个望得到江对面的小平台，平台上有一尊史迪威将军的石刻胸像雕塑，雕塑旁边一座两层一底的灰砖小楼，这便是史迪威将军在重庆居住了近3年的地方。走进小楼，黑色的漆木地板被工作人员擦得反光，起居室、军事会议室、会客室都在一楼，欧式的家具是工作人员后来为了最大程度还原原貌而添置的，整栋小楼弥漫着一种庄重优雅的气氛。从房间的布置可以看出，史迪威将军生活与工作早已密不可分，恍然间，我看见他高大的身影：放下咖啡，穿过起居室，走到会客室会客，接着是紧锣密鼓的军事战略会议。他穿梭的身影渐渐散去，剩下这一片寂静，小楼忠实地记录了史迪威将军在重庆生活的点点滴滴，这些痕迹难以抹去。

这位美国将军性格热情直率，说一口流利的汉语，学习中国文化，却不能领会到中国的政治文化，面对蒋的阴谋或是阳谋，他总是大为光火，于是他在日记中给了蒋"花生米""小响尾蛇"的绰号，意指蒋是一个低能的且爱吵架的人。蒋则称史迪威为醋坛子乔。两个人总是针锋相对，宋美龄费尽心思从中调和。

最终，在蒋的压迫下，史迪威离开了中国，离开了他曾亲自训练出的中国远征军，他们在印缅丛林里一起扛着枪并肩作战的岁月被镌刻在时光里，史迪威还在缅甸丛林里度过了自己60岁的生日。而这支中国远征军确保了中国的大后方也就是陪都重庆等西南地区的安全。同时，这支军队有效地拖住了日本主力，支持了盟军在中、日、缅的对日作战，为最后的反法西斯胜利提供了支撑。史迪威在临终前最渴望的一枚勋章是极其普通的步兵勋章，大概是因为史迪威进入西点军校的陆军训练营是他军人生涯的起点，无论后来在史迪威的一生中有多少头衔，他始终没有忘记自己是从哪里开始的，这大概就是作为一名军人的一种本分，也是他对自己的一种忠诚。当他扛着枪在缅甸的丛林中带领着一群青年，教会他们如何成为一名真正的军人，以他的精神鼓舞了中国远征军的斗志，成为他们心中的精神领袖。史迪威离开了，但是他留下的却是一段中美尘封在岁月里的友谊。友谊之花不灭，友谊之花长存。

与史迪威将军纪念馆比邻的就是飞虎队展览馆，这里是嘉陵新路62号。灰砖砌的门楣上挂着一块牌匾，上面用烫金字体书写着"重庆飞虎队"的字样，左右两边也各挂着黑底的木质对联，左边是"好汉飞虎中美之光"，右边是"援华抗战永志不忘"，同样用烫金字体书写。馆中回顾了陈纳德任中国空军美国志愿航空大队队长时的动人故事。其中《驼峰飞行》部分给人以极大的震撼。驼峰航线是中美两国二战期间，为抗击日本法西斯侵略，保障中国战略物资运输，共同在中国西南山区和边境之间开辟的空中通道。它从印度汀江机场到中国云南昆明、四川、重庆，飞越世界屋脊喜马拉雅山脉。这是一条生死航线，始于1942年，终于二战结束。驼峰航线两侧80多公里的航路地区散落着上千架飞机残骸，山脉一片寂静，人们称这里为铝谷，这里是飞机的墓地，更是一片英雄地。飞行员可以通过这些陨落飞机的残骸确定位置，这些飞机残骸也成为飞行员的地理坐标与精神坐标。

历史毕竟让人感觉沉重，走出飞虎队纪念馆，你可以沿着崎岖的山路往上再攀登半个小时左右，就来到三层马路最潮的青年聚集地——二厂文创园区，这里是鹅岭正街，也是三层马路的最顶层。重庆印制二厂的前身是民国政府中央银行制币厂，如今青年们人潮汹涌的喧嚣声代替了它往日制币时发出的轰隆声。

再向上走就是佛图关，佛图关是古时重庆城通向成都的关口，也是重庆母城通向外界的唯一陆路。

三层马路这根刀削面的最底层聚集着众多的历史文化遗址，于是在三层马路的最底层奠定的是李子坝抗战遗址公园，内有国民军事参议院、刘湘公馆、李根固旧居、民国时期的交通银行觉园、晏济元美术馆……

像三层马路这样的魔幻之路，在重庆还有很多，"九曲花街"也是一条伸进历史云烟，又张扬现代道路时尚性感的神奇之路……这条"九曲花街"其实是一条新建的玻璃栈道，它上接东水门桥头，下接湖广会馆。的确是一条很能体现重庆特点的小路。从东水门大桥的桥头到湖广会馆就这样被这一条弯弯曲曲的小路连接，它位于一大片陡坡之上，层层盘卷着往下流淌，玻璃的质地使得它好像一条小河，走过这条小河，过了一弯又一弯，颇有趣味，最后不知不觉已经从东水门桥头到了湖广会馆。在东水门大桥与湖广会馆这两座恢宏庞大的建筑之间，这条"九曲花街"显得小巧别致。

三层马路，一层历史，一层生活，一层文艺，是重庆现实魔幻主义的集中体现，展示着它无限的可能性，像一面多棱镜一般从每一个侧面折射出重庆人民对于未来的期待，对生活的热忱。历史总是在不同的时间段赋予它不同的使命，它们就这样一层一层地积淀了下来，层层惊喜，像是口感丰富的夹心糖果，一层又一层的甜，但各有其味。

（孙涵彬　文）

像古人一样游一次黄葛古道

从一张老地图《重庆增广地舆全图》上，可以看到那条生长着黄葛树的古道。

古道夹在山的缝隙中，起点为3个老码头：黄葛渡、海棠溪和龙门浩。千百年来，正是从这些古码头上卸下大大小小木船上的货物，驮帮和挑夫们赶着骡马，挑着担子踏上长长的古道。路旁生长的黄葛树枝叶浓如凉亭，给烈日下的羁旅者遮挡一丝荫凉。那时，长江南岸还是无人居住的荒原，杂草与参天古树随处乱生，时有野狐钻进钻出。而古渡码头却有名气，被那些文人骚客们列入巴渝12景。黄葛晚渡、海棠烟雨、龙门浩月，那是景也是诗，可以想象当年那些摇扇舞袖的诗人墨客是怎样的兴奋，把一行行沾满仙气飘散花香的七言八句挥毫写在绢纸上，刻在山壁上。

当然，那片荒滩野地如今早没了踪影，长江水依然浩浩荡荡，古老的码头早已废弃，只剩木牌或石壁上的刻字让人怀古忧思。高楼擎天，宽阔的街道车水马龙，座座巨龙似的大桥横架两岸，灯红酒绿的繁华涂抹掉了曾经秋风残阳的荒凉。

我站在古码头上，瞧着摊在手里的老地图，心内滋味难辨。我想穿越，用飞跃的想象来一次穿越。做一个身穿蓝袍的古代人，肩挎简单的包袱，驱赶憨厚的毛驴，跟着一群远去黔滇的驮帮商人走一次黄葛古道。那些远行的商人驱赶驮骡，面色饱满红润，对险恶的前路充满了自信。骑毛驴的一定是赶乡试的书生，还没从那些个诗意码头的场景里钻出来，嘴里喃喃吟诵着宋人余玠在石壁上镌刻的诗句：龙门东去水和天，待渡行人暂息肩。自是晚来归兴急，江头争上夕阳船。几个不知愁苦的黄口小儿，挣脱大人的牵绊蹦蹦跳跳哼着童谣朝前跑去，甜甜的童声在肥厚的黄葛树枝叶间撞来撞去：黄葛树儿黄桷垭，黄葛树下是我家。家家儿子会写字，户户女儿会绣花……

　　3条连接码头穿过荒原的路，从3个方向朝南山脚下的一个小镇子汇来，那3条线在这里拧成一股绳子，伸向古树参天岩石怪嶙的山壁。那条石梯砌筑的山路，就是留存至今的自宋元以来逐渐形成的老川黔驿道，是川东地区通往贵州云南的正规官道，也是古丝绸之路千千万万陆上小道中的一条。现在看到的黄葛古道并不是唯一起点，最早渡江只到南岸黄葛渡。清末开埠通商后，经济逐渐东移，形成黄葛渡、海棠溪、龙门浩、野猫溪多个登岸码头，多条道路上南山，最终都汇聚于南山崇文场，然后翻凉风垭往贵州或云南进发。再往前就是有雪山草地的藏区，就是连通南亚、印度、尼泊尔等地的古丝绸之路"麝香之路"段。

　　所有的古道，都是古人用脚踩出来的。据说过去的古道是紧挨紧靠的两条，一条走人，一条专门由牲畜踏踩，均由长条青石砌成。穿草鞋或布鞋的人走路轻巧，而牲畜蹄重，久后就形成了高低两条。今天，我就站在古道的石梯前，那是用新石新砌的石梯，早就寻不见高低两条梯道的影儿。可蹲下来，抓一把路旁的朽叶烂泥，还能嗅到一股淡淡的畜粪味，那是古人的驮畜留下的岁月涂抹不掉的痕迹。

　　想想那时的官轿，还有骡马，一串串从这条茂林里的小道穿过。林里或许还有剪径的强盗，乞讨的灾民吧，说不定还会跳出一只景阳冈上那样的吊睛白额大虫。

　　风很凉爽，路旁那些古代的参天林木也快砍光了，种下的次生林驮着细瘦的身子在江岸刮来的凉风中摇晃。石梯看不出古老的颜色，不过走着走着，浑身就冒热，就沁出了古人一样的臭汗。

　　我找到了那几棵最古老的树，树身像无数条蛇纠缠成麻花，树皮湿漉漉的，手一摸真像蛇皮一样的冰凉。树枝如篷，如伞盖，蓬蓬勃勃盖着那条青石板的小路。树下有卖大碗茶的，摇着蒲扇，脸上笑得比阳光还亮。歇口气，喝碗茶，我问他的祖宗就在这里摆摊卖茶吧？他哈地笑了，说老师你真会说笑话。这里的人，见人就叫老师，特别是陌生人，一声老师，就亲近多了。尊师重教的古风犹存啊！我问，这路上面还有黄葛树吗？他说，上面的树没这么大了，都是后来的人种下的。这几棵才是古树，唐朝人种的。真的吗？我问。我不相信这是唐人种的树，能在那么久远的历史河流中躲过一次次战乱和灾害幸运地活到今天。况且曾经还有个砍树炼钢铁的火红年代呢！听说，那时整座山的树差不多都砍光了，怎么只剩这几棵细瘦可怜的树幸运地留下来了？

他说，这就是神话了。据说，当年有人来砍树，刚到树下，哗嚓嚓一声雷响，把树砍下了一截，砍树人倒在了树下，一身的焦臭。破除迷信说，这树吸引雷电，特别是下雨潮气重时，雷云电雾都朝这里聚集，动树的遇上了，就让雷劈了。不过，这里的人背后说，这树成精了，动了它后代都不得安宁。

我拍拍冰凉的树身说，雷神真是中国文化的保护神呀！

喝了一碗苦涩凉爽的老荫茶，瞧着朝山顶伸去没入浓重灰雾的石梯路，真不知道路要伸向哪里，通往何处。想想那些长途跋涉的古人，在蓬大的黄葛树盖下歇了脚，喝了茶水，解了乏，瞧见这条隐没在山雾里的路，是忧是愁还是一片雾样的迷茫？可路还是要走，心里的那些夙愿、信仰和责任无声地驱赶着一代又一代羁旅路人，赶着马，挑起担，吆喝那些在树林里吃饱了嫩草的驮畜又上路了。

试问今晚歇脚何处？只在此山中，云深不知处。

看见那块刻字的大石头了，把两行古朴的隶书深深地镌刻在石头上：黄葛古道，黄桷垭古街。还有一行诗：幽幽南山上，黄葛古道来。青青石板路，商贾马蹄响。绿绿树荫间，清风拂面爽。浓浓老街味，散发古色香。石头背后就是那条著名的古街。在山林间青灰瓦房成片地袒露出来，邀客的灯笼和旗幡高高挂在屋檐上。

一条细雨刚刚冲刷过的石板道，从古香古色的木楼间穿过。我小心踩在这些铮亮溜滑的青石板上，踏踏脚似乎能听见当年马帮经过时的声响：橐橐囊……遥远的古代近了，就在眼前晃动。唐宋以来，特别是明清以后经过开埠的洗礼，这里不仅仅是商旅歇脚的客栈，早就发展成商贸繁荣的小镇了。巷口街边挺立于建筑群上，用气派的飞羽翘角屋顶展示高大雄伟，又用古色古香的雕栏画栋装扮得韵味十足的，就是有名的贵州商会馆。据说清光绪年间由二品道台黎庶昌提议修建，主要用于往来古道的商人们囤放货物，集散交易和食宿歇息。囊囊囊……新砌的石板道响声很脆，和那条人踩畜踏的古道响声一样吧。街很窄，比小巷子宽不了多少。两旁的商铺、饭馆、酒店很活跃，叫卖声吵闹声和突然响亮起来的锣鼓声混杂在一起，人也多了起来。当然，今天逛街的人都不是远去经商的旅人了，大多是慕名而来的游客。走走古道，逛逛古街，人在今天，魂却穿越去了遥远的古代。瞧瞧，好几个穿戴唐装汉服的青年男女，笑哈哈地走来，男的摇晃折扇，女的舞着衣袖，这条石板古街真的就古起来了。

不来黄桷垭古街时，以为它和其他古镇古街一样，全都让商业化的铜臭味浓妆艳抹过了。走进黄桷垭古街，踏响那条长长的石板街，才知道它每一声脆响都似乎在讲述一个传奇故事。古街就是一根丝线，把一个个名人故居、名人传奇串联起来，串成一条包浆厚重且闪射奇异光亮的珠串。

我瞧见了"大夏古驿站"，还有民国时期重庆商界、政界和文化界"三界名人"李奎安的故居。中西结合的开敞大门别致大气，深深的庭院内似乎能听见故人诵诗读书的声音，还能嗅到一坛老酒刚揭盖时的醇香味。那边还有"天顺祥商号"，那可是清代赫赫有名的天顺祥票号的前身。有人对我讲了云南难民王炽的传奇故事。王炽人称"滇南王四"，很有经商才能，在滇南一带小有名气。后来，王炽失手杀死了表兄，为避祸从军入伍随马如龙部入川。他在商业兴旺的重庆南山黄桷垭发现了商机，便留在这里与一位王姓老板合伙经商。由王姓老板出资，王炽领头组织马帮，在川滇之间贩运货物，获利甚丰。清同治五年（1866），在时任四川提督马如龙的支持下，王炽在重庆创办"天顺祥"商号，后又在叙府（今宜宾）设分号，还开展了银两转运承兑业务，生意兴隆。那时，资本主义在西方已经兴旺，东方古国也嗅到了商业资本的气息。王炽抓住商品经济萌动的态势，投巨资于刚兴起的银行票据汇兑行业，以昆明

"同庆丰"钱庄为龙头,在当时全国22个行省中的15个行省及香港、越南、马来西亚设立分行。数年经营,成为滇中富商,是中国历史上唯一的"三代一品红顶商人"。晚清名臣李鸿章曾称其为"犹如清廷之国库也"。

街灯亮起来时,我才从透凉的山风里感觉到黄昏的来临。踩着一地暖黄的灯光,我瞧见了砖墙拱门顶上的"孔香苑"匾额。我听过发生在这里的传说,幽暗的门洞内似乎瞧见那个女扮男装,手指拈一支燃了半截的纸烟,一脚踩在一把雕花镂纹的太师椅子上,另一只手提着一个头戴瓜皮帽的瘦小老头的衣领子,嘴里只吐出一个刀尖一样锋利的字:滚!她就是孔祥熙的二女儿孔二小姐。这里原是黄桷垭老街上最高档的黄桷饭店,因饭店老板得罪了孔二小姐,故饭店被查封拍卖。孔二小姐"竞得"饭店后,重新布置装修,更名为"孔香苑",聘请"巴洋人"为厨师长,在老街上开起第一家集西餐、酒吧、歌舞厅等于一身的饭店,洋气十足,天天宾朋满座,社会名流和外国使节等常来做客惠顾。

走在窄小的街上,我没心思去凑灯红酒绿的热闹,说书人的响板也听得心烦。我心里只想着那个叫陈懋平的小女孩。多年前,每个黄昏日落的余晖沾染山野草尖时,都能见到她甩着两根小辫,独坐在镇子背后的土坡上。那是个乱坟岗,埋葬的大多是远方过路的流浪汉,或病故或遇兵灾盗匪,把一把骨头扔在了这片异乡的土地上。这个镇里人都叫她陈平的小女孩就爱黄昏时独坐这里,望着渐渐落山的夕阳,手里捧读的《图画晨报》那一页也让她多愁善感的泪水濡湿了。那一页,正是她每期都爱翻读的张乐平漫画《三毛流浪记》。多年后,有个叫三毛的女作家风靡世界,那是长大后的陈平。她在西非沙漠深处讲述《撒哈拉的故事》,经历异国爱情刻骨铭心的喜悦与悲苦,她像头孤独的骆驼行走在亚非和拉美,累了歇下来,写下了著名的《万水千山走遍》。《滚滚红尘》伴随她从一个晨昏走向另一个晨昏,她刚刚醒悟,对世界说的一句话:我重庆人,黄桷垭!

我站在据说是三毛故居的木屋前,如不是门顶上的那个匾额,这普普通通的木屋与四周简朴的木楼木屋没什么两样。三毛旧居经过修缮,成为三毛纪念馆。进门处,便可见到镌刻于屏风之上的三毛的语句:"岁月极美,在于它

177

必然的流逝，春花、秋月、夏日、冬雪……我来不及认真地年轻，待明白过来时，只能选择认真地老去。"还有两个小女孩在一根倒木上嬉戏玩耍的泥塑像，我猜想那个短发的两手展开做出飞翔姿势的就是小三毛吧，只有她才有一颗不安分的心，梦想做一只远飞的鸟儿翱翔海阔天空。

多年后，摄影师肖全给三毛拍了一张图片：风尘仆仆的三毛带着满脸的疲惫坐在一幢染上岁月浓霜的木楼前。那是在成都，也许木楼古老的颜色使她想起了黄桷垭的家。她脸色沉郁嘴唇紧闭，似乎在强压内心的孤独与悲苦，只半睁的眼睛望着灰雾弥漫的天空。那是折翅鸟儿向往远方的倔强与奢望。

另一个早晨，我在黄桷垭古街垭口前的一幢老木楼前，见到了一棵古老的黄葛树，据说有好几百年了。树不高，冠盖浓密，几乎覆盖了整个院落。根须如龙蛇牢牢咬住被岁月冲刷得油黑透亮的青石堡坎。树下的人家安详温馨，窗台上种植的几盆海棠正悄悄地开放着。屋门紧闭，里面传来一首老歌，也低声细语地，把一曲柔美向外轻轻抛撒。那是施光南作曲的著名的《在希望的田野上》：我们的家乡，在希望的田野上，炊烟在新建的住房上飘荡，小河在美丽的村庄旁流淌……

我知道，音乐家施光南也是这里的人。我没找到他的故居，可在那一棵棵如家一般温馨的黄葛树下，我明白他依然在这条充满希望的古街上行走着，与时光的流水一起朝前走着。累了，歇下来，黄葛树树荫下都是他们的家。

  黄葛树，黄桷垭，
  黄葛树下是我家。
  爷爷爱喝老荫茶，
  奶奶爱绣牡丹花……

（嘎子　文）

万盛：溱州故地的蝶变风景

我长期工作、居住在万盛经开区。这是重庆南部一座小城，曾用名南桐矿区、万盛区，处于渝黔交界，四川盆地与云贵高原衔接过渡的大娄山北麓。万盛其实距重庆主城很近，距解放碑和朝天门也不过一小时车程。但万盛人向外介绍自己的城市时，往往遭遇这样的尴尬：

"我是万盛的。"

"哦，万州！"

"不是万州，是万盛……"

"万盛在哪里？"

"万盛有黑山谷，还有个奥陶纪景区……"

"哦，黑山谷和奥陶纪我去过！"

……

不得不说，在重庆直辖市范围，万盛的存在感不强，除了黑山谷、石林、奥陶纪等景区稍具知名度外，人们甚至在地图上找不到这座城市。但是，正如每棵树都有自己的春天一样，万盛也有自己的故事，一些片断还闪烁着岁月恒久的光泽，有着历史的体温。

每当站在阳台，看着远处山峦起伏，近处是自己朝夕相处的小城，就忍不住要在每一片山水、每一缕时光中，去寻找它的历史与记忆、风华与梦想……

寻梦溱州

　　溱州是万盛的前身，建于唐代。如果当年它不错过两位诗人，名声就不一样了。

　　唐肃宗乾元二年（759）3月的一天，长江三峡，桃花水涨，一叶孤舟在江面缓缓溯行。船头立着一位诗人，面容憔悴，他叫李白。"安史之乱"中，他因太渴望建功立业，结果站错政治立场，投身永王李璘的幕府，被判长流夜郎。

　　李白一路长吁短叹、且行且愁，刚泊舟白帝城，朝廷赦免他的消息传来。诗人惊喜交加，随即掉头东下，写下了千古名篇《早发白帝城》："朝辞白帝彩云间，千里江陵一日还。两岸猿声啼不住，轻舟已过万重山。"

　　李白被贬的夜郎县（不是汉代的夜郎国），在今贵州省桐梓县的北部，临近万盛。如果李白未接到赦书，而继续前往贬所的话，他大概率要经过一个叫溱州的地方。当时，溱州以今万盛境为中心，辖有荣懿等县。而夜郎县，则属于与溱州毗邻的珍州（以今贵州正安为中心）管辖，后来珍州被撤销，夜郎县归溱州管辖。

　　无独有偶，晚唐之际，另一个著名诗人韩偓（约842—923），因得罪权臣朱全忠（朱温），被贬为濮州司马，不久又贬为溱州荣懿尉，即荣懿县的县尉，这是一个小得可怜的官职。可惜，韩偓也未真正履迹溱州这片土地。不然，两位诗人该为今天的黑山谷、万盛石林留下多少名篇啊！

　　这好像是这方土地的文化宿命。

　　万盛古为蛮荒之地。秦汉时期，这里位于巴郡南陲，有少量僰（濮）人在此渔猎为生。东汉时期，一支叫"板楯蛮"的巴人部落从嘉陵江、渠江流域迁徙至渝南黔北，与当地濮人融合，逐渐形成被史学家称为"僚（獠）人"的部落。渝南黔北多山高谷深之地，僚人就在这些与世隔绝的地方过着群居与渔猎生活。僚人有文身、椎髻、跣足、住干栏（类似吊脚楼）、穿桶裙（通裙）等生活习俗，其葬俗以崖墓葬为主。自东汉至南北朝，僚人在渝南黔北留下了大量崖墓。万盛现保存有崖墓群20余处、墓穴200余穴，这些墓穴凿在依山傍水的崖壁上，显得神秘而幽古。

我曾多次探寻万盛的崖墓，这些崖墓如今除了一孔孔岩洞外，什么也没遗下。只能想象当年僚人死后的场景：族人击打着铜鼓，唱着神歌，把死者的遗体放在崖墓中，祈求死者魂返自然。那仪式，一定神秘而热烈，篝火熊熊，悲声长嘶，山水间的宁静被打破，生命融入了永恒的世界……

唐代，这里的僚人被称为"南平僚"。唐太宗贞观十六年（642），为控制南平僚，将今渝南黔北地区纳入帝国有效版图，朝廷以今万盛境为中心，设置溱州，辖荣懿、扶欢、乐来3县。同一时期在渝南黔北设立的州，还有南州、播州、珍州、夷州等。《元和郡县志》载："（溱州）本巴郡之南境，贞观十六年，有渝州万寿县人牟智才上封事，请于西南夷窦渝之界招慰不庭，建立州县。至十七年置，以南有溱溪水为名。"溱州与荣懿县同治，治所在今万盛城区或青年镇一带。溱溪河至今犹存古名，不过一条小溪流而已，想来唐代时水势较大，不然为何以它来命名一个州？

以今万盛境为中心的溱州及荣懿县，面积并不大，但存在时间跨越了整个唐代和大半个北宋，历时432年。由于古代溱州位置比较偏远，消失后也没有留下什么名胜古迹，只有一星半点文字记载散落在史籍中，让人唏嘘遥想。

2019年，为挖掘这一段历史，万盛修了一座溱州楼。我也有幸参与这项工程，竣工后，还写了一篇《溱州楼记》，有句云：

"百里山水，神秀渝黔；千载烟云，遥思唐宋。万盛自古迄今，史痕漫漶，莫衷一是。然以远古一隅蛮荒，竟为昔日之溱州荣懿、抗战煤都，今日之渝黔重镇、旅游新城，不唯时运使然，亦有天地禀赋。或曰，此乃城市文脉也，凝于历史，寓于人文，化于人心。"

我想，这是对我自己的城市的一种致敬吧。

回望矿山

现代的万盛是一座移民城市，因南桐煤矿而兴起。

我是矿工子弟，祖父和父亲都是采煤工出身，在井下爬摸滚打了大半生，我也在南桐煤矿工作了 10 年。每当我看着矿区黝黑的井口、井架、小铁道、煤车、飞扬的煤灰、高高的矸石山，心中都充满无言的感恩。这黑色的煤炭，曾经养活了我们全家，养活了无数矿山人，也为国家和民族作出过不可磨灭的贡献。

我经常翻阅南桐煤矿历史资料。我发现，南桐煤矿在重庆抗战工业史上占有重要一页。

万盛拥有丰饶的煤海，煤炭品种以焦煤为主，这种焦煤黏结性强、发热量高，是难得的冶炼精煤，在全国只有 8 处可开采。万盛煤炭开采史较早，道光二十二年（1842），即有杨某组建"溥益公司"，开采万盛场东林寺附近煤炭。咸丰元年（1851）增修的《南川县志》载："焦炭窑，万盛场人专业，用油煤煅成碎个，无烟耐燃，俗称炭花。商人收囤，由小河运出綦江。"

而万盛煤业的勃兴，是在抗战时期。"七七事变"后，日军大举攻陷华北、华中，国民政府迁往战时首都重庆，许多工厂也从南京、武汉等地搬迁入渝。一时间，重庆能源供应出现严重危机，特别是钢铁厂、兵工厂开工不足，影响前方战事。为解决能源问题，1938 年，国民政府军政部兵工署、经济部钢铁厂迁建委员会经过勘测，发现了位于万盛境内的南桐煤田，于是官方投资开办南桐煤矿。

南桐煤矿首任矿长名叫侯德均，毕业于北洋大学，曾任井陉煤矿矿长。1938 年 4 月，侯德均和他的助手崔桐、张伯平等人，带着从大冶铁矿、汉阳兵工厂拆卸的 700 吨设备，跋涉千里，溯三峡，抵重庆，又来到万盛。不知他们是怎样把那些设备运到万盛的？当时万盛交通闭塞，虽有一条川湘公路，但没有起重设备，设备又异常庞大，仅一台"兰开夏"锅炉就长达 20 余米、重达 20 多吨，而且不能拆卸。

可以想见，这群万盛煤炭工业的开创者，为了早日开采出煤炭支援前线，真是费尽移山之心力，终于在这个穷山沟点燃了工业文明的第一缕薪火。

其后，又有民营实业家刘泗英、康心之等投资开办东林煤矿，卢作孚先生也在东林煤矿占有股份。

当时，南桐和东林两矿数千名员工，在极端艰苦的环境里，食不果腹、衣不蔽体，用煤气灯、手镐、钢钎和竹篓等原始工具，在井下一点一点地开掘乌金。所采煤炭炼成煤焦后，又通过"炭花古道"肩挑背扛，或通过小铁路、人工推送木煤桶，或用小木船沿孝子河、綦河运送到重庆，供应兵工厂造枪造炮。

抗战期间，南桐和东林两矿为国家贡献焦煤上百万吨，全部供应钢铁厂迁建委员会（即重庆钢铁厂前身），作冶炼钢铁之用。当时，大后方各工厂所用钢铁，有90%是由钢铁厂迁建委员会生产的。可以说，当祖国陷入深重灾难时，是万盛人用汗水、鲜血和生命，开采出优质煤炭，保障了重庆军工系统的钢铁生产，为民族抗战大业作出了巨大贡献。万盛因此成为广受世人赞誉的"抗战煤都"。

万盛一个叫海孔洞的溶洞，抗战期间还曾是中国第二飞机制造厂所在地。1938年，为躲避日机轰炸，该厂从南昌千里迢迢搬迁而来，藏身于这个可容纳上万人、由石灰岩形成的天然大溶洞里。全厂上千名职工风餐露宿，因陋就简，在洞内生产了各种飞机60多架，派员工到缅甸组装美式战斗机99架。

更难得的是，该厂在这里自行研制了中国首架中型运输机"中运一号"，由于没有足够的钢材，机身是用桦木制成。在白市驿试飞时，美军飞行员不敢相信自己的眼睛。"中运一号"从设计到制造都堪称杰作，当时参与设计的林同骅、林同骥、陆孝彭等年轻技术人员，后来成了航空航天界的精英。

由于抗战打下的工业基础，1949年后，万盛成为重庆重要的能源基地，20世纪六七十年代又成为"三线建设"基地。一代代人怀揣希望与梦想，从四面八方来到这座崇山峻岭中的小城，在这里生根发芽，将汗水和热血洒在这片土地，将青春和生命献给这片土地。据不完全统计，在万盛各煤矿，仅井下遇难的矿工即达2000人以上。岁月无声，总有一种炽烈的家国情怀充沛天地，激荡山河，令人长久地感动和铭记。

2020年，因资源枯竭，万盛境内所有煤矿全部关闭，工业翻开了新的一页。

但我常常怀念矿山，经常回到曾经熟悉的煤矿，看着那些凝重的黑色和灰色，看着那些锈蚀的机车、煤桶，以及那座高峻、无言的矸石山。我恍惚听到岁月的岩层揭开的声音，听到许多生命的气息，还在天地间流动。

蝶变之城

1984年暑假，14岁的我第一次来到父亲工作的南桐煤矿，第一次见到万盛这座城市。

其实，那时它根本算不上城市，只能算一个小镇。一条不长的街道，几幢低矮的楼房，汽车驰过，满地灰尘。只有那条河给我留下了深刻印象，因为它是黑乎乎的，河里灌满了煤泥，和我老家那些清清亮亮的河流迥然不同。

借用伟人的一句诗："三十八年过去，弹指一挥间。"如今，万盛发生了翻天覆地的变化，算得上真正的城市了，有20多万人，交通便捷，高楼林立，青山环护，花木掩映，城中有许多公园，宜业宜居。那条河也变清亮了，两边修了亲水步道。我每天沿着步道上下班，看着白鹭在河里觅食，钓者在岸边垂钓，小城生活的闲适与安宁，荡漾在每一纹水波中。

对了，那条河叫孝子河，缘于一个孝道故事。据传，孝子河本名平滩河。清乾隆年间，万盛场出了一个周孝子，与老母相依为命。他每天靠帮人打短工，得米一碗回家奉养母亲。有一天，山洪暴发，平滩河上的木桥被冲毁，无法过河。周孝子担心老母在家挨饿，于是负米冒险涉水，行到河中，一个大浪袭来，将周孝子卷走。人们叹息周孝子必死无疑，谁想周孝子被浪卷去数里后，竟得生还。万盛人认为是周孝子的孝行感动了上天，于是，改名平滩河为孝子河。

在万盛，还有一位著名的慈善家和爱国者，名为刘子如（1870—1949）。他本是个贫苦无告的青年，靠诚信创业成为富商。但他立下"不留金钱与儿孙买耻辱"的誓言，将钱财全部捐献出来搞慈善，创办了重庆市首家孤儿院和重庆中华基督教青年会等公益机构。红岩英烈江竹筠（江姐）就是在刘子如设在重庆观音岩张家花园的孤儿院学校毕业的。抗战爆发后，年已67岁的刘子如，竟组织了一支70多人的重庆战地服务团，奔赴皖南前线，为国共将士劳军服务。他在前线整整待了3年，在阵地上度过七十大寿，被敌机炸伤过，成为双方将士交口称赞的传奇人物。

多少年过去了，孝子河依然无声流过万盛城，将那些感人的故事带向远方。也许正是这种孝善、爱国、爱乡精神的浸润，让万盛这座城市具有一种特别的人文气质：包容，开放，坚韧，永不言败。

还记得20多年前，由于资源枯竭，万盛陷入空前的困境，财政拮据，企业破产，工人大量下岗。我也经历了连续几年领70%基本工资的艰难生活，甚至到重庆主城打过工。万盛人都很惶惑：出路在哪里，还有没有明天？

所幸我们没有认命。全体万盛人都在为自己、为这座城市的生存与发展而不懈奋斗。那是一段艰难转型的岁月。如2001年引进福耀玻璃集团项目时，万盛还未通高速公路，招商条件很差。福耀老总曹德旺根本没考虑在万盛投资，万盛的招商领导在曹德旺办公楼前守了几天几夜，终于感动了曹德旺，决定投资万盛。通过近20年合作，万盛目前已形成完整的玻璃产业链，成了西部重要的"玻璃城"。

除了福耀集团，万盛还引进了神华国能、东方希望、珠海冠宇等一大批行业龙头企业，形成新能源、电子元件、新材料、生物医药等支柱产业，工业结构得到根本性调整。

万盛的旅游更是从无到有，先后开发了国家5A级风景区——黑山谷、万盛石林，全国"十大"网红景区——梦幻奥陶纪等22个景区景点，成为中国优秀旅游城市、国家全域旅游示范区、国家卫生城区、国家体育产业示范基地。

作为万盛人，我见证了这座城市从"黑色煤都"到"绿色美城"的蝶变，看到它走上了一条资源型城市转型发展的阳关大道。我知道，经过转型的万盛，如一只浴火重生的凤凰，正展开强健的翅膀，翱翔于万里云天，书写着属于自己的美丽、自信与宽广。

其中有多少汗水、泪水、拼搏、付出？有多少疼痛、悲伤、喜悦、幸福？只有万盛人自己才能体味。

这些年来，我为我的城市写过很多东西，诗、赋、歌词、散文都写过。但我最愿意对外人展示的，还是这首歌曲《行走万盛》：

> 走啊走，莫停留，
> 行行走走看不够；
> 走啊走，莫停留，
> 这是花开万盛的时候……

真的，如果你不知道万盛，你可以来万盛走走。这是一座有风景、有故事、有温度的城市，需要慢慢地行走，细细地品赏和感受。

（简云斌 文）

CHONGQING
THE BIOGRAPHY

重庆传

爽朗传奇

第三章

自战国中期，巴蔓子用生命祭献诺言，重庆男人就一直发扬光大着耿直刚毅、言必守信的巴人遗风；光绪二十九年（1903）6月，由章太炎作序的《革命军》一书由上海大同书局印行，"革命军中马前卒"重庆人邹容，用生命敲响了中国几千年封建社会的丧钟。

重庆女子血脉里，亦传承了上古神话中盐水女神和明代巾帼英雄秦良玉敢爱敢恨的DNA。近代民主革命志士秋瑾诗中的"古今争传女状头，谁说红颜不封侯"，即是鉴湖女侠对秦良玉的深深缅怀。

重庆男人爱用"绝不拉稀摆带"夸人干脆利索，也用于自夸；重庆女子则往往被冠以"吆不到台"的名头，是调侃更是褒扬。

山水之城孕育的重庆人，独具神韵，果然"吆不到台"，"绝不拉稀摆带"——

他们逢山开路遇水架桥，谱写了重庆高速的路神话；他们举一己之力创办"大圆祥博物馆"，引得中外嘉宾闻讯而至；无论"国家队"还是"个体户"，都会令人仰望致敬。

或许，我们更喜闻乐见乘两个小时的车，排一个小时的"轮子"，最后畅快淋漓享受"重庆江湖菜"的那份幸福；或者行云流水，狂灌对手7个球的百年山顶足球场的那一次"中英德比"带来"足坛记忆"；因为，烟火气总是让人自然亲近和印象深刻。

重庆人的开放包容也像大山大水的重庆城。所谓沟通四方、融和天下，已然有几百年的传统；自从被人们称作"立洋人"的英国冒险家和商人阿奇波尔德·约翰·立德乐驾驶他的"利川号"蒸汽船完成川江处女航，重庆对外开放终成不可逆转之大势。

投之以桃李，报之以琼瑶。今天，深处内陆的重庆，正以更加自信的姿

态拥抱世界:

2010年,一个名叫谢莉的重庆女子,历时50多天,跨越8个国家,行程约15000公里,完成从西安到罗马的"丝绸之路复兴之旅",为丝绸之路跨国联合申遗鼓与呼。

更早的20世纪90年代,一个被卷入下岗大潮的重庆小伙白杰,成为新一代重庆到北海的首批闯海人。2019年2月,白杰的民宿"道耕乡居"在北海涠洲岛正式开业,随之宾客盈门。他说之所以能够在孤悬大海的涠洲岛最终坚持下来,就是自己心中有一条"海上丝绸之路"在诱惑!

过去与现在的重庆人,共同书写了《重庆传》的第三章:爽朗传奇。

这本《重庆传》,其实只能说是山水重庆自传的开篇序章,但却勾勒出天地之间的精、气、神——

日月精华的精,重庆气质的气,巴人神韵的神。此三者,可谓精气神乎?

正如大禹之妻涂山氏那一句千古绝唱:候人兮猗!

山水之城重庆曾经在、一直在、永远在——等你,等你呀!

绝不拉稀摆带的重庆男人

烟雨迷蒙，小桥流水的江南，柳三变们吟出"烟柳画桥，风帘翠幕"，流连"三秋桂子，十里荷花"，最终成就了至今余韵悠长的一种婉约，当然好。

大山大水，天地坦荡的巴渝，子民多性情豪放，意志坚韧，同样给予这世界另一种风格。人们往往将其称之为豪放，这也对。但不仅于此。

东晋《华阳国志》记载了战国时一位重庆汉子的英雄故事：东周时期，巴国（今重庆）的蔓子将军向楚国借兵平息祸乱，许诺用巴国3座城池作谢。祸乱既平，楚王派使节到巴国索要3城。巴蔓子说，我当初是答应过楚王，但巴国的城我不能交出去，为了不食言，请你将我这颗头带回去以谢楚王！言罢自刎。

光绪二十八年（1902）秋，一位名叫邹桂文的年仅18岁的重庆青年东渡日本，入东京同文书院。留学期间，改名邹容，始撰《革命军》初稿。光绪二十九年（1903）4月，邹容返回上海。6月，由章太炎作序的《革命军》一书由上海大同书局印行，署名"革命军中马前卒邹容"。《革命军》非常具有感召力，问世后发行达100万册。清政府会同租界于6月30日逮捕了章太炎。邹容闻讯于7月1日坦然至巡捕房，与章太炎同被囚于租界监狱。当时报纸纷纷评论说："邹容才是真正的革命者！"

1905年4月3日年仅20岁的邹容死于狱中，邹容短暂一生，很重庆地诠释了英雄主义。

  14年抗战艰苦卓绝。中国抗日军队每五六个人中就有一个四川人，川军誓言"敌军一日不退出国境，川军则一日誓不还乡！"出川抗日的350多万川军，伤亡64万余人，第一批出川抗日的将士更是几乎全部战死沙场。川军参战人数之多、牺牲之惨烈，居全国之首。他们以知其不可为而为之的男儿血性，书写了"无川不成军"5个顶天立地的大字。川军中有多少重庆男人？我们似乎没有见到详细的统计数据，但肯定不是一个小数字！

  从传说中的巴蔓子将军"刎首留城、忠信两全"，到为推翻清王朝封建统治，誓做"革命军中马前卒"的邹容，再到抗战时慷慨悲歌，勇赴国难的川军……重庆男人忠勇坚韧、坦荡耿直讲诚信、敢担当的性情，几千年来，丝毫未变。有一句重庆言子儿最能概括：重庆男人，绝不拉稀摆带！

  "绝不拉稀摆带"本是重庆一句方言，其含义相当丰富，重庆人夸对方会用"绝不拉稀摆带"，说自己也会用"绝不拉稀摆带"……

杨一： 因为"精典" 满城谁人不识君

> 有一种书店，
> 像乡愁一样站在街角，
> 见证着我们为书而生，
> 被书所伤的青春、中年和向晚，
> 在别的地方，在远方，
> 它可能叫城市之光，叫诚品，
> 叫季风，叫学而优，
> 叫博尔赫斯，叫先锋；
> 在重庆，
> 这样的书店，叫精典。
>
> ——马拉

一

重庆的读书人都知道精典书店。

精典书店的掌门人姓杨,单名一个"一"字。

杨一小时候不喜欢读书,也不是家长眼里的"乖娃儿",他擅长的是打架和赌博。打架是胜多负少,赌博则是赢光了小伙伴们的火花、画片以及花花绿绿的香烟盒纸……

直到那一次,在重庆97中当老师的母亲有事,不敢把杨一一人留在家里,便把他带到学校的图书室,反复央求图书室的老师帮忙看管后,才急急忙忙赶去参加教研活动。

那是杨一第一次进到图书的世界,站在满屋一排一排的书架前,杨一目瞪口呆:"那一瞬间我觉得我身上的野性在一点点消失。"他就像信徒进了教堂,被深深地震撼了!管图书的阿姨说,你可以随便看书,但不准捣乱。

杨一有些怪怪的感觉,小心翼翼从书架抽出一本《十万个为什么》。他翻开书,整个世界都不在了。

回家后,他第一次认真对父母说:"我要看书。"父母霎时间都呆若木鸡,继而欣喜若狂。

那时杨一正在读初二。他还不知道,自己与书的缘分将一生纠缠。

青春懵懂的杨一最先阅读的是文学书籍,小说、诗歌、剧本……逮啥读啥。初三时,他的作文就成了语文老师经常讲解的"范文"。

"读书太愉快了!"这成了杨一的口头禅。

就连高考报考数学系,也是"阅读惹的祸"。1978年,诗人徐迟的报告文学《哥德巴赫猜想》横空出世。文青杨一在徐迟那些文采飞扬的描写中彻底沦陷了:你看,在中科院数学研究所一间刀把型的斗室,怪人陈景润双脚穿着两只不一样的袜子,埋头于摘取数学王冠上的明珠"哥德巴赫猜想"的持久战中,那些数学演算稿笺"是空谷幽兰、高寒杜鹃、老林中的人参、冰山上的雪莲、绝顶上的灵芝、人类抽象思维的牡丹……"够了够了,杨一彻底被美妙的数学王国俘获。高中毕业时,他的数学成绩是学校第二名。向往"哥德巴赫猜想"的杨一,去了很牛的川大数学系。

但进了大学，杨一却发现这一次也许是个"误会"。他16岁高中毕业时，是全校最小的，可在大学班上，竟然成了大哥哥。班上很多同学都只有十四五岁，还都是曾在奥数竞赛拿了名次甚至状元的。那些小同学后来许多进了哈佛、牛津，成了国际知名的数学家。在一次国际数论大会上，居然有3位参会代表出自川大数学系！

一个学期下来，杨一便悟到学数学是要天赋的，虽然成不了数学家，但阅读的习惯已然养成，学习的激情不可遏制。拿过重庆少年乒乓球冠军的杨一，便跑到中文系去听王世德的美学课，又跑到哲学系、经济系旁听。一个假期，他就读完了3卷本的《资本论》，读大学时的第一篇论文竟是哲学论文。大学毕业时，川大甚至想将杨一留校，安排到哲学系去开一门科学哲学课程。可惜哲学系那年没分到进人名额，才作罢。

二

杨一后来还是走上了大学讲台——从上海纺织学院管理工程系进修回来，他在重庆纺织职工大学讲授管理学课程。

到第4个年头，开始评定职称。杨一就去找校长："我从重庆到四川到全国，都发表有好多篇论文；教学效果学生打分，我也是学校前三名，学校能不能破格评个讲师？""不行，你只能评为助教。"校长说。杨一脾气一倔，"那，我助教也不要了！"他第二天就递交了辞职信，转身到重庆市第一个合资酒店"人民宾馆"应聘做人事培训部副经理，那是1987年。

他托朋友从香港买来大量酒店管理的书认真研读，与学酒店管理的同事切磋交流，然后拟出了酒店服务规程，包括服务员从进房间第一个动作到最后出房间的动作，杨一都拿着秒表去卡。他还自己去客房刷马桶、叠被子，去餐厅摆刀叉、给客人上酒上菜……两年之后，杨一成了重庆酒店管理行业的专家。而人民宾馆，也被人们戏称为重庆市酒店管理者的黄埔军校。

1991年，一个朋友从深圳给学数学的杨一发来了邀请，邀请他一道做计算机生意。杨一慨然应允，舍弃"人宾"那份比厅局级还高的稳定收入，转身南下，投入商海。在自己扎实的数学基础上，他做计算机应用，做计算机之间的联网，掘到了第一桶金。

然后又回到重庆，做广告，做房地产，做旅游，一路顺风顺水。转瞬10年，他跻身富人阶层，实现了人们说的"财务自由"。

旁人以为他在跨界很大的几个行业风生水起都是凭借运气不错，其实每踏进一个行业重新开始，杨一都是用他当年考进川大数学系的那股子劲，从阅读开始。

杨一说，读书，是唯一能够复制的人生逆袭之路。读书，改变你的人生，助你成为行业翘楚……

但不仅止于此。读书，还丰富你的精神世界，让你从苦闷中得到慰藉……

在1998年之前，诗人李元胜曾向杨一抱怨"重庆这么大的直辖市，竟买不到版本优质的海子诗集"。

1998年春，"精典书店"在解放碑旁的民权路低调开张。至今，精典已在最年轻的直辖市坚守了24年。

精典的故事太多太多，这里讲两个。

第一个故事是一位记者讲的。记者有一个同学，很喜欢读书，但很穷，就窃书，且从来没被抓住！精典开张时，他那位同学也来了，也又一次"成功"了。但出门后，他同学第一次感到良心不安，纠结徘徊良久，遂返回，将书悄悄完璧归赵。并且，从此就不再偷书。再后来，他同学知道他采访过杨一，便很正式地委托他向杨一转告：谢谢精典，谢谢杨一，因为是精典和杨一使自己开始做一个真正的"君子"。

杨一却说，是那个至今都不知道姓甚名谁，不知道身材相貌的"君子"，让自己懂得：一个好的书店，还有教化和治愈的作用。

另一次，在杭州参加行业峰会，一个美女挤过来，满脸激动："你是重庆精典的杨老师？"杨一说是。美女也是一家民营书店的老板，她说自己从初中就是精典书店的读者了，高中毕业进了上海交大学化学，硕士毕业又去北大攻读法学，后来进了一个国际知名律师事务所，事业和经济收入都非常令人羡慕。一个很偶然的机会，她得知上海交大的书店因故要关张，想到从小"精典"给她的影响，美女毅然辞了律所的工作，接手交大的书店。她说，值得试一试！

杨一说，那位美丽的"后浪"令自己欣慰，觉得精典值了！不是因为精典卖了多少本书，而是精典感染和影响了许许多多她那样的"后浪"。那些"后浪"又去温暖这个纷扰的世界。

精典在解放碑旁，18载春花秋月，转瞬已是青葱少年。曾记否，在每年的最后一天傍晚，许多书友会来到精典，在静静的阅读中，等候新年钟声……时候到了，同学、同事、伴侣、亲人、朋友……书友们走出精典，走向解放碑；击掌、拥抱，眸子里烟花绚丽，大家用或稚嫩或沧桑的声音一起喊出"3、2、1——"。新的一年，便携着崭新的美好，从远方轰然而来！

这就是无数精典书友的跨年夜，这就是精典独有的新年庆典。

2016年11月25日晚上10点，杨一亲手关掉了解放碑店里的最后一盏灯，随着店里的灯光次第熄灭，精典书店终于对解放碑说了"再见"。是夜，许许多多精典书友从四面八方闻讯赶来，帮着精典搬家，他们用这种独特的方式，来向自己的精神家园致敬："告别解放碑，并没有伤感和忧愁，因为，精典一直都在那儿，一直都在我们心里。"

三

经历多了，就可能遇上灵异之事。1993年，杨一正在深圳做生意。某晚做梦，号啕大哭而醒。妻惊问何故，他答：梦见母亲病危！第二天一早，杨一妹妹电话便打了过来，一开口就哭："哥，妈查出了癌症……"

杨一搁下电话就立即买了机票。

与母亲告别时，杨一将母亲生前在重庆教育研究会编的一套《中学语文教学辅导丛书》样书（该书尚在印刷中）轻轻垫在母亲头下，陪伴母亲去了天堂。

杨一在心里对自己说，将来一定在这座城市开一家最好的书店，献给母亲。

杨一还多次聊起一位德国老奶奶与她那间小书店的故事。老奶奶独守书店76年，不结婚，也不生娃，一生痴痴守护她的那间小小书店，22岁开始，

98岁结束。2021年1月4日,老奶奶静悄悄地永别她的一生挚爱;离世时,陪伴她身边的是一本歌德的诗集。

杨一的心中,母亲和德国老奶奶,就是他的缪斯。两位伟大的女性,给了杨一人生的智慧并引领他坚韧地走向精神的理想国。

因此,精典书店才有这样一些特别的数字——

书店从创办起,就没把赢利当作目标。开店24年,亏损24年;精典书店连年亏损,杨一就年年拿以前赚的钱来补这里的窟窿。24年,精典坚持下来了。

疫情期间,实体书店大多经营惨淡,精典书店却将营业面积从400平方米扩大到1400平方米,店里的书籍从15万册增加到20万册;

从最初的默默无闻到如今成为重庆的一张城市文化名片和重庆人的精神家园。在全国民营书店排行榜上一直名列前茅,名列亚洲十大文化地标书店之列的精典,至今却依然没有为追求"规模效应"去开哪怕一家分店;

精典书店发布的书榜往往不是畅销书,却常常"先人一步"——2019年12月,精典年度好书榜上有一本是《病毒星球》,另一本是《我们为什么还没有死》,是讲人体免疫的。2021年精典推出的年度好书是《与不确定性共舞》,讲的是人类或将面临此生最大的不确定;

……

焕然一新的精典现在站在有"重庆外滩"之称的南滨路上,为了这次搬家,为了精典的新家,杨一又砸进去500万元。新精典书店也是重庆南岸区图书馆的分馆,在这里借阅的书可以在市内任何一家公共图书馆归还。新精典店内很显眼地安置了莫比乌斯环和超级立方体。杨一说:"我希望人们能在看书的时候,看到这些装置能产生一些感性的东西,没准有些孩子在受到莫比乌斯环的启发后长大能成为数学家。"

在24岁精典的青春记忆里,徐克、刘震云、周国平、傅高义、格非、苏童、虹影、蔡志忠、林清玄、陈丹青、陈丹燕、阿来以及重庆本土的著名作家莫怀戚、李元胜、吴景娅、徐蓓、红尘……许多文化大咖都在精典书店留下足迹,许多人还不止一次。并且,这个名单很长很长。

有人不解:"这还是一家书店吗?"杨一却笃定地说:"只要是爱阅读的人,都会认同我当下正在做的事情。书店,要做城市阅读的引领者;书店,要引导大家怎样读书,知道该读什么书。"

杨一还说,没有科学的人文是愚昧的,没有人文的科学是冰冷的。只有人文与科学结合,世界才变得温暖和理性。

那么,精典成功了吗?杨一说,还早。

原因呢?杨一没说。

2014年,杨一那帅帅的儿子从美国学成归来。杨一问,金融和精典,你选哪一样?儿子答:金融!杨一有点失望:"我独特的经历、独特的知识结构,成就了精典。我很清楚它不能传承,很难复制。"他对儿子说,你来做精典,也许还是不赚钱,但就算给后代积德嘛!一个人,这辈子一定要做一点对自己似乎没好处,但对社会有益的事;这个世界哪怕由于我们的努力,变得好了那么一点点,也值!

帅帅的儿子现在是精典书店的CEO,负责精典的营运。杨一对儿子说:你必须做到每年的亏损额控制在50万元以内。学金融的儿子自信这不是难事。

新冠疫情来了,一切充满了更大变数。杨一又对儿子讲,在现在这个关键时刻,精典一不能裁员,二不能降薪!

所以,杨一把精典书店原来那个"做成百年老店"的目标,改为"做成最后一个倒闭的实体书店"。杨一当然是自嘲,旁人听上去却有一种英雄主义的悲壮。

当今数字化社会里,获取信息的媒介已经很多,但杨一始终认为,纸质书那沁人心脾的墨香味,以及指尖滑过书页的微妙触感,是真正无可替代的读书享受。

"也许以后科技发达了,读书时的嗅觉和触觉都能被模拟出来,纸质书的生命才会算是终结吧。"杨一笑着说,紧接着补了一句:"到那时,纸质书一定会变成奢侈品。"

一次与好友聊天,杨一说了句老文青语言:重庆人的英雄情怀必定是浪漫的,是霸王别姬式的;重庆人的精神世界也许还没有绿荫连绵,但必定有参天大树。

用重庆话解读，就是：重庆崽儿，犟拐拐，一根筋，有性格，是个人物……

黄中华的"野心"：用艺术让一座城变得更高级

2022年5月28日，"等不及了——熊吉炎绘画展"，在位于重庆铁山坪森林公园的云岭艺术中心举行，云岭艺术中心创始人、著名画家、重庆星汇当代美术馆馆长黄中华先生直言：熊吉炎是重庆的梵高。

黄中华语出惊人，慧眼识珠。

黄中华自身就是一名艺术高地的攀登者，也是一名当代艺术的推广者。

也许，称黄中华为美商启蒙者更准确。

一

2002年，黄中华终于狠狠心，举家从珠海回到重庆。他其实真舍不得珠海那座带一点点异域风情，让人从身体到灵魂都舒服的花园小城。自己在珠海的公司已在业内有了很好的口碑，那些澳门、香港的同行，多年的相识相知，早已处成了海钓和打高尔夫的铁哥们……

家里已步入老年的长辈需要自己陪伴，当然是回重庆的一个因素，但黄中华总觉得自己能够下决心回来，更多的是听从冥冥之中那些若隐若现的召唤。

比如嘉陵江。比如满口重庆乡音的一大帮画友。

黄中华从小生长在重庆大坪，儿时常常沿着当时算是重庆最高等级的"两杨公路"（两路口至杨家坪），顺着宽宽的人行道，去两路口"宽银幕电影院"看电影。暑假里，则从虎头岩下到化龙桥，把衣服一团，用绳子捆了顶在头上，然后游到嘉陵江对面的重庆造纸厂码头上岸。

一直到去北京读中央工艺美院，他才算是从重庆走出去了。

这一走，归来已不是少年。

虽然黄中华在绘画上有那么一些天赋，小学一年级画的那个拖拉机，就被老师拿到黑板上去做示范，但他说自己真正进入艺术之门，是从中央工艺美术学院开始的。

黄中华一直庆幸自己在"中工"能受教于张绮曼等中国环艺设计的顶级专家，他说"中工"成就了自己人生的第一次飞跃。

此言不虚。

在得改革开放风气之先的珠海，黄中华任总经理的"中央工艺美术学院室内装饰公司珠海分公司"还有另外一块牌子："环境艺术研究所"。大学毕业就直接到珠海创业的黄中华，更钟情于公司后一张名片。

他的人生梦想可不仅是下海淘得一桶金。

在珠海工作了8年后，黄中华去意大利米兰理工大学设计学院室内设计专业读研。

两年间，他住在米兰附近的科莫。最潮的米兰很像中国的上海，他甚至感觉自己有点像住在重庆解放碑的旁边。有空闲，黄中华还会到法国、瑞士等地游学旅行。从他随身携带的速写本里，可以窥探他当时那种由急速的线条和灵动的画面交织而成的绘画状态和艺术激情。

还记得1990年意大利世界杯。在时尚之都米兰举行的开幕式上，撩人心弦的"意大利之夏"主题曲中，300名时装模特身着世界顶尖时装设计大师的作品，花枝摇曳，猫步婀娜。那一刻，艺术与美如同恋人般温柔地走进全世界几十亿人的内心……

意大利绝不仅仅只有时装。

说起意大利，人们往往会想到千姿百态的建筑，美轮美奂的时装。其实应该说意大利是设计好，全面的设计好！比如家具、汽车、游艇、工业造型，室内设计……一流的艺术国度和设计国度，就数意大利。

在意大利，老太太会抹上口红，开个法拉利出门兜风；老头儿白发苍苍依然穿着时尚，神采奕奕去参加派对。黄中华很惊奇也很欣赏：这就是一种生活的高级——不只是物质，更多的是精神方面的。一个人内在美所形成的气质，一辈子都不会衰老。

在意大利米兰理工大学设计学院，黄中华完成了人生第二次飞跃。

二

有一句话怎么说的：故乡忍作他乡，他乡何似故乡？循环往复，无尽流浪？

纠结了很久的黄中华，到底还是回到了重庆。

那个心心念念的重庆，却陌生了。不，不是指故乡的硬件：不是指重庆的城市交通、居住环境，也不是经济收入，更不是老友新朋……那种陌生感来自故乡的软环境，最直接的就是少了那么一点艺术格调。

黄中华内心开始躁动。

一次与艺术家杨澍聊天，黄中华有点伤感：北京有宋庄，成都有蓝顶，我们重庆什么都没有……杨澍说，老方（力均）在宋庄买了一块地……黄中华猛然一惊：对呀，那我们也去找块地儿！

黄中华开始行动。经过几起几落的曲折和反反复复的折腾，中国首家山地艺术家村落"古剑山艺术家村"，2011年诞生在重庆南边的群山环抱中。村里有20多位艺术家常驻：油画、国画、建筑、雕塑、书法、舞台艺术、文学、曲艺……

古剑山艺术家村现已成为集创作、交流、展览、旅游为一体的文创基地，还带动了当地的乡村经济振兴。

但黄中华却有遗憾，有不少遗憾。

黄中华知道重庆需要艺术，需要时尚，需要一种好的设计，这三位一体的诉求，都是源于他艺术上的国际视野，或者说是一种理想。所以，才有了第二个项目：坐落于重庆两江新区的"重庆星汇当代美术馆"。

面对当代艺术，从安迪·沃霍尔到方力均，许多人最初总是会困惑于"我怎么没感受到愉悦和美感……"黄中华的好友、德籍重庆艺术家张奇开说：抽象艺术已经随着时间的推移逐渐凝固成为一个视觉的历史刻度。时光荏苒，抽象艺术已然逃遁，改头换面后弥布在极其广泛的视觉艺术领域。我们不得不承认，对大多数人来说，抽象艺术与他们的距离实在遥远，且无足轻重。

但黄中华作为一位艺术守望者,在架上绘画正处于具象霸权时代,仍对它不离不弃,并企图重返抽象绘画乌托邦,呼喊我们去重温它的梦想与辉煌。

张奇开是懂黄中华的。

自2015年落成至今,星汇当代美术馆7年来做了四十几个当代艺术展览。按照国际惯例,一个美术馆应满足3个衡量指标:一是美术展览,二是公共艺术教育,三是艺术作品收藏。

为此,黄中华不遗余力。

美术馆在国际上有一个通行的定义:它是一个慈善机构。换句话说,它是一个烧钱的文化机构。美术馆不像拍电影,票房卖座还能赚钱。美术馆不卖门票。好在黄中华的妻子理解他,也支持他:"我们还有一些积蓄,还有其他经济来源。我知道做美术馆他是真心喜欢,那就做!"

2020年,星汇举办了奥地利维也纳分离派美术作品展《分厘》。黄中华至今谈起《分厘》依旧十分兴奋:"那次展览是大师级的,虽然用掉100万,值得!《分厘》是为重庆量身定做,只在重庆展出,然后就结束了!很难得,十分难得!"

《分厘》的奥地利策展人玛格瑞特女士很乐于与黄中华合作,她不但从欧洲的一个艺术基金会拉到了50万元赞助,分担了一半的展览费用,还请到了奥地利驻成都领事馆总领事马丁博士莅临星汇当代美术馆。展览结束后的新书发布会,也是放在了维也纳克里姆特美术馆举行的。虽然因为疫情,黄中华和杨澍没能去到发布会现场,"但是星汇在国外都有了影响,新书发布会讲到《分厘》是在'星汇美术馆'(中国 重庆 星汇美术馆)做的,这就代表了重庆发声,把重庆的知名度拔高了。"

这些年来,星汇还举办过2个德国美术展和3个荷兰美术展。黄中华说这样能使重庆更高级,能让世界知道重庆!

星汇不只是眼睛向外凝视,同时也低头目光温柔。曾经有一个从国外回来的90后年轻人来向黄中华告辞,说在重庆待不下去了……黄中华问明白了原因,急得不行:"一个学艺术的海归,却因为重庆的艺术土壤问题不得不离去,这真有点令人难堪。"黄中华对那个年轻人说:"你能不能稍稍晚几天，我先在星汇给你办一个个展……"那个年轻人最后留在了重庆，星汇美术馆也从此开辟了一个200多平方米的展室，每年都要做好几个年轻人的个展，至今坚持不懈。"要提高重庆的艺术氛围，让这个城市格调高一点点，就应该发掘和培养年轻的艺术家；在他们迈出人生道路的第一步时，给他们一点点小小的温暖和信心，助他一把，推他一把。也许，重庆会因此多一个艺术人才！"

  星汇美术馆专门展出当代艺术品，渐渐有了一定的知名度。重庆人不必去北京、上海，也不必去欧美，就可以在家门口阅读安迪·沃霍尔、方力均等艺术大家的作品，就可以在重庆两江新区与奥地利维也纳分离画派对话……

  嗯，你一定想说还有传统绘画艺术呐。别急，这就转回到本文开头的云岭艺术中心。那是黄中华回到家乡重庆后，打造的第三个文化艺术项目。云岭艺术中心主要展出传统架上艺术，有点偏学院派。2019年4月落成至今，3年来已经成功举办了12个美展，平均每年4个。时间最近的一个，就是"等不及了——熊吉炎绘画展"。

三

  具象与抽象，有点像下里巴人与阳春白雪，二者应该和谐地相安无事，并且，双赢！古典艺术与当代艺术亦然。我们不必在此做学术之辩，黄中华在他的《最深的情感是抽象》（2021年11月，重庆）个展里面，已经以各种叙述方式进行了回答。

  重庆的文化人姜汤在看了黄中华《最深的情感是抽象》后说："黄中华先生做了很多与艺术相关的事，他成功地排除和战胜各种干扰，在重庆做了三个知名的艺术基地。让人没想到的是，百忙之中他还在悄悄画画。突然看见他这次展出的作品，这么多，真的让人惊讶。他说这些画是他内心情绪在不同时期的真实表达，也是他心灵深处的笔记。"

  有人问黄中华："环艺专业（中央工艺美院）和设计专业（米兰理工大学），都是创作性和实用性较强的，但你现在所做的星汇当代美术馆和云岭艺术中心，似乎更多的偏向于在艺术、美学及文化等方面的大众启蒙，这个转变怎样产生的？"

黄中华没有直接回答。他讲了自己亲历的一件事。

曾经一个大学计算机专业的教授，在星汇当代美术馆看了一个展览后，找到黄中华："这个美展，我怎么没有从中感觉到审美愉悦？是我没看懂？"黄中华没有马上回答，带他走到一幅作品前，问："你第一眼的感觉是啥子？""强烈的红色和线条，就像一颗炮弹爆炸了……""对呀！对呀！你看懂了的呀。"黄中华的微笑很真诚也很欣慰。

后来，每一次在星汇当代美术馆举办的展览中，都能见到那位计算机教授的身影。

简言之，当代艺术包括毕加索的作品，与古典艺术一样，就是要提高你的审美能力，提高你的"美商"。但当代艺术又不仅仅是愉悦。它是让你不断突破想象力的天花板，去想象和创作甚至是非现实的未来。

其实，在之前他早就回答过类似的问题。"为什么我愿意执着做美术馆呢？美术馆就是通过公共教育，解决基础审美。当代艺术还要解决想象力，让你不要保守——一切皆有可能！"

黄中华还说过，重庆直辖后，城市面貌日新月异，但整体讲还是有一种大农村的味道。重庆不是没有文化，缺乏的是高端文化。比如好的音乐会、好的文学作品、好的建筑设计、好的艺术展览……

"为什么我要去做费力不讨好的文化项目？我觉得我虽然不能改变重庆面貌，但可以影响身边的人，产生好的影响，然后大家来一起做。前不久一个市里的领导还对我开玩笑道，你做的事本来应该政府做的，你是'帮政府做了'。所以，我觉得能影响一些人，比我赚100万更重要。"

黄中华长期游历欧美，对全球化的当代艺术、时尚文化、创意设计、文旅融合有深度研究和独到见解。最重要的是，他有一种使命感。他说："这么多年来坚持做公益不放弃，还是一种使命感。你遇到的不愉快也罢，艰难困苦也罢，一转身，就有使命推着你往前走。"

2022年初夏，意大利驻重庆领事馆举办了"意大利电影展"。6月14日，第一场在朝天门CGV影城放映的片子是《波提切利，佛罗伦萨和美第奇家族》。

黄中华说，巧的是前不久，他正在重看一部片子，就是"美第奇家族"。

有一种说法是：没有美第奇家族，欧洲文艺复兴依然会发生，但不会是现在这个样子。更不用说20世纪产生的当代艺术了。

不知道黄中华重看"美第奇家族"后会怎么想。

回到本篇开头说的"等不及了——熊吉炎绘画展"。把熊吉炎称为重庆的梵高，黄中华这样说他的3个理由：熊吉炎对画画的执着追求，哪怕是贫困潦倒从未改变；熊吉炎对梵高的艺术风格有着独特的理解；熊吉炎跟梵高一样，对色彩有非同寻常的感觉。

所以说，黄中华慧眼识珠。

黄中华说过：艺术，它有一个功能是提升人的幸福指数，它会让一座城市变得更高级。

黄中华环顾家乡，喜见越来越多的重庆人从四方八面奔艺术高地而来……

魏欣：家政天地　胜者重剑无锋

人们所见的魏欣是一个有高反差的人，如果要用一个词形容，那就是"藏"。因为"刀的真意在于藏"。

魏欣穿着一身中规中矩的蓝色西装，在他的新洁净公司接待了我们。那个23年前进入保洁市场时还摸不着门路的青年，如今已拥有5家企业，近3000名员工，不仅成长为这个行业的领军人物，甚至是标准规则的制定者。

他是中国家政行业协会副会长、中国清洁服务行业协会筹委会常务副主任、重庆市清洁行业服务协会会长、重庆市家政协会副会长。他还是国际劳工组织中国项目培训师、国家级创业培训师、中国创业青年导师……这么多头衔，单独拎出一个都可秒杀一众，但在他身上却只能看到儒雅和谦逊。他坐在对面，周全地为大家倒茶递小吃，看不到这个重庆市保洁行业的龙头老大身上有一点点的锋芒，他脸上完全没有成功者的春风得意，有的只是如水的平淡。

魏欣就这样优雅地将自己的光芒与敏锐巧妙地藏在他平易近人的一言一行之后，他的潜力与野心从不轻易示人。

一

23年前的一个晚上，魏欣与父亲面对面坐着吃饭，他道出了对未来创业的困惑：自己不聪明，亦不善言辞，常听说"无商不奸"，创业这条路能走多远？父亲沉默思忖一阵说道：从基层做起，根扎深一些，你才能和员工打成一片；和外人打交道，不管是谁，其实人们都喜欢跟老实人打交道，做生意也是。坐在父亲对面的魏欣，瞬间被这句话击中，并一直记着这番话，学会沉隐下来。

看上去头脑不够灵活、野心不够彰显的魏欣，拿着仅有的10000元钱和妻子创立了新洁净公司，就这样一脚踏进了家政保洁行业。23年前的家政保洁行业还不成体系，行业门槛低，缺乏统一标准。因为他们亲自操作服务，就认真记录下操作中的流程、问题及注意事项。当政府组织征集重庆进城务工教材时，他们积极参与，制定流程与行规，编写了第一套行业教材。因为行业门槛低，从业人员技能水平不高。2004年他与妻子看准时机，成立了新洁净职业培训学校，对内部及行业从业者进行培训，培训后还能通过鉴定拿到职业资格证书，持证上岗。这样做不仅提高了从业人员技能水平和职业素质，还能为他们提供更高质量的就业岗位。为解决行业中常出现的跳单问题，魏欣与妻子商讨，提出将服务人员与物业小区合作，成为重庆第一个与物业合作的保洁公司。同时将家政与保洁有机融合，成为一份职业。服务人员在人们眼中不再是社会闲杂人员，改变了人们对保洁和家政服务的印象。

魏欣从家政与保洁行业摸爬滚打多年的经历中发现，任何一个行业要做到极致，其终点一定是人性化的管理。他要让从业人员意识到：自己所做的不仅仅是一份可以养家糊口的工作，更能给自己带来内心的安稳与尊严。

对于企业内部的风险防控，他有着很强的意识。不管做什么行业，首先要保证的就是安全。保洁行业工伤事故频发，他就每个月给员工开安全分析会，带领团队梳理和预防各种安全隐患。他还坚持每周给基层员工测血压，血压高的员工请他们回家休息疗养，建议食疗与医疗结合降压，尽管员工们觉得没必要。如果出了安全事故，就要找出相应的责任人，还要在例会上给予管理者处罚，让责任人牢牢记住这次教训。魏欣做这些都是为了有效控制风险，也更是为了员工们能够感受到安稳与体面。"既然员工交到了我的手上，我就有责任保护他们。"魏欣说这话时，眼神很坚定，口气很诚恳。他还着手做企业内部的风险防控系统和安全劳资纠纷解决方案……就这样一点一滴地做了许许多多的事情。做这一切时，他善于备案，善于规划，每一件事情都有3套方案。他只把20%的精力用来做当下事，80%的精力都在为未来布局，以终为始，一步一步将梦想变为现实。面对今天的成绩，他低调而淡然："这世界上，比我能干的人太多了。我必须身先士卒，领着团队保持危机感，踏实而稳健地潜行。"

通过与魏欣对话，可以感受到他无穷的潜力。这种潜力来自魏欣为人处世的原则：均衡发展，打造自己核心竞争力；创新引领，营造场域，吸引更多人一路同行。他深深地明白，生活不是一场竞赛，过快的脚步只会错过生命中的美景，一步一步走得踏踏实实，慢下来，智慧会自己萌发。2020年疫情冲击所有行业，但却是魏欣事业的突破年：他公司属下的学校承办国家首届新职业大赛（整理收纳师）重庆选拔赛；参与新职业工种——整理收纳师的培训标准、考核标准的开发及题库建设；成为新职业示范基地，成功入选重庆市级高技能人才培训基地。经发改委正式批准成为重庆市现代服务行业中唯一一家产教融合示范基地。他还与同仁共同规划打造新清洁智慧产业园，对行业智能化，数字化赋能并升级。

二

人们常常说，饱满的稻穗总是低下头来。他是一个很懂得低头的人，他总是平静柔和地与人沟通，从他身上你感受到的不是来自成功人士礼貌的疏离感，而是一种尊重。他尊重每一个人，哪怕是一个孩子，也能平等对话。在他的世界里，万物有灵，世间一切都需要爱的滋养。这种滋养给他周围的人带来力量，也给他自己带来福报。他不但经营着自己的公司，还成为许多年轻创业者的青年导师。他在给予这些青年创业者建议与鼓励的同时，也向年轻人学习，并从中发现规律。

在平静如水的外表之下藏着巨大的勇气，他渐渐在自己周围形成一种平静的磁场，给人带来心灵抚慰的同时，也积蓄着强大的力量，而他的勇气才是这种平静力量的源泉。不仅平时与人相处中给人这种力量，在关键的时候，他还有能力站出来，带领大家脱困。2010年，突然来袭的山洪将一次愉快的团建变成生死时速48小时。湍急的水流一分一秒地上涨，人们随时可能会被淹死，慌乱的人们眼中充满恐惧。魏欣也是头一次面临这种情况，双腿也在发抖。但当员工问他时，他意识到当下首先是冷静。他立即组织大家团结起来想办法脱困。他带领大家分配仅有的物资，让人找一些充饥的野菜，将鲜艳布料撕成布条，叫人到房顶上看到有救援直升机，就挥舞布条大声呼救。安排完这一切他和大家一起吃了些野菜保持体力，还在角落找到最后几瓶酒。那顿酒大家喝得悲壮，感觉是人生最后一次，时间过得分外漫长。夜里，人们望着风雨中摇曳的烛火，仿佛生命即将被吹散。水面一点点上涨，死神慢慢逼近。他想到太太、儿子，那些他爱着，也同样爱着他的人，唯有坚持下去……终于有人发现了这座被雨水冲刷着在洪流之中摇摇欲坠的孤岛，49人全部成功脱险，无一伤亡。

魏欣在所有人都错愕的时候，最先冷静下来，这其实是源自内心的一种使命感与责任感。在这次山洪围困期间，魏欣用他的信念以及担当展现出一种向死而生的精神，牢牢抓住一线生机，在最短的时间内组织出一支临时团队，发挥出团队的力量，永不放弃，共渡难关。

魏欣后来回顾这次经历，他说，为了爱我们的人，永不放弃，这就是一种责任。

太太是魏欣捧在手里的一块宝。他对太太的温柔像是潺潺泉水，他从不隐藏。晚宴间，宾客可见他时不时低头对太太私语，眼中尽是欣赏与温情。与太太共同创业至今，太太夏明盟是新洁净公司的董事长，魏欣为总经理。他说起太太，笑得很甜很自豪："你都不知道，她与我对话的神情，可以如此的可爱，放松。"19岁便与太太相识，从那一刻起就决定撑起一把伞，护她周全，庇佑一生。由于从不隐藏对太太的爱意，似乎有违传统内敛。听到有人说是装出来的，他只是淡然一笑："那我装了29年，还要装一辈子呢。"他说太太最近学习非洲鼓到了疯魔的程度："你听她打的那一小段鼓点，一开始很不熟悉，于是她就一遍遍地练习，100遍，200遍，800遍……"语气里满是敬佩与宠爱。这个重庆崽儿，深知自己的成功离不开太太的支持，太太身上的决心与坚毅，还有爱，深深地影响着他，滋养着他。

世人总被家庭和事业的平衡所困扰，但在魏欣看来，唯有用爱经营事业与家庭，才是恒久的基石，也才有引领的底气。他总是用自己的言行感染着周边的人，无论亲朋，还是员工，抑或客户，耳濡目染，近朱者赤，魏欣用自己的幸福密码，成就了一个又一个幸福的家庭。在他辅导的青年创业者中，永远少不了幸福家庭必修课，甚至他在观察和选择辅导对象时，都会将此作为考查指标之一。也正是秉承着这样的理念，2011年，魏欣成立了新家道公司，将爱的味道融入家政服务，传承和谐家风，引领家道文化。

"重剑无锋，大巧不工"这句话出自金庸的《神雕侠侣》，形容真正的剑技不是依靠剑锋，而是个人的修行，这是我国古代的哲学思想，是对老子道家思想的传承，而这也是魏欣身上呈现出来的气质和底蕴。

一天的繁忙结束，魏欣背对着一片月光，手中的笔沙沙划过。记日记的习惯已经保持了很多年。这是独处的时间，一天之中他总要找一个时间来与自己对话，他不想走得太快，而把灵魂丢失在路上。

魏欣以一种平静的姿态走在这滚滚红尘，走过他自己的每一个选择。他敛了一身的光芒，只留一束，足以照亮眼前的路。他就这样一边走着，一边种花，一边做梦。他走过的路被踩出脚印，会有人追随他。他种的花有一天会变成果，来回报他。

请千万不要叫醒这个会做梦的人。

几个重庆男人的故事，只能诠释"绝不拉稀摆带"这句重庆言子儿含义之万一，显然意犹未尽。低调坚守却无人不识，不惮做梦亦知音辽阔，已然王者仍藏剑于匣……他们的点点滴滴，让我们见识了重庆男人除了"雄起"和"炒耳朵"之外的更多面。就像汉语的博大精深和意蕴丰富，重庆男人一直在用"绝不拉稀摆带"，对人生作出最重庆的精彩诠释……

（鲁克　孙涵彬　文）

吆不到台的重庆女子

在重庆这座移民之城中,多种基因的混合使得这里盛产美女。一览重庆城,美女济济一堂,你很难在她们之中分出一个高下。豪情被她们勾勒在眉宇之间,玲珑的身形里包裹着一颗狮子一般的心。她们泼辣奔放,爱恨分明。重庆女子真的吆不到台哟!

"吆不到台"是重庆方言,就是很不得了的意思。在吆不到台的重庆女子那里,妩媚与雄心毫不矛盾地融合在一起,更加勃发出一种英姿。

外人对重庆女子的第一印象便是敢爱敢恨,那或许是来自一种遥远的基因。在重庆流传着这样一则神话传说:上古时期,巴人的祖先廪君为了部落开辟新的疆土,乘雕花土船率众沿夷水而西,至盐阳(现重庆石柱一带)。这里住着美丽妖娆的盐水女神。她身披如月光般璀璨的衣衫,望着廪君深情地说:此处广大,鱼虾丰盛,愿与君共。她终于等来了神一般的男人,愿意奉献出自己统率土地上的所有,包括一位女王的低头与温柔。廪君告知盐水女神自己的宏愿,要去开辟更广阔的疆土,请求盐水女神允许他离开。盐水女神只温柔地钻进他的臂弯,告知廪君永远不要离去。廪君眼看着自己的宏愿就要落空,无奈只得将一段绸带赠与女神,说希望系上,以示彼此恩爱。盐水女神果真欢欣地系之于腰间。翌日,依旧化作蚊虫与其他蚊虫一道去遮天蔽日,试图让廪君看不清去路。而廪君却凝神片刻,猛然提箭,往绸带飘逸处一箭射去,女神骤然从空中飘落。廪君即刻踏上雕花土船，率众部继续顺江而下，斗志昂扬，并无悲戚，他不过是解决了一个挡他道的大麻烦。天真的盐水女神以为美丽的身体和丰饶的疆域便可留爱人厮守一生。直到生命如烛光般被狂风吹灭，仍没放弃爱的执念。你可以笑她痴，笑她蠢，但她的甘心情愿至今仍令人动容。

重庆女子的勇敢与胆识来自于她们另一位引以为豪的前辈——明代的马上巾帼秦良玉，她是唯一一位载入中国王朝正史的女将军。在国难当头之际，秦良玉褪下罗衫与裙裾，身披御赐的龙凤袍，骑一匹红色战马驰骋疆场。战袍上的凤凰如涅槃重生。有诗云：蜀锦征袍自剪成，桃花马上请长缨。世间多少奇男子，谁看沙场万里行。秦良玉威慑远近，生前于南明永历二年（1648），被在西南的永历皇帝派人加封为太子太傅，授"四川招讨使"。身后又被追谥为"忠贞侯"。革命志士秋瑾诗中的"古今争传女状头，谁说红颜不封侯"这一句，就是对秦良玉的深深缅怀。秦良玉作为将军所向披靡，战功显赫，精忠报国，却也有小女子的温柔：在征战之暇，仪态娴雅地织着棉纱，窗外已近黄昏，秋风吹拂着黄叶，更吹拂她的一颗女儿心。秦良玉教会重庆女人勇敢，需要披挂上阵的时候，从不迟疑。她动静皆宜的姿态鼓舞着也教育着重庆女人。所以你可以看见，烈日当空的夏日，重庆女子仍可毫无畏惧地爬坡上坎，从容而自在；在社会与生活中，顶天立地，敢于去担当许多责任，既美貌如花，又挣钱养家。既下得厨房，又出得厅堂，更可打拼职场。所以，重庆拥有一大批优秀能干火辣的女企业家、女能人。

在重庆，讲女人的故事一千零一夜也远远不够，她们的精彩传奇似乎一用文字去表述，最令人迷醉的东西就悄然挥发。然而，我们仍想讲一些故事，记下一些人的青春笑靥，虽然这些故事和笑靥像沧海中的一粟，但仍可让你一斑见豹，透过她们感受到现代、此时此刻，成千上万吃不到台的重庆女子正以大山大水作为 T 台，次第盛开，次第而来……

江碧波：踏过山月与礁石

第一次拜访艺术家江碧波，内心一定是忐忑的。然而一旦走到她的面前，抬头看到那如大海般透彻的眼眸和极具包容力的微笑，看见她身着飘逸出尘的儒雅长袍，还有那轻松绾就的柔和发髻，心灵刹那就放松了。那句话自然就说出来了：江老师，我是在您的雕塑下长大的。

这句话毫不夸张。

在这座城，每一年的 11 月 27 日，学子们都会到歌乐山革命烈士群雕下，缅怀我们的志士。群雕上的烈士仿佛站满整个天空，用赭红色的身躯在刺破初冬灰蒙蒙的云层。而江碧波老师便是这充满张力、令人震撼的歌乐山烈士群雕两位作者之一；在重庆的三峡博物馆中，有一组名为《三峡纤夫》的雕塑，把纤夫们血脉偾张与峡江激流抗争的瞬间，凝固了下来，这也是江碧波的作品。在重庆市名人馆，有她创作出的 200 多位重庆历史名人的雕像和油画；在全国级热门景点李子坝穿楼轻轨的下方，是她的浮雕作品《岩之魂》，这是一处极具艺术性的城市环境景观……可以说，在重庆这座城，江碧波的身影无处不在，她的作品也在影响这里一代一代的人。

当然，她的影响力并不局限于一座城。江碧波的版画作品《飞夺泸定桥》被中国革命博物馆收藏，并收入小学教材。她和同事组织四川美术学院学生进京办展，为"川美"的崛起迈出了关键性的一步。她在数不清的国内外城市多次举办画展。她创作的大型城市雕塑矗立在中国各地的城市广场、革命圣地、交通要道，以及人们的生活场景之中。

这位多产的大艺术家，她为重庆城乃至一个国家创造出非凡的艺术天地，里面包含了 300 多幅版画精品、200 多件雕塑，1000 多米长的大型长卷画作，还有上千幅国画、数以百计的陶艺……她用无穷的精力和有品质有力量的作品，书写出一个人的史诗。是的，江碧波，她是生活在这片土地上的一个大大的灵魂。

一

追溯原生家庭和童年环境，江碧波的成长，让一切后来的光亮人生都有迹可循。1937年11月12日，淞沪会战结束，上海沦陷。爱国版画家江敉和妻子一起前往内地。江敉是宁波人，是一位被上海滩认可的版画家。大时代的动荡之中，江敉深感"天下兴亡，匹夫有责"，积极投身于拯救民族危亡的大潮之中。

1939年，在贵阳的一处民居中，江碧波出生了，她是江敉在逃难途中的第一个孩子。两岁的时候，父母带着她来到了重庆，父亲任职于当时重庆青木关的国民政府教育部。那时，江碧波身处一个艺术氛围浓厚的小环境。身边有许多赫赫有名的大朋友，音乐家、画家、舞蹈家，如像叶浅予、戴爱莲那样的人物。幼年的她，身在大西南那烂漫的自然中，也身在浓厚的人文艺术氛围中。

如果说江敉是典型的海洋文化熏陶下的艺术家，那么江碧波就是大海的灵魂来到了西南的大山大水之后，成长起来的独一无二的个体。

抗战胜利之后，江碧波一家留在了重庆。6岁的她开始在私塾求学，同时帮助父母照顾家里的弟弟妹妹。生活是艰苦的，但和同学们在一起却是快乐的。在江碧波的回忆中，少男少女们结伴，行走在山城的老巷河滩、坡上坎下是她读这座城最好的课程。在这里，江碧波近距离看过长江纤夫抗争江流，看过拉车负重的劳动妇女的笑靥，看过码头工人一步一个脚印地向上行走，还看过爱国大学生们为了抗议国民党政府的独裁腐败，举行的游行……这些号子、笑声、汗水和呐喊，让她的血脉中融入了山城的"爬坡上坎"的精神。世人称这种精神为勇气。

1951年，江碧波开始在巴蜀中学读书，3年后，成为四川美院附中的第一批学生。1958年，江碧波成为四川美术学院第一批学生。

1960年，中国历史博物馆和中国革命博物馆向全国征集长征题材的美术作品，江碧波和老师同学一起到金沙江畔和泸定桥头写生收集素材。回校后用一年时间，创作出套色木刻版画《飞夺泸定桥》。这幅作品送到首都后一炮打响，被中国革命博物馆收藏，后来还成为小学语文课文《飞夺泸定桥》的插图，陪伴了20世纪七八十年代孩子的成长。

二

大学毕业的江碧波，婉拒了中国革命博物馆的工作邀请，留在了"川美"附中任教。那时的她正值一个女子的好年华，身材高挑，面容秀丽而白皙，气质优雅而独特。她在"川美"的黄桷坪那一带走过时，身后总会蜂拥而至一大堆人：看看看，那么美的一个女子，家世又好，人家父亲还是中国著名的版画家，自己也能干，不知道会嫁给什么大人物？人们总会用这样艳羡的口吻谈论她。没想到她转身却嫁给了当时还没出名、同样热爱艺术的雕塑系老师叶毓山，生儿育女后，她是"川美"出了名贤惠能干的主妇，去北京出差，坐火车一趟下来，她便会织好一件孩子穿的毛衣。……"十年浩劫"开始，父亲江敉被打成"反革命"。因为不愿和父亲划清界限，江碧波也成了改造对象，下乡劳动，受到不公正的对待。然而她漂亮的脸颊上，依然是明眸皓齿，从容的神情：当不了艺术工作者，还不能当个能干的主妇？总有她的路走！她一心一意、兴致勃勃、勤勤恳恳去做好一位妻子、母亲、女儿的角色，为家庭奉献了自己的所有。

疯狂的10年结束，江碧波蓦然发现，自己马上就要40岁了。她一刻不想等待，立即重新开始自己的教学生涯和艺术创作。

那时，她已调去了"川美"教大学生了。1979年，江碧波带队学生去大西北写生，一路从重庆出发到敦煌莫高窟。她在敦煌创作了一系列蜡笔画，色泽艳丽古朴，充满了时空的沧桑。这批画作得到了敦煌艺术研究学者常书鸿先生的高度评价。再后来，这批敦煌印象画展示之后，诗人余光中先生专门写下《敦煌壁画赞》诗歌6首。

继之80年代初创作著名的歌乐山烈士群雕。当初官方是聘请叶毓山为创作设计人，但叶毓山却忙碌得没有时间。江碧波接下了初稿的设计工作，最终创作出来的小样，得到了大家的一致认可，并付诸雕刻实施。在实施阶段，叶毓山更多地参与了进来。在很长一段时间里，这座雕塑的设计都被认为是叶毓山一个人的作品。而多年以后两人的婚姻走向结束，江碧波诉诸法律，最后公正地拿回了属于自己的那一份主创权。她就是这么一个独立而勇敢的女性。

江碧波从未停止过学习，到云南写生，到西藏采风，到国外进行交流学习，这一切都丰富了她的艺术人生。凭借优秀的作品，她一再走出国门，去日本、德国、英国和法国等地参加展览交流。她又以客座教授的身份，到美国、加拿大进行交流讲学，并且获得英国皇家研究院荣誉院士称号。作为第一个在中国美术馆举办个人画展的女版画家，她的多幅作品被中国美术馆收藏。国务院为她颁发了特殊贡献政府津贴和荣誉证书，同时她也是中国美术家协会理事。可以说，只要提到中国现代版画，江碧波就是无法绕过的画家，她已成为中国版画界的扛鼎之人。

东西方艺术交融式的学习，提升了江碧波的艺术创作能力，也让江碧波更清晰地意识到祖先留下来的精神财富的价值。多年以后，回忆起这一切，她说："来自东方带有神秘色彩的自然观，以及超越时空的宇宙意识，也正是西方学者所倾慕，并期待艺术家去发扬光大的。这就勾起了我对于我国西南地区野山、野水的一片恋母之情。"

三

在成为现代版画界的名家之后，江碧波并没有止步。她在重庆南温泉虎啸口建立了艺术创作基地"碧波艺苑"，在此创作的雕塑作品获得了社会的广泛认可，出现在城市的广场上、公园里，以及博物馆中。

1995年，江碧波作为重庆地区的妇女代表，参加了联合国第四次世界妇女大会。以此次大会为契机，为了促进重庆妇女事业的发展，她发起了"碧波杯"重庆女子书画展，并且开始对贫困山区巫溪县白鹿乡樟木镇小学定点扶贫，将爱的手臂伸向最贫困的山区。

1997年，受重庆大学的邀请，江碧波离开"川美"，到重庆大学创办了人文艺术学院并担任院长。初创一个院校，谈何容易，到2005年退休，她的坦荡人格和敬业态度给所有人留下了深刻印象，"重大"的人现在仍习惯叫她"江院长"。

2000年,江碧波被聘为三峡博物馆艺术顾问和项目评审组组长。在整体布展即将结束的时候,她发现"壮丽的三峡"厅没有纤夫的身影,于是亲自创作了一组《三峡纤夫》作品,成为了三峡博物馆的标志性雕塑。

继之,她又在巫溪建立巫文化的研究基地,致力于华夏古文明的发掘。2009年,她的"三峡远古巫文化作品暨从艺50周年文献展"在三峡博物馆隆重举办。与此同时,她又将自己的精力和激情投入荣昌陶的延续、保护和开发之中。在她的努力下,荣昌陶焕发新生。

她从未停步。文献展之后,70岁的江碧波像苦行僧一般生活了10年,一个人在寂寞空旷的画室完成了大型历史画卷《上下五千年》的系列画作,共204幅,每幅作品5米长,2米高。这被人们称为奇迹般的作品,是她对中华文明长河的思考与讴歌,是她对养育自己土地发自肺腑的挚爱!她的大型画作《故国》在中国台湾展出时,让许多当地的政要和市民都泪水盈眶。因为她的故国也是他们的故国,那几百个因遭受日寇入侵,不得不逃难的或哀戚或愤懑或坚毅的各种人物,也是他们的祖先或乡亲。评论界高度评价了江碧波的《上下五千年》系列作品,称已经将艺术的各种可能性融会贯通,自成一派大家。刘白羽先生在看到她的作品时说:"一刹那间,我看到我们整个中华民族的形象与神魄。"

是的,她是再现浩瀚历史长河中壮观场景和重要事件的大艺术家,也是看着长江边的吊脚楼和纤夫,伴着汽笛与江风一起长大的女孩。

在重庆,虽然江碧波一直如同女神般地存在,但人们,尤其是女人们喜欢她是因为她身体中永远住着一个天真无邪的小少女。她70多岁学钢琴,穿着碧绿色的毛线长裙坐在琴凳上,手指下的"水边的阿狄丽娜"升腾,变成缕缕月光,笼罩着她依然秀丽的面容,眉眼安静、喜悦,一切如她的名字,碧波荡漾,不急不躁。

也有朋友说起她在80岁生日派对上,穿着大花裙跳起标准的国标。脚步滑过80年,滑过人生中的山月以及那么多的礁石,一律的轻盈自在。什么样的力量会让一个女子面对再多的艰难困境而始终能一笑而过?

她说过,如果感到身体不太舒服的时候,会拼命爬上高高的、用钢铁材料搭成的架子，画画。那对她而言是一场永不停息的战斗。那时，她是自己人生的大将军！

徐丽霞：硬朗的柔软

1982年初夏，在中国长江流域的一个普通厂区里，一位长相秀美的女孩正在填写高考志愿表，她美丽的大眼睛里闪耀着光芒，充满了对外部世界的向往——毫不犹豫地，女孩填下自己最心仪的专业。

这个决定徐丽霞命运的神圣瞬间，在她回望过去时总是如此清晰。使她选择法律专业的，是一个浪漫的理由，印度电影《流浪者》，和电影中的女律师丽达：一头黑发的丽达总是神采飞扬，能言善辩；最重要的是，丽达有一颗正直、勇敢的心灵，是匡扶弱者的化身。

在那个滚烫的8月里，有着"政法界黄埔军校"之称的西南政法学院（现为西南政法大学），为徐丽霞寄来了通知书。开学第一天，她站在学校门前拍下一张珍贵的黑白照片：短刘海覆盖在她的前额，眉下眼眸含笑如星；她身穿得体的深色西装和长裤，乌黑的头发则编成辫子盘在脑后。她满怀憧憬地笑着，神态和衣着中，干练飒然的气质初现。不过，要很细心观察也能注意到，她脚上穿着的一双中根褡襻皮鞋，是温婉时髦的款式，她心里那份文艺的雅致和诗性，或许并没有完全地泯灭，只不过换了一种方式悄然地存在着。

当时，西政只有两个专业：法律和刑侦。学生都是通过高考严格筛选而来，经历了20世纪70年代的学术停滞和各种困难，步入大学教室的莘莘学子，如饥似渴地学习着知识，热烈地讨论着中国未来的走向和法律如何为社会的发展保驾护航，并真正惠泽每一个普通人。同学们发现，这个身材娇小，身轻如燕的"小霞"各项学业都不输男生，她学习刻苦，精力旺盛，她怀抱着"丽达"梦，在巍峨的歌乐山下为梦想的种子积攒着能量。

4年后，徐丽霞毕业分配到重庆医科大学任法律教师。校园里和煦的春风吹拂着她年轻的面孔和身影，她的生活稳定、平静，做一名大学老师是多少人梦寐以求的安逸生活。但徐丽霞却做出了一个惊人的决定：去当律师！第二年，她以优异的成绩考入重庆市司法局下属的第二律师事务所，成为一名真正的"中国丽达"。

时间到了2022年。重庆。一栋现代化的写字楼内，"丽达律师事务所"是8楼唯一的机构。来访的人一步出电梯，即见两扇玻璃门无声地打开，"重庆丽达律师事务所"几个字在暖黄灯光的照耀下，显得沉稳、方正。墙上的中国字画和一米高的古典花瓶里的几束插花，又透出这个律所柔软、清新的氛围来。

从全幅落地玻璃窗望出去，山、立交桥、街区和公园、广场尽收眼底，有序地繁忙和宁静。丽达律师事务所下属的17个法律服务中心在此集合，格子间里传来低声的问询和电话声。楼下，汽车在高速路入口按起了不耐烦的喇叭声——这座城市一如既往地生动。

直辖3年后，徐丽霞的心愿终于变成了现实："重庆丽达律师事务所"成立。从此，丽达不仅是她心里的一个梦，更是她的事业，她在重庆安身立命的所在，是她和重庆紧紧相连，相濡以沫的纽带。

20年间，丽达律师事务所从两路口希尔顿的办公室到这个2000平方米的领地，从刑事、民事诉讼到商务法律顾问，再到现在全国影响力较大的"破产管理人业务"、政府法律顾问业务、金融证券业务。

丽达的版图，枝繁叶茂。

和重庆一起"蝶变"，徐丽霞的脚步回应着这座城市的呼吸。这也是重庆城市和经济涅槃、飞跃的20年。她的身后，正是重庆经历国企转型、产业转型、服务业、地产业、文化业萌芽、提速，财富和城市竞争力聚集的黄金时代——时光如两江水浩荡流淌，城市面貌日新月异，城市边缘不断扩大，时间冲洗着所有人的记忆和命运，却使那些踏实前行的人水滴石穿，聚沙成塔。

作为一个80年代上大学的"60后"，徐丽霞感激自己生而逢时。梦想，是一颗种子，还要有让种子生根发芽的时代，要有这颗种子适宜生长的气候和土地。重庆是厚爱她的，她把自己的法律梦想分为3个阶段，每一段，都很像那个阶段城市的主要性格。

"刚入行的10年，一心想做大律师，打赢每场官司，和当事人共命运！"

只要有案件，她就会努力地争取。没有苦和累之说，更没有身为女性需要同行呵护、照顾的心态。她接手的多是刑事案件。她坐公交反复走访调查事实，到看守所与杀人犯面对面，翻山越岭去求证一个证据的细节……即使在孕期，她也没有停止过高强度的工作。

拼，只有拼，才有机会。

那些年，她打了很多漂亮的胜仗。身为女性的她更能与人共情，何况天道酬勤。多少次，她为判决结果流下悲欣交集的泪水：一位在小面馆打工的女孩，被老板诬陷盗窃，并遭遇暴力对待。施暴者不仅用舂辣椒的棒子将女孩打得全身是伤，还用熨斗残忍地烫伤了女孩的脸。接到法律求助后，徐丽霞站上代理席，为女孩子争取到了全部赔偿。那不是丽达第一次也不是最后一次为妇女儿童等弱势群体提供法律援助，时至今日，这样的法律援助仍在进行。

"到了第二个10年，赢了那么多官司，我却在想，应该让我的当事人少打官司才是根本。因为我太明白诉讼的艰辛、漫长和复杂，成本极高。能不能通过我的专业为委托人保驾护航？进而避免官司诉讼。同时防患于未然，尽量在诉讼阶段不要产生隐患。"

在律师界，人们熟悉徐丽霞的大眼睛和微笑，也惊叹于她小小的身躯里隐藏的勇气。律师是一个帮人解决麻烦的职业，常常有各种人身威胁和威逼利诱。徐丽霞拆解此类现象的办法是"无欲则刚"。但2005年她经手重庆特钢厂破产案时，却将她推向了风口浪尖。特钢厂在资不抵债10年后走向破产，50000名职工面临下岗失业。无法接受现实的职工们将怨气对准了企业、债权人代表、清算组和法务组。开庭前，因一位与法务部领导长相相似的人在傍晚被打，法务组被迫临阵换将，请徐丽霞去。面对职工们山呼海啸的怒吼和密集的横幅、血书，她心头涌现的是身为法律人的专业、理性，和对这些职工深深的同情。

"这个时候，专业就显得很重要。要有专业，才能做事；还要有责任心，有责任心才能把事做好。法律精神、社会效应、个体利益，都要兼顾和考虑。因此我觉得作为律师，最重要的品质就是这两个：专业度和责任心。"

看上去强大、无坚不摧的徐丽霞，有感觉沮丧或者挫败的时候吗？

"经常有。"她坦言,"太多了,太多了。"但是,她有自己的平衡方式,比如文学、艺术,还有朋友。"我一直在用文学的柔软情怀去做很刚硬的工作,我也理解了那些法律之上的复杂的人性。"

如今,徐丽霞的团队已经在企业破产和清算业务上轻车熟路,做这个工作如同开掘水下的冰山,并不抛头露面,却因为涉及的人多,财产数量庞大,而需要更加地小心翼翼,如履薄冰。因为这个领域内的丰富经验,丽达律师事务所被重庆市高级人民法院指定为一级破产管理人,徐丽霞本人也任重庆市破产管理协会会长。

在她的带领下,"丽达"这个名字后是无数的行业荣誉和专业认证:"全国优秀律师事务所""重庆市优秀律师事务所";全所100余人,有法学博士、硕士40余名;中国银行间市场交易商协会备案律师事务所等。由徐丽霞牵头组建的丽达所破产管理中心,她是各大项目总负责人,在2021年完成的"北汽银翔,北汽幻速破产重案",荣获重庆破产法庭,重庆市律师协会十大经典案例和全国2021年十大商事案例;金江印染,川江公司实质合并案2021年荣获最高人民法院第29批指导性案例。

徐丽霞本人也荣获全国优秀律师、全国"三八"红旗手、享受国务院颁发的政府特殊津贴等荣誉,同时兼任重庆女企业家协会副会长、重庆律师协会常务副会长等。如今,在那宽阔安静的"丽达"岛屿上,她却想让自己变得"佛性"起来,"我觉得我更看重我第三个阶段的梦想了,人生就是一场修炼,要做摆渡人,成就年轻人"。

刘敏:派对女王,举一杯阳光敬你

5月,重庆阳光已如暴雨般倾泻而下。敏子家的艺术趴将在这色彩浓郁的阳光季举办。只是,每次派对的上午,女主人总要"消失"一两个小时,去南山南那些高坡与深洼间采撷野生的花花草草。大自然也像在举办盛大的派对,雏菊的艳黄和松果菊的粉色浓淡总相宜。刘敏抬起头,对这姹紫嫣红的一切心领神会,她恨不能把一座野山都搬回家,给朋友分享她此刻的感悟。当然,她只能带走几捧野山菊野山果，回家后用若干玻璃花瓶和陶罐把它们养起来。她的插花往往是灵感迸溅风格迥异：雍容华贵的英伦风，清丽典雅的日本小原流……

刘敏认为营造一个好氛围是家庭派对的第一要素，它会让宾客进入温馨放松的时空。当然还有为朋友们准备的自制柠檬薄荷蜂蜜茶、现磨的咖啡……刘敏心细如发，她要让每个朋友都在她家里拥有自己要的那一款。

其实，被朋友誉为"派对女王"的她，哪里仅仅是心细如发便够了，从设计派对主题到邀请怎样一些朋友来搭档参与，到派对的流程，怎么吃，怎么玩，气氛如何营造，新朋友与老朋友如何交融，她都得像女王般运筹帷幄，把握全局，调整节奏。而她的先生音乐人况鲜看着夫人翻江倒海地"折腾"，除了心领神会地微笑，更是默默为之助力！

这一次的艺术趴将是重庆诵读艺术家、歌唱家的"星球大战"，够级别，够辣眼。

刘敏反而从容，笑靥如花。

一切都和煦柔美，如同它的女主人。

那整整占了一大堵墙的玻璃柜里，200多个造型各异的咖啡杯，像精美的陶瓷作品展，更像派对独特的场地背景。这些咖啡杯是她从世界各地一个个淘来，又一次次背回来的。每个杯子都是她打开世界与他人的钥匙；而客厅中从七八米高的天花板垂下的拥有76个灯球的吊灯，如黄河之水天上来，那是刘敏自己设计的。它总让第一次上她家的人惊叹得说不出话来：你大概是可以设计星空的人吧。有人开玩笑说。

这次艺术趴自然又是毫无悬念地大获成功！有位电脑专家得意扬扬地宣布：我的比萨和三明治首秀都在这里完成了，我觉得已有点米其林三星厨师的感觉了。引来满场哄笑，"一群完全的'小白'仙女做出比萨比城墙还厚，还好意思自夸啊"，众人怼她……有位医学专家说，知道吗，刚才听诵读艺术家黄晟读《将进酒》，我大气都不敢出，听歌唱家陈燕唱《玛依拉》却是整个人都要飞起来了；趴结束时，一位国企老总对刘敏说：不想走了，好想这个派对永不结束。我在这里又找回想唱就唱想疯就疯的那个年轻的自己，这种感觉太重要了；另一位大老板说："敏子，你真伟大。你让我们晓得了耍这件事也有高下之分。我们圈子里人，挣了钱发了财，往往不知道如何去耍、去享受，除了聚在一起打麻将、喝酒，就是喝酒、打麻将……也有人不解：做一场派对，把敏子两口子累得够呛，又无任何利益，搞艺术的人就是浪漫。马上有人释惑：人家两口子待朋友是真爱，所以才愿意一无所求劳心劳力来举办各种趴，让我们开心！"

刘敏听见这一切，仍是笑靥如花。她答：谁说我无所求？每次趴，不但看到你们嗨翻天，我自己也是最嗨那一个。我赚的是世上最昂贵的大生意！

谁说不是呢，一入敏子的派对，你再不是当官的、当老板的、名家或大咖，除了放松的身心，便是真实的面孔，你可以是主演，可以是配角，也可以是观众……每人只有一个名字：朋友！大家共有一个名字：刘敏的朋友。

其实，"派对女王"只是刘敏的业余角色，她可是一位著名的舞台服装设计师。然而，人生皆如涓涓细流归大海，她的每个角色之间都是彼此的滋润，互为因果。

一

时光穿越到1991年的北京，中央电视台演播大厅，春节联欢晚会现场。

央视主持人带着招牌式的笑容："下面，请看刘敏给我们带来的《快速成衣》……"随着主持人的话音，由张黎作词、付林作曲的《一朵云霞》，在演播大厅上空热烈地袭来：

> 剪一朵云霞肩上披
> 裁一片波浪脚下飞
> 勾一条小溪身边绕
> 缝一道彩虹伴君归
> ……

歌声婉转，音乐家阎肃在现场满意地微笑着——之前彩排，他坚决主张：这里应该有一首《快速成衣》的专属歌曲……果然,《一朵云霞》被杭宏、张继红、周燕红、杨迎 4 位歌手演绎得激情四射,更把节目烘托得青春时尚;舞台中央的聚光灯下,22 岁的刘敏完全沉浸在创作的欢乐中——她将助手递过来的一块块布料,在瞿颖等 6 位顶尖模特身上一裹二缠,最后用大头针一别,不到几分钟,一件件旗袍、晚礼服、沙滩装,甚至外国的民族服装,便把模特儿们装扮得婀娜妍丽,光彩照人。

《一朵云霞》慢慢飘远,演播大厅掌声雷动。携模特们谢幕的刘敏盈盈一笑,乌黑的眸子,泪光盈动。

那一夜,亿万观众见证了这比魔术还魔术的"快速成衣";

那一夜,新颖别致的《快速成衣》,让亿万观众记住了重庆妹子刘敏。

翌日回渝的火车上,刘敏被列车员认了出来,她被热情地邀请到了餐车,用一叠叠备用的桌布,为女列车员们裹出时尚的裙衣……姑娘们的笑声碾压了火车轰隆隆的前行声。那是刘敏终身难忘的大年初一!

随后,在"春兰杯"春晚节目观众投票评选中,《快速成衣》节目获得了三等奖。

刘敏一战成名,小姑娘真是幸运!

仿佛,刘敏就是个常常被幸运之神眷顾的人,她的人生中总有很神奇的一幕幕发生,譬如她当工人时,竟上过《中国青年报》头版。

谁又知,她为自己一刹那撞见机遇,在冰与火的深处默默地自我淬炼——

19 岁那年,刘敏进了重庆川威制革厂当工人,并且是"很不艺术"的一个岗位:每天穿着水靴,用双手将浸泡在化学溶液里整张的牛皮提起来,再扔进旋转着的机器圆孔里。那里的环境让人头痛:臭气弥漫,满地污水横流……刘敏却一边哼着歌,一边有节奏地将一张张牛皮准确地扔进鞣革机。她把自己的劳动变成了艺术,把自己变成了哲人。成名后回忆起鞣革机前的日子,不但毫无怨言,反而喜滋滋地说:"我一个独生子女,哪里吃过苦?但不吃苦的人生哪叫人生?我在那个岗位干了一年多,不但身体更健壮了,竟还长高了 2 公分,太有成就感!"

刘敏没告诉别人的是，她从没认为鞣革机前就是自己的整个世界，她清楚那只是自己人生的驿站，远方还有无限的可能。

那时，刘敏经常在家里把布料铺在地上，拿着画粉和尺子，在家里学习日本服装学院的"原型裁剪法"。朋友们见她做的衣服能穿出范儿，便说："敏子，我屋头有块料子，拿给你练手艺……"人家这么一说，刘敏便成了朋友们的免费裁缝。几十年后，发小对她说："当年你做的那件衣服我一直没有扔，现在还在穿。"发小不是在勤俭节约，而是发现那件衣服居然不过时。

更有这样的时刻，难得到手的布料，她舍不得把它们剪裁，发现它们裹在人体上有着无限可能的美……

谁能挡住一位花季女孩洪水般泛滥的想象，谁能低估一位心灵手巧女孩的创造力？终于，央视春晚的惊艳一刻，瓜熟蒂落，幸运之神自天而降！

二

刘敏成为"中央电视台欢乐金秋艺术团"中的一员，到沿海去巡演了20多天，最后去香港地区参加了"香港同胞庆祝中华人民共和国成立43周年文艺晚会"演出。艺术团几乎集中了当时内地的顶尖艺术家：毛阿敏、赵本山、杨丽萍……刘敏眼里的艺术世界如此高入云端。但她并没有飘飘然，而是深知自己忽地一下出名，地基还不够扎实，要学的东西还有许多。20多天里，除了自己的节目，她每时每刻都用心观察整个舞台的布置，灯光音响怎样配合，演员怎样化妆着装……她将这些一一刻进脑海里。因为这样一流的舞台一流的演出便是她的顶级课堂，刘敏告诫自己：机不可失，不能虚度一分一秒的时光。更感到有一条阳关大道已在自己眼前闪现，向着更远处伸去。她意识到：自己的能力还有更大的施展空间，自己可以去做一位专业的舞台服装设计师。

"我觉得演出服装不仅是单纯的衣服，它要出意境，必须要和舞台的布景、灯光，整个的调性，尤其是演员的角色个性相呼应与契合。它不是一个服装设计师自说自话的语言，而是能准确地传递艺术所要表达的语言！所以我除了要亲自看到演员试穿，看到他们穿起来活动时的效果，还要看服装在舞台上灯光里呈现出来的效果：哪些褶皱还需要加强，哪些配色还需要调整……从彩排开始一直到正式演出结束，每场我都不落下细细地观察，而且每一次看了后感觉都有提升。"

为此，刘敏买了一台在那时不多见的佳能单反相机，遇有自己设计了服装的演出，就会去现场拍照来留作资料研究。一次在重庆奥体中心的演出，因为还没有那么多专业配套镜头，刘敏就拎着个相机满场跑，拍全景、拍特写……朋友看见跑得满头大汗、气喘吁吁的她，好是心疼！她却不心疼自己，她不怕累！她甚至觉得自己的好运都是肯吃苦肯受累感动了上天而特别赐予她的！

果然！在这一跑就是10多年的光阴里，她获得了业界的认可：1997年，在首届中国服装设计博览会上，她名列'97中国优秀服装"上榜设计师"称号第20位；1998年，其作品获得在北京人民大会堂举行的CHIC '98中国国际服装服饰博览会大型服饰文化晚会《自然颂——天年之梦》入选资格，被晚会授予"优秀设计师"荣誉；1999年，央视上星后举办"五洲风"中英文双语元旦晚会全球卫星直播，特邀她带着自己设计的服装参加其中一个节目。

……

在家乡，重庆电视台片头的形象广告片中，形象代言人服装也是她设计的。

她无心插柳柳成荫。"刘敏服饰有限公司"还有了一桩重要的业务——国内首家民营演出服装租借公司。该公司经手的上万套演出服装成为了重庆各单位——机关、企业、学校歌咏比赛等文娱活动抢手的"宝贝"。

刘敏意气风发，事业火红。

然而，她却突然停下来不跑了。

三

仅仅因为儿子——"这娃儿有点儿不是嘿乖嘛，有点儿小调皮那种"，面对开始进入叛逆期的儿子，她有了全天下母亲都会有的那种担忧和操心。她是个睿智的女人，知道人生这盘棋还得瞻前顾后，一味往前冲，如果撂下了儿子，事业再红火，人生仍是摇摇欲坠。她要拼打出一个家庭的幸福和每个成员的光亮，而不是一个人的胜利。

刘敏急流勇退，先去德国，后去加拿大，成为儿子的"专职陪读"。

抵达德国的那一天，大雪纷飞，黄昏将至，不懂德语的她孤零零地面对白茫茫的异国他乡。她悄悄地问了自己：怕不怕？又马上回答自己：不怕！

在异国6年，她真的是不怕！很多人都把到国外当"陪读妈妈"描绘成不堪回首的苦旅，极为悲壮的牺牲。可刘敏却把它活成了人生的另一场派对：见到了更广阔的世界，感受了丰富多彩的生活方式，结识了五湖四海的朋友，丰盈了自己的内心，收获了一个身心健康、爱心充沛、学习优秀、智慧能干的乖儿子。6年，她与儿子一起成长，一起春播秋收！现在，儿子已经从加拿大多伦多大学毕业，开启了他自己崭新的人生。

6年，足够一个少年长大成人，也足够刘敏重返青春。

她时常拎了相机去"扫街"，连菜市场的各种蔬菜都一一拍下来，从中感受异国他乡人间烟火的点点滴滴。

她激情似火地去参加当地人的糖果节、万圣节、老爷车聚会、圣诞节游行……参加的派对多了，便渐渐有些"反客为主"。加拿大维多利亚市的当地华人要搞一台"华人春晚"，刘敏的"职业病"立马复发，说这里应该怎样布置，那里还该如何打造……导演吃惊于她的内行，问，你在国内是干啥的，她才说自己是个服装设计师。导演大喜过望，说，那你来帮帮我！刘敏欣然"就任"，并且第二年又主动去充当"参谋"。

"华人春晚"演出大获成功。刘敏的朋友圈也扩大了好几倍。

刘敏说，千万别说陪读妈妈都是苦大仇深的，我和儿子谁陪了谁都不好说哟，我们是彼此相助，共同享受了这6年时光！

其实，刘敏也是在与另一种文化共度了6年时光，彼此了解，相吸，互动，照耀，一道风生水起。

四

一个新的刘敏回重庆了。

扬子江是否涛声依旧？

她说过，太感谢父母给了我一颗善良的心，好脾气，不争不抢、不势利的为人处世原则，以及天生不怕自黑、活得大咧咧的个性！的确如此，阳光的人总会给自己带来阳光；真诚的人总会给自己带来朋友。

当年把她推荐到央视春晚的重庆电视台，没有忘记她；曾经愉快合作的商业伙伴，没有忘记她……刘敏依然是那个天赋异禀、率性而为、上苍眷顾、朋友喜爱的"敏子"，她身边迅速又汇集众多朋友，她身上又继续上演奇迹：

2021年，刘敏就担纲了好几台大型文艺演出的服装设计——

6月，重庆市庆祝中国共产党成立100周年的大型文艺晚会；

10月，"世界大河歌会"；

12月，"中国原生民歌节"……

她马不停蹄，能者多劳。人们都觉得刘敏两个字就是一台晚会服装质量的保证书，刘敏的存在就是来解决一些大小麻烦的。譬如，在"中国原生民歌节"就要正式演出时，导演说男主持人的服装应该增加一点"中国特色"。刘敏思量之后，就地取材，挑选了苗族银饰小件，缝在主持人衣服的领部和袖口，并用中国红的缎面在领部打底，与女主持人的红礼服彼此呼应。在舞台灯光下，年轻的央视男主持人尹颂显示出自己庄重又俏皮的风格，那服装真是为他加了不少分。

即使再次攀上云端，刘敏却爱低头，说："每一次面对掌声与赞美，我都在想，这可能是我最后一次拥有舞台了。我很喜欢它，享受它，它已成为我血液中的一部分。但也愿意放手。我知道有一天我放弃舞台时，另一个陌生而刺激的天地之门或许正徐徐为我打开。我想再去进行新的探险。"

大舍方可大得，刘敏一直是深味其中奥妙的聪慧女子。

那个上天给她什么就伸手接住什么的刘敏，那个灵魂有趣而别致的刘敏，那个永远都能从一团乱麻、平淡无奇的年月日中梳理方向，发现杯杯碗碗上奇异的光泽、野雏菊骄傲的体态、柠檬水里加了蜂蜜口感恰恰好的刘敏，她的派对无处不在……

季鸿：总有江河入梦来

在重庆流传这么一个说法：如果爱一个人，就带她（他）去"概念98"，它适合表白心意，互诉衷肠，赤诚相见；如果恨一个人，你就独自去"概念98"，恨太深情，消费生命。是的，总有那么多的人，来来往往地去往"概念98"，去这里看这座城市最美的风景，了解这座城市的文化氛围，了解这座城市的女人。

这是一家创立于1998年的餐厅，如今，它是重庆的文化会客厅，是集文化展示、艺术交流、生活美学于一体的私宴和派对的设计沙龙。它的老板季鸿，是重庆远近闻名的美女，美成了传说那种，但，仅仅是美并不足以概括季鸿，她的文化底蕴，她的艺术天赋，她对生活美学和人文情怀的独特掌控力，才是"概念98"成为重庆餐饮文化场所代表的重要原因。

如果你从著名的网红打卡点洪崖洞过街，是看不到"概念98"的，它藏在路与江面之间的小崖壁间，当你从阶梯步行下去的时候，会有一种往江水行去的错觉。这里离江面如此之近，几乎伸手可触，可以看对岸满城灯火，看横跨江面的一座座大桥，日落时分，在"概念98"的大露台上，摆上一个餐桌，你就是那一水长天相映画卷中的人物，这就是重庆的绝版景致。

在1998年那会儿，季鸿刚从国外回来，放弃了跨国大公司的高管职位，只是因为觉得时代变了，重庆日新月异，她需要为这个城市做点什么。而多年在北美、欧洲来去经商的经历和见闻，让她很想把纯正的西餐和咖啡文化引进重庆。

那时候，重庆还充斥着各种喧闹的迪吧、打牌的清吧，以及卖快餐的咖啡厅，"概念98"创立了，便以它严禁打牌喧闹的"蛮横"规矩，以及纯正的咖啡和西餐文化特色，成为重庆人在那个年代对现代生活品质和美的追求的典范。

重庆是一个两江相拥立大山的城市，这大山大江，既有柔美时的顺滑线条又有巍然时的磅礴气魄，熟悉季鸿的朋友都知道，她，还真是个有气魄的人。

有一次，一位北大做研究生导师的朋友邀请季鸿去北京参加他们的同学会，因为他总觉得重庆班的同学们气场不够，代表不了重庆这座城市给人的万千气象和新时代风貌。那位导师朋友是认识季鸿的，从她身上看到的完全是不输任何北上广城市的气质和风度，请了好几次，最后，季鸿简直是为了重庆的荣誉去赴会。她不卑不亢的谈吐，她对文化艺术的了解，结合她跨国公司高管的业务能力，等等，从此让同学们记住了重庆，记住了重庆女人季鸿。大家后来到重庆，最先到访的自然就是"概念98"，要了解重庆，肯定最先就是想起找季鸿。原来，爱上一座城，只因一个人。

这让季鸿开始思考，仅仅是把餐厅做好，还不够。对于现代人来说，吃顿饭太容易了，再好再高级的都比比皆是，但跟什么人一起吃？在什么样的环境里吃？一顿饭能够附加什么样的文化背景、艺术氛围？这些，才是她需要去尝试和创新的，所以，她将餐厅升级成会客厅的形式，以沙龙和订制私宴的方式，打造餐饮场景的文化感、艺术性，让优秀的女人相聚在一起，共享、交流、提升。她希望当世界看到重庆女人的时候，除了美，还能看到她们的文化底蕴和人文情怀，以及日新月异的时代感。

季鸿常说，城市需要一个窗口，去了解它的历史、文化、艺术。但不是什么餐厅都能承担起城市窗口这样一个功能的。人家通过这个窗口了解什么？你总要有自己的文化、格调和品质吧。季鸿做城市文化客厅，就是要把文化内涵提炼出来，这个文化要注入在每一次的活动当中。餐有餐的文化、派对有派对的文化，每一次活动都用心用爱去做。他人感受到的值得，不是金钱上的，而是内心的独特。季鸿为"概念98"赋予的灵魂是仪式感，这种仪式感要带着人文的温度和厚度，对于你服务的人群有一种关怀和悲悯，为他们打造人生中的动人瞬间和场景。

这些年，"概念98"迎来送往很多特别的客人，这里成为他们感知重庆的一个窗口，爱上重庆的一个理由。杨丽萍来了，她会邀请重庆的艺术精英，把一次私宴做成高端的沙龙，三毛的家人来了，她又会组织三毛的书迷来与大家交流，而魏成辉这样的新加坡大富豪来了，什么鲍鱼山珍没吃过，季老板却硬是用一个烤红薯把他变成了回头客，只因为从魏成辉的朋友那里知道了他爱吃烤红薯，一个小小的细节，也不是谁都敢把烤红薯放到高端订制宴席上去的，但这种心意呈现，却成为季老板的特色。

如今，当年重庆那些红极一时的咖啡厅、西餐厅，换了一拨又一拨，季鸿和她的"概念98"在嘉陵江畔却屹立不倒，从最初到现在，看尽潮涨潮落。

季鸿骨子里其实是一个有根文化的人，别看她做的是最洋气的事业，人也活在潮流尖端，但这一江春水啊，才是她不离不弃的源头，是她对这个城市的一腔热爱。

"概念98"从创立始，实际上就是活在一个明晃晃的隐患上，因为坐落在江边，离江面不过几十米的距离，最接近时只有10来米，嘉陵江每年夏季的洪峰，一个不落地全部都要承受。朋友们劝她，年年洪峰都可能被淹，何必呢。但是倔强的她，只因为当初在这里一眼看到两岸繁华，看到夕阳下的黄花园大桥，那一刻的心动，变成了一个情怀的梦，她要守住它。

20多年来有5次都是江水漫入了店里的程度。2010年第一次被淹，水位进来有2米高，虽然事前大家也有心理准备，但当洪水退去后，季鸿看着厅里面各种河沙、垃圾、水草，她精心打造的艺术殿堂就那样浸在一片狼藉中，那一刻，她依然震撼得无以复加。那种面对自然，人类的渺小感、无力感，以及多年辛苦，好像突然在那一刻，她的所有存在的痕迹都被抹去了的感觉，让她还是崩溃了好一阵。

即便如此，这个倔强的女人也从来没有想过要搬迁，她硬是一步不退。"概念98"的标志就是在嘉陵江畔洪崖洞下，守着一江春水和无限夕阳。这也让她下定了决心，把原本两层楼的餐厅空间，打通成了一层挑高近10米的会客厅，丛丛的帷幔垂下来，墙上挂上名画、艺术品，有前厅有沙发休息区，以及后来成为"概念98"标志的超长餐桌。就从那时开始，"概念98"启用了文化会客厅的名字，彻底与众不同，无形中，季鸿成为了这个城市的沙龙女主人。

2020年，也是"概念98"被淹得最深的一次，直没过顶那种，而这一次，季鸿已经淡定地站在最高处，静静地、一刻不漏地将这大自然的手笔拍下来，在朋友圈直播。骨子里属于重庆女人的韧性，对于这个城市的情怀，以及对于世界、人类同处境共命运的悲悯感，造就了那一刻的季鸿。

过尽千帆皆不是，总有江河入梦来。也是这一次，季鸿回家后静静地关掉了手机，一个人待了两三天，思考"概念98"的未来。直到打开手机后，几百条信息蜂拥而至，朋友和客人们纷纷表示愿意出钱出力，帮助她重建"概念98"。这些帮助和鼓励的声音，激发和唤醒了季鸿内心中的力量。那一刻，她再次坚定了自己的坚持和守望，决定要发起一场大型的祈福活动，就在"概念98"被淹后的废墟上。

人在受到很大的重创或者痛苦的时候，在人生最低落的时候，实际上最需要来自他人的关心、关爱和支持，这其实会唤醒或者是激发他或她内心的能量，爱的力量。季鸿希望能够通过这场祈福，将这种爱的力量传承下去，为城市祈福，为城市中的人祈福，为2020年那场疫情的受难者，和遇到洪水灾难的人祈福，大家一起把这种力量唤起，传递给更多的人。这可能是"概念98"创立以来最残破的一刻，却也是季鸿人生最高光的一刻。季鸿与"概念98"，也在这一刻，以倔强的姿态重新出发。经历多次洪水洗礼，依然如一朵明艳的花，以优雅的姿态绽放在嘉陵江畔，为这座城增添独一份的美好。

"概念98"，是嘉陵江边的一道美丽风景，在季鸿的身上，有儒释道洗礼的智慧，也有中西文化融合的优雅从容；心有大爱天地宽，也懂人间烟火气。爱茶的她还打造了一款叫作"季·红茶"的茶，从云南深山里淘来的老树滇红金针，加上暗红中闪耀亮光的包装，古典深邃又神秘，外盒上打了个条封：需品，需懂，需懂的人品。她的心气，她的家园，她的情怀，她的人生，大概都在这一味茶香里散发得淋漓尽致了吧。

尾声

从来都没有天生吃不到苦的重庆女子，只有待她们敢于去踏过礁石，面对江河的进退，在自己柔软的心尖尖上生出硬朗的翼翅，才能举起盛满阳光的酒杯去敬自己，敬朋友，敬重庆……

这是重庆女人的宿命，也是重庆女人必经的成长史……

而她们一茬茬长大，不断让这座城风情恣肆，终以呲不到台的集体气质与气势成为颠倒众生的城市名片……

（孙涵彬　张巧稚　敖斯汀　鲁克　毛大海　文）

从西安自驾罗马：重庆火锅女子重走丝绸之路

历时50多天，跨越8个国家，行程约15000公里。

回想起2010年从西安到罗马的"丝绸之路复兴之旅"，重庆奇火哥快乐餐饮集团总裁谢莉心中瞬间掀起阵阵波澜。聊到兴奋处，这位经营火锅企业25年的重庆女子总会灵光一现，大眼睛闪烁动人的光亮，鹅蛋脸浮现出如春光般明媚的笑容。

丝绸之路，是古代中国与中亚、西亚和欧洲经贸交流的通道，更是沟通古代东西方诸文明的桥梁。2010年盛夏，相关方面组织了"丝绸之路复兴之旅"采访考察团，30人从中国西安自驾至意大利罗马，为丝绸之路跨国联合申遗鼓与呼。其中，谢莉等8人是民间申遗大使。

从西安出发，穿越甘肃河西走廊和新疆天山北麓腹地，途经哈萨克斯坦、乌兹别克斯坦、俄罗斯、土耳其、希腊、圣马力诺等国家，最终抵达罗马。谢莉随考察团一道，行走于文化古迹，记录自然和人文风情，深情勾勒出丝绸之路永不凋零的魅力。

谢莉是怎样和丝绸之路结缘的？行走在这条对人类文明影响至深的古路上，她又经历了怎样的故事？

一路火锅飘香

是什么样的缘分，让一个21世纪的商人踏上那条古老而神秘的丝绸之路？

这要从1997年说起。是年，25岁的谢莉辞掉护士工作，拿出3000元积蓄，在重庆大坪一家医院对面开起火锅店，一家只有7张桌子的火锅店。彼时，这个重庆妹子的决定，无异于一场人生豪赌。

如今，谈起艰辛创业路，她用爽朗的笑怀念彼时的愁。

起初，到了饭点，小店几乎无人光顾，谢莉焦虑极了。但她有一双善于发现的眼睛，她注意到，凌晨一两点，跨出医院大门的患者和家属总是左顾右盼，他们急切地想吃些热乎的食物，安慰疲惫的身心。可是，整条街上的饭店均已关门。

要不把火锅店开到凌晨？

这个念头一闪现，谢莉顿觉眼前一亮。说干就干。她把火锅店开到凌晨四五点，雇不起工人，只有所有事都亲力亲为，每天下午抽空睡三四个小时。就这样，这家小店的暖黄色灯光，成为迷茫深夜中的一座灯塔，食客循着光的方向，纷至沓来。

凭借创新、诚信经营，她的火锅生意，像火锅红汤一般地红红火火了。

在最辉煌时，谢莉和先生余勇进军全国大部分主要城市，拥有300多家加盟店，"奇火哥"变成了"奇火锅"，让大江南北的食客都品味到重庆火锅无法抵抗的魅力。那时，在重庆五一路的"奇火锅"店，深夜常有影视大明星自空而降——这些最具有嗅觉与味蕾敏感的人精，跑到哪个地方拍戏，首先品尝的便是那里的尖货。最初店里服务员看到大明星突然"袭来"，还会紧张、兴奋。谢莉便会对员工说：镇定！镇定！对其他食客怎样，也就对他们怎样。我们的所有品质不能因人而异。

2008年6月3日，属于谢莉日。在央视"赢在中国"创业真人秀总决赛上，她以自己11年的火锅经营经验，征服了一众眼光挑剔、中国最牛企业家组成的评委团队，夺得总冠军，获得了1000万元风险投资，瞬间成为无数创业者的偶像。回到重庆后，走在街上，她总会被路人认出来："你好厉害哟，让全国的电视观众都看到了我们重庆好妹儿不但样样儿乖，还能做大事！"

获得这个总冠军后，不到半个月，谢莉又获得"全国三八红旗手"称号。此外，她还曾获得中国八大创业英雄、重庆十大杰出青年、重庆十大经济人物、重庆十大渝商、重庆五一巾帼标兵、重庆优秀民营企业家等众多荣誉，并受邀在北京大学、清华大学、武汉大学等数十所知名大学演讲，任多所大学特邀客座教授。

光环背后，铭刻着她的艰辛与梦想。

"我从小就不安分。"谢莉称，或许正是这种敢闯敢干的精神，让她的人生充满了无限可能。她的人生信条是"认真工作，尽情生活"。工作再忙，她也要抽空读万卷书，行万里路。还要带上女儿与自己一道去饱览世界各国风情，拓宽人生格局。

2010年，一个行万里路的机会悄然来临。6月12日，由国际古迹遗址理事会西安国际保护中心（IICC-X）和中国主流媒体联盟发起的"丝绸之路复兴之旅"跨国申遗大型活动在西安正式启动，该活动面向全国征集民间申遗大使。

丝绸之路申遗，不只是政府的事，民众的支持和关注也是一个重要指标。民间申遗大使，就是从自身角度出发，为申遗摇旗呐喊，唤醒沉睡的文化瑰宝。

在网上看到征集令后，谢莉心动了。"丝绸之路的核心不就是商业吗？不能磨灭商人在历史长河中发挥的促进作用，没有商人，世人皆是井底之蛙。因此，申遗大使里应该有商人。"谢莉平复下激动的心情，给主办方发去邮件，毛遂自荐，希望自己和10岁的女儿余依然入选申遗大使。她为女儿申请的理由是，我们除了要保护丝绸之路，还要传承、弘扬丝路精神，因此，申遗大使应该有青少年。

主办方被谢莉的成就，被她的独到见解，被她的责任感深深打动了。不久后，谢莉便收到主办方的通知——母女俩双双跻身于申遗大使行列。8位大使中，谢莉是唯一的商人，余依然是最年幼的大使。

2010年8月8日，考察团启程之日。那天，出发壮行仪式在西安大明宫遗址区丹凤门举行。行前，谢莉专门为此行定做了火锅底料，用底料把汽车后备箱填满。一路上，她向沿途中国使领馆、中方一些机构或企业、很多身在异乡的同胞赠送了底料，传播重庆火锅文化。这火锅香气，从重庆飘向世界，不知搅动了多少人的味蕾。

"饮食文化是一座城市，一代人，甚至一个世纪生活方式的沉淀。就拿火锅来说，其中的香料和辣椒很多原产自国外。如今，这些食材汇聚山城，酿就了重庆火锅的麻辣鲜香。这，不正是文明交流互鉴的结果吗？"谢莉说。

的确，火锅的精髓辣椒和丝绸之路密不可分。据农史学家考证，辣椒原产于中南美热带地区，1493年传到欧洲，1593—1598年传至日本。传入中国有两条途径，其中之一便是经由丝绸之路传入甘肃、陕西等地种植。

昔日丝绸之路上的商人怎会想到，若干年后，竟有一位重庆女子，携火锅底料重走丝绸之路，以美食促进民心相通。

"这是古丝绸之路的终点，也是我们新丝绸之路、新商业的起点。"当地时间2010年9月27日晚，30位完成自驾丝绸之路壮举的中国车手汇聚意大利罗马王子酒店宴会大厅，个个神采奕奕。在向时任中国驻意大利大使丁伟赠送火锅底料时，谢莉如是说。

丁伟大使接过来自重庆的火锅底料，一脸惊喜："这是我做大使以来收到的最特别的礼物。"

一路心灵震撼

在国内段行程中，每个人都对敦煌留下难以磨灭的印象。

敦煌，身处丝绸之路的要道枢纽，见证了千年间这条道路的沧桑变迁和悠久历史。"敦，大也；煌，盛也。"敦煌名头很大，但最初，敦煌面积极小，人口极少，伴随丝绸之路的发展，敦煌才变得名副其实，成为"世界四大文明汇流之地"。

在敦煌莫高窟，考察团有幸走进了很多未对游客开放的石窟，欣赏了许多富丽多彩的石窟壁画，感受到信仰的虔诚与永恒。

"如今，想买什么颜料可以直接买，古人却用最原始的方式，在如此凄冷、孤独的环境中让心沉淀下来,创造出如此瑰丽的色彩,你说能不感动吗?"喜欢画画的谢莉,看到这些无法用言语形容的美丽,不舍得眨眼,不舍得错过任何一个细节。

人们注意到,敦煌壁画中的乐器琳琅满目。据考证,这些乐器大致来源于3个方面:中原传统乐器、中国西北少数民族乐器和西域传来的乐器(外来乐器)。可见,敦煌联通着古代中国与外域的交流,定格着中西文化交融之美。

考察团还来到新疆火焰山等地。在这座赤褐色的山体前,他们被翻滚的热浪和迅疾的狂风所裹挟,一下车几乎要飞起来。"唐僧师徒西天取经经过了火焰山,看电视剧时还不相信世界上有如此险劣的山峰,来到这里,才明白文学来源于生活的奥秘。"一路上,谢莉感叹连连。

让谢莉骄傲的是,沿途环境无论优劣,小依然从不喊苦与累,而是享受其中,接受风雨日光的热情洗礼。每天晚上回到住处,她还是那么高兴,在纸上认真画下当天的所见所闻。由于临近开学,加之护照问题,小依然随团抵达新疆霍尔果斯后,便返回重庆。

旅途中,和那些或震撼,或瑰丽,或神奇的自然景观相比,多姿多彩的人文风情更加打动谢莉。

在哈萨克斯坦的阿拉木图西南约200公里的库尔代县,考察团访问了一个"陕西村"。村子里,村民竟长着黄皮肤黑头发,操着地道陕西方言,喜欢吃拉面、饺子、包子,喜爱唱秦腔和陕西民歌。置身此情此景,团员们无不瞠目结舌。

原来,村民们的祖先是100多年前,从中国西北陕甘宁等地迁至中亚的。当时的沙俄政府接纳了他们,并按陕西话音称他们为东干人。如今,东干人居住在哈萨克斯坦、吉尔吉斯斯坦和乌兹别克斯坦3国。

"东干人超级热情,超级爱干净,当地几乎只吃馕、喝羊肉汤,蔬菜只有小番茄、黄瓜等几种。"谢莉回忆道。当时,她提议吃一顿火锅,解解馋,大家的情绪瞬间被调动起来。可是,大家去市场采购后,只买到面条和小番茄、黄瓜、茴香。晚上没有电灯,人们头戴矿灯,围坐一团,名义上吃火锅,实际上吃的是火锅底料煮面条。即便如此,人群中还是传出阵阵笑声。

火锅就是如此兼容并包，无论何时何地，都能立即触发食客的快乐"快捷键"，让人吃得满头大汗仍不舍离开它半步。

位于西亚的土耳其，也给谢莉带来很多感动。车队抵达土耳其时，恰逢斋月结束的那一天。土耳其闭店的商店全部开门迎客，大街小巷热闹极了，人们载歌载舞，好不快活。

"斋月时，没人看着你的时候，你会不会偷偷吃东西？"在街上，谢莉邂逅一个八九岁的小男孩，他一身白衣，头戴黑帽，纯洁得像一个精灵。

当谢莉抛出这句话时，天真无邪的小男孩流露出惊恐的表情，并连说："这怎么可能！"听到翻译后，谢莉谴责自己的无知。因为在土耳其人心中，信仰是一种发自内心深处的力量，它不靠人监督，更不是统治者强加的，这种力量坚不可摧。

在土耳其，谢莉还在公路上遇到一位背包客。他18岁，一头黄发，身材健硕，穿着T恤、短裤，脚踩户外靴，谢莉见他招手便停车载他前行。一番交流才知道，小伙儿是俄罗斯人，正上高中，计划到阿富汗、埃及等地实地看一看当地人是不是把骆驼当作交通工具。这番出行，家人只给了他100美元。

小伙儿的勇敢、开朗、健谈让谢莉印象深刻。她想，在中国，家长是无论如何也不会让十几岁的孩子到国外穷游的。尤其是，他那种探寻究竟的精神，让人感动。载了小伙儿五六个小时后，分别时刻，小伙儿将邮箱写在纸条上，留给谢莉。可惜的是，纸条竟遗失了，谢莉懊悔不已。

"他知道我们的计划后惊叹：太酷了！可能他回家后，会给家人摆谈起这段经历。他怎么能想到，在旅途中会碰到一堆人从中国开车到罗马。我们这一路，对他而言，也是神奇的故事。而丝绸之路就是发生奇迹的地方！"谢莉说。

一路文化传奇

文艺复兴的发祥地佛罗伦萨，桨声灯影里的水城威尼斯，尘埃难掩昔日奢华的庞贝古城……行至意大利，谢莉印象深刻的有很多，但最让她难忘的是造访沟通中西文化第一人——利玛窦的故乡。

当地时间2010年9月19日下午，考察团到访利玛窦的故乡马切拉塔。1552年出生于此地的利玛窦，攻读过法律、哲学、神学、数学等多门学科，是意大利耶稣会传教士、学者。25岁时，他随教团远赴印度传教，并于明朝万历十一年（1583）到达广东肇庆。接下来的27年间，他辗转中国各地，研习翻译中国文献典籍，传播西方近代科技。1610年利玛窦病逝，葬于北京。

不可忽视的是，传教士们之所以能远渡重洋，是因为中国发明的指南针传入了西方，世界迎来大航海时代。融汇碰撞的中西文化，就这样闪耀出现代科技之光。

"今年是中国和意大利建交40周年，在这样一个具有特殊意义的时刻，30位中国人驾着10辆中国制造的汽车来到罗马，重走代表交流与合作的'丝绸之路'，其实也是在重温一种互利、共赢的精神。"当地时间2010年9月27日晚，在意大利罗马，丁伟大使在致辞中深情地说。

结束罗马之行，考察团一行从罗马飞至北京，再转机至西安。他们驾驶的汽车则由轮船运归中国。

"老婆，你太牛了！"夫妻分开近两个月后，2010年9月底，在西安咸阳国际机场，前来接机的先生余勇紧紧拥抱着妻子。这个被重庆人称为"火锅英雄"的男子真心对妻子佩服得五体投地。而也是那一刹那，谢莉却像小姑娘一样流泪了。这是这趟千山万水自驾丝路中，再苦再难时，她从未轻弹的泪，那是因为，思念亲人、故土的情感瞬间迸发。

2010年10月1日上午，"丝绸之路复兴之旅"助力丝路申遗大型采访考察活动在西安大明宫国家遗址公园举行庆功仪式，以庆祝考察团凯旋。

活动结束的那一刻，翻阅此行拍摄的数以万计的照片，脑海中回想起一个个感人的细节，谢莉对丝绸之路有了更形象、更深刻的认知。

她说，今人用脚步丈量古丝绸之路，收获了乐趣，开阔了眼界，品味了美食，怎么看都是一件妙趣横生的事。但我们不能忘记古代商人的贡献，他们穿行于戈壁荒漠之上，从事着沟通东西方商贸、文化交流的伟大事业。这个过程，到底面临过多少死亡的威胁，体尝过怎样常人难以承受的苦难和挑战，我们不得而知。他们，比现代人更加伟大。

这次重走丝绸之路之旅，更让谢莉感受到文化积淀的价值所在。"在欧洲，百年老店比比皆是，一代又一代人接续传承，让美食因文化的滋养变得更加抚慰人心。"谢莉说。如今经营火锅企业，她更注重传承火锅文化，将文化元素融入火锅，让食客在热腾腾的香气中品味火锅的历史与传奇。

让谢莉欣慰的是，经过政府部门的不懈努力，以及民间的积极支持，2014年6月22日，中国、哈萨克斯坦、吉尔吉斯斯坦3国联合申报世界文化遗产"丝绸之路：长安—天山廊道的路网"成功。她明白，她循着前人足迹走过的古路，正受到更多世人瞩目，也必将留下更多后人坚定的身影。

（赵迎昭 文）

闯海的重庆人：海上丝路波浪宽

一

阳光下，海浪一层层涌上沙滩，北部湾的风轻柔地抚过每一张面庞，时光在温柔里陷落，北海敞开怀抱，拥抱着奔向它的每一个灵魂。这座位于祖国大陆最南端的城市，不仅是有着"海北雄藩"之称的西南要塞，军事重镇，更是中国古代最早的海上丝绸之路始发港之一。2000多年来，作为珍珠、陶瓷等对外贸易商品的产地和集散地，海丝码头商贸发达，往来商船络绎不绝，成为中外经济、文化交流的枢纽。

改革开放后，北海被列为第一批沿海开放城市，这座有着两千多年历史的北部湾港口又焕发出蓬勃的生命力。背靠热火朝天搞建设的祖国大陆，面朝东南亚的广阔市场，旁边的深圳奇迹点燃北海的热情，无数人怀揣梦想奔赴这片希望之海，其中必然少不了勤劳勇敢的重庆人。可以说，近30年里，重庆闯北海的人群用千军万马来形容都不为过，位列外地闯北海的前几名，在北海的发展建设中留下浓重的一笔。重庆路作为北海城区最早修建的主干道之一，也将这山海情谊留在北海的发展宏图里。

大山大川，大江大河，造就了大自然一般的巴人性格。豪爽耿直、坚韧顽强、敢作敢为的重庆人总是习惯用笑声来面对生活的一切变化与磨难。20

世纪 90 年代的下岗潮让许多人丢了"铁饭碗",无数人的生活轨迹自此发生改变,白杰一家就是如此。母亲下岗后失去了收入来源,为了生活只能和许多同乡结伴离开家,成为第一代重庆到北海的闯海人。自此,母爱于他变成一张窄窄的车票、长长的思念和那座遥远的、终年吹着咸湿海风的城市。

由于母亲工作繁忙,小小的白杰只能在寒暑假跟着同乡往来于重庆和北海之间。几十个小时的火车,他趴在车窗边看着山一层层后退,天一点点变蓝,离母亲越来越近,心情不自觉雀跃起来。生活很辛苦,但在母亲的操持下慢慢有了起色,便将白杰从重庆接到北海团聚。

当过兵,开过车,打过工,白杰成为第二代重庆籍的闯海人。一个偶然的机会,他因花海基地种植项目来到涠洲岛,正准备大展拳脚时,项目却被意外叫停。他沮丧地在岛上漫无目的地走着,无意间看到一家叫"野里"的民宿。在涠洲岛工作的 3 个月里,每天沐浴着金色阳光,听海浪拍打着堤岸,闻着香蕉树和杨桃树散发的草木果香,时间在这里仿佛忘记了流动。在这里拥有一院"面朝大海,春暖花开"的房子,是一件多么美好的事情!

他看着野里怡然自得地将梦想和生活归于一处,原本准备撤退的他有了新的打算。

说干就干,他联系发小一起干。两人岛上转了两个月,终于在贝壳沙滩找到了心仪的地段。地有了,房子该怎么建呢?白杰拿不定主意。

那时候岛上的民宿很少,高品质的更是屈指可数。于是他想起了中国第一批科班毕业设计师,退休后来到北海生活的重庆老乡费用老师。他向费老师说明来意,邀请他一起去涠洲岛考察。在那里,他们参观了那座始建于 1853 年的哥特式天主教堂。百年时光里,它迎接了无数场台风暴雨的洗礼,送走一代代朝圣者、侵略者、旅游者,却始终沉默屹立。费老师被感动了,他决定也要在涠洲岛留下一个作品作为给北海的礼物。一支笔、一条尺、一个本,他用传统的方法对地面进行测量,之后就将自己关在工作室不许任何人打扰。第二天上午,一张手绘图纸摆在白杰面前,四合院的大致轮廓已现。

之后的 20 多天里,他们走访当地村民,参观他们的建筑风格,力求还原当地建筑风格,用修旧如旧的方法融合现代元素,让来到这里的人能在农家屋舍身临其境地感受到当地文化。

跑遍了全岛，他们终于在涠洲岛东边找到符合条件的珊瑚石。这种珊瑚石是由于海底挤压冲击几千年形成的，质地坚硬，能抵御台风破坏、海水侵蚀，并且冬暖夏凉，是非常理想的建筑材料，当地人也多用这种材料修建房屋。

确定了材料与风格，他们在全岛收购了7000多块珊瑚石开始动工。一开始选择了钦州的施工队进驻，但由于对珊瑚石的特性不了解，有将近1000块在建筑过程中破损报废。像这样的活化石用一块少一块，白杰很是心疼。于是改聘涠洲岛当地村民进行建设，他们请那些50岁以上有房屋建筑经验的老师傅帮忙后，工程进度明显加快，有些已报废的珊瑚石也在他们的经验与妙手中得以重新利用。

当工程进展到封顶时，他们产生了分歧。白杰倾向于用水泥封顶并建造星空顶，这样人躺在屋里，只要打开电动窗帘就能看到涠洲岛的漫天繁星。可费老师却坚持用修旧如旧的理念，选用当地特色的公母瓦嵌套工艺来筑顶，将"还原民宿理念"贯彻到底。最终大家还是达成了一致。对于困扰方案进行的台风问题，他们不仅用仪器进行测量比对，还手绘图纸传回四川美院实验室进行风力测试，最终敲定了方案。

2019年1月，白杰的民宿正式建成。黄昏将天空染得五颜六色，小小的四合院亮起暖黄色的灯。绿草探出来包裹着青砖，沉默地等待远方的朋友。万事俱备，只差取名，此时他们恰好聊起了重庆第一任文化局局长汤道耕（艾芜）先生，作为中国现当代文学史上的著名作家、巴蜀最早闯世界看世界的先行者，他曾在抗战时期来到广西桂林，在家国破碎风雨飘摇，前路一片黯淡的情况下笔耕不辍，并在那里创作了中国现代文学史上最具特色的流浪、行走小说《南行记》。同为客行广西的重庆人，艾芜先生的乐观与坚定激励着他们不怕困难，坚韧顽强，向着自己心中的"道"勇毅前行，遂一致决定将其命名为"道耕乡居"。

2019年2月，"道耕乡居"正式开业。甫一开业就非常火爆，他们每天都接到天南地北的订单和电话，忙得不可开交，入住率终年保持在75%以上，而他们"邻家屋舍"的设计理念，热情周到的服务也令住宿的顾客非常满意，在各大订房APP上好评如潮。白杰待人至诚，很多旅客在来过后和他成为了朋友，分享生活动态，倾诉烦恼，眼前的美景和身边的朋友，使旅行获得双倍的快乐，也将涠洲岛的美名带向远方。

许多重庆人都在重庆与北海间来来去去，在山海之间反复寻找自己的位置。然而无论是皈依群山还是奔向大海，他们始终热爱生活，珍惜当下，努力散发着光和热，于是山不再孤单，海不再迷茫；于是山海之间的故事温暖而有力量。

二

在北海广东路有一座院子，那里的三角梅会沿着细弯的树枝爬上4楼，再垂下妖娆的头发假意遮窗；那里的假山和池塘里，金鱼和乌龟经常吵架，夜晚里你会听到它们的打情骂俏；那里千奇百怪的酒坛里总长出各种各样的植物，成为一个神话般的世界。那是重庆人唐果在北海的家。

1996年，北海市干部培训中心成立，唐果被委任参与筹备工作。从重庆来到北海，开始了他与北海的书法篆刻界结下一辈子的情缘。

自幼随父亲学习书法、又师从巴蜀名家毛峰先生的唐果有极深的书法艺术功底，在重庆工作期间就已是重庆荣昌书画院的副院长兼秘书长，并成立了自己的印社。来到北海后，他结识了一批志同道合的朋友，他们一起探讨书法篆刻艺术，成立"海岸线"沙龙，通过互联网将作品上传书法网站，在全国形成一定的影响力，也给北海的文化界带来一丝新鲜的空气。后来他们陆续进入北海书法协会，为北海文化事业做出许多贡献。在北海文化建设中，书法协会在整个广西区成绩名列前茅，涌现了如陈美东、刘蒙平、杨科云等一批优秀书法家，而这也是让作为北海文联副主席的唐果最有成就感的事。

在喜欢的事情上，唐果总是不遗余力。他喜欢藏石，便从天南地北淘来各种奇石装满展柜；他喜欢盆景，就将楼上楼下种满了花花草草；他喜欢书刻，便将对子女的无限爱意刻进作品；他喜欢书法和篆刻，不仅自己技艺高超,获奖无数,还积极推动北海书法的发展,尽力为本地优秀书法家提供好的创作环境,并积极推动与重庆开展书法联展交流活动,为北海书法爱好者提供更多学习交流的机会。他始终以开放包容的眼光看待周边的事物,享受当下的生活,并在俗世中始终保持着知识分子的自觉。他在书斋的四面墙上挂满名人书画,5.3米×1.36米的大书案上堆满笔砚印石,厅内四壁放置着古色古香、风格统一的展架。一书一卷、一笔一石,置身其中仿佛能听见文化在你耳边低语,告诉你生命更深刻的意义。

海上又起风了,无数透明的小水滴努力挣出海面,在天地间旋转跳跃,自由欢歌。而不多时,这些渺小的水汽就会在高空汇聚、坠落,悄然滋润整座城市。北部湾大道上的榕树依旧沉默伫立着,曾是满街的拖鞋大军中,皮鞋和运动鞋不觉已占了大半,外地的各种方言在这里此起彼伏,其中就有脆蹦蹦的重庆话:崽儿,你要雄起!

重庆成千上万个人的闯海自然是聚沙成塔。而倾国家之力打造的西部陆海新通道却真正让重庆面朝北部湾,春暖花开。那是一盘北接丝绸之路经济带,南连21世纪海上丝绸之路,协同衔接长江经济带,推动各区域协调发展的战略大棋。它更让重庆内陆开放高地建设走得一路带风,步步实在。重庆是西部陆海新通道物流和运营组织中心,也就成为了在西部带头开放、带动开放的强引擎。2017年"通道建设之初,这个'朋友圈'成员有重庆、广西、贵州、甘肃4省区市及部分新加坡企业。如今该'圈'成员已增至'13+2';辐射范围则从起初的'北部湾港—沙坪坝区团结村'双向开行,扩至16省区市的59市、111个站,通达全球113个国家和地区的335个港口"。从沙坪坝区重庆国际物流枢纽区启程,铁路联运两三天可抵越南,四五天可达老挝。2022年8月31日,西部陆海新通道铁海联运班列开行已突破20000列!那一天,几十天连续酷热气温高达四十二三摄氏度的重庆陡转凉爽,只有27度。真是天亦有情,迎着北部湾吹来的风,重庆又创造了奇迹。

山那边是海,这已不是诗歌中的想象,而是我们伸手可及的现实。

(许苏文 文)

重庆离伊斯坦布尔有多远

一个是亚洲东部的中国内陆城市,一个是处在亚洲西部东南欧区域的古城,重庆离伊斯坦布尔究竟有多远?

近一个月的土耳其之行,尤其是伊斯坦布尔的有趣时光,给了我们清晰的答案。

出发前几个月,不少团友都阅读了土耳其著名作家、诺贝尔文学奖得主帕慕克小说《我的名字叫红》《伊斯坦布尔——一座城市的记忆》,被排山倒海的土耳其"呼愁"深深吸引。对土耳其历史、拜占庭文明、伊斯坦布尔前世今生的探究欲也因此异常强烈。对蓝色清真寺、索菲亚大教堂等伊斯坦布尔地标性建筑早已耳熟眼热。这是一次神往已久、策划精心的旅行。但毕竟是第一次到访,期待中也有陌生感。让我们没有想到的是:这个在地理位置上与我们相距遥远的国度,这座同时兼具东西方文化特质的城市,与我们的心理距离竟是如此的近。

到达当天,下午4点多,我们还没有从蓝色清真寺和索菲亚大教堂的惊艳中平息下来,突然听到一种奇特、由远而近的声音:那是一种音量不高但具有很强穿透力,充盈于天地之间的吟诵——伊斯坦布尔的下午祷告时间,阿訇用扩音器在为教民们领诵……尽管对伊斯兰教还没有深入了解,也听不懂颂文,但我们仿佛听到一种悠远而神秘的召唤,感受到一种巨大且触动心灵的宗教力量。这样的召唤与力量，像一条纽带，瞬间把我们与这座曾经是东罗马帝国首都、拜占庭文化发祥地、充满历史厚重感的城市联结在一起。这样的联结，如影随形，一直伴随在我们之后的旅行中。

在伊斯坦布尔，无论是历史遗迹现场，还是大街上、商场里，或者是农家小院、博物馆外，当地人都会十分友善甚至热情似火地与我们打招呼、攀谈。某一天，在公园里，一对年轻夫妇主动与我们聊天。估计是大人们发自内心的笑容和各种肢体语言感染到孩子，他们怀中的卷发小洋娃娃，展开双臂，欠身扑向我们。该抱这位小孩吗？她父母会同意吗？我们有些不知所措了。没想到，两位年轻人落落大方地把女儿交给我们，我们也如获至宝地接过小女孩，抱在怀里，与洋娃娃嬉戏逗乐。乐罢，一家3口与我们合影，留下异域欢喜。

同一天，我们走过一片草地，被一群十三四岁小孩的嬉戏声吸引。她们忘乎所以地玩得很欢快，应该没有注意到我们。突然间，其中一位卷发过肩、蓝裙飘逸的小姑娘停步，笑靥如花地转向我们——天哪！我们都惊呆了：小姑娘鹅蛋小脸、下巴微翘，小巧高挺的鼻梁两边、浓密微弯的眼睫毛下，一对棕色大眼睛波影流转，含笑欲语……如此精致、美貌，像极了令希腊和特洛伊为之10年血战的绝世美人海伦！嬉戏中，她为什么会突然停下奔跑，专注于我们，还那么灿烂地笑着，对我们这群来自异域的陌生阿姨如此青睐？莫非是我们与她前世有缘？

我们去了无名山谷。下午5点多钟，夕阳如金，正是拍照的最好时段。几位帅气得像演员的土耳其小伙子，盛邀我们合影。没有客套，没有扭捏，五六个高鼻深眼、体魄健硕、皮肤呈褐铜色的伊斯坦布尔小伙子，和八九位来自中国重庆的女子，大方自然地同框合照。晚霞满天，最后一缕金色缓缓沉入山谷，大家一起向阳光、向美好的一天，也向异域友谊挥手作别。再见！Allahaismarladik（土耳其语，再见）！汉语与土耳其语交织在一起，回响在落日熔金的山谷里！

游历马尔马拉海令人难忘。伊斯坦布尔在公元前600多年就雄踞于马尔马拉海，古希腊、古罗马、拜占庭政治、文化、宗教交汇于此，来自欧洲、亚洲、非洲的商船也停泊于此。至今，星罗棋布的历史遗迹还在吟唱它往日的辉煌。游历其中，我们仿佛听到来自古老拜占庭文化的千年回响，沉浸在伊斯坦布尔浓郁的，交融着东西方文化特质的各种场景中；热情好客的伊斯坦布尔人更是让我们如沐春风。感动与激情中，团友的《致土耳其》一挥而就：

  ……
  土耳其，
  我爱你的方式有些妖娆与性感，
  有些慌乱与粗莽，
  我是一个敢爱敢恨的重庆女人，
  必须以奔向麻辣火锅的姿态与你神秘的蔚蓝约会。
  ……此致，
  敬礼，
  我喜欢你排山倒海的忧伤，
  排山倒海的诗意，
  排山倒海的真诚，
  排山倒海的圣洁与崇高
  ……

  我们将这首代表团友们心声的诗，安排在安塔利亚具有近2000年历史的阿斯潘多斯露天剧场吟诵。当"爱你，土耳其，爱你，土耳其"在剧场环绕时，不仅我们，领队的英文导游迪迪女士也早已热泪盈眶。诗罢，重庆女子与伊斯坦布尔女子相拥而泣，情不自禁。迪迪是我们的英文导游，基本没有汉语基础，靠诵读者的眼神、手势、肢体语言，竟能如此被感动与感染。也许，这是一种跨越种族、语言、文化的心灵契合。团友们对土耳其历史、文化、宗教、建筑等知识的浓厚兴趣，迪迪专业而细心的讲解，有问必答，使我们双方建立起一种朋友间的信任与认同。这种认同正如公园里对我们毫不设防的年轻夫妇，酷似海伦的小姑娘的如花笑容，夕阳下热情邀约的帅气小伙们，以及所到之处热情真诚的目光与问候。一路走来，太多的亲切与友好，太多回家般的感觉。

团友们大多有美洲、欧洲和亚洲其他国家的旅行经历，却很少有如此被发自内心的真诚与亲切环绕的体验。两个城市是有一些渊源或者相似之处吗？

伊斯坦布尔处在欧洲和亚洲大陆的交汇处，全境被博斯普鲁斯海峡一分为二，是黑海门户和欧亚的水上交通枢纽。因此，跨海渡船曾经是这里重要的交通工具。至今，客货两用的大型渡船、用于游客观光的游轮仍然每日穿梭于海峡之上。某日，我们登上客货混装的游轮，凭海临风，观赏着欧亚两岸的翠绿树丛、朱红小屋、来来往往的客轮商船。海涛阵阵拍打着船舷。那感觉像极了在重庆朝天门码头登船，游弋在长江与嘉陵江的浩浩江面上，穿行于渝中与南岸与江北的霓虹闪烁、高楼交错之中。一个是四面环海、扼守欧亚咽喉的战略要冲，一个是三面临江、以浩瀚江水为天然屏障和水上枢纽的出海通道；一个是既尽享天时地利又饱受邻国觊觎，战乱频仍的古老帝都，一个是被与生俱来的地域劣势困扰，但绝不认命的巴国城邦。伊斯坦布尔与重庆两个城市，虽然从不同的历史风云中走来，但都与水相伴共生，在陆上与空中通道尚未发达的过去，主要靠畅达而便利的水上运营通商便民。面海临江、千年浩瀚的大海与万里长江孕育出了相似的城市风貌与市民性情：同样爱恨分明、热情如火，真诚友善、直率爽朗；那铺天盖地、与生俱来的土式"呼愁"与翻江倒海、父子接力的川江"号子"，都在传递着骨子里的倔强与冰火交融。难道是这样的相似拉近了两城的距离？

因为滨海或临江，伊斯坦布尔和重庆都是多雾的城市。前者的多雾季在6—11月，而重庆号称雾都，11月至来年2月的大部分时段，都有雾气弥漫于城市上空。常年大部分时段空气湿润、雨量相对充足也是两个城市的共性。2021年2月5日，重庆的多雾季，伊斯坦布尔也被雾气笼罩。看到那些熟悉的楼宇、街道在雾气中如坠仙境的网络图片时，一种亲切感油然而生。2015年9月，我们也曾穿行在这样的场景中，在那些兼具东西方建筑特色的清真寺、宣礼塔、街道、大巴扎之间寻找、惊讶。那时的雾中伊斯坦布尔也像极了雾中重庆。

2016年，我们一行在克罗地亚邂逅一群来自土耳其的大学生。当得知对方分别来自伊斯坦布尔和重庆，并且都到访过对方的城市时，大家就像久别重逢的朋友一样，拥抱、欢呼与惊叫。为如此的巧遇拍照，是留住美好的最佳方式。照片中，重庆女子与伊斯坦布尔女大学生都做出"你好"的土耳其手语，轻松自然地或坐或站于半圆形台阶上（这里是拍摄《权力的游戏》的外景地），画面中充盈着欢乐。每次翻看，都会秒回现场。

新丝路的春风拂过。2011年，我国首条中欧班列"渝新欧"在重庆诞生。至2022年6月，重庆成为首个且唯一的开行中欧班列突破10000列的城市。2017年3月，重庆与伊斯坦布尔结为友好城市。2017—2018年间，"渝新欧"开通了重庆—伊斯坦布尔线路，单程运行时间约20天。

作为古代丝绸之路亚洲段终点的伊斯坦布尔，与作为新丝绸之路起点城市之一的重庆，就这样被神奇地联结在一起。它们共同成为"一带一路"支点城市的奇缘，被以官方的形式定格。因为有了这条新丝路通道，重庆与伊斯坦布尔的陆上距离在日益缩短。相信在不久的将来，两座城市有可能实现直航，朝发夕至将成为双城模式。那时，我们就可以来去自如地造访这个"还没有离开就已经开始思念"的地方！若要问心理距离，我们与"伊"很近很近！

（邱慧 文）

蜀道高速：重庆的路神话

在重庆梁平到万州交界处，有个叫"马王槽"的地方。一座山，被神工鬼斧劈成两半，两峰相峙，中间夹以峡谷。2003年建成的长寿至万州高速公路经此地，洞穿两座山峰，一桥飞架西东，天堑变通途。"马王槽"成了这条高速公路上一个著名的观景点。

站在马王槽看风景，会有穿越时空的感觉。在高速公路之下，大约三四百米的峡谷中横卧3条路：下面是2000年建成的达州至万州的铁路，一条铁路从远处逶迤而来，高速列车跨桥穿隧，呼啸而过；中间是古老的梁平到万州的驿道，一座残破的石拱桥连着斑驳的石板路，盘桓在荆棘草丛中，常有山羊出没其间；在高速公路马王槽大桥下，还隐藏着一条"机耕道"，其实那是民国时期修建的"梁万马路"，在这峡谷中已经荒芜了半个多世纪。如同时空坐标，古蜀道、民国马路、高速铁路、高速公路，4条路巧妙地重叠在这深山幽谷之中，浓缩了"蜀道"的前世今生；汽车的呼啸、列车的长鸣，古道中山羊的咩咩声，组成的混声合唱，在山谷中回响，使人感到一股神秘的逻辑力量氤氲其间。

一

岁月最悠长的是"梁万古道"。史载，西汉时期，四川正式设驿路，川东以巴郡为中心，设有东接荆襄的正东路、南达滇黔的正南路、西连三蜀的正西路、北通秦陇的正北路、襟连汉沔的东北路等5条驿路。这条"梁万古道"就是正东路中的一段驿路，是古代荆楚吴越入蜀的交通要道，也是蜀人东出三峡的必经之地。岁月沧桑，淹没了多少驿站古道，却幸运地在梁平保留了一段叫"百步梯"的古道。不知道李白是否真的曾在这里流连，但这里的百步高梯，悬崖峭壁，古树盘虬，静壑喧瀑，真有"连峰去天不盈尺，枯松倒挂倚绝壁。飞湍瀑流争喧豗，砯崖转石万壑雷"的惊心动魄。难怪道光年间一位叫胡瀛的湖南文人，云游至此，感叹跋涉艰辛，挥毫书写"蜀道难"3个雄浑的大字，镌刻在百步梯旁，以昭路人。

如果说"梁万古道"保留着我们祖先上千年的足迹，民国时期留下的"梁万马路"，也有近百年的历史了。百多年前重庆开埠，"舶来品"渐入重庆，有了汽车，重庆开始修"马路"。据说，"马路"全称为"马卡丹路"，是一个叫"马卡丹"的英国人设计的专供汽车行驶的路，简称"马路"；中国过去没有汽车，骡驮马运，骡马行走的路自然就叫"马路"。其实，我觉得国人对"马路"的定义也很有道理，因为那时候的"马路"就是在骡队马帮行走的驿道上拓展的。

重庆修马路始于民国之初。当时四川军阀群雄割据，在"裁兵筑路，交通救国"的社会舆论下，把筑路作为新政，纷纷在各自防区修路。这条"梁万马路"正是当年驻守万县的军阀杨森主持修建，其中一段修到马王槽，为高山所堵，无法与其他马路连接而成了"断头路"，由此荒废在这山谷之中。

刘湘、杨森、潘文华，这些曾经主政四川重庆的风云人物，且不评说他们的"文治武功"，但他们在重庆的公路建设史上，是注定青史留名的。有史以来，重庆主城交通闭塞，自秦设郡、南宋定名、明建九开八闭门，重庆20多万人一直被桎梏在不足4平方公里的半岛上，对外交通只有长江、嘉陵江两条水道，江上无桥，陆上与外地沟通只有狭窄的驿路古道。重庆开埠，促进了对外开放，要与外面的世界沟通，唯一的出路就是打破桎梏，走出母城，修马路！

二

民国十七年（1928），重庆建市第一任市长潘文华，在通远门外主持修筑了七星岗至曾家岩3.5公里市政公路。第二年，重庆巨富黄云陔从上海购回一辆"雪佛兰"小车，行驶在这条3.5公里的马路上，引发市民万人空巷，人们兴高采烈地围观，似乎从这辆突突前行的小汽车，看到了重庆人走出围城的阳关大道。

重庆真正意义的第一条公路，是"成渝马路"。当年，四川省省长刘湘深感"敝省僻处西陲，素有道难之叹"，积极筹备在成渝之间修筑一条马路，利国利民。国人没有修过"马路"，刘湘特聘了匈牙利工程师肖飞和美国工程师白克尔分别担任成都至内江、内江至重庆两段公路勘察测量工作。白克尔花了一年多时间，从通远门出发，沿着重庆通往成都的"正西路"驿道勘察路线。这位美国人惊奇地发现了东方人的智慧：古代的中国人用双脚踏勘出来的驿道，就是最便捷的路线；于是按照古驿道的路线设计了"成渝马路"的走向，其中大部分路段就是在古驿道上修筑而成。

民国十六年（1927），刘湘在重庆设渝简马路总局，筹集资金、培养技术人员，调集数万民工和工兵，着手修筑成渝公路；断断续续修了6年，终于建成这条全长445公里的马路，使千里之遥的成渝两地，10天路程，一天到达，群众称便，沿途繁荣。

民国时期，还先后修筑了川黔、川陕、川湘公路，在川东初步形成以重庆为中心的公路交通网。尽管山高路远，重庆总算有了几条通往外界的公路。

蜀道难，行路难，筑路更难。从1927年至1949年，数十万筑路人前赴后继，仅凭一双手、一把镐，肩挑背磨，硬生生在巴山蜀水之间，修筑了800多公里公路。史载，从修筑川黔公路开始，政府采用"征工筑路"，征工对象都是青壮年，如同服兵役抽壮丁。修筑川湘公路尤为艰苦，川东南大都是深山峡谷，坚石危岩，工程十分艰巨；在两年多的时间内，有10余万名民工奔赴工地，无偿修路，风餐露宿，死亡逾千，伤病过万。

在川湘公路的武隆区凉水乡，有一段200米的悬崖峭壁，因顶端岩石突出逶迤沟底，山形似豹，人称"豹崖"。"豹崖"石壁两端，要在离溪沟30多米高的石壁中部，用泥土填筑一条宽6米的公路。因此，每个月都有1000多名民工，肩挑背驮把泥土从大石壁两端往下倒。由于坍方垮岩，竟有200余名民工葬身于此。为告慰死难民工，时任涪陵县县长兼筑路委员会主席王璋手书"豹崖"2字，刻于崖上，以铭志昭示。令过往行人，无不仰首观之。

"地崩山摧壮士死，然后天梯石栈相勾连。"筑路先驱用血肉之躯筑成的这些通往外部世界的公路，作为民国遗产，被新中国沿用了半个多世纪。受限于重庆山岭重丘的地形和筑路技术的原始，民国时代的公路，多是沿山盘旋或顺河谷而行，弯多坡陡，事故频发；道路狭窄，路面多为泥结碎石，下雨天就成了"包浆路"，汽车寸步难行。"蜀道难"，依然是制约重庆发展的无解难题。这道难题的破解，一直延续到20世纪80年代，改革开放的春风吹拂到中国大西南。

三

破题的突破口，还是那条连接重庆与成都的"成渝公路"。

80年代之初，四川省和重庆市向世界银行申请了1.25亿美元的贷款，准备用于"成渝公路改建"。1984年8月5日，由四川省交通厅主持，在温江召开"成渝公路改建方案"。

那天，重庆市交通局的总工程师蒙进礼起个绝早。重庆专家组一行4人乘坐一辆吉普车，从重庆出发，经过两天的长途跋涉，风尘仆仆赶到温江。他们带着重庆市政府的托付，要在会上坚持一个意见：将成渝公路"改建方案"，改为"新建方案"。

"我们的意见很明确，成渝公路绝不走老路！必须重新选线，才能缩短两个城市的距离，提高运输能力。""国外高速公路搞了几十年，中国沿海地区已经开始修高速公路，为什么我们还要在刘湘的老路上绕来绕去？"重庆的专家，对新建一条成渝公路的愿望十分强烈！

经过反复讨论，专家们达成这样的共识：甩开老成渝公路，重新选线新建一条340公里的成渝公路，新路比老路缩短105公里。四川和重庆分东西两段建设，重庆方面负责建设东段的114公里公路。

但是重庆的专家注意到，新建的成渝公路是"两头宽，中间窄"：在重庆端，从上桥到来凤，23米路基的一级公路只有29公里，其余85公里是只有12米路基宽的二级路。

"要修就修高速路！现在不把成渝公路修成高速公路，愧对子孙后代！"重庆的决策层暗下决心：一步到位，把重庆段的114公里全部按高速公路标准修！

成渝公路是世界银行贷款项目。世行贷款是把双刃剑：低息贷款帮你修公路，你得遵守世行的游戏规则，不得擅自提高公路标准；否则，这把剑就要落下来，停止支付！手握这把剑的人是世行派出的项目官员雷甘比先生。

1991年秋天，一辆丰田越野车从四川风尘仆仆地赶到重庆荣昌的工地上，一个头戴贝雷帽，留着山羊胡子的老外走下车来，放眼一看，工地上热火朝天，一排排压路机正在来回碾压公路路基，路基宽度足有20多米。工程师出身的雷甘比看出了端倪：重庆修的不是二级路。前来迎接的蒙总赶紧上前向雷甘比先生解释："您看，我们按原设计修的是12米宽二级路，不过重庆是山岭重丘，弃方太多，远距离运输丢弃废方，费力费钱，而且污染环境，我们将就这些弃方堆积在原来的路基旁边，为以后扩宽公路做准备。"雷甘比先生听了重庆人的解释，连连说"OK"。

与雷甘比先生多次沟通，重庆人最终以科学的论证说服了他，执着的精神感动了他，雷甘比先生收回了手中的剑。成渝公路终于按部就班地按高速公路标准修建。

1994年10月18日，成渝高速重庆段通车，重庆有史以来第一条高速公路由此诞生。时任国务院副总理邹家华来到重庆，题词"昔日蜀道难如上青天，今日穿隧立交高速行"，铭刻的字碑，竖立在中梁山隧道口，告诉人们，蜀道如今不再难。

"成渝高速"被誉为"西南第一路",成渝高速重庆端的"中梁山隧道"被誉为"华夏第一洞"。中梁山隧道长度3000多米,是当时中国第一长度的高速公路隧道,中国工程师在中梁山隧道成功地首创"纵向通风",成为中国高速公路隧道的标杆。

成渝高速成就了重庆高速第一代筑路人的光荣与梦想。有一个工人集体的故事值得载入史册:这个集体叫"敢死队",他们的队长叫杨勇。

中梁山隧道地处重庆西郊的中梁山山体内,蕴藏了丰富的煤矿和瓦斯。瓦斯是施工中最大的隐患,一丁点火星都会引起瓦斯爆炸,为保证安全,工人们进洞是严禁带火,禁止吸烟的。那个时候,烟瘾大点的工人,每次烟瘾发作时,都只能将烟叶放在嘴里咀嚼。中梁山隧道经过3年的挖掘,在还有300多米就将贯通的地带出现高浓度瓦斯段,继续掘进非常危险。但是,中梁山隧道是成渝公路的咽喉,中梁山隧道不打通,成渝公路也通不了。在"拦路虎"面前,筑路人没有选择退却。他们采用小导坑作业,组织了一支35名工人的队伍,轮换着下坑,蜷伏在狭窄的导坑里,小心翼翼地一点一点向前掘进。这支35名工人组成的队伍有一个悲壮的名字:敢死队。因为他们知道,他们每次进入导坑,都可能面临死亡的危险。杨勇——一个4岁孩子的父亲毅然担任了敢死队队长,为保证完成任务,他带领队员写下"遗书",留给他们的家人。当年为了修路,工人们多以工地为家,中梁山隧道的工人们携家带口常年住在工地上;在那些非常时期,每天下工两个小时前,杨勇及队友的妻儿们都守在隧道口对面的小山坡上,眼巴巴望着亲人能平安走出隧道;4个多月的艰辛劳累和提心吊胆,中梁山隧道终于成功贯通,全体人员安全无恙。中梁山隧道攻坚克难的4年施工,没有一人死亡,不能不说,也是创造了一个奇迹!

成渝高速,无疑是重庆公路建设史的一座丰碑。这座丰碑,凝聚着中外专家的智慧和心血;铭刻着重庆高速初始阶段,一代开路先锋"一不怕苦,二不怕死"的时代精神。

四

1997年，重庆成为中国第四个直辖市之后，开启了"重庆高速"时代。进入21世纪，重庆高速公路井喷发展，在重庆82400平方公里的广袤土地上，修筑了3600公里高速公路，形成重庆"三环十射"高速公路网络。重庆高速的横空出世，真正结束了漫长岁月的"蜀道难"历史。

在中国密如蛛网的高速公路网络图上，重庆高速只是镶嵌在祖国西南一隅的一小块。尽管重庆高速早已纳入中国高速公路的统一编号和名称，但重庆人总是把自己修建的高速公路当作自己的宠儿，习惯以重庆母城为中心去称呼它们，他们把第二条通往成都的高速公路称为"渝蓉高速"，把通往贵州的高速公路称为"渝黔高速"，把通往云南昆明的高速公路称为"渝昆高速"，把通往湖北宜昌的高速公路称为"渝宜高速"，把通往湖南的高速公路称为"渝湘高速"……似乎这样更足以表达重庆人"不忘来时路"的故土情怀，更足以表达重庆人"行千里，致广大"，通江达海，走向世界的美好愿景！

从重庆母城出发，"渝宜高速"和"渝湘高速"是两条路线最长，风景最美，故事最多的高速公路。

"渝宜高速"的起点，重庆复盛的"御临河大桥"下就有一个别致的景点。当年筑路者来到这里，在御临峡的悬崖峭壁上洞穿华山隧道时，蓦然发现这里藏着一个隐秘的世界：山间林木茂密，峡内绝壁参天，悬崖下溶洞成群，瀑布飞溅，河水绮丽，宛如世外桃源。传说明朝建文皇帝避难，跋涉千山万水来到这里，发现了这个适合隐居的所在，住了下来，遂名"御临河"；在山林掩映的洞穴里还藏着许多传奇故事，有白莲教起义的排花洞，有张献忠坚兵据守的藏兵洞和望风洞，……人们发现，有了高速，历史离我们那么近。

"渝宜高速"一路向东，经过平坦的垫江、梁平，从梁平到万州，在一个叫"分水"的地方，一下子"跃上葱茏四百旋"，进入山区。喜好探古寻幽的游人一定要在"分水"下道，循着"梁万古道"去追寻古人的足迹；去攀登蟠龙山"百步梯"，体验李白登"蜀道之难，难于上青天"的况味；去远望飞流直下的崖泉瀑布，体味陆游"远望纷珠缨，近观转雷霆；人言水出奇，意使行人惊"的诗意。"梁万古道"还与川陕的"荔枝古道"相通，传说当年杨贵妃喜好的荔枝产于涪陵，经"梁万古道"，千里跑马送至长安，比岭南荔枝更加新鲜。"一骑红尘妃子笑"的故事传说，因为一条路，变得更加生动鲜活。

从万州到巫山，"渝宜高速"与长江"黄金水道"并辔而行，穿越"大三峡"。三峡蓄水之后，汇入长江的许多溪流陡然变成了浩渺江河。为了跨越这些河流沟壑，在万州至巫山的高速公路上，大大小小修了227座桥梁。单塔斜拉桥、双塔斜拉桥、悬索桥、连续刚构桥、钢拱桥……各种桥型，千姿百态，一桥一景，几百座桥梁构成一道亮丽的风景线。

"寻三千年巴渝遗风，观八百里三峡胜景"是三峡库区高速公路的景观主题。云阳的"平湖风光段"，车行景移，放眼看出去，是"高峡出平湖"的风光；奉节的"诗城遗韵段"，一个个镌刻在石碑上的诗文，使人想起，这里就是"夔门天下雄，文人齐聚首"的诗城；巫山的"巴渝风情段"，沿途风光秀丽，山高坡陡，桥梁隧道较多，隧道洞门镶嵌着灿若云霞的三峡石，高高的护坡挡墙上浮雕，讲述着巫山神女朝云暮雨的故事。

"渝湘高速"从重庆巴南出发，经过南川、武隆、彭水、黔江、酉阳，到秀山洪安，长达400公里的高速公路，串联起乌江画廊、金佛山、仙女山、濯水古镇、酉阳桃花源、洪安边城。

在渝湘高速公路上有一座重庆最高的"峡谷桥"，因为大桥桥面距谷底300多米，比埃菲尔铁塔还高出一头。谷底是一条干涸的溪沟，这座桥最初叫"干溪沟大桥"。大桥横空出世，一下惊艳世人。在桥边的观景台上远望大桥，只见两个宝石形索塔，耸立在万丈深渊上，一根根镀锌高强钢丝在阳光下泛着白光，犹如两把巨大的竖琴突然降临在绿色的群山之中，桥梁从两边的悬崖上飞越天堑；桥下薄如轻绡的云雾，把武陵仙山的神秘、秀美、壮丽烘托得淋漓尽致。

当年的重庆市委书记黄镇东说，这座桥是武陵山的门户，应当叫"武陵山大桥"。武陵山大桥后来被评为重庆人最喜欢的高速大桥，成为重庆高速的"名片"。

"渝湘高速"的武隆隧道群是"重庆新地标"之一。在一段25公里的高速公路上包含了5个大型隧道和6座桥梁，从空中俯瞰，车在山中穿行，忽隐忽现；乘车从一个长隧道穿过，有时还会看到"东边日出西边雨"的奇观。

渝湘高速公路穿越的武陵山区，是中国最复杂的"喀斯特地貌区"，喀斯特地貌，孕育了"芙蓉洞""天生三桥""天坑地缝"等天下奇观。但也是隧道掘进中，需要建设者攻克的世界级难题。在"渝湘高速"诸多隧道中，一直有"洞中有桥"的传说。其实，那不是传说，是真实的存在。筑路者在掘进隧道时，常常会发现大大小小、千奇百怪的溶洞。有一座长度只有1000多米的"高谷隧道"，打开山体后，发现溶洞竟有16个；其中最大溶洞空腔可以装一座大楼，根本无法用土石填充如此巨大的"空腔"；于是施工中采用架桥的方法，在隧道内架设了一座单跨30米的大桥。这就是渝湘高速上，隧道"洞中有桥"的故事。

渝湘高速上为什么风景独美？渝湘高速的一位设计师说得好："我们的设计理念就是，不要因为修路去扰动青山绿水，要把高速公路轻轻放进大自然。尽量把高速公路藏在山中，尽量修高架桥跨过河流峡谷，还原青山绿水。"所以，高速公路修好了，武陵山还是那样苍翠，乌江水还是那样清澈，百里画廊还是那样秀丽。

沿着渝湘高速东行，可以到彭水摩围山去极目远眺，看峰峦叠嶂，云海日出；可以在酉阳寻找陶渊明的桃花源，穿越到古代去体验"世外桃源"的农耕生活；可以在黔江濯水古镇，去领略"茶马古道"的昔日繁华，去做一番"廊桥遗梦"。

过了秀山洪安，高速公路将带我们去更远的地方，去看"边城"的翠翠，湘西的凤凰古城、张家界、桂林山水……直到天涯海角去看海。

五

"高速带你看风景"。其实，高速公路本身就是看不完的风景。重庆诗人傅天琳对"重庆高速"情有独钟，她说："每一次出行，都是对高速公路的一次阅读。出门看风景，每到一个地方，最吸引我的都不是我最后将要到达的那

渝湘高速瓦窑堡大桥（曾娇 摄）

个地方，而是这一路上的高速公路……"诗人感慨"我确信路也是会飞翔的，它飞过群峰，但不需要羽毛；我要细数路上有多少隧洞多少桥梁，我还要细数有多少诗词多少典故；为什么一座山有了爱情，就有了仰望的高度；一条路有了文化，就有了历史一样悠长的目光"。

　　路，从古老的蜀道，飞翔到现代的高速，飞过群峰，穿越时空，流淌那么多瑰丽的诗篇，动人的故事，神奇的传说。怀古的幽思，高速的激情，交织、融合，浸润我们的思绪，放纵我们的想象；放眼未来，历史没有终点，长路没有尽头，唯有诗和远方！

（汤乾忠 文）

山河入画：一座城的艺术范儿

有人说，行到重庆必有诗；更有人说，置身重庆必有画。两江环抱，山水相依，城在山水间、山水在城中……走进世界最大的内陆山水城市——重庆，诗情画意会汹涌澎湃。"长嘉汇"源远流长，"三峡魂"雄阔壮美，"武陵风"绚丽多彩……

青绿山水、水墨山水、浅绛山水……这里，雄山秀水，风景形胜，自古是文人墨客情有独钟的"写生"地。《明皇幸蜀图》《江山万里图》《巫峡云涛图》《长江万里图》……一幅幅旷世名作，造就了古老东方绘画中极富特色的山水画巅峰。

现当代以来，随着张大千、徐悲鸿、傅抱石等人把西方艺术传播至此，油画、雕塑、设计等艺术门类不仅在这里落地生根，更在这里承百代之流，会当今之变，开创"伤痕美术""乡土绘画"等诸多流派，让"中国美术重镇"美誉，响遏行云，不是神话更胜神话。

山水入画，水墨丹青意悠长

群峰耸立，白云萦绕，路径隐显，栈道危架，一行人马从山间穿出，皆着唐装……在中国台北故宫博物院，有一件馆藏珍品——唐代李昭道传世名画

《明皇幸蜀图》，引无数观者震撼。

在这幅画中，李昭道"可视化"地展现了唐玄宗为避"安史之乱"入蜀的故事，巧妙地把一群负责管行李的侍从安排在画幅中心，人马都在休息，布置了一个有趣的"歇晌"场面。把骑马正要过桥的唐明皇及他的嫔妃、随从压缩在画幅的右角，使画面充满了愉悦、轻松的气氛，回避了彼时唐明皇所面临的严酷现实。画中还有乾隆皇帝的题诗，足见其珍贵！

在艺术表达上，该作品的线条有别于前人的紧密连绵、循环超忽，犹如春蚕吐丝一般，通过横竖、疏密的不同组合，很好地表现了蜀山的奇峭险峻，间以流泉瀑布，穿插人物车马，制造了良好的空间感。

色彩处理则以青绿色为基调，间以墨色、花青、汁绿等冷色，与画中朱红、赭石、胭脂等暖色形成对比，呈现出一派金碧辉煌的富丽气象。而大量白色的使用，又打破了大面积浓重的青绿而略显沉闷的调子，使画面显得深沉华丽而又带有某种神秘感。

山水画，是以山川自然景观为主要描写对象的中国画，形成于魏晋南北朝时期。五代、北宋时趋于成熟，成为中国画的重要画科。按画法风格可分为青绿山水、金碧山水、水墨山水、浅绛山水、小青绿山水、没骨山水等。

以山为德、水为性的内在修为意识，咫尺天涯的视错觉意识，一直是山水画演绎的中轴主线。从山水画中，观者可体味中国画的意境、格调、气韵和色调。若与人谈经辩道，山水画堪称民族的底蕴、古典的底气、我的图像、人的性情。

重庆显山露水，雄浑壮美，天生佳景，千姿百态，自然也就成为中国历代文人墨客情有独钟的创作之地，留下了众多旷世杰作。

譬如，中国台北故宫博物院馆藏的宋代夏圭的《长江万里图》，波涛汹涌，雄伟险峻；北京故宫博物院馆藏的明代吴伟的《长江万里图》，江上风帆，云山壮丽；美国波士顿美术馆藏的清代王翚的《长江万里图》，山间栈道连云，江上帆樯如林……

此外，美国华盛顿弗瑞尔美术馆藏的北宋李公麟的《蜀川胜概图》，北京故宫博物院馆藏的南宋赵黻的《江山万里图》，美国弗利尔美术馆藏的明代仇英的《蜀川佳丽图》，美国克利夫兰美术馆藏的明代谢时臣的《巫峡云涛图》、清代袁耀的《蜀栈行旅图》等，都以"通心之学"展现了重庆的山水神韵。

唐代张彦远的《历代名画记》、朱景玄的《唐朝名画录》还记载，唐明皇诏吴道子、李思训写生嘉陵山水，回京后同画嘉陵江300里风光于长安兴庆宫大同殿壁，李思训累月方毕，吴道子一日而就。玄宗感叹："李思训数月之功，吴道子一日之迹，皆极其妙。"

明清时期，以龚晴皋以及破山、竹禅等为代表的巴渝书画艺术家，还融合诸家，自成一格，独步风骚。尤其是龚晴皋，吸纳石涛、八大山人、傅山等的艺术思想，诗书画贯通，碑帖交融，笔墨纵横恣肆，朴拙高逸，为巴渝艺术的发展增添了新的风姿。

中国美术史，绕过磐溪就会支离破碎

在位于嘉陵江畔的重庆江北盘溪（20世纪三四十年代这里名为磐溪），穿过一片茂密的树林，拾级而上，一栋古色古香的小楼跃入眼帘，静怡、悠然、恬适……陶渊明"结庐在人境"之意境油然而生。

这里就曾是现当代中国画坛"灯塔"级人物——徐悲鸿与爱妻廖静文的寄居之所石家花园。

1937年，襟江背岭的重庆成为中国战时首都。文学、科学、艺术、教育诸领域的名人，如郭沫若、冰心、巴金、老舍、臧克家、马寅初、傅抱石、丰子恺等，随之云集重庆。

徐悲鸿也随国立中央大学从南京迁于重庆，落户原重庆大学松林坡，执教于中央大学艺术系。后应重庆工商界名人石荣廷邀请，于1942年搬入江北磐溪石家花园，一住就是4年之久。

在此期间，徐悲鸿在这里筹备创建中国美术学院，先后聘请著名画家张大千、吴作人、李瑞年、沈逸千、冯法祀、孙宗慰、宗其香等人为研究人员，开展艺术教育和美术创作，培养和储备优秀美术人才。

彼时，日军频繁空袭。为顺利开展教学，徐悲鸿只好在地下石室育人、作画。在这个不大的石室里，他完成了《愚公移山》《巴人汲水》等名作。1943年3月19日，徐悲鸿画展在当时的重庆中央图书馆举办，展出国画、油画、素描百余件，轰动山城，3天时间参观者逾30000人次。可以说，石家花园见证了徐悲鸿艺术创作生涯的最高峰。

1949年后，石家花园被完整地保存下来，并被列为重点文物保护单位。2019年，江北区政府修缮了石家花园，并打造了徐悲鸿美术馆（重庆）。

走进美术馆了解到，这里先后举行了"汲登百丈路迢迢——徐悲鸿与民族美育的时代理想""往来千载间——徐悲鸿、齐白石、张大千""艺道家传——绘画中的家族传承"等大展。展出了徐悲鸿《巴人汲水》《牧童与牛》《立马》，齐白石的《蛙声》《群蟹》《虾》，张大千的《天外三峰》《黄山》《罗浮晒布台》等罕见传世佳作。

观众从这些作品中，可以深刻感知中国画坛巨匠各自"师法自然"的通途；张大千超元越宋直取唐风，食古能化；齐白石取材民间，求朴拙之气；徐悲鸿西为中用，致力于以浪漫色彩的现实主义精神来改造疏离生活、纯粹以笔墨游戏为尚的明清文人画主流……他们虽取径不同，风格趣旨各异，却互相欣赏，堪称中国画坛的一段佳话。

不仅如此，当时中国最专业、档次最高的美术学府——国立艺术专科学校（今天中央美术学院和中国美术学院的前身）迁至重庆磐溪（今盘溪）后，租赁郭家院子为校舍。为躲避日军的飞机轰炸，艺专师生们用锅烟墨将外墙抹黑。由此，"黑院墙"逐渐成为国立艺专的代名词。

虽然时值战火纷飞的年代，"黑院墙"里却是高师云集，人才辈出。丰子恺在此完成《护生画集》第三集部分画稿；李可染创作了《执扇仕女》《放鹤亭》等知名画作。此外，陈之佛、李超士、傅抱石、赵无极等在中国现代美术史上响当当的人物，也曾在国立艺专工作或任教。"黑院墙"被誉为"中国现代美术的摇篮"。艺术大师潘天寿曾说："二十世纪中国美术史绕过国立艺专就黯然失色，而绕过磐溪就定然会支离破碎。"

而同样内迁的国立中央大学艺术系，还云集了黄君璧、张大千、陈之佛、张书旂、谢稚柳、吕斯百、吴作人等杰出艺术家，培养了大批写实主义画家。

如，吴作人在此期间创作了《重庆大轰炸》《空袭下的母亲》《不死的城》等作品；李斛将中国画的写意与徐悲鸿的写实结合，推进了人物画的创新；宗其香以贵州土纸，用中国笔墨绘"重庆夜景"，被徐悲鸿称为突破古人表现方法，为中国画的创举。

因此，抗战时期，中国主要高等美术院校、美术团体，以及一大批中国美术精英汇集山城，造就了重庆在中国近现代美术史上的辉煌。抗战胜利后，内迁的高校、社团和大多数艺术家先后离开重庆，留给这座城市的不仅仅是历史的记忆，而是奠定了重庆现代美术发展的基础，开创了新中国成立以后重庆美术的新纪元，至今续写着辉煌。

在重庆大学城，绿树、鲜花簇拥着一所美丽校园——四川美术学院，是西南地区唯一一所高等美术学院，也是重庆美术事业创造一个又一个辉煌的重要支撑点。

油画，作为西方主流绘画艺术表现形式，因色彩丰富、画面细腻逼真、立体感强、题材广泛等特点，广受欢迎。

它以舶来品身份进入中国，经过百年发展，从"模仿""结合"走向自我独立，标立了中国当代艺术的国际形象。

"川美"油画就开创了中国多个先河。如，早在1962年，"川美"油画专业就在全国率先成立两个试点班："小苏派班"，师从苏联油画家马克西莫夫，学习苏派绘画；"小博巴班"，师从罗马尼亚油画家埃乌琴·博巴，强调对对象结构的掌握，秉持"艺术该有自己的风格和表达，应该创作出有独特个性的作品，避免千篇一律地作画"。

尤其是，埃乌琴·博巴把欧洲在油画艺术上的新发展传到了中国，加快了中国油画的现代化进程，促进了油画的中国化。

20世纪70年代末到80年代，以"川美"为开端和主力的"伤痕美术"和"乡土绘画"开启了新时期的艺术思潮，形成了一个轰轰烈烈的现代主义运动，被载入中国美术史册。代表作品包括罗中立的《父亲》、程丛林的《一九六八年×月×日雪》、高小华的《为什么》、王大同的《雨过天晴》等。由此，对"四川画派"的赞誉在国内外艺术界应声而起。

如，罗中立的《父亲》，首次以纪念碑式的宏伟构图，用浓厚的油彩，精微而细腻的笔触，超写实的手法，塑造了一位中国农民的典型形象——头戴白色头巾，手捧粗瓷碗，嘴唇开裂，黝黑的面容布满刀刻般的皱纹……画风严谨朴实，细而不腻，丰满润泽，让中国农民的勤劳朴素、坚韧隐忍等品质跃然纸上，充分展现了人物形象外在的质朴美和内在的高尚美，打动了无数中国人的心，获第二届全国青年美展一等奖，被誉为"超级写实主义作品的丰碑"。

张晓刚是"川美"77级明星班毕业的又一位中国当代艺术最具代表性艺术家。他的名字几乎是中国当代艺术的代名词。其艺术经历及作品不仅构成了中国当代艺术史上的一个特殊案例，同时也表征着一个时代和一个时代艺术家的艺术价值取向。

"时间"与"记忆"一直是张晓刚最关注的创作主题。从20世纪90年代中期开始，他运用近现代中国民间流行艺术的风格表现脸谱化肖像，传达出具有时代意义的集体心理记忆与情绪。而后的"失忆与记忆"系列延续了"大家庭"与"血缘"的脉络，探讨新旧时代交替下人们面对过去与未来所产生的种种矛盾。

他的《血缘-大家庭：同志120号》于2006年在纽约苏富比掀起了中国当代艺术市场的开端，许多人几乎是从这幅98万美元的作品开始认知中国当代艺术的。

《血缘》系列作品的直接灵感来自20世纪五六十年代的标准化合照，包括他自己的家庭照。从这些旧黑白相片中，张晓刚创出《血缘》系列的典型特色：含蓄而近乎单色的色调、多层次却平滑的画面，没带半点笔触的痕迹，人物只有上半身的构图，拘谨的正面姿势。画面上褪色的部位最初见于脸上的光斑，后来成了作品的独立元素，令人联想起复古破旧的照片。此系列深蕴中国文化最为着重的家庭观念，因此画作成功引起观众的强烈共鸣，激发强大的精神力量。

这40多年以来，"川美"油画系不断拓展美术创作领域，使美术创作全方位更上一个台阶。如作为当代中国油画界领军人物的"川美"院长、教授庞茂琨的作品，从古典唯美到"虚拟时光系列"，从"舞台系列"到"镜像系列"，从"折叠系列"到"副本系列"……不断变化的风格，惊艳中国画坛，让观众迷醉。

他的早期成名作《苹果熟了》，刻画了一位彝族老妇人坐在苹果树林前的场景。画面各个部分之间的比例关系合乎黄金分割法则，和谐而均衡。女人的轮廓呈金字塔形，显得稳定和有力。该作品被称为把欧洲古典艺术美感转移到了偏远地区彝族人物身上，赢得古典唯美的艺术声誉，赞誉画家自觉地去探讨乡土题材中的神秘主义。

1997年后，他的创作转向"主观情感"，开始尝试着打破有关古典艺术语言的表达方式，如改变光的切入方式，强调色调的自律性等。突出局部的表现性特征，以此避免在创作时受到题材在时空上的束缚。

在"镜像系列"作品中，他深入探讨了自我与自我的关系、自我与他人（世界）的关系、真实世界与虚拟世界的关系。在"折叠系列"作品中，他将时间折叠、把空间重置，让不同的时空的人、事、物相遇，共存。他还把自己画进西方经典油画作品里——在《马背上的奥利瓦雷斯伯爵公爵》里牵马，在《倒牛奶的女仆》里喝牛奶，在《阿尔诺芬尼夫妇像》里做证婚人……

在"副本系列"作品中，基于科技之于人类社会的创新与危机的一种直觉式思考，他探究起当代艺术在艺术史文脉中的上下文关系以及将这一关系转化对应于当下时代文化与社会现实情景中，通过个人化的视角捕捉这些内部细节，进而创造一个崭新的内源艺术史，引发观者对未来的思考。

如今，庞茂琨每年都有作品更新，多次参加国内外的艺术展览，作品被海内外多个艺术机构以及私人收藏。在油画拍卖市场中，他的作品大多有7位数的身价。

"川美"雕塑同样是一路高歌猛进，创作了众多具有全国影响力的精品佳作，如《歌乐山烈士纪念碑》《红军长征纪念碑》《春夏秋冬》等作品，极大地丰富了我国的艺术宝库，被载入了中国的美术史册。

2019年，"川美"副院长、教授焦兴涛创作的作品《烈焰青春》，刻画了一名年轻的消防员的形象。该作品一举打破中国美术最高奖——全国美展30年"不开"雕塑金奖的纪录，夺得第13届全国美术作品展雕塑金奖。

艺术设计亦然。中国现代设计是在"西风东渐"的历史背景下逐渐形成的，在较长一段时间多以工艺美术命名，并以装饰图案为研究内容来呈现。

"设计立校"是川美建校的初衷。1940年，李有行、沈福文等人在成都创立川美前身四川省立艺术专科学校。李有行致力于染织设计，沈福文则是漆艺大家。更重要的是，这一批先行者把设计分成了家具科、建筑科等，"开创了中国设计分科教育的先河"。后来中央工艺美术学院的两位重要奠基者——庞薰琹、雷圭元也都曾在这里执教。

新中国成立后，百废待兴。"包豪斯"设计理念在国内大行其道，其注重工业化、几何化、简洁化，为新中国的建设及改革开放后的大建设做出了突出贡献。

不过，"包豪斯"教学体系，没有解决涉及乡村的问题、绿色的问题等。川美地处西南，西南地区集大城市、大农村、大库区、大山区和民族地区于一体，如何用设计赋能区域经济发展，成为一道必答题。

由此，川美设计人在追求文化现代性、艺术民族性的过程中，逐渐探索出一条融汇中西古今，具有民族与地域特色的创作之路，并提出"设计的纵深"概念，一举成为中国设计版图上的重要一支。

2008年，汶川大地震发生，举世震惊。由于汶川地处山区，有高山、河流、滑坡等阻隔，对救援车辆进入造成极大阻碍。现"川美"副院长、设计学院院长、教授段胜峰与团队成员孙元明、许冲先后去实地考察了两次，结合对汶川的道路、气候、时间等因素的分析，包括对现有救援的工程和救护车辆现状的分析，设计出了一款全地形突击救援车。该车既能开路，又具有救护功能，还可以作为临时急救医院。作品一亮相，便得到业界一致好评，一举夺得第11届全国美展的金奖。

2016年，在中国载人航天工程预先研究项目资助下，由教育部深空探测联合研究中心组织，川美与重庆大学合作设计出了世界上首台融入"中国风"的月球车，可搭乘2名宇航员，最高时速可达25千米，单台就可满足月昼探测、月夜数据处理与传输等功能，具备与其他设备重构的能力。段胜峰设计团队负责了月球车整车概念设计、变幅轮毂设计、车身造型设计和文化概念设计等。

融入民间，转角就嗅到艺术的芬芳

当艺术成为配套生活的一部分，意味着精神世界从此将更加丰富。

在渝中区高档住宅小区——万科锦绣滨江，重庆锦瑟画廊开设在裙楼最显眼的位置。这是一家民营画廊，创立于 1998 年，先后策划举办数十次海内外艺术展览及活动，代理经营近百位艺术家的作品，每年定期参加国内外举办的各类大型艺术博览会，是领军重庆的艺术经纪和具有海内外声誉的专业画廊。

主理人张琪是一位美术专业的科班生。1997 年，她从川美工艺系毕业，与早她 5 年毕业于川美服装专业的姐姐，像当时大多数艺术青年一样，跑到荣昌区的安富镇（中国四大名陶荣昌土陶的出产地）去创作了一批艺术土陶，总共有 150 多件。这批土陶烧制出来之后，怎么把它们销售出去，于是她想到了开一个画廊。

张琪和姐姐的第一个店"锦瑟艺廊"，开在当时重庆的第一个装饰城里——七星岗中天装饰城。除了卖自己的土陶外，还卖一些川美的同学临摹的世界名画，也就是业界所说的"菜画"。

虽然卖的是"菜画"，但由于出自专业人士之手，也比那些粗制滥造的"菜画"高端许多，加之原创的土陶很受欢迎，锦瑟艺廊在圈子里的名气日渐扩大，生意稳步发展。

之后，她们开始有意识经营艺术家的原创作品，并定期推出一些主题展览。店名也比较有底气地把艺廊改成了画廊，并开始举办一些原创作品的主题展览，如"视网 99 艺术作品展""人民的艺术——吴冠中作品展""青年名家雕塑作品展"等。

2006 年是中国当代艺术的黄金之年，也是锦瑟画廊的转型之年。此后，画廊不但推出一系列主题展览，更重要的是实现了从艺廊到画廊的彻底转型，不再经营"菜画"和装饰品，而是按照真正的画廊模式经营，不但强调活动的艺术与学术含量，也开始有了自己的签约艺术家。同时，还有计划收藏一些艺术家的作品。

"我这辈子估计不会再干其他行业了，也没想过要退休。第一是因为喜欢，第二是因为卖画这事不挑年龄，就算是八九十岁了，只要眼睛还能看画，嘴巴还能说话，就可以继续干下去。最重要的是，我想把艺术献给生活，为社区增添一点人文气息。"她说。

在重庆标志性景点两江交汇的江之南岸，坐落着又一个文化地标——重庆长江当代美术馆。它的总建筑面积达22000平方米，拥有专业展厅8个，并配套着同声传译学术报告厅、贵宾厅、高清多功能放映厅、MOCA艺术商店、"长江记忆"咖啡厅、艺术品典藏库等。作为一家民营美术馆，其规模不仅在重庆首屈一指，在西南地区乃至全国都堪称"巨无霸"。

这里不仅是重庆市民及游客争相打卡之地，一场展览的观众人数时常超过10万人次，还是全球当代艺术家、策展人竞相办展之地，先后举办"放大——后金融危机时代的中国新绘画展""首届长江国际影像双年展""米兰：世博城市的近百个瞬间——罗贝尔托·葛菲摄影展""异质共生——2016国际当代艺术展""万丈高楼平地起——第二届长江国际影像双年展""流光意彩 意大利艺术、视觉、创造当代艺术展""元素之链Alon Kedem个展""光之书写 泽夫·科罕摄影展"等展览。

尤其是长江国际影像双年展，首届就吸引全球五大洲30余个国家的200余位艺术家参展；第二届更是汇聚全球226名艺术家的上千件作品参展，涵盖人文历史、西方大师肖像及世界各地自然奇观等丰富内容，吸引如潮般的观者走进美术馆。

"我想努力呈现的是当代艺术多元、实验、前卫、先锋的创意色彩。"重庆长江当代美术馆馆长邹玲女士称。该美术馆的主要宗旨就是把国际国内前沿的当代艺术及创作者引入重庆，为重庆市民提供参观学习当今世界艺术潮流和成果的机会，同时为国内外优秀艺术家搭建起一流的国际平台，推进重庆与世界的文化艺术交流，促进长江上游当代艺术的繁荣发展，进而把重庆长江当代美术馆建设成为长江上游具有国际影响力和特色的公共美术馆。

不仅如此，在重庆，重庆美术馆、原·美术馆、重庆时代美术馆、星汇当代美术馆、金山意库·轻艺术空间、龙美术馆（重庆馆）等大量美术场馆犹如珍珠一样，散落在城市的各个角落，融展示展览、艺术收藏、艺术教育、文化交流等于一体，提升着城市的品质和公众的艺术涵养。

走在这座城市的大街小巷，重庆长江大桥的《春夏秋冬》、歌乐山的《歌乐山烈士纪念碑》、曾家岩的《周恩来》、南山公园的《大金鹰》、大田湾体育馆的《贺龙与运动员》、解放碑八一路好吃街的《重庆女孩》《吃火锅》、杨家坪步行街的《塑料袋》……一件件雕塑作品已融入这座城市的血脉，成为文化符号和城市记忆。

城市公共空间的艺术作品也已从纪念性、抒情象征的主题转向了城市景观，关注着人们的日常生活。以一种更灵活、更丰富的方式进入街道、社区和广场，走进人们的生活，提升着城市的"颜值"和"气质"。

长江文化艺术湾区更在加紧建设中，其立足"美术半岛"的发展定位，突出生态、历史、人文、艺术特色，以艺术赋能长江之滨，弘扬艺术文化，营造艺术家和人民群众的精神家园，满足人民对美好生活的需求。

除了城市，艺术介入乡村也发展得如火如荼。在武隆懒坝，法国艺术家克里斯蒂安·波尔坦斯基的心跳博物馆、英国艺术家卢克·杰拉姆的月球博物馆、日本艺术家浅井裕介的苔藓馆、日本艺术家松本秋则的竹音剧院、丹麦艺术家托马斯·丹博的《爱的小径》；在酉阳叠石花谷，焦兴涛的《沟通之介》、傅中望的《斗笠》、刘佳的《对话》；在荣昌安富，徐洋和贺紫瑶的《契约剧场》、王国亮的《生命——陶的旅程》、刘天佟的《咕噜噜赶海》……一件件精美的艺术作品被置于绿水青山间、村庄农舍旁，将艺术融入乡村、融入农民的生活，探索艺术介入乡村建设，助力乡村振兴。

无论从天上去俯瞰夜山城，它的万千灯火组合成一座座花园，繁花似锦；还是借一段烟云去细品火车在高架桥上神秘而行，如飞龙般地腾云驾雾，谁都会惊叹：重庆本身就是雄大壮美的艺术作品，处处都是艺术作品的精华。这样被艺术浸润了每一寸泥土的大地，只会让你相看两不厌！怎可能厌？东边日出西边雨，轻舟已过万重山！

（韩毅　文）

川剧女皇：身披帮腔的疾风闯滩

春天的重庆，有时会天气突然好得让人想入非非，整个城市像从沉沉的灰色中睡醒，一夜间便容光焕发。像步入一场色彩的音乐会，该登台的一个也不少——粉桃花是暧昧的民谣，紫玉兰是矜持的美声，黄油菜花是让你喘不过气来的 Rap……重庆有戏了，一年一度终于得到了大自然最慷慨的母爱，连坡坡坎坎也在承欢，那样的路不平竟是浪漫的极致。

而这样的色彩季，却让我想起沈铁梅策划并演唱的一场川剧交响剧《衲袄青红》。浪漫吧，像巴渝 3 月天的名字，很巴渝乡愁的名字。拿它去嫁接交响乐，绝对需要翱翔起来的想象力。

一

看过川剧交响乐《衲袄青红》2009 年在比利时"欧罗巴利亚–中国艺术节"开幕式演出的视频，那真是非常独特的视听盛宴——融川剧青衣、帮腔、锣鼓与西洋的管弦乐为一体，川剧 Logo 之一的锣鼓与铙巧妙地穿行于西洋乐群山的包围，像睡莲一般航行于大湖之中。沈铁梅一开嗓，宛如静夜里的星子划过天际，银光熠熠的流星雨注定下在布鲁塞尔的记忆里……她站在那里，迎着帮腔疾风般刮过来，摇动她高绾的发髻、舒展她的虹裳霞帔，这个为舞台而生的女子便成了真正的女皇。而台下的比利时阿尔贝二世国王与全场观众更用热烈的掌声为她加冕。他们翻越了语言的隔离之墙，竟懂得她的喜怒哀乐，欣赏她表达出来的艺术。她笑靥如花，像一个川江上的船工在享受着闯滩成功的喜悦。她的人生，就这样一出夔门，且战且胜。她走向世界，世界走向她！

二

沈铁梅就这样，穿着青红衲袄，穿着最能表达中国人热烈情感的中国红，将川剧带进了世界的艺术殿堂，意大利、荷兰、法国、德国、澳大利亚、新加坡、韩国……她一路高腔响遏行云，一路霞帔迤逦蜿蜒。她让外国人见识到了中国神话中凤凰的现实版，如何迎风展翅，开创了川剧史上两个第一：第一个在国外举办川剧演员的独唱音乐会，第一个用西洋交响乐队伴奏演出川剧。她在钻研民族发声法的同时，将美声唱法融入川剧表演中，被公认为"川剧历史上前无古人的声腔第一人"。矜持的英国《金融时报》、霸气的美国《纽约时报》都一反常态，对这位东方艺术家投去热情的目光，赞美有加。

而无论沈铁梅走多远，都有一双眼睛在后面默默注视她，那束目光来自她父亲沈福存。他是一位著名的京剧表演艺术家，在自己几十年的演唱生涯中一直算得上是现在所说的斜杠青年：横跨小生、旦角、老生3个不同行当及性别的领域，戏路广宽，嗓音甜美，水音十足，可谓梨园难得之人才。他更是个性格开朗，天生幽默的父亲。尤其是看着自己3个花朵一样的女儿俏丽成长的时候，常常呵呵笑出声。

沈铁梅二三岁时，沈福存突然发现自己这大丫头竟可用行腔落板唱《红灯记》中李铁梅的唱段。他啧啧有声赞叹：有戏！有戏！他盛满惊喜的眸子里，似乎都已看到女儿10多年后继承自己的衣钵，与自己同台飙戏的情景了！可事与愿违，女儿小学毕业时，艺校不招京剧学员，只招川剧的。女儿哭了，流着泪说，我才不去学那闹喳喳的东西。这倒急坏了一个人，当时重庆市文化局领导黄启璪。川剧也是巴渝文化的一支命脉，它是我们的镇家之宝，需要人去守护它，传承它。黄启璪看好沈铁梅就是那个守家业的人，便不断去说服自己的老乡沈福存，让女儿去学习川剧吧，让川剧这棵老树发新芽吧……

铁梅进戏校的那天，素日总是呵呵笑脸的父亲陡变冷峻。他对女儿说，你这一去，不是唱一天戏，而是唱一辈子戏。你这一生都只有前台，没有后台，每天都不能松懈，你要对得起这个碗饭！1986年，川剧名家竞华正式收沈铁梅为徒。从此，艺校里有一件事毫无悬念：那个练唱最多，腿架得最高的学员，总是沈铁梅。

诗人李贺说：少年心事当拿云。

诗人李白说：直挂云帆济沧海。

渐渐成为川剧演员，成为川剧著名演员的沈铁梅不说只唱，她分别于1988年、2000年、2011年3度获得中国戏剧最高奖梅花奖，这在全国的戏剧界可谓屈指可数。她领衔主演的川剧《金子》囊括了中国戏剧舞台所有大奖，被誉为20世纪中国戏剧的代表作。

遗憾的是，对于沈铁梅的这些努力与成功，我是若干年后的今天才有所了解与体会。作为一个重庆人我是否欠了沈铁梅一个道歉？她主演的《金子》《李亚仙》早已蜚声海外，而我竟从没有坐在剧场好好欣赏过她的任何表演。

我对川剧充满一种因无知带来的偏见，觉得它过于喧闹，下里巴人的土，不入耳……

偶然的机会认识了一位对川剧艺术很喜欢的朋友，每每听她眉飞色舞地谈到沈铁梅和她的戏都觉得不可思议：一种闹喳喳的地方戏，有多大的艺术含量？

直到一个初春之夜，冒着淅淅沥沥的雨去看重庆川剧团电影版的川剧《金子》，才在两小时时间内彻底改变了两千万小时里那些莫名的偏见。那是怎样的两个多小时？我屏住呼吸，肝肠寸断，任由川剧《金子》征服我，刷新我的认知——

堪称现代经典川剧的《金子》，除了有对川剧表演精华的进一步的发扬，更融入了巴渝民间的言子、清音等艺术形式，使其厚重又别有新意。而沈铁梅扮演的金子自然成为全场的焦点。她的一颦一笑、举手投足真是"惊也是那样的惊法，艳也是那样的艳法"，很符合虚实相生、遗形写意的川剧人物塑造的审美特色。她柔美、张力十足又大胆创新的唱腔真是要把你的魂给唱出来；或呼天抢地的高亢、响遏行云；或柔美婉转，耳语般细腻……它带着你千回百转去追随金子的命运……

我觉得重庆人应该好好感谢沈铁梅。因为她让这座城除了拥有美丽夜景、美味火锅、美艳女子3张名片之外，又多了一张——魅力十足的川剧。

中国有两位演曹禺的《金子》演绝了的女子，幸运的是竟都是我们重庆女人——刘晓庆和沈铁梅。尽管她们的"金子"各为电影版和川剧版，然而都入木三分地、准确地解读了曹禺笔下的那个女性人物的精神内核——明明活在无法左右自己命运的时代，却偏偏要与命运叫板……

比起20世纪80年代刘晓庆在电影《原野》中演绎出金子狂野的个性与性感来，沈铁梅对"金子"这个人物形象有了进一步挖掘与塑造。所以沈氏的金子层次似乎更丰富，色彩更纷纭、复杂：她不只是一个叛逆、泼辣、敢爱敢恨、决绝的金子，也是一个机灵、俏丽、调皮、多情的金子。她更因自己的善良、细腻、柔弱而一直挣扎于爱与同情之间，瞻前顾后，优柔寡断……爱得爽朗，恨却是刀子嘴，豆腐心。

刘晓庆的金子赢在了"放"；沈铁梅的金子赢在了"收"。刘晓庆演的是北方原野上的乱世佳人，沈铁梅演的更像是云遮雾绕的巴山蜀水中隔壁家的幺妹……

而我，更感到沈铁梅版金子洞穿人心的力量：真人秀的舞台，离观众如此近又如此远，无法利用任何电影特技、包括电影特写镜头来增强表现力，能依靠的似乎只剩下唱腔与肢体语言这些最原始的戏剧手段。但却要让一个角色、一场戏催人泪下，谈何容易？

然而，沈铁梅和川剧《金子》竟然做到了。

……

更令我常常辗转反侧的是沈铁梅唱的《三祭江》。她用一种存活了几百年的艺术把我送入时光隧道，推开门见到的是三国，见到的是孙尚香。

站在我们21世纪的高地望去，孙尚香与貂蝉一样，都是男人权力游戏的三国世界里孱弱的粉色影子，两个被男人的阴谋阳谋消费殆尽的无辜少女。

而《三祭江》这出川剧重要的折子戏似乎把孙尚香的悲剧推向了高潮。它讲了这样的故事：刘备痛失关羽、张飞两弟，誓死为之复仇，进攻东吴，却壮志未酬，病死白帝城。夫人孙尚香闻噩耗，来江边一哭刘备、二哭关羽、三哭张飞。三祭江后，为亦亲亦敌的男人们泪尽意绝，投江而死。

它真的只是一个嫁鸡随鸡的女人的殉情故事？

沈铁梅给了我们一个相反的答案：孙尚香在看似别人给她布置的人生里，从来都遵从了自己内心的召唤。她是美人，自然要选择英雄。追随英雄就是她一生的事业和价值。当众人在嘲笑东吴赔了夫人又折兵时，她也在暗笑。男人们懂个什么啊？他们哪里知道人生苦短，还没好好爱一场便战死沙场那才叫冤……

她汹涌澎湃地爱过了，哪怕爱的是家族的敌人。但这个盖世英雄也给了她盖世的传奇。燕雀安知鸿鹄之志！

沈铁梅演绎出孙尚香如滚滚长江东逝水的大悲，她的三哭中何尝不是也在哭自己？但更无比准确地呈现出孙小妹的高贵与坚持。一个敢于为爱去献身的人，就是被信仰笼罩的人，能主宰自我的人！她的幸福又岂是我们能窥探的？

《三祭江》分别运用了高腔、胡琴、弹唱3种声腔来演唱。即川剧行话说的，它是一出只能靠"三下锅"纯唱功来完成的戏，演员在台上基本上没什么动作可以吸睛。所以，这折戏就是对演员的大考。

而《三祭江》恰恰是沈铁梅的拿手好戏——它的难度系数有多高，她达到的艺术境地便有多高。更高的地方便是天光云影共徘徊了。按川剧研究专家杜建华女士的话来讲，高腔是川剧有别于其他剧种发育得最完善、最有优势的声腔。而沈铁梅的高腔已经是炉火纯青的级别了。她润腔有方，游刃有余，悦耳动听。所以半个小时的《三祭江》由她唱来仍会分分秒秒攫住观众的心，这在中国的川剧界已代表一座高峰……

三

何为川剧？我们很多人可能不屑回答。认为它或许不过是下里巴人的干嚎，或干脆就是老古董早就被塞进历史的抽屉里了。

不！川剧是一种文化，而且山高水长——

所以，越在世界宛如一个村庄、人们的吃穿住行日益趋于同质化的当今，我们越应记住，各自先民曾长声吆吆表达出的腔调，那不仅是我们的乡愁记忆，描述我们来自何方，更在预示我们将会怎么去走未来的路。

其实，在我们热忱地追捧意大利歌剧以及其他欧美歌舞剧、音乐剧的时候，我们的川剧也成为他们稀罕的宝贝。他们竟然也能听懂我们的《金子》《衲袄青红》。我们川剧女皇的唱腔也令他们如痴如醉，三月不知肉味。

我们与世界打交道时，得习惯以自己特别的文化来发言。想当年，西方人缺丝绸与陶瓷，我们中国人就穿越浩瀚的沙漠和凶险的海洋为他们送去这些奢侈品。而现在，当我们声情并茂唱一曲曲川戏给世界听，相信他们会听出这是和平之声，看到我们献出的、充满诚意的爱。它们不也是新丝绸之路上最美的那一匹匹丝绸？

四

沈铁梅在自己的川剧中一字一句演绎巴渝人，在自己的生活中一言一行做巴渝人。那么什么叫巴渝人，或者叫巴渝女人呢？坊间曾流传过一个有关沈铁梅的故事，说是有一次在京城演毕，她和一群朋友吃饭。酒足饭饱后，自然该有人买单。沈铁梅用筷子轻敲了几下还荡漾着残红的葡萄酒杯，笑道：我早已结账，大家慢用……瞬间，大老爷们都呆住了。他们盯着这个重庆小女子，眼神中仿佛有不解，抑或有感动。因为在他们的词典里，哪有由女人来付款的道理？女人吃男人是天经地义，男人吃女人是不够意思。但沈铁梅这个重庆女人就这样不吭声不出气掏腰包买单了。云淡风轻，倒让他们见识到了重庆人、重庆女人骨子里的豪爽劲和独立意识……

也是在春雨朦胧的夜晚,我与铁梅以及她两位漂亮的妹妹红梅、冬梅相逢于重庆长江边的船上。

蜕去舞台上姹紫嫣红粉妆的她,利索的短发和运动装,另有一番精干之美,给人以邻家女子的随意感。我几乎忘记了她川剧艺术家、中国戏剧家协会副主席、重庆市文联主席、重庆川剧院院长等光环与身份。与我们聊天,仍是三句话不离本行。她说:当初自己是哭着踏入川剧这一行的,一千个不情愿,总觉得川剧没有京剧好听。她说,她和现在很多川剧人最想干的事,便是为川剧正名。让川剧愈来愈好听,让更多的人、包括年轻人也迷上川剧。

浪击船舷的缓急间,她清唱了一段《凤仪亭》中貂蝉的选段。结尾处,两个妹帮腔,沈家姐妹的好声音在夜色里舒展,悠扬婉转,令人动容。那一刻,是我千金难买的风花雪月……

这让我想起她在比利时欧罗巴利亚艺术节上唱川剧交响乐《衲袄青红》的情景:虹裳霞帔、髻发高绾,她这个戏剧女皇迎来了世界各国观众用掌声为她举行的加冕礼。她让外面的世界记住了川剧的面容。

她欠身致谢,东方式的妩媚间,长袍大袖里却蕴藏着力量——不断闯滩的力量。

(吴景娅 文)

"西梁"传奇 无远弗届

在撰写本文之际，找到了几十年前一张涪陵地区的报纸的副刊，介绍当年活跃于该地区的美术创作者们和作品。首屈一指者是一位18岁的女知青，金佛山中的乡村女教师。几十年后，当她站在中国时尚王国的山顶，站在2008年北京奥运会开闭幕式主创服装设计师的座位上，站在英国伦敦泰特美术馆自己的大型装置艺术作品《马赛马拉》前，会让你霎然想起中国《尚书·大禹谟》的那句话："惟德动天，无远弗届。"它是说，一个人立下的志向和为此准备的德行是可以感天动地的。于是，你心有多远，就能抵达多远……这个叫梁明玉的女子走了多远了？她驰骋中国当代艺术和时尚的疆土已40多年了，一步一精彩，书写下了浓墨重彩的"西梁"印记。

她为何被称为"西梁"？这缘于人们对中国服装设计界4个顶级代表人物的简称："南张北王东吴西梁"，这4位顶级服装艺术大师为张肇达、王新元、吴海燕、梁明玉，皆是改革开放之后，从中国文化土壤中成长起来的杰出艺术家。

虽然深处大西南，"西梁"梁明玉却早已享誉全国：1992年，她首次以独立艺术家身份在北京举办个人作品展，代表作《南国魂》《红星中国》等轰动艺术界。她曾担任2008年北京奥运会开闭幕式主创设计师、2010年广州亚运会礼仪服装首席设计、2018年获时尚北京"时尚艺术终身成就奖"。她也是西南大学纺织服装学院教授、重庆市服装设计师协会主席、重庆市服装设计与工程首席专家、重庆市女性文化促进会会长、时装艺术国际同盟常务理事。

与衣香鬓影、觥筹交错的时尚圈相比，这位时尚女王显然更享受待在自己的一方天地。她默默地耕耘，从未停止过思考。在时尚艺术的花园里，她持续性地开拓，从未停止过。

在中国当代服装史上，梁明玉留下了脍炙人口、堪为标范的代表作。20世纪90年代的《南国魂》《红星系列》，2000年初的《兰色西部》《绝艳无色》，2008年的北京奥运会开幕式，《CCAP市长峰会国宾服巴渝盛装》，之后的《生态牛仔》《非裳》《无界弗远》《春绿秋黄》，还有无数精湛的大型舞台演艺服装……

淅淅沥沥，飘着小雨。新年的味道还在空气里。这是2022年2月初的一天，渝北服装产业园一带，工人们大多还没返厂。除了来来往往的轨道交通和低空掠过的航班轰隆作响，四周很安静，没有什么杂音。

渝北区两港大道289号，服装艺术大师梁明玉的艺术庭院坐落于此。偌大的院子，点缀着修竹、绿植，开阔的草坪上，小草正疯长。我并非初次造访，却在步入那幢拙朴的水泥钢构玻璃房时，感受到一种别样气场——

一件造型奇特的装置艺术品赫然眼前，高达数米，门厅耸立。主体材料为若干玻璃钢服装模特，其躯体和四肢经过重构、组装，形如一株参天大树，旁逸斜出，兀自森然肃穆。

"这就是之前给你提过的TREE，赶在春节前完成了，感觉如何？"

见我仰头端详，若有所思，一旁的主人梁明玉笑了。

"TREE是我献给2022年的第一份礼物，它丰富了我利用废弃模特进行的系列创作。有朋友开玩笑，'梁老师又在不务正业'，但这才是我发自内心的艺术表达。我相信，这些从我内心'长'出的作品如果被看见，也能走进观者内心。"

她伸手抚过泛着冷光的"树"身，眼神温柔，声音轻缓，却又透出某种笃定。

废弃模特有了"二次生命"

用废弃模特进行装置艺术创作,是梁明玉始于 2020 年的新尝试。她以一年一件的进度,陆续完成了《2020 涅槃》、《阿芙洛狄蒂 Aphrodite 的阅读》、*TREE* 3 件作品。

"《2020 涅槃》源于对疫情有感;《阿芙洛狄蒂 Aphrodite 的阅读》希望探讨碎片化的知识能否成为整体精神的支撑;*TREE* 则象征生命之树,试图为人类的未来生活寻找新路。"

她翻出 3 件作品的照片,放大了局部让我细看。介绍它们时,她就像在聊自己的孩子。

很难说这些象牙白的人体模型经过重组之后是不是好看,然而那些看似无序的组合逻辑,确实恰到好处地成就了一种抽象的美感。

"有人说看不懂,有人拍手称赞。无所谓的,它们本来就是很当代、很观念性的,有了冲动,我就表达,纯属一种自然流露。它们的诞生自有道理,非要讲清楚反而显得画蛇添足。"

至少有一点可以明确:之所以用废弃模特为创作材料,源于梁明玉对环保的持续思考。

"环保是世界性议题。这届北京冬奥会倡导的节能、环保理念深入人心,其实各行各业都该如此。比如服装业的废弃模特,它们由玻璃钢制成,无法降解,大量堆积,污染环境,这问题已困扰我多年。怎么办?几年尝试下来,我想我做到了,用创意赋予它们'二次生命'。"

不仅仅是模特的"重生",要理解梁明玉的艺术轨迹,一定绕不开变废为宝和环保主义。

早在 2010 年,她首次大规模使用服装工业废弃面料,推出了以时装艺术为基础的装置作品《零库存》;2014 年的《来自天边》,旨在探讨人与动物、与地球关系以及生物多样性;2016 年的《再生牛仔》,则又大声疾呼要关注牛仔裤生产造成的全球污染。

"服装依然是设计者和制作者表达理念与情感的载体,虽然也用了模特演绎，但服装作为穿着的实用性被消解，核心在于表现人类对青山绿水的向往，是反叛的观念性设计。当年做出来，还惊到了不少人。"

她用软雕塑来定义这些明明是服装，却又不太具备日常穿着功能的非典型"服装"。"它们本质上是一种艺术语言，能够更生动传递我的某些难以企及的对生存状态的思考和表达。"

所有的思考和表达在2018年的《马赛马拉》得到进一步升华。她曾受邀赴非洲马赛马拉考察野保工作，内心受到极大震撼。以此为灵感，她征集到200多条牛仔为基础材料，1:1还原了一头非洲母象和它的幼仔形象。继续呼吁减少牛仔材料消费的同时，更强烈谴责了对野生动物的屠杀，强调保护生物多样性。

这件彻底突破了意义"服装"的装置，为梁明玉赢得了广泛的国际声誉。在受邀亮相北京展览馆、英国伦敦泰特现代美术馆之后，如今作为常规陈列回到了梁明玉艺术庭院。

"每晚关门前，我都会跟象妈妈和象宝宝说晚安。每天跟它们见面时，光线不一样，心情不一样，我眼里的它们也不一样。我知道，世界上还有很多人跟我一样心疼它们，它们静静地立在这里，坚定了我以艺术介入环保的决心，给我以力量。"

现在，越来越多朋友和艺术粉丝被梁明玉打动，纷纷捐献废旧牛仔裤以供创作，重庆市人大生态委还专门组织了市、区生态环境局官员、专家到梁明玉工作室观摩研讨，点点滴滴的各界力量汇聚在梁明玉身旁，为生态环保事业注入了艺术之光。

"关注环境就是关注人的命运，关注人类命运就是当代艺术的核心。"梁明玉记得，当年德国艺术家博伊斯的作品《7000棵橡树》，就是在柏林的市政广场上种7000棵橡树。当时很多人不理解，如今却已成为德国最美的生态。"身体力行做环保，我希望尽全力而为，能做多少是多少，如此也可以使当代艺术真正成为一种社会生产力。它可以直击人心，对人们进行感召，只要每个人都携起手来拯救生态，保护环境，这颗蓝色的星球就能美丽永恒。"

时装艺术的叛逆者？

温柔地跟"大象"说晚安的梁明玉，与期待自己更有力量的梁明玉，哪个更接近自己？

"这还真没想过，但肯定都是真实的自我。我想我身上能找到中国女性皆有的美好特质，同时我似乎还有超过大多人的偏执——认定了应该去做的事情，一定用尽所有力气去坚持。"

《马赛马拉》的成功让她看到牛仔材料在环保的艺术表达方面存在的巨大可能。"这才是我心目中追求的艺术，打破了边界，集绘画、雕塑、服装、装置艺术于一体。单纯二维的绘画和三维的服装都做不到。唯有这样的结合，才能表达出马赛马拉带给我的冲动和激情。"

大象代表陆地，那海洋呢？天空呢？她决定用牛仔继续探索，构建一个"生态三部曲"。现在，第二部曲《海洋》也快完成了。其主体呈现，是一头因海洋污染而变得血红的巨鲸。

问题在于，耗费大量精力用艺术为生态环保鼓与呼，甚至旗帜鲜明地倡导减少服装生产和消费以促进可持续发展，是否意味着服装设计师出身的梁明玉，站到了时尚产业的对立面？

"曾经很多人不理解，说梁老师就该专注服装设计，为环保操心图个啥？并且还要大家少买牛仔裤，少买新衣服？这不是离了大谱？"她笑了笑："大概这算我对时装艺术的'叛逆'？我想如果这是'叛逆'，那就更是一种艺术自觉。我在服装产业的根扎得越深，就越了解这个产业光鲜的背后其实也伤害着地球。既然有了一定话语权，我得站出来。"

她认为身份问题也值得谈谈。"艺术发展到今天，时尚和当代艺术之间的界限被模糊，设计师和艺术家的界定也被弱化，人们说我是个成功的服装设计师，但我认为自己首先是艺术家。30多年前我出发时，就怀有艺术初心，要把每一件服装当成真正的艺术品去完成。机缘巧合让服装成了我重要的艺术语言。我可能算时装艺术家，但我从不为艺术探索设限。"

探索和思考引领着她来到了装置艺术的花园。"服装设计和装置艺术天然亲近，实用和美观只是服装的一个基础功能，更深层次的东西还在于艺术性和思想性。将服装这种日常用品进行观念性改造、重组，就能演绎出具有文化意蕴的综合展示艺术。我想我找对了密码，我的很多装置艺术品都从服装设计衍生而来，它们通俗易懂，又有独立思想表达。"

梁明玉说，艺术家要独立表达思想，怎么强调都不为过。因此自己"叛逆"的艺术实践，也并非与时尚产业作对。

"不是作对，而是深刻反思，面料在库房堆积如山、牛仔染色带来可怕的全球污染、野生动物因为人类的欲望丧失生命和家园……我只是通过艺术表达对生活的观察与思考以及对人类共同命运体的同情与观照。艺术家怎可只关注自身而不为人类命运共同体发声、用作品去感染和启发世人？唯此，我们的艺术创作才有了被更多人'看见'的价值。"

也正是这份觉悟，让她很早就走上了一条与众不同的独立艺术道路。20世纪80年代末，初涉服装设计不久的她，拿过一些奖项后，决定不再参加任何比赛。"我渐渐注意到一些现象，比如有选手会提前打听评委是谁，再'对症下药'去设计迎合评委口味的作品。我觉得这不对，为了拿奖而设计，委屈了自己，玷污了艺术。我不玩了。"她默默回到川美家属院那间不足9平方米的宿舍，铺开画纸，踩着借来的缝纫机，埋头逐梦。

从《南国魂》到《马赛马拉》，梁明玉始终保持故土初心，执着于手工技艺。她从未忘记自己从哪里来，也时刻在思考，自己该去向何处。在从事生态艺术同时，近年来她还沉浸于重庆唯一的世界文化遗产大足石刻的研究创作。她用浪漫时尚的语言与古老的石雕展开千年对话，为大足石刻赋予了绚丽丰富的色彩。

2022年7月，大足石刻时尚设计暨西梁艺术作品展隆重亮相。梁明玉原创的《大足色彩》再度展现出她在艺术上的另辟蹊径，她用充沛的激情赋予冰冷硬朗的石刻，梵高、毕加索般的色彩表达让千年石刻造像焕然一新，独具一格，堪与《敦煌色彩》媲美。

"将千年石刻转化为更具现代感的、广大群众喜闻乐见的绘画、纹样和数字艺术，并广泛应用于日常生活，我想这也是我从时装艺术本身'叛逆'出来的一个新探索，将经典的大足文化推向广域的当代文化，我相信对大足石刻的传播而言也功莫大焉。"

大旗要举高才能被看到

聊天中，梁明玉的先生牟群不时进屋添茶。"我们今天福气好嘛，大教授亲自烧水煮茶。谢谢哟。"她眨眼笑，神情顽皮如少女。喝一口，点点头，吩咐："这普洱不错。老牟，再给我们拿点上次那种柿饼嘛。"又认真提醒我，"那个富平柿饼真的好吃，等下一定要尝尝"。

牟群是四川美院研究美术史的教授，也是最懂梁明玉的人。全心全意，任劳任怨，他见证了她从小学美术老师，到服装设计师，到当代艺术家的每一次蜕变。1992年，也正是在他和好友支持下，梁明玉个人服装艺术品发布会亮相北京，她因此成为首位在京举办大型个展的独立艺术家。这次展览上，70余家中外媒体聚焦，《南国魂》《红星中国》系列一炮打响。

"服装作品也是艺术？当时还有争议。但大部分观点认为，我是以服装为载体，综合了舞台、音乐、模特、纺织品等进行视觉、听觉的立体呈现，当然属于当代艺术范畴。"她说。

26年后，她与张肇达、王新元、吴海燕同获2018时尚北京"时尚艺术终身成就奖"，写下中国服装设计界"南张北王东吴西梁"的时代传奇。

挑剔的京城评论家们普遍对梁明玉评价很高，认为她的作品立足于中国传统，兼具国际视野，超越服装的时尚性，展现出深博的思想境界和人文观照。

来自西南重庆的梁明玉，凭什么能征服时尚中心的大咖？牟群也有自己的看法，"当年重庆相对于发达地区没有那么多外来信息干扰，梁老师独立思考，坚持走中国设计自己的路子，用的最传统的元素，就足以让人眼前一亮。她的成功就源自与众不同"。

是的，她一直那么与众不同，比如孜孜不倦地用艺术进行环保表达，现在，这些"叛逆"的努力也被中国和世界看到了。

《马赛马拉》北京首展时，著名导演甲丁直言："作品带给我的精神交流、人文情怀和表达，让我不仅看到了艺术家的境界，更感受到艺术家对世界、对社会极端负责的态度。"

邀请《马赛马拉》赴英国泰特现代美术馆展览的艺术批评家苏尼尔教授也说："来自中国重庆的艺术家梁明玉，用作品讲述了野生动物生态的艰辛和生命的流动。作为一种强烈的视觉形式，在环保事业中促进了人们的行动和反思。"

2021年12月举办的"守望自然野保英雄会"上，梁明玉被授予"终身野保成就奖"。她很开心，但也惶恐自己做得还不够："艺术家对社会是有责任的，说到底，我尊重艺术，敬畏自然，我把旗帜高高举起，才会有越来越多人看到并加入进来。这条路肯定辛苦，但也值得。"

艺术评论界认为，梁明玉之所以是大师，"西梁"之所以是西南的巨擘，根本原因在于她的艺术，始终扎根于脚下的大地。她活跃于国际装苑艺坛，却永远秉承中华文脉，西南灵魂。

（赵欣 文）

璧山有玉：一对父女的乡村博物馆

乡村，乡村，乡村……这里的4月除了乡村，会毫无悬念？

你低估了如今中国乡村里会发生的奇迹！

重庆璧山县城南约20公里，步入有稻田、黄油菜花、紫萝卜花的乡村，只觉开满青白花的柑橘树如同哨兵一般站在各个山坡上瞭望，闷闷的香气拽着绚烂的春色一起扑向金剑山。山下那个叫健龙镇新石村的地方，有一座清代工业遗址——天福碗厂，它始于清咸丰四年，兴于民国，盛于20世纪六七十年代，然后衰落。

而今，它叫重庆大圆祥博物馆，馆长刘健，副馆长刘炜：一对父女在主持这座乡村民间的博物馆。

从一个烂朽朽、差不多是废墟的天福碗厂，蜕变为一座名气不小的乡村博物馆，你不得不惊觉：天福啊！

在吱吱咔咔推开大圆祥博物馆大门之前，我也是带着一颗司空见惯的心。我去过大英博物馆，巴黎的卢浮宫，美国大都会博物馆，埃及国家博物馆，希腊国家博物馆……更是几进几出我们的故宫。但是，走完大圆祥后，我的大脑却是在山呼海啸，有一种情难自禁的东西流淌全身，甚至有了窒息感。

大圆祥同样也惊吓了许多专业人士和大咖——

韩国一家美术馆馆长朴天男在大圆祥神思缥缈，说：我像在梦中一样，不可思议，太不可思议了！梁思成、林徽因的孙子，中国文物学会常务理事、青铜器专业委员会秘书长、青铜镜收藏家梁鉴先生在跋山涉水来到这座藏于深山的博物馆时大吃一惊："真没想到重庆会有这么一座博物馆，了不起啊！"

新西兰驻华大使来了，英国驻重庆总领馆的领事来了。

最夸张的还是成龙空降大圆祥，那真是像他主演的电影《环游世界80天》一样富有刺激感——他的确是从天而降，坐自己的专机飞抵重庆，心无旁骛，直奔璧山，直奔大圆祥。

我们在影视角色中见到的成龙，几乎都是无法摧毁的英雄，步履生风，带着一股对尘埃的扫荡气势，大大咧咧，似乎没有什么是他搞不定的。然而他在大圆祥看到镇馆之宝——宋代三世佛时，立马就献上自己的赞叹：哇，好美啊！从这一声开始，他把这句看似口头禅的惊呼献给了目光所及的每一件藏品。自始至终四五个小时，大英雄、大大咧咧的成龙不见了，他把自己作为明星的骄傲彻底地交出去了，唯余虔诚而渺小的心在大圆祥藏品海洋里游弋……从上午看到下午3点，竟忘了自己还没吃中午饭……

大圆祥的镇馆之宝——北宋三世佛，每尊佛盘腿安坐于莲花之上，造型优美，笑意神秘。其石刻的面颊宛若有呼吸、有温度，衣袂仿佛随时都会迎风飘飞。这3尊佛差点就被人弄到海外去了，馆长刘健花了大价钱请回来，让其永远留在了故国。安置这3尊佛像时，门外大雨滂沱，声声震耳，如鞭炮齐鸣。安置刚毕，雨霎然停息，天上出现了众多老鹰围屋盘旋，一步三回头，久久不去。佛教中有鹰为护法使者之说，难道神话与现实在无缝对接？而我更愿意相信，是美在感天动地。苍鹰盘旋在天空的高度，对美的东西更能明察秋毫，或许比我们人类更能毫无利害可图地去热烈拥抱美。所以它们相拥而来，在天际上欢呼，载歌载舞庆祝美的到来，只是我们听不懂它们欢叫与交谈的语言。

一

大圆祥有8馆1区，分别为门窗匾展区、寻根堂、石雕馆、佛道造像馆、精品馆、家具馆、家训馆、红藏馆、唐卡馆。也许，从第一个展区开始，你便知道它的与众不同：它展示的主要是巴蜀地区的收藏物。它要让人们记住巴蜀人生活与文化的"胎记"及"指纹"。

大圆祥不但忠实地保存了巴蜀人的"古指纹"，并复演着他们一代又一代生活的现场——

这里有上万扇千姿百态、各个朝代的古门。推开一扇门就是那年花开月正圆的一个巴蜀人家。他们的家族有怎样的兴衰？人物有怎样的悲欢？子孙如今在哪里落脚谋生？一扇门的话真多啊。

那几千扇窗，框定过多少红装女儿姣好的面容，如子夜的朗月，悬挂在高墙，路过的人能见着她，她却见不着窗下的人。

上百张雕龙绘凤、花团锦簇的古床，可谓睡尽了巴蜀的风花雪月，承受了波诡云谲的爱恨情仇。那些曾经青春的肉体与喘息，都成为此刻此处乡野里远近的蛙鸣，夜鸟疾飞的黑影子，在失眠者、熟睡者辗转反侧与呓语间大声叫嚷或偷偷潜行……

那成百上千的云顶、古木梁、撑拱、门相、匾额、吞口、桌椅、梳妆台、衣橱斗柜、衣帽架、轿、屏风、大石缸、石凳……这些形而下物质的必需，以及释迦牟尼、弥勒、观音、财神赵公明、妈祖像……这些形而上精神的必需，都在还原一个曾经巴蜀人的世界。我们的祖先们啊，竟是活得如此活色生香，生机盎然，异趣横生。只说一个货篮担担吧，便有繁复精美的图案，层层巧设的机关。一个走街串巷的蓝领都把自己的劳动工具制作得这般美艳性感，怪不得能勾引深宅大院里的千金小姐私奔。由此便可想象古人们真是些在时间上富得流油的富翁，要不怎么可能把生活的各个细节都拾掇得花红柳绿，奢侈得美不胜收。

更别说他们在精神领域上的用心。虔诚与敬畏让他们把头低下去，一刀一凿地去雕刻他们内心的光，头顶上的神……

释迦牟尼佛——牧女献糜像，讲述的是释迦牟尼当初修道时，饥渴难熬、生命垂危而得两牧女以乳糜供养的佛经故事。它让我想起有人问20世纪美国著名人类学家玛格丽特·米德，人类文明最初的标志是什么？她的回答是：

"一段愈合的股骨。"

她说，在远古，如果有人断了股骨，就无法生存，会被四处游荡的野兽吃掉。因此，一段被发现的最早的愈合股骨，表明有人将受伤的人带到了安全的地方，并且花了很长时间跟他待在一起，照顾他，让他慢慢康复。所以，在困难中帮助别人才是文明的起点。

这座牧女献糜像哪里只是在讲述佛经的故事？而是在吟唱人与人的相亲相爱！慈悲与仁爱便如造像顶端长着金翅的大鹏鸟，或两侧的飞天、白象，盘旋在我们多灾多难的单薄生命之上，时刻准备着拯救我们于水火之间。

海神妈祖像，庞大，甚至是雄壮的。山一般的巍峨妈祖本是福建沿海一带信奉的神灵，为什么会在川渝地区发现其倩影呢？因为这里曾发生过7次大规模的人口迁徙。遥远的海的子民背井离乡而来，在山的庇佑下他们一边塑起他们的妈祖像，不忘来途，一边与巴蜀土著耳鬓厮磨，生儿育女，终成一体。

绛红色的自在观音像，先在色彩上就先声夺人。她正大仙容，媚而不妖，身姿优雅，丰腴饱满，又是一尊德艺双馨的东方维纳斯，深蕴唐代雕塑的艺术精髓。尤其是"这尊观音造像一改直立或端坐的成规，形态无拘无束，曲右腿于左腿之下"，相当调皮，凸现"自在"2字的真谛。像这样漂亮动人，造型别致，雕艺神奇，携带着人文气息的观音像实在罕见，为艺术极品中的极品。

那座由525尊彩绘木雕观音组成的"千手观音"坛城，宛若把恢宏的金字塔挂在了百年"天福"碗厂斑驳的老墙上，把中国人对观音特殊的敬爱挂在了崇高的地方。

大圆祥收藏的川渝彩绘木雕造像为全国最多，也是中国川工木雕技艺"简洁有力，粗犷沉静"的集中呈现。他们从千尊神佛中挑选出数百尊明清彩绘木雕观音造像，汇聚成了一座"千手观音"坛城。

记住，这是一座城。一座信仰的城！巴蜀木雕艺术的城！

这525尊观音像，除了中间一些较大的是以前寺庙中所有的，周围小的全是寻常百姓家里供奉的，也就是说它是千家万户的虔诚之心。当这些"心"在时光中流转，甚至凋零之时，刘健把它们从一些快拆迁的祖屋，快倒塌的敝舍间双手捧出，一尊一尊地请了回来——

525尊中神像却放射出526道光。那么多的一道光是请神者刘健和我们每一位敬重者所拥有的……

二

说到这里，川工木雕这个名词呼之欲出，我们必须要辨识它的面容，如同在人群中凭着川音，一下子就能扑向我们的老乡。

大圆祥收藏的木雕藏品，几乎均为川工木雕。

中国的木雕艺术除了东阳木雕、乐清黄杨木雕、广东潮州金漆木雕、福建龙眼木雕被称为"中国四大木雕"之外，还有其他10余个流派，各领风骚，史上留名。

然而巴蜀这一带独有的川工木雕却少有书籍的记载和系统的梳理，给予其名分。它们就像身怀绝技的武林高手，江湖上只是隐约耳闻其声名，未必认识其价值！然而低调并不等于低档。恰恰相反，川工木雕的"大刀工"就是一门让人魂不守舍的艺术。

"大刀工"，多飒的名字，像极了流行于巴蜀的那种极端饮食——麻辣火锅，爱恨交织，欲生欲死。它就是巴蜀人所处的天地、所食的餐饮、所拥有的个性共同养育出的艺术胖儿子，粗犷中不失细腻，豪爽中饱含情义。如同巴蜀人待客一样，朋友来了有好酒有花朵有软绵绵的温柔，敌人来了有吼叫有耳光和猎枪，绝不拖泥带水，拉稀摆带！

川工木雕，尤其是"大刀工"的艺术收藏品在大圆祥比比皆是，琳琅满目。它们的豪气干云，细腻婉约，艳与寂都叹为观止……

"云顶，即三角建筑侧面墙的尖顶梁，云顶的大小决定了房屋的大小……"。"大圆祥"有着到目前为止川渝地区拆卸下来最大的云顶——云顶王。然而它身躯巨大带来的震撼，都不及它上面雕刻艺术的炫目。那是雕刀恰逢木头创造出来的伊甸园、极乐世界：花朵繁茂，枝藤奔放，鸟兽活泼。那些花草的清香，被娇羞的风从几百年前吹过来，流连于我的面容上，连我的面容也变得娇羞起来。

"隔扇雕花门，古代建筑之中的房间门，是房间与房间、房间与庭院区别划分的界限。是中国传统建筑中的装饰构件之一，从民居到皇家宫殿都可以看到的。上面雕刻的图案都是'图必有意，意必吉祥'。比如蝙蝠、宝瓶其谐音便是福与平安。宝瓶里插着花，寓意为花开富贵。"我们的祖先在表达他们的诉求时，婉转又深邃，感性又艺术。或许觉得只有这样，神灵们听着才顺耳，而不觉得他们过于贪婪。

大圆祥的雕花门大多为空雕，甚至有3层的镂空雕，雕工精湛细腻已到极致。图案的复杂、立体感，带着强烈的视觉冲击力。它们让我联想起从16到18世纪一直在欧洲漫步的巴洛克和其继承者洛可可之风，浪漫、亲切、柔性，蹦跶着享乐主义的"凌乱之美"，在运动与变化中把人内心的需求奉为了神明。

木雕工艺门"刘海戏金蟾"中刘海完全就是个调皮的重庆崽儿形象。他回首的动姿，一脸嬉笑的得意，完全是在上演这里乡坝头村民间打打闹闹的情节、娱乐至上的精神。这就是巴蜀人要的大俗。

而"踏雪寻梅"门，雕刻的故事出自明晚期小说家张岱《夜航船》里的记载，说的是孟浩然情怀旷达，常冒雪骑驴寻梅，曰："吾诗思在灞桥风雪中驴背上。"孟浩然最终悟了，所寻找的梅未必绽于树枝，或许就是大雪天里自己在沙滩上来来回回留下的一串串脚印。心缝间有花，花便在举手投足间满天盛放。推绎为：心尖上有诗，诗便青翠欲滴⋯⋯这扇门就是巴蜀人要的大雅。

俗中藏雅，雅中蕴俗，雅俗兼容，巴蜀人海量！

三

关于大圆祥的门的神话，前面演奏的都还只是序曲，上场的都还是些配角⋯⋯正剧在哪里呢？主角又在哪里呢？

看，它们在灯火阑珊处——被称为"木头上的敦煌"的门神门。

它们，又一个巴蜀人独创的艺术奇迹。

它们是人与自然亲昵共生的孩子，半神半人，几百年来仍容颜绚丽。

这些彩绘的门神门采用的绘画工艺为"沥粉堆塑工艺",再涂以矿物质颜料,最后鎏金。这样的技术现已失传!

老实说,用这几十个字来话说它的珍贵,苍白又凉森森的,毫无感染力。因为它是多少专家心尖尖上白玫瑰与红玫瑰合体的女神,为它食不甘味,激情澎湃,犹如发现了新大陆。

中国社会科学院的专家学者来大圆祥帮助进行藏品整理分类时说,敦煌画是把矿物质颜料绘制在石壁上,重庆大圆祥博物馆收藏的彩绘门神门是把矿物质颜料绘制在木头上。所以称这些门为"木头上的敦煌"一点也不虚诳。

清华大学建筑学院建筑历史与文物保护研究所所长刘畅更是这些巴蜀之宝绝对的粉丝。他用现代科技手段,一层层扫描,当他"剥"开这些门绘画上色的工序与工艺,一"剥"就是10多层,乃至20多层时,竟忘了自己正在为众多来宾做学术上的演讲,忘了自己的专家身份,一个跃腾就坐在了桌子上。在不该是讲台的地方滔滔不绝,眉飞色舞……他说,你们知道发现这些门的工艺水平意味着什么吗?它们在改写巴蜀地区,甚至中国版图上的贸易史、建筑史、宗教史、艺术史……

门,这个老伙伴,我们人类宜室宜家的第一道屏障,第一个保卫我们的战士,它在我们的家园与祖屋中举足轻重。无有门,何以家?而这些以巴蜀人独有的智慧与美学打造出的门神门,以川工雕和全榫卯技术打造出的镂空雕门、浮雕门……每一扇,得花多少时间?几十天,上百天?那么修建一幢民居,又得花多少时间?几年,十几年?

我们的祖先就是把自己的时光"虚度"在看似无用的美之中,把自己的灵魂雕刻在木头、石头、泥土上,以期与我们隔着岁月来赤诚相见。

而我们巴蜀人生活的精致与品质,情趣的高雅,审美的高超,也不能不让人惊叹它们是独树一帜的美学之旗!它们如同一股清流汇入5000年的中华文化艺术史中,使我们的文明更具磅礴气势,与世界上的任何文明去比试都毫不羞怯。

四

刘健何许人？

他最初在重庆璧山县供销社端铁饭碗。改革开放之初，他毅然转身，干起个体，做起了广告装饰与房地产等生意。诚恳、悟性、魄力加上时代的照应，他的生意顺风顺水。他属于那时中国先富起来的那批人。

有些人是饱思淫欲，刘健不屑。他更喜欢叩问灵魂，企望自己的生命能有一种飞翔的姿态，涂抹上太阳的光芒。但，怎样才能把自己从尘埃间拎起来，他也相当茫然。

老天照拂，他迷上了收藏老东西！

收藏，竟成了他拼命挣钱的动力，甚至生命的动力！

最初，他对古物的喜欢与收藏只是带着一种原始的热忱，如同人与人的一见如故或一见钟情。渐渐，他把玩这些古物时体会出它们看似衰老的生命里一直燃烧着的智慧之光、艺术之光，它们是那样的雍容华贵，品质超群。在时光面前，从不缩手缩脚，仍是王！

他在收藏中领悟着上天的美意，祖宗们的教诲，因为每一件收藏品里都蕴含了或人文、或民俗、或宗教、或历史的各种信息。它们是一部部雕刻或塑造在木头、石头上的巨著。刘健读之读出了天地的磅礴，读出了中国文化、巴蜀文化的厚重，读出了历史的浩如烟海，也读出了个体的孱弱、渺小、卑微。

读的时间一长，他读出了自己耐磨的性子，脾气愈来愈温润，待人接物愈发谦和。而收藏于他而言，也步入了第二层境界，由热爱升华为责任——

大圆祥有一尊明代红木金的释迦牟尼像，几乎所有的观者，走到这里都会驻足、仰望，为这尊回归故国的佛像庆幸！它在世界上曾颠沛流离很长的时间，长达120年……

1900年八国联军入侵中国时，两名士兵将这尊佛像运到了加拿大的维多利亚。其中一名士兵逝世后，其夫人带着他的儿子和佛像改嫁，辗转定居于美国的北卡罗来纳州，并将佛像陈设在家中。因为他们不识这是释迦牟尼像，看着它精妙绝伦，以为是一尊女神，便把他们的农场叫作"女神的农场"。刘健听说后，多次与伍迪，即那名士兵的儿子沟通，晓以大义，又耗费巨资才把这尊属于中国人的珍宝千里迢迢捧回家。这不但是请回了本该属于我们的吉祥，更是在疗愈我们民族的百年伤痛——当我们可以用文明世界的规矩，我们的人格魅力，我们的财力与当初侵略者的后代平等地、言笑晏晏地和平买卖，这是怎样的胜利？这可能也是释迦牟尼创造佛教的初衷，是我们祖先们当初打造这尊佛像的初衷。刘健的收藏行动已不局限于独善其身，也是在向广阔的世界放飞洁白的鸽子——传递爱，这个主题永远清新！

文物收藏以及建立大圆祥这个乡村博物馆不只成了刘健一个人的心愿、理想、事业和奋斗目标，也成为他们家庭每个成员的人生目的——

他的妻子是发妻。他们志同道合，共创事业共担风险，共爱居于乡野，共愿去履行大圆祥博物馆这份"侍奉祖宗，服侍神灵"的工作。

他们的3个孩子都爱上了古物收藏，皆为热心又专注的文物保护者，愿拿人生去走父亲的道路。

已从美国留学归来的大女儿刘炜，更是父母的骄傲。她理解并赞同父母的选择，并以此作为自己的选择。她辞去花旗银行的工作，回到璧山乡间的家园，当起父亲的帮手。负责发掘整理藏品的文化内涵，藏品的分类整理和运营工作，创办了"重庆笑脸人文化传播有限公司"，致力于将博物馆打造成中国传统文化的教育基地和交流平台。她现在担任着重庆大圆祥博物馆副馆长等职务。

她曾跟随书法家、微雕大师瞿仁伟苦练书法和微雕微刻，还创新了微书。2020年初疫情告急、武汉告急的那些昼夜，"她花费了二十一天，每天书写约五个小时微书，抄写四十遍国歌、近万字制成一幅拳头图案，为武汉鼓劲、为中国加油。这些微书每个字约一毫米，用放大镜才能看得清楚。作品表达的是：在这场抗疫战争中，每个人犹如沧海一粟。但汇聚一起，便有众志成城、共克时艰的磅礴伟力"。这段文字是新华社记者对她的报道。短短的文字哪里能道尽那21天她对自己身心的磨砺？微书比微雕、微刻更难，柔软的圭笔游走在纸间，要写比米粒更小的字，还是近万字，这真像个神话！难道这个长得清秀、美丽，宛若从仙境中离家出走的仙女来到人间就是为了创造这个神话？

而懂的人都说，那可不是靠神话、吹一口气便得来的。她写微书时，必须全神贯注，屏住呼吸，连一丝杂念都不能生出……

　　当他们一家人站在你面前的时候，仿佛你在被暖融融的阳光笼罩，舒服，清新，如同鲜亮的一天刚刚开始，感到4月的乡村真是芳香四溢；当你看到父亲与女儿站在你面前，讲述着大圆祥每一藏品的细枝末节，神情是那样的庄重、神圣与陶醉，你会想，玉的珍贵便在于它愿意接受年轮万千次对它身体的碾压，风雪对它从不怜悯地淬炼……它死亡过万千次后，终于征服了死亡，永远青春。那些大圆祥中的藏品就是玉一般内敛又蓬勃着的青春之魅……

　　璧山如玉，玉皎洁如月！

（吴景娅　文）

关于重庆菜的4个形容词

最先浮现出来的,是两个场景。

第一个是空阔而巨大的房间里,几乎看不到什么家具,大面积的白色墙壁,天花板的穹顶高得就像是座礼堂,我的父母包围着我,已经记不清还有旁的什么人。他们穿着那种老一代的军服,在对我喂食什么。

我被来到口腔之中的刺激味道猛地击中,开始是疑惧地哭泣,最终恸哭得就像是一场暴风雨。我的父亲母亲却完全不以为意,居然盯着我摇头讪笑,多年以后我才揣摸出了那里头轻蔑并且觉得有趣的意味。那就像是他们在看着自己手底下的一件有些失败的实验品。

那是我人生之中头一次品尝辣椒的滋味。

那也几乎可以说是我记忆的起点,如同太多的重庆人将食辣当作自己生命的起点一样,一点儿也不足为怪。

第二个场景,来自我年初偶然看到的一段短视频,我在手机触屏上点开了不下十几二十回吧。那应该取自20世纪70年代的某部纪录片,打出的标题是,70年代四川人的家常菜。

黑黢黢的楼道,还有那种苏式的,坦克一般沉重、阴暗的居室,我可是再熟悉不过了。片中的主妇来到一口大铁锅前,那锅大如洞穴,她麻溜地将肉片儿投入那洞中,笑吟吟地翻炒着,然后又依次投入了豆瓣酱、豆豉,还有青幽幽的蒜苗，最终端到饭桌子上那群嗷嗷待哺的大人、孩子们眼前时，不出意外地引发了一场轰动。

一家人尖叫着扑向唯一的那碗回锅肉，口中念念有词，眼里笑意流转，完美演绎出我们重庆人因为美食，轻易就能获取的那份幸福跟满足。

我不大能说清被这一幕深深打动的地方，究竟是什么，我注意到了他们属于那个特定年代的灰蓝系着装，他们进食的空间，也形同镌刻在我记忆里的故地：并没有什么像样的餐厅，餐桌就安放在客厅的电视机前（饭毕还要折叠收纳起来的），抑或是不时有邻居过路的随便的哪条楼道里，兄弟姊妹们（往往有三四个，起码也有两个），因美食而激发起来的斗志，反而让那年月的家人聚餐，要格外欢腾、喧闹了许多。

食物也格外的简单，透露出遮掩不住的窘迫和紧巴，但为什么仍然让我那样感动？

说到底，还是因为食物吧。在那老旧而模糊的影像中，一片灰蓝的不透气的统治下，食物的幽光散发了出来，并且传递出这个远离政治、经济、文化中心，中国内陆深处城市的居民，面对物质匮乏时"水流沙坝"的乐天精神，以及处理最基础食物时的神奇魔法。

所有这一切，最终将那些暗淡的日子照亮。

灵魂藤藤菜

虽说顶着中国8大菜系之一，川菜的5大亚菜系分舵的名头，重庆菜重调味，贵在用麻、辣、鲜、香唤醒食物的灵魂，似乎天生就不太在意食材的高低贵贱，也不讲究太过精致、高端、仪式感盛大的烹饪手法。

加上早年经济发展滞后，地理物产所限，不如说重庆菜自然而然就远离了山珍海味，注定了要因地制宜，因陋就简，尽管可能会被嘲笑难登大雅之堂，却自带草根和底层气质，生机勃勃，自在欢喜。

有一款蔬菜，可以排名我私人重庆素菜的第一名，那就是空心菜，我们这里叫藤藤菜。

藤藤菜之所以能成为我的生命食物，根源在于我青少年时期的饥饿年代。20世纪70年代末、80年代初，我刚刚开启身体发育，一天中只要是没有睡着的时间里，几乎分分秒秒都会自身体的深处发出饥饿的号叫。我的父母却没有更富余的财力，可以买肉买油来满足我。夏天来临，我记得我往往只能用凉水镇过的稀饭来充饥。

那时候连冰箱也没有，稀饭到了后半夜米粒和米汤开始分离，那是即将酸败的信号，必须要在睡去之前消灭干净才不至浪费。好在那个年纪的我和弟弟都拥有仿佛没有限量的肚皮，但真要将锅子里的清汤汤稀饭灌下去，还是缺少不了有咸味儿的下饭菜。

于是，凉拌藤藤菜成了我们夜稀饭的最佳伴侣，几乎没有一天缺席。好在这藤藤菜的取材过于便利，我们居住的平房脚下，就是一块空坝子，位于那所军医大院最荒僻的北边，天高皇帝远，不知被谁开垦成了一块水田，那些白天为病人看病、打针的医生、护士，回转家来，就挽起裤脚下田。他们栽种了一大片藤藤菜，想吃扯一把回来就是。

那藤菜扯了又生，取之不竭的样子，我们夜晚碗里的凉拌藤藤菜因此也源源不断。我的母亲，一名妇产科的医师，尤其擅长大刀阔斧地为女人们"开膛破肚"，但她另一项隐秘的绝技却少为人知，那就是凉拌作料的天才。或许是泼辣的秉性，让她经手打出来的凉菜往往有一股子生猛之气，非常具有侵略性，我们的口舌，也因此为那份妈妈版的藤藤菜频频发出欢叫。

油辣子，这被很多人后来所洞悉到的重庆菜的灵魂，当然是主角，但下手的准和狠，就不是人人都可以拥有的技能了。我宁愿将此归结为某种相对神秘的天启，或是本能，它来源于这片土地上人们生性里的热烈、热爱、奔放、无所畏惧，还有打破陈规的想象力，我想，唯有那样气质的调味，才有可能让食物在碗碟之中活蹦乱跳起来吧。

总之，这份"灵魂的藤藤菜"，让我得以顺利穿越贫困的岁月，并最终成了这款蔬菜矢志不渝的信徒。

它的主角地位，如今当然已渐渐退远，无可挽回，但每一次猝不及防的重逢，也必定会带来难以为他人道的狂喜！

比如一碗小面，如果搭配的是藤藤菜，在我眼里，这小面就会立刻多出一道光来。有一个时期的重庆，曾忽然流行起热拌蔬菜，其实就是芝麻辣酱和快速焯水的青叶子菜的撞击，但我的心中，热拌的王位永远都会留给藤藤菜，当它裹挟了浓郁的酱汁来袭，我会毫无条件地举手投降，臣服千遍也不厌倦。

这就是我特别珍视的重庆美食的贫民性、人民性，它尊重食物与普罗大众之间现实的联系，却又不甘于此，而要极力找寻更隐秘也更深层的欢愉，从而让维生为本的进食，进化成了对于生的礼赞。

传奇火锅

重庆火锅同样是上述贫民饮食哲学的产物。

三山夹两江，水码头遍布，当然是火锅在此起源的天时地利。

到了民国初年，重庆城人口增加，商贸渐旺，有聪明的游摊小贩灵机一动，将船工吃的"开船肉"，与北方火锅涮煮方法嫁接，用廉价的牛杂切块儿切片入锅烫食。因来自水上，俗称"水八块"，这就是后来毛肚火锅的雏形。

聚集码头边的水手、纤夫、挑夫继续发扬光大，在那锅中添加辣椒、花椒、姜、蒜、盐等辛辣重味之物，一来饱腹，二来驱寒、祛湿，久而久之，这种麻辣火锅，就成了劳工们在一天的极限劳作之后，有如天赐一般的续命良药。

在河滩边，梯坎间，甲板上，一切都是便利的，举手可得的。

一切又是机动的，招之即来，来之即食，又食之即散的，甚至比现在的一顿工作餐都还要便捷。

最重要的，这可是再扎实不过的"打牙祭"啊！这个重庆言子儿里头所包含的狂欢指向，在翻滚的锅中得到了最高级别的满足。

据史料记载，重庆最早的一家毛肚火锅店于1921年在较场坝（现较场口）现身，真正的兴盛，则是抗战时期，日本飞机循环往复地前来轰炸当时的陪都重庆，但一旦敌机喘息，老子们就在街边边架起一口小铜锅开整！

当年，市民中间流行的那句顺口溜："不怕你龟儿子轰，不怕你龟儿子炸，老子有坚固的防空洞！让你龟儿子凶，让你龟儿子恶，老子总要大反攻。"不知道会不会就是后来防空洞火锅灵感的来源。

事实上，那中间重庆人的不认邪，不服输，甚至有点乱劈柴的精神基因，都在如今蓬勃发展的重庆火锅里，得到了再淋漓尽致不过的体现。

从这样的认知出发，你就再也不会奇怪，重庆人怎么偏偏要三伏天里狂啖火锅，不惜打起光胴胴汗流浃背。

这也是他们不仅会让火锅在防空洞里翻江倒海，更异想天开，跑去南山老厂，包下整整一匹山，高低错落地砌起成百上千座灶台，生生开辟出一大片火锅"梯田"的原因。

无所不用其极，语不惊人死不休，所以，他们会将自家的火锅命名为猪圈、杀牛场，还有筲箕、夜壶，反正怎么狠毒怎么来；所以他们才会每周一"锅"，甚至夜夜生"锅"，不知不觉将火锅当成了某种信仰，精神的图腾。

大约自90年代起，一股所谓的老火锅风潮席卷而来，风靡重庆，土灶土碗，九宫格和牛油打底，受到疯狂追捧，每到饭点，就满街牛油飘香。

这场号称回归本源的老火锅运动，让重庆火锅快速风行天下，成为当仁不让的中国火锅之都，城市火锅店的拥有量，也毫无悬念地荣登全国冠军的宝座。

重庆火锅最正宗的源头到底是谁？实际上已经很难厘清。专家考证发现，最早的重庆火锅，其实是一人一炉一锅的小锅。近年还有人跳出来，自称承继了重庆正经八百的第一家火锅店的招牌，跑去他家店里一瞧，不过是多了评书、川戏佐餐的噱头而已。

所以就连我这个自诩的火锅"原教旨主义者"，也时常会陷入深深的迷茫，但无论如何，对于新世纪以来，此起彼伏的所谓新派火锅，我仍然出于本能地避之唯恐不及。

打个比方说，当有人将你引入隐秘深宅，眨眼间又唤来旗袍款款的妙龄女子，为你奉上珍馐异馔，可以肯定的是，你吃的已经不是重庆火锅，反而要当心请客人对你别有用心，图谋不轨了……

所以还是跟随我前往那些深藏不露的老厂区吧。那里，虽说产业凋零，生活却依旧沸腾，我们重庆永远无法磨灭的城市肌理仍在那里。而火锅这样的由幽暗的民间，长久无声孕育而来的珍珠，也唯有在那样的烟火人世，才保有了真正茁壮的生命力。

深情小面

小面已然是重庆美食的第二张名片，就连北上广稍微不那么鼎盛的二级街道，也已随处可见"重庆小面"招牌，但他们真正在出售的究竟是什么面，就只有天知道了。

有没有人一眼就辨识出了其中的不正常，重庆当地不产一粒小麦，却又如此嗜食面条，是不是很奇怪？

有个传说，说重庆小面最早起源于合川，元末钓鱼城战争期间，南宋军中的伙夫用姜葱蒜制作麻辣小面劳军，为将士祛湿驱寒，后来才慢慢流入民间⋯⋯

即使是如此天方夜谭，无从佐证的附会，到头了也一点儿改变不了重庆小面的日常面目，那实在是重庆人清早一睁开双眼，就会争先恐后奔赴的不变功课啊！

我从前上班的较场口，骨科医院对面有一块划定的拆迁地，从2005至2006年开始就人心浮动，动迁的最后指令，一直像是悬在当地居民头顶上的第二只靴子。

一日早班，我偶然发现必经之路旁，一个偏巷深处，架着一口面锅。锅边的老板后来告诉我，他们从前的店面已被推倒，只好在家门边赚点儿分分钱。我问老板他们具体的搬迁时间，他不以为意地摇头答，管他的个，卖一天是一天。

他家的小面，我发现在碗底只有指甲壳大小的几团作料，但和面条充分搅拌后，却散发出一股异香，就是那异香，成了那以后我每天上班路上勾魂夺魄的去处。我在那逼仄得常常只能侧身而坐的巷道里，摄取每日必需的早间能量，又不禁为那老板打作料、挑面的从容不迫暗自赞叹不已。

他的身后，越来越多的旧房被夷为平地，青白的天空正侵袭而来。

忽如一日，那口锅连同那个纤瘦男人一起消失无踪了，有如幽灵一般，而我的那份失落，也无人诉说，成了永久的记挂。

这又是重庆小面毋庸置疑的魔力了，尽管简单至极、平易亲切到如同你的家人，却往往寄寓了难舍的深情。

一个父亲，在当年的国企下岗潮中丢了饭碗，他却支起一口面锅，在街边挑面维生。他的女儿，几乎还没有完全断奶，又无人看管，这名爸爸就找来箩筐一挑，让女儿成了自己走街串巷的小跟班。

就像那首老歌里唱的那样："草鞋是船，爸爸是帆。"女儿一天天成长，终有一天在面对电视台记者的采访时宣布，爸爸的面摊儿我接班，他老人家该休息了。

另一个故事则与妈妈有关。

厂区里一个天棒（重庆方言，流氓、混混的意思），与人斗殴，致人伤残，坐了几年大牢出来，却两手空空根本找不着工作，绝境中忽然想起妈妈当年手把手教会自己的小面作料秘笈，他依样画葫芦地摆起了个面摊儿，不想却瞬间爆棚，后来，当着老主顾的面他也毫不避讳，总说是妈妈的在天之灵搭救了自己……

在重庆，这样的小面故事，从来都不绝于耳，只要你愿意安心坐下，在高峰过后听随便的哪个小面老板娓娓道来，你都必定会抵达背后的那份深情厚谊。

迷醉江湖菜

最后必须要说说江湖菜。

让我有点儿没想到的是，当真要下笔书写这篇有关重庆菜的颂词时，我竟然陷入长久的焦虑和不安之中。我对重庆菜的热爱，当然是不接受反驳的，但千言万语心中涌动，却带给了我史无前例的无所适从。

我找不到一个最妥帖的词，可以说尽我心中的重庆菜，所幸在梦里，那个词儿来找我了，"在野"。原来，这就是重庆菜对我发出的召唤，是啊，最令人向往的重庆菜，永远在别处，在江湖。

已经不用我来重复重庆菜所固有的江湖属性了吧，那不仅包括了江河和湖泊，也蕴含了码头文化所讲究的豪迈和义气。川江航运源远流长，土、粗、杂、重，又成了它挥之不去的胎记，独踞一方的看家本色。

历史学家给出的一个版本是，康熙年间就打出声名的来凤鱼，可以被看作重庆江湖菜的鼻祖，之后，潼南太安鱼、江津酸菜鱼、綦江北渡鱼、北碚三溪口豆腐鱼、巫溪烤鱼、磁器口毛血旺，还有辣子鸡、泉水鸡、芋儿鸡等等，接踵而至，风起云涌……

它们同样地夸张勇猛，想象无界，火爆张狂，这些都没错，但我仍要说，这些都还称不上是重庆江湖菜最深的灵魂。

那么，那灵魂究竟在哪儿？在路上！

川渝两地有一个共通的名词，苍蝇馆子，这是对那种环境垃圾，却味道惊艳的幺店子的戏谑称呼，所以准确地说，重庆江湖菜活在我们去往苍蝇馆子的路上。

记忆最深的一次，是同3位闺蜜前往江北水土的一间路边店。那家店以各种爆炒闻名，当天我自早餐后就上路，乘坐了一个半小时的超长轻轨后，终于与大部队胜利会师。不想剩余的车程，手机导航却将我们引向一段开挖了一半的乡级公路。我们在满腹疑虑中摸索前行，好歹抵达了最终目的地，却多少有点儿气急败坏。

哪知即便是离12点的午饭时间还有一个小时，我们前边也早已排了7个号。老板放话，本店一律一次性点菜，不接受加点，前一桌完毕才会开启下一桌，我们只有抱着既来之则安之的态度干等，闲极无聊，就跑去门边看他们换招牌。新崭崭的"三妹食店"被钉上了墙，蓦然回首却发现，灶房里忙里忙外的，是个大叔……

重庆江湖馆子所有可能的意外，都让我们在那天遇齐了，但最终，当炒肉丝、炒猪肝儿、炒腰花儿、炒回锅肉、炒丝瓜等招牌菜，流水一般堆了满当当一桌时，我们转眼就用情不自禁的赞叹声将自己淹没……

这几乎成了我们每一次的江湖菜之旅固定上演的戏码，每一次都在印证着那一句真理:"道路是曲折的,前途是光明的。"何况,还有自带红酒,主动微醺之后,穿过阴暗、潮湿的陋巷如厕,中途却忽见墙头明艳的向日葵招摇,嘉陵江边渡口苍茫的野趣呢!

那种深沉的迷醉,或许才是江湖菜、重庆菜想要传递给我们的真义:活着真好。嗯嗯,活着,真好!

(贺彬 文)

重庆上天入地的爱

已记不清 1982 年重庆发生过什么惊天动地的大事了。

只记得那一年邓丽君的歌不再令人想入非非，文青们已开始用音质破响破响的砖头录音机去听老贝的《命运》、老柴的《悲怆》……那一年，我们似乎在等待有些声音让我们如雷贯耳、蹦跶起来、热泪盈眶。但崔健还在蓄势待发，他的《一无所有》还没横空出世，还得等上几年才会以呼啸之势来席卷这个介乎于大城市大县城大乡村的城市，里应外合来解决这里荷尔蒙过于旺盛的问题。

1982 年像一种开始，更像一种继续！

毫不客气地说，那个时候的重庆和中国大多数二线城市一样，真够土，却又真够勇敢，外面有什么风吹草动，便可以在本土形成巨澜。譬如，那时流行着的喇叭裤和蝙蝠衫，差不多就被重庆 35 岁以下的青年穿成了像厂服、校服之类具有集体诉说的东西，差别仅在于，胆儿大些的人会穿"大喇叭""大蝙蝠"，含蓄一点的会穿"微喇"和"微蝙"。重庆几乎没有刮风季。偶尔刮风却是地覆天翻的暴烈，仿佛要把这座城掀个底朝天。而恰恰是这种时候，你突然会发现某个山坡顶，或通车不久的石板坡长江大桥上，出现了一群群"大喇"和"大蝙"……他们迎风招展，竟在那些打卡点拗造型，用海鸥 135 相机直击他们变成高尔基的"海燕"，将如黑色闪电般地穿梭于这个城市可能会发生的危险、次生灾害。

当然，打卡、拗造型是几十年后才出现的词语。但他们竟先知先觉地早在几十年前就已玩够了，像是把我们如今的时尚生活作了提前的预告。……

一

仔细回忆，1982 年前后，这座城其实发生了许多大事：

譬如头一年即 1981 年，长江中游第一座桥——长江大桥的通车，这对重庆的重要意义完全可用"喜大普奔"这个也是几十年后才诞生的网络语言去形容，因为没有比它更贴切的了。重庆渝中区和南岸尽可以随随便便你来我往，再不会发生因起大雾刮大风轮渡停摆，渝中的人无法去南岸上班，南岸的人无法来渝中赶火车、乘飞机的囧事了。当然，对于热恋的人们，那桥就是大救星，简直堪比天上仁慈的鹊桥。

我堂姐夫那些年正在拼命追求堂姐，渝中、南岸，天各一方，他们爱得好辛苦。有时堂姐夫挨不到星期天了，厂里的下班钟一敲响，整个人就箭一般地射出去，用 5 项全能运动员的状态，奔跑在重庆的下半城——南纪门、储奇门、望龙门，上坡下坎，跳上轮渡。他得争分夺秒，因为哪怕早一秒到达彼岸，都是对自己那颗被爱情烧着了的心脏的某种抢救。然而，时间还是太吝啬。他总觉得刚刚才见到日思夜想的人，收班轮渡的汽笛声就像催命鬼似的在山下响起。怎么办？他索性就待得更晚，甚至夜半三更。他从堂姐山上工厂的后门，一溜烟跑下山，脱去鞋袜，赤脚跑过鹅卵石挤挤匝匝的河滩，来到江边，又褪去浑身上下的衣衫，单留一内裤，走进江中，泅回渝中区。这样的事，春夏秋，他都干过！

2021 年，他 70 岁大寿的生日宴，亲朋起哄让他和堂姐喝交杯酒。他说，交杯可以，我喝，她不喝！她胃不好！说完果真一口气把两杯酒干了，绝不拖泥带水。喝多了，话就多，说有几个重庆男人像他那样晓得长江水的厉害，那是一河大水，可不是小溪沟！"那完全是恶爆爆的，七八月暑天的夜晚照样冷得你瑟瑟发抖。有些河段，水是带了钩子的，把你往漩涡里拉扯……"他脸膛通红,眼神迷离,像举奖杯一样举起酒杯:"我啊,耍个朋友都耍得个九死一生!"他的那一瞬,不知怎么就让我想起作家陈年喜的一句诗:人一辈子有了一回爱情/就不穷了。

……

还发生的大事便是1982年嘉陵江索道的开通,从渝中区的沧白路到江北城,一飞而至!

索道,一种非常态的交通工具,往往出现在工矿区、高山峡谷之类的旅游景点。而80年代的重庆城市打造者,竟在嘉陵江和长江上各挂一条索道,把两江三岸连接在一起,真是想得出来啊——什么激发了他们的灵感,让梦幻般的想象力和创造力这般飞流直下三千尺?

其实,当第一条嘉陵江索道出现在渝中母城旁的嘉陵江上时,重庆人并不太惊愕,只是觉得城市的手臂刹那间变长了而已,伸个740米长的懒腰,指头便可以触摸到江北城的城墙根。那些地方在没有索道前,是些遥不可及神秘的存在,神秘得我们都以为它们不叫重庆。

现在才知,我们真是低估了这条索道,不知它是中国的第一条城市跨江客运索道,第一条中国自行研制的大型双线往复式过江载人索道,更不知看上去身体玲珑的车厢,最高峰每天运载量竟达到25400人次。

我们对事物的科技和数据含量及状态往往缺乏敏感与感激,却会因它豆粒大小一桩与人有关的故事,去追溯或缅怀它的过往。我对嘉陵江索道之所以还清晰地记得,更多来源于一个似乎与爱情相关的民间传说:

首先,那一年,有一首歌搞得我们心烦意乱——《绿岛小夜曲》。它比邓丽君还邓丽君,娓娓道来、柔弱无力地抒情,让人想象出了与世隔绝的眼睛和泪水,忧伤得那样的劈头盖脸。这对于情感表达一直有些雄起起气昂昂火爆爆的我们,实在是新奇又困惑的另类经验。尤其是歌中唱着:"这绿岛的夜已经这样的沉静,姑娘哟(情郎哟),你为什么还是默默无语。"这完全就是看上去度数低,但喝起来后劲特别大的红葡萄酒,把人灌醉,它却是没有任何的犯罪感。

令我们柔肠百结的"姑娘"或"情郎"自然不会包括那些"大喇""大

蝠"。他们是把爱啊恨啊明火执仗地武装在脸上和嘴上，他们是爱情演员，不配当"姑娘"和"情郎"。谁配呢？……这又是一个令人头疼的问题。

那个故事就是在这样的背景下令我刻骨铭心：

他们说，在嘉陵江索道沧白路的站台口，某天出现了一个长相相当俊美，捧着一束红玫瑰的男子，他好像在等人。但一等就从下午两三点直到索道收班。显然，他要等的人没有出现。

他们说，他长得那样好看，完全就是老电影《羊城暗哨》我党卧底英雄王练扮演者冯喆的同版，清秀又儒雅。好些年重庆城都没出现过这样干净标致的美男子了……

他们说，几天后的下午，他又出现在索道站的站口。这次他手里捧了一大束白色的马蹄莲。那些花，欲放还收，一看就是上午才在南山农家剪下来的……

他们说，他穿着蓝白相间的花格子衫衣和白色喇叭裤。如果是别人这样穿，不知怎样个讨人嫌的流里流气。可他，天啊，他竟把大喇叭裤穿出了正派的样子，穿出了这种裤子该有的潇洒飘逸。而那些矮矬矬的街娃完全把喇叭裤穿成了扫帚。

他们说，他笑起来更好看，下巴底有一条若隐若现的美人沟。他朝所有注视他的人微笑，仿佛这些人都和他成了熟人。有个叼着烟的男人走到他的跟前，拿一对快撞上那一蓬洁白马蹄莲的眼睛狠狠地打量他，他也仍是笑眯眯的，眼眉含情地回看人家，仿佛人家也是他要等的人……结果，他又从下午等到了索道收班。一个人，孤零零站在那里，甚至都不挪动挪动，他把自己站成了谜……

他们说，到了1983年，他仍不时地在那里出现，只是手上捧着的花在不断变化，4月的杜鹃，6月的栀子花，12月间还见他举了两三枝蜡梅过来。经常坐嘉陵索道的人都把他认熟了。……渐渐，有人在说，可惜了一身好皮相，不过是个精神病啊。马上有人赞同：我第一次见到他就觉得不对劲，你看他不吃不喝不动，眼睛都不眨地在那里待一下午一晚上，这是正常人干的吗？

他们说，1983年的最后一天，他又来了，这一次他捧的是一大捧白玫瑰。

上上下下的人都在指指戳戳：看看，不就是个精神病？快过节了，捧着个白花，悼念谁呀？天擦黑，一扎着马尾辫、穿着粉对襟短袄的女子挽着一个戴着"蛤蟆镜（墨镜）"、穿着大喇牛仔裤的男子过来。粉袄女子看着白玫瑰，如同被什么魔怔住了，她像在叹气：还真有白色的玫瑰花啊，我还以为它们只在电影和小说里。"蛤蟆镜男"跨了一步上去，指着白玫瑰问：这花多少钱？那美男子双目如两弯划过夜空的上弦月，嘴唇亦是。下巴底的美人沟微微颤抖着，像花蕾在慢慢打开自己的身体。他把白玫瑰递到"粉袄女"面前，"送给你，它和你很配！"又转过头对惊愕而愠怒的"蛤蟆镜男"说："别误会！送花给你朋友是因为她是个美丽的姑娘。祝福你们！"……对，他说的是姑娘，不是女孩，更不是妹崽之类的。他说话的声音悦耳、动听，浑厚又充满磁性；他说话逻辑清晰，分寸恰当，不可能当他是个精神病人。"粉袄女"脸红得像她的小粉袄，显然她还从来没有被一位陌生男人赞美过容貌。这种赞美无疑让她兴奋、忐忑和害羞。当然，这样的事如果放在一二年前，她完全可能举手扇他一耳光，猛喝：流氓！然而，这毕竟已是1983年了！"蛤蟆镜男"看着她扭捏，忙催促：拿着，不要白不要，我还不相信他还能把你吃了！那个美男子果真把花送给了姑娘。他，退了一步，亮出一双不被花束占用的手，十指骨节分明、白皙修长，是一双很适合弹钢琴、拉小提琴之类的手。他用左手搓了搓冻僵的右手，又是眉眼含笑："谢谢你们。那么，再见！"他轻盈地几步便蹦跳下索道站的梯坎，浑身升腾起一种喜悦，仿佛是千斤重担终于放下来了……

　　他们说，坐那一趟索道车的人，踏进车厢，眼睛便不由聚焦在那束白玫瑰和捧花的"粉袄女"身上，总觉车厢里多了些什么让他们不可思议的东西。奇怪的是"粉袄女"捧着白玫瑰的神情也令人不可思议：她过于庄重，坐在车厢的某个角落，傻了似的，几乎不吭声。难道犯傻这种事也是可以传染的？她的男人倒是话多，一直在那里咋咋呼呼，指着江面吼道：看那里，看那里，好几层的大轮船……

　　他们说：后来他似乎再没出现过。好些渝中区自以为有几分姿色的妹崽听说这个人这个故事后，都喜欢去嘉陵江索道沧白路站口晃一晃，期望也能遇见这位手捧鲜花赞美她们美丽的男子，哪怕他有精神病的嫌疑。但他的确再没有出现过,他的消失就像这座索道的消失一样,在2011年2月28日晚7点35分送走最后一批乘客,便停运。告别的手势相当利索!

其实,无论他们怎么说,我压根儿没相信过这个人和事情的真实性,它实在太像一部撰写得破绽百出、拙劣的小说:一个美男子捧着花,伫立在人来人往的索道站口,深情又茫然……重庆一年中的确有几个月的雾季。但以为云雾弥漫之时,狐仙便会跑出来与民同乐,那真是我们有精神病了。

二

而我却不得不承认,交通工具或与之沾边的环境,的确容易发生爱情这样的艳丽之事。人人熙熙攘攘、来来往往,看似毫无关联,却往往有一双无形之手把人们放在了一种微妙的共同时空里,不早一步,也不晚一步。而这种被限制了的时空关系,仿佛也更容易让人们来仔细观察他人,于是产生好奇与感觉,激发出荷尔蒙。尤其是重庆历史与现实中的那些特别的交通工具,生在大山大水中,几乎就成为山水的手臂或腿脚,或是某种心思。其惊险刺激、奇异魔幻,本身就充满了催情元素,当然便会成为谈情说爱最佳的场所。

也是在20世纪80年代,还有一种交通工具很受重庆年轻人喜欢,它叫缆车,重庆人爱把它叫成"懒车",因为它像神一般,叮叮当当一阵风起,便可把人从山下吹到山上,省去爬山的艰辛,重庆人怎不感激它?

抗战时期,重庆便组建了重庆缆车特种股份公司。1945年,首先在长江水域的望龙门码头修建了客运缆车,由著名的桥梁专家茅以升等人设计。曾见到一张当时市民坐缆车的老照片,令我百感交集:应该是重庆的大热天,缆车是人满为患,车门车窗爆出好多人头来。其中便有位穿白短袖的男子,双腿倾斜抵在车门沿口,一手抓住车栏杆,像耍杂技一样几乎把半个身子悬在了空中。而车厢内的一个旗袍女人自己都被挤得脸变形似的,仍拿出一手去紧紧攥住男人的衣衫,仿佛在添加某种保险绳……这是一对拼着命在生活的男女,他们疯狂、绝望又感人的造型,那种本能般的同舟共济,恐怕是任何艺术家都难以雕塑或描绘出来的!

20世纪五六十年代，重庆又修建了3座大型缆车：两路口缆车、朝天门缆车和长寿县的缆车。

那时你来重庆，一出菜园坝火车站或朝天门码头，举目便可望见一溜大长坡上有两个像甲壳虫的小东西在一上一下爬行，快速、灵巧。叮叮当当，叮叮当当，它们发出简单又清脆的童谣般的声响，欢快、不喘一口气、任劳任怨地蹿上蹿下。菜园坝缆车是当时联系下半城到上半城重要得不得了的交通工具，价格却低廉，上行两分钱，下行一分钱。而我小时候每次坐缆车竟会被吓得哇哇大哭，最怕它像箭一样射出去的一刹那，像遭遇一次地震。我只得祈祷自己尽快长大，大到不再恐惧坐这个像甲壳虫的小东西。然而，待我们长大，望龙门、菜园坝、朝天门的缆车全都消失了，唯余建于1964年的长寿缆车。它仍采用了茅以升设计的鱼腹式轨道，全长282米，垂直高度110米，是目前国内轨道最长、坡度最陡、运行最久的地面客运缆车。现在，它已成为游客蜂拥而至的打卡地，恋人们更是双双对对来享受小缆车带来的那种温柔的刺激！它由曾经收费，变为现在全免费！一个风和日丽的好天，我也跑到长寿专门去坐了一趟这个快满一甲子的缆车，感叹它粉色的车身宛如冻龄少女，一路妖妖娆娆爬过绿芭蕉、香樟、灌木丛生的危危高坡，风华正茂！而我仍没摆脱小时候的那种恐惧，尤其是有些时刻，感到人仿佛失衡，既无法踩在土地上，又不能融入云雾中，直到看到长江两岸的桃红李白，才确信不过是在家常的春天里。

消失的与幸存的，交通工具变成游戏工具，不知我们该惆怅还是欣喜？但，世界总要往前走！重庆失去了一些令我们怀旧的缆车、索道，却又新生了一大群一大群更令人惊心动魄、满怀豪情、诗意，拥有着现代速度与便利的交通工具，电梯、扶梯、轻轨、地铁……上天入地，分分秒秒。

很多外地人又惦记上了重庆轨道交通9号线的红岩村站，说是，乖乖，这个全国最深的地铁，轨面最大埋深为116米深，中心埋深为106米，相当于一栋三十五六层大楼像箭一样插到大地的心脏，去站台，就是走向大地心脏嗵嗵跳动的地方！8层扶梯的上或下，单面都要10分多钟；若是步行8层石梯，想想吧，真要命，单面20多分钟可能都难以完成。而这个名字很具重庆精神

重庆长江索道（余承密 摄）

的站又是许多上班族每日必经之路。好几次下班高峰期，去那里，总会见到一些貌似打工族的年轻恋人无论是站在扶梯上，或"嗵嗵"一层一层下着石阶，都是搂搂抱抱成一体，仿佛他们是彼此的根须、枝丫和呼吸，一分钟也不能耽搁亲热这桩事。有这么夸张吗？再想想，就该送上祝福了：日复一日走着这样打工挣钱的路，走向未知的地心，庸常、枯燥乏味、忐忑不安都会有吧。但两个人结着伴走，你亲我一口我挠你一下，上天入地，多么有趣！

三

一年多前，朋友饭局，众人兴致勃勃说起政府要恢复嘉陵江索道了，正在选址。当然是为了打造重庆旅游之需，现在长江索道已成顶尖级别的网红，一到节假日，大梁子的新华路上外地客排起的长龙都快压断马路了。我便说，给你们讲个段子吧，几十年前的，从别人嘴里听来的发生在嘉陵江索道站口的民间传闻，相当好耍……于是，我绘声绘色地讲起，各种添油加醋：美男子、鲜花、"粉袄女"和"蛤蟆镜男"……众人果真哄笑：你编吧，编吧！……我说：我编不下去了。

散局，一位才认识的男人递过手机来："加个微信吧。"灯光下，我见到这位被朋友介绍为苏教授的男人有一双玉琢般修长、年轻的手，与他60多岁的年龄特别不相称。回到家，看到他发给我的一串语音："打扰您了。我只是想告诉你，你讲的那个事，的确像个笑话。但当年它就那样发生了。我就是那个等人的男人……其实，我后来仍在那里等人，只是那些年天天都有新鲜神奇的事发生，人们的注意力早转移了。幸运的是，我终于在那里等来了曾经擦肩而过的人。我们1984年结了婚，1985年有了女儿。她，2020年6月走了，腺性肺癌。离她1982年6月穿着一身蓝色扎染花布裙出现在那里，38年……"

四

很多人都认为长江索道是因拍了电影《疯狂的石头》而一炮而红。那也是部很搞笑的电影。人们总觉得重庆城重庆人嘛，天生就有搞笑、幽默的基因。然而，有一天你坐索道飞渡长江，看到比碗口更粗的缆绳一头挂在重庆母城的山脊大梁子上，一头挂在彼岸的南山脚下，把所有人悬于一线的命交付给沉默而靠谱的山崖时，你会发现这座城的庄严，做任何事情都绝不拉稀摆带，绝不疯扯扯的。即使浪漫的时候，也得左右环视，小心脚下的坡坡坎坎。他们活得实在艰辛又坚韧，包括爱！

然而，爱的本身就需要刺激这样的维生素。在大山大水间谈情说爱与关在黑漆漆狭窄空间里窃窃私语，质感是截然不同的——

来吧，腾空，索道比飞机离人间烟火更近。擦过湖广会馆蜜柚色的灯火，便可见蓝波光与星子的投影已混为一体，南山扑过来，厚实的肩臂，在黑暗中愈发宽阔……

（吴景娅　文）

洞子里除了阿里巴巴还有广阔天地

传说阿里巴巴的珍宝都藏在山洞里，必须得到那句咒语才行。

山城重庆那些阿里巴巴的山洞，没有咒语，只有重庆人的精神。

抗战中，面对日军6年零10个月的，在世界战争史上最残酷的轰炸，重庆人用4个字怼回去：愈炸愈强！不仅不屈服，还创造出了比神话传说更精彩的世界！

1943年，一个名叫黄潮洋的20多岁青年，风华正茂，因身处战乱，为生计只得跋涉去重庆某个中学当教师。他没想到在重庆南山上的那所中学，先后任教的竟然有一批如雷贯耳的大师：数学家何鲁（1894—1973年，重大理学院首任院长）、国学家赖以庄（1890—1966年，重庆大学中文系教授、国立女子师范学院教授，1950年任西师汉语言文学系教授及系主任）、英语教师文幼章（1899—1993年）、著名画家杨济川（1900—1970年）……

黄潮洋更没有想到的是，在防空警报一日数次、艰苦卓绝的抗战中，那所创建于1892年的广益中学，学生们从未耽搁一节课——师生们在山体岩石中用铁锤钢钎，生生凿出了洞中教室。洞外是日本飞机的呼啸，洞内是琅琅书声！我们已不太知道近70年前，山洞课堂当时的具体情景；但我们知道那个青年教师黄潮洋，在中国现代文学史中，还有另外一个身份和另外一个名字：散文家碧野。

不只是洞中教室。那些从武汉、从宜昌，沿川江被卢作孚的民生轮船公司撤到战时首都重庆的重工业和军工企业，为防日军轰炸，很多兵工厂都搬进防空洞里进行生产。每个防空洞分别负责武器生产的各个环节，武器零件在各个防空洞内进行生产打磨，昼夜不停，通过腰洞相互传递，往来于各个车间之间，最终组合成武器。大量步枪、机枪、弹药源源不断地供应前线，支援抗战。

重庆市中心城区也是如此。

据统计，在短短的 6 年间（1937—1942 年），重庆市防空洞从 1937 年的 54 个，可容纳 7208 人，仅为重庆在册人口的 1.51%。到 1942 年共有防空洞 1603 个，重庆防空洞数量增加了约 30 倍，容量增加近 60 倍。平均每平方公里就有 178 个防空洞，基本可以容纳全部市民。它在保护人民生命财产安全方面发挥了巨大作用。这是在战争环境下由重庆人民创造的奇迹。

南纪门、石板坡、中兴路、山城巷……现在都成了重庆的网红打卡地。就在重庆城区第一座长江大桥，石板坡长江大桥东边不远处，原来有一个为重庆人民默默服务的渝中区食品公司的大型冷冻库。该项目曾获得国家部级优秀民用建筑工程设计奖。获奖原因是其"巧妙地利用"了原有的洞穴，使冻库造价大幅度降低，又减少了对寸土寸金的渝中区的土地占用，并且洞穴天然具有相对恒温的特性，节能显著。那个洞穴，其实就是当年的一处防空洞。

紧邻石板坡西边的地方名叫燕喜洞，此地一段崖壁从长江边上陡然而起，石崖底部，有一溜防空洞。盛夏的燕喜洞，崖壁上流荫滴翠，崖壁脚下沿着马路，每天傍晚就慢慢铺开一幅几里长的"乘凉图"：附近的居民吃罢晚饭，三三两两相约着，扛着凉椅，夹着凉席，更多的人携带一张竹凳子，人们寻一处防空洞洞口，围坐一圈，开始重庆人在苦夏里的必修课：乘凉。重庆人一般都不说"纳凉"而说"乘凉"，一个"乘"字，恭恭敬敬地把大自然敬到 C 位，更准确地表达出重庆人的生存技巧和感恩之情。

后来，政府干脆将防空洞进行了维修，完善了通风、照明、茶水供应等等设施，在盛夏开放给市民乘凉。这事还曾被媒体广为报道，是政府"为民办实事"的一个例子。随着改革开放进程的发展，家用空调逐步普及，燕喜洞一带的防空洞，才慢慢失去"乘凉"的功能，变成了"外店里库"卖建材的经营门店。

重庆市中心区所在的渝中区，被人们称为"防空洞"的人防工程数量可观。那些大小不一、长短各异的洞子，在和平时期特别是改革开放以来，大放异彩、令人耳目一新：首先是为解决城市交通拥挤状况，重庆在兴建轨道交通系统时，部分人防工程被合理利用。直至今日被纳入城市地下交通网，可谓物尽其用。其次是改作为商业用途，于是在解放碑出现了许许多多冬暖夏凉的"地下商场"，卖百货、卖小商品。20世纪八九十年代，一度吸引了众多"啥都敢穿"的重庆幺妹。她们并不太过计较那些"仿品"的质量，而是看重解放碑地下"女人街"的服饰引领的时尚和新潮。

在渝中区现存的重庆古城墙通远门遗址的门洞旁，有一家唐装定制服饰店，名为"唐风霓裳"。店主廖姐当年将这里租下来开店，除了临近解放碑，还有一个重要原因就是这里原来是一处人防工程的出口。在那个空调尚未普及的年代，"火炉"山城的8月，"唐风霓裳"里却凉意可人！奔着"廖姐"的手艺前来的重庆姐妹们，当然愿意在此多待一会儿。气歇够了，衣服样式选定了，还专门叮嘱前襟的盘扣一定要用自己心仪的那种样式，最后来一句"廖姐拜拜"，便风风火火逛解放碑去了。

不但"穿在洞子"，吃也可以在洞子。还是在20世纪八九十年代，人防工程被合理利用后，那些洞子里，陆陆续续开了了"洞子火锅""邮亭鲫鱼"……记得当年我和朋友们没少去那些洞子解馋。盛夏酷暑，一彪满头大汗干精火旺的重庆崽儿鱼贯而入，寻一桌子坐下，四围凉意悠悠，心气顿时静下来；喝一口苦中带甜的老荫茶，洞里飘过的麻辣鲜香便不可抗拒了。一般的序曲是这样的：打算做东的人把服务员叫过来："先来两件'老山城'……"那种640毫升装的本地啤酒，不知道大家还记得不？接下来，种种饕餮之状，与重庆崽儿4个字，堪称绝配！

重庆的洞子传奇就是这些吗？NO！NO！NO！

顺长江东下，位于重庆东南方的涪陵，有一处"816工程"，它是中国第2个核原料工业基地。816当时对外的名称是国营建新化工机械厂，通讯地址只能写：重庆市4513信箱。

准确地说，"816工程"是世界上最大的人工洞体工程！

先看一组数据：

1967年，60000多名工程兵接到一项神秘任务，一夜之间便从人间蒸发。为了保密，"816"所在地白涛镇也在地图上消失了20多年。"816工程"的洞体，隐藏在山体内部，可抗百万吨级氢弹空中爆炸冲击以及8级地震。洞体里面有道路、导洞、支洞、隧道及竖井等130多条，总长20余公里。

尚未完工的洞厅共9层，高达79.6米，洞中有洞，洞中有楼，楼中有洞。犹如地下迷宫。地下开凿了18个大型洞室。施工挖出的石方量有151万立方米，如果筑成体积为一立方米的石墙，可长达1500公里。

如果对这一连串枯燥的数字没有明显的感觉，那可以打一个形象的比方：仅仅在它的主洞室，就可以放入一栋20多层高的楼房。通风塔高达150多米，而且在地下也有100多米，能够依靠自然的烟囱效应为洞内源源不断地提供新鲜空气。

由于外部国际环境的变化和国家战略调整，作为中国第2个核原料工业基地，1984年，尚未完工的"816工程"彻底停建，之后陷入长久的沉寂。停建时，"816工程"已完成85%的建筑工程，65%的安装工程；总投资已达7.4亿元人民币。

2002年，国防科工委同意解密"816工程"。2010年，"816工程"首次对公众开放，一个隐藏在地下50年的秘密，得以从大山深处端庄沉稳地慢慢亮相。

2009年12月，"816工程"遗址被列入重庆市文物保护单位。

2017年12月，"816工程"遗址被列入"第二批中国20世纪建筑遗产"名单。

如今，重庆涪陵的"816工程"，已成为4A级旅游景点，也是一处国防教育基地。

如果说，已深藏涪陵水下的"白鹤梁"，承载着乌江水文记载的千年历史，"816工程"则书写了一段中国核军事工业几十年发展的当代史。

每天都有数不清的大巴,沿着高速公路将重庆人,以及更多不是重庆人的游客,送到"白鹤梁";更送到"816工程",送到阿里巴巴那座山洞前……

小心啊,可别忘了念3遍咒语——

"芝麻,开门吧……"

(鲁克 文)

那些被电影宠坏的楼房

欢迎来到重庆森林。这座森林的枝叶就是重庆的各式楼房。拆迁或是重建，这些楼房此消彼长在城市森林中萌发与枯萎。

坐上索道，在重庆森林薄雾的白日与迷离的夜色中去观察这些楼宇，你会发现，她不像苏州园林那样欲说还休，一院一景。她不像北京四合院那样端庄雅致，祥瑞萦绕。她是如此的坦然而大胆，精致的妆容与陈年伤疤，都毫不掩饰地袒露给你。你可以见到完全不同的楼宇，解放碑作为老牌商业街的那种熙攘，但同时又作为一种时尚旗帜而存在。你还可以看见即将拆迁的沙坪坝老城区的那种层层叠叠又支离破碎的低矮楼房。这就是重庆的楼宇，他是多样的，坦率的，美丽的。更由于有了白象居这样奇幻的存在，又为重庆森林增添了一种魔幻。

《火锅英雄》中，陈坤饰演的重庆崽儿就被堵在白象居某一户门口催债。白象居修建于20世纪80年代，它给建筑史带去一种可能性。白象居内部的空间结构交错变化，又遵循逻辑。创造出一种山地城市居住理念的同时，营造出魔幻的效果。白象居的正门在一条小巷子里，进去之后是一条空中走廊，走廊曲折，位于整栋白象居的8楼，走廊每隔一段就有向外突出的楼梯，可以顺着楼梯向下走，你会发现你又回到了楼里。楼中有X形的楼梯可以通向4个房门。站在白象居楼内看向对面，对面楼房的楼梯呈连续的Z字形，仿佛人的脊梁一般的一节一节嵌在对面楼中，又裸露在外，让人看得惊叹。

在20世纪80年代，白象居是独特而摩登的，随着时间的推移，重庆城建筑的崛起，一座座新楼直插天际，傲立于城中，白象居仿佛也在老去，剥落的墙皮是它皮肤的碎屑，只剩下倔强的骨骼与灵魂。新的楼是城市新的血液，他们也终有一天会成为老楼，曾经的城市的骄傲也会被替代，但是楼房们在一起组成重庆森林的生态系统，如此循环往复，生生不息，最后成为重庆森林中不死的灵魂。重庆人也是如此，他们的灵魂离开，又不断地抵达这里——他们命中的城。在某一个刹那，一双留恋的眼睛看见荧幕光影中的重庆建筑，那些无法靠岸的心灵便在这一刻，回家了。

重庆很适合拍摄悬疑片，因为重庆本来就是神秘又带一点狂热的。重庆的四季也给重庆赋予不同的气质，使她既可以是一场仲夏的热梦，又可以是一场冷寂的冰恋。这就使得电影中的重庆时而热烈时而凄迷。这种气质上的反差总是能够很好地映衬主人公的心情。

海棠溪筒子楼曾在《少年的你》中出现，仅仅惊鸿一瞥，已经将我触动，电影中的女主角就是住在这样的楼中，她渺小坚强，她每天回家要走过这里层层叠叠的楼梯，这青灰的建筑映衬着她起伏的心情。来到重庆南岸滨江路，就在金碧辉煌的双子塔旁边，与双子塔相对，有这样一栋奇楼——海棠溪筒子楼。沿着山城特有的石砖铺就的梯坎，并不平整的路面向上爬一段坡，一家小面馆毫不起眼，且已经关张。从小面馆与石坡间的仅能一人通过的间隙转进去，突见另一番天地。一栋八边形楼宇藏匿于此，一进去才知已在8楼，往下可一眼望到底，楼是天井结构，往上再一望，整栋楼的内部便尽收眼底，这就是一个巨大的万花筒，而我们就置身其中。围着楼底那一方小小陆地，八边形的楼层一层层向上攀爬，我惊叹于这是50年前的建筑，它竟然如此个性，那时大概科幻这个词还不是热词。那时的人们却已经因地制宜地修筑了这里——海棠溪筒子楼。在这八边形的楼中，没有电梯，于是八边形的一面便是楼梯，要想上楼都得走到楼的西面，每一层通向上一层的楼梯都成8字结构，在楼梯对面，我将这一切看得真切，这8字形楼梯规矩地排列整齐，一层一层的8字一直排列到顶，铁制的栏杆经历了这楼中穿堂风的抚摸，变得青黑，仿

魔幻的楼房与环境让重庆成为天然的影视基地（张坤琨 摄）

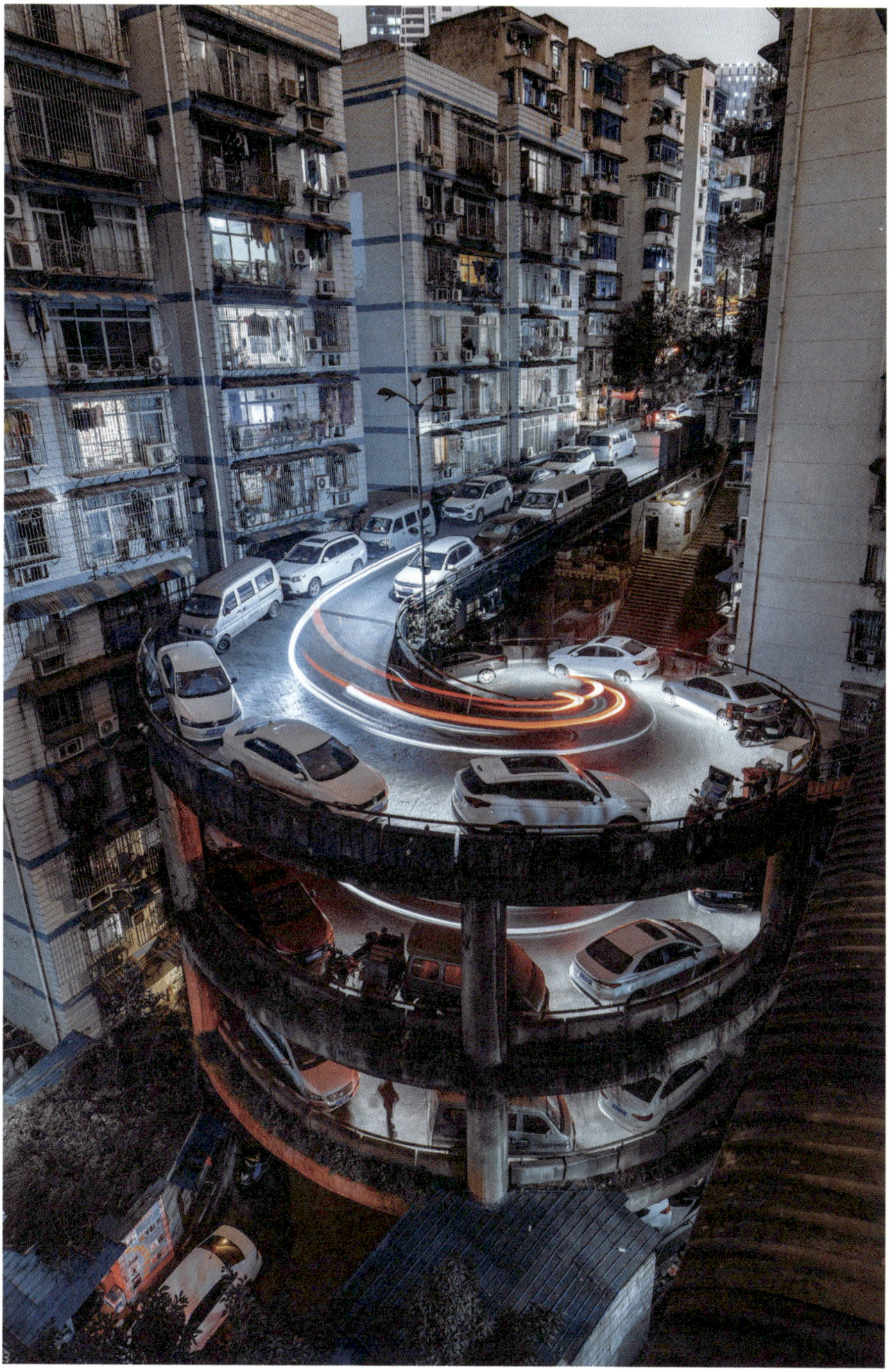

佛这就是海棠溪筒子楼的经脉一般。若是雨天来到此楼中，你站在楼底，向上望去，细雨如针，从楼顶千丝万缕地肃杀而下，楼顶只能看见一方八角形的灰色天空，整栋楼内部只听雨声簌簌，笼罩在一片迷雾之中。家家户户也就都打开了屋内的灯，那一户户橙黄的灯光暖了人心，慰藉这住在筒子楼的人们。筒子楼伫立在冬日风雨或是夏日暖阳之中，岁岁年年，它已经成为一位骨骼坚硬、面色青灰的老人，但他的身板依旧挺直。

重庆的楼与楼之间看似独立又相互交叠缠绕。白日里它们的楼梯互相蜿蜒着，夜里它们拥抱在一起，形成巨大的建筑群与生命体。它们在这里依山傍水，它们在这里肝胆相照，它们在我身后耳语鼻息，我能够在日常的恍惚之间听见这一种窃窃私语，如暗河里水涨。

那水漫溯得包容，它还为我们展示出一种独有的老城的文化气息。

重庆城中还有一处温柔的楼宇，那就是张家花园。张家花园位于重庆渝中区北区路与大溪沟街交叉口南侧。在《风犬少年的天空》中两位少年互生情愫，做了他们人生之中的第一次表白，便是在张家花园。胆怯的爱意连吹过的风都不忍心打扰。一进入张家花园，你就能感受到那种宁静的气息，张家花园是重庆这座犀利的，有着赛博朋克风格中的一抹粉红，是重庆老城的温柔乡。张家花园一共6个单元，均不超过10层，楼宇相互合围在一起，彼此分离又密不可分，楼宇之中有一块空地，一条走廊串起了各个单元的大门。在溽热的夏日傍晚，家家户户的窗口飘出晚饭的香气，跳绳的女孩的刘海渐渐地粘在她雪白的额头上。几个小男孩在那一小片空地上踢球。在张家花园你可以感受到的是一种传统的力量，男孩女孩在此结为发小，故事未完。张家花园的构造所折射的是老重庆最纯粹的一种人际关系，邻里间彼此熟识，彼此照应。吃饭的时间一到，家长们从楼上窗户中伸出头来，喊一嗓子。孩子们脸上带着意犹未尽的遗憾，纷纷地散了。张家花园不仅仅保留了建筑本身的风貌，还将后现代的我们已经少见的邻里亲情保留下来。由此我们才得以看见自己儿时的身影。

整座重庆城在一呼一吸间吐纳着烟火的人间，不同结构的楼宇总是在诠释着不同的人际关系。如果说张家花园是重庆森林中那一小片纯净的花园，那么重庆总是有其他的地方是完全后现代的另一番风味。

重庆的楼还有一处更加神秘的存在，那就是位于江北区观音桥的红鼎国际。红鼎国际自修建以来便成为重庆青年商业创业基地，楼中聚集着400多家店铺，业态丰富。5年前，我总是被朋友邀去那里，那里确实也只属于那些年轻人或者说是有着少年之心的人。进入红鼎国际，穿过窄窄的大堂，你会发现在电梯口那样一个小小的空间里挤满了人，年轻人。红鼎国际里的五花八门就像他们五颜六色的发型一样。我跟随人群上了电梯，朋友叫我去的小酒馆在48层，电梯里一群年轻人各有各的目的地，大家静静地站在电梯里，随着楼层的增高，青年们逐一地走出电梯。电梯每打开一次，都会让我暂时窥到那一层星星点点的气质。有的楼层一打开，你就知道是日料手作，有的楼层你能嗅出私人影院的暧昧气味，有的是小酒馆，因为你可以听到有人在动情地唱《花房姑娘》，还有的楼层是猫吧，你可以隐约听见喵星人细碎自言自语。那些玩桌游的年轻人，在一方桌子前体验着生死与悬疑。还有各式各样的私房菜，它们藏匿在红鼎国际的某些缝隙里。红鼎国际可以是一个相聚地，也可以是一座离散所。

　　游走于重庆城中，这些气质截然不同的各种楼宇与身处其中的重庆人，总是保持着相同的气息。人们选择着自己的住所的同时，楼宇们也在暗暗地塑造着不同性格的重庆人。住在楼中的重庆人，修筑楼房的重庆人，他们如此循环往复，渐渐地，重庆的楼开始显现出人的个性。慢慢地这种个性又演变成了重庆的日常，重庆人习以为常的赛博朋克。

　　所以我知道整座重庆城蕴含着巨大生命力与创造力。如果你归来重庆，或是暂时地离开，那么，在夜晚的航班上你可以去俯瞰这座奇幻之城，那些夜里的霓虹像是一只巨大的手安插进去的数以万计的荧光卡片，这些卡片错落有致地悬浮在黑暗之中，而那些道路上的灯火，桥梁上的流光如同金丝一般勾勒出四通八达的路线图，它们又层层交汇。那些楼房里的窗口仿佛重庆城的无数只眼睛，有的睁着，有的闭着。就在这宝藏之城，后现代的人迹与古老的遗迹并存，所以，那许多楼房在电影中闪现便不足为奇。

　　这是一座神奇的都市，同时它又属于重庆人，是这群凡人的杰作。

（孙涵彬　文）

乘风破浪：第一位叩开重庆大门的"立洋人"

重庆又称雾都，春夏之交正是大雾弥漫的日子。

雾随风动，把山呀水呀树林呀房子呀都搅拌成朦朦胧胧的一片。只有疲惫的太阳在雾气中挣扎出来，把温水似的阳光一盆又一盆泼洒在冰冷的雾气里，世间的一切才渐渐显露出来。那似真似幻的景象，真像飘浮在云雾里的仙山蓬莱，惊艳又神奇。

那时，我家居南岸上新街，清晨掀开窗户就正对山腰上那幢小洋楼。在雾气弥漫里，小洋楼刚刚露出顶着青瓦的小阁楼。染上岁月尘土的墙体似乎洗浴过一样，白得耀眼红得鲜艳。围裹洋楼的小树林也清晰了，整幢小楼似乎让几只温热的手捧了出来，残破的墙皮还带着水湿的痕迹。中式的斜坡青瓦顶和西式的半圆门窗都十分鲜亮，刚上过漆似的。

那幢小洋楼也时时诱惑好奇的我，想靠近它探个究竟，最好走进那些紧闭的门窗里去瞧瞧。我曾穿过长长的小巷子，靠近了它。那是有高高围墙的小院子，立在生满爬山虎的高坎上。有条不长石梯伸入门洞，久没人走了生满湿滑的苔藓。铁门紧闭，一把生着铁锈的大锁把门咬死了。我问小巷子里的人那小洋楼有人住吗？笑了，说："那个红房子呀，当然有人住了。现在是南岸区政府管着的，里面都是办公的人呀！"

我知道了，这座山坡和坡的后面，都是南岸区政府曾经的办公地，上新街的人都叫这一片为"红房子",是不是与这幢小洋楼有关呢?

我在报社的一位同事告诉我:"那是立洋人的洋公馆。"

后来,我查找历史书籍和文献资料,终于知道了,立洋人就是那个曾经在重庆风光一时的英国冒险家阿奇博尔德·约翰·立德乐,也是第一个驾驶轮船闯进川江,率先打开中国西部市场的外国人。1876年虽有中英《烟台条约》准许外国人进入中国内陆,可长江三峡的天险和保守封闭的川渝地方官订下的苛刻规矩规定:"四川重庆府可由英国派员驻寓查看英商事宜,轮船未抵重庆以前,英国商民不得在彼居住开设行栈,俟轮船能上驶后,再行议办。"就是说,不敞开大门让洋人的挂旗火轮汽船驶入三峡以内。正是这个叫立德乐的英国商人,两次驾船撞开川渝的大门,使开埠成为事实,让外面的世界知道了很有商业开发潜质的重庆。而重庆朝天门的大门不仅仅朝天大开,也通过长江丝绸之路通向蓝色的海洋。

在立德乐那部用日记体写的探险游记《扁舟过三峡》里,我触摸到了三峡岩石陡峻与坚硬,听见了扬子江水湍急险恶,也看到了那个一手抱紧让狂风揭起的高筒帽,一手握着烟斗的金发碧眼男人,立在漩涡里挣扎的小木船高高翘起的船头上,一点也不慌张地用欣赏的眼光,瞧着在尖利似刀锋的岩石上一步步拖着木船艰难前行的纤夫们。他对着江水里翻滚的浪花低声说,中国的纤夫真的可称为世上最能吃苦的勇士。

那是他第一次逆流而上,闯入世人口中凶险万分的长江三峡。当然,他不是西方人第一个闯入这里了。之前有好些传教士、探险家来过,可他们都各怀目的,不像立德乐一样以商人的眼光来瞧瞧这里面隐藏着多大的机会。他暗暗记录下这里数不清的急流、险滩和暗礁,计算着江水的流速和船的吃水量,暗算着该多大动力的铁船火轮才能闯进去。在一次又一次生与死的挣扎中,他闯出来了,终于在第22天后从湖北宜昌到了锁在浓雾中的山城重庆。他考察了川江两岸的水文、地理情况,并在日记中做了详细记载。他在游记中提道:"把四川的商业大都市重庆开放作为通商口岸,迟早会使其成为中国西部的又一个上海,这就是富庶的西部。"依据考察,立德乐认为,重庆的通航并非不可能,只要操纵灵便、吃水浅、马力强大的轮船,便能开进川江。

立德乐是个聪明的商人和实干家。他从重庆回到上海后，就开始了到处游说筹集资金，在宜昌修建码头，成立"川江航运公司"。他先是在英国特制了马力巨大的"固陵"号轮船，计划从上海港出发，亲自驾船敲锣打鼓轰轰烈烈地驶入川江。可是丰满的想象终究会让残酷的现实击碎。多年后他回忆那段经历，还苦着一张脸说那真是一场噩梦，从一开始就不顺利。他太过招摇的航行终因川鄂两省民众强烈反对而作罢，"固陵"号轮船与刚刚建好的宜昌码头也被地方政府强行收购。

固执的立德乐是个从不言败的人，他把吃下的哑巴亏硬吞咽下肚，卖掉了首饰与房产，秘密筹集资金，又悄悄造了适航川江的小型轮船"利川"号。狡猾的他为避人眼目，以蒸汽机为动力，总重不过10吨，同时用柚木作壳，远看就如普通的木船一般。同时，熟悉晚清官场的立德乐上下打点，获得了地方官员的认可。川鄂两地官府发文通告，要求沿江州县"不得滋扰"，还特派炮船和救生红船沿途护送。离开湖北，进入重庆东北山区后，清廷的保护伞就不太灵光了。此刻立德乐不仅要面对凶险神秘的川江水道，还会偶遇川江两岸船民的阻截。三峡航道水流湍急，两岸巨石险滩又防不胜防，尽管他换上了燃烧洋油的轮船，依然处处遇险，时时惊出了冷汗。在过巫峡时，一不留神，利川号触了礁，使它在巫峡中僵卧了整整4天。那几日大雾锁江，暴雨滂沱，利川号船员也在饥饿与恐惧中度过了噩梦似的几天。

利川号吐着浓黑的烟雾刚冲过一个浪急的险滩，终于进入云阳乌龟沱，又遇上了大雾弥漫。本来正是阳光当头的正午，天空却突然暗黑下来，看不清水道，只听见狂风与两岸树林里的猿声凄惨地呼号。水浪一波又一波朝船头击来，立德乐眯眼瞧着两岸高耸入天的陡壁，根本无法找个安静的地方靠岸。立德乐点燃了大烟斗，站在船头，让船缓慢地行驶。此时，在迷茫的雾气中，他瞧见有艘小木船艰难行驶在江心，高高的船桅杆上点着一盏红色的灯笼，似乎在给他们的利川号引路。他叫船员们跟着小船的那盏红色的灯，缓慢小心地行驶，终于驶出了这片悬崖绝壁。雾也慢慢散尽，他们见到了蓝天上飘动的白云，还有从山崖峭壁上飘洒下来的湿漉漉的阳光，都跳到甲板上欢呼起来。立德乐后来说，那一刻他真有从鬼门关闯出来的感动，搂抱着他的夫人，泪水在脸颊上不停地滚落。

1894年3月9日清晨，一路状况不断的利川号轮快驶抵重庆时，终于挂起了英国米字旗。英、美、日领事组织中外人士上百名，乘数条木船前往迎接。重庆地方政府也无可奈何地派船列队江中，张灯结彩迎候。驶抵朝天门码头时，百姓们争相拥到江边观看，他们并不知道，这艘喷吐黑烟的怪船将改变自己和整个城市的命运。

立德乐航行川江成功以后，外国人终于可以定居重庆。各大轮船公司倚仗其雄厚的资金、先进的技术和政治上的特权，开始垄断了川江航运权，使中国落后的官船民船根本无法与之竞争，川江航运权丧失殆尽。当然，这也是两个时代两种文化的冲突，开放的先进的科技文化与落后保守的传统文化的冲突。只有改变思路，废弃腐朽没落被淘汰的东西，才能顺应时代而进步。会变通就能赢，在旧的木船与船工制度找不到出路时，有个叫卢作孚的中国实业家看准时机，购买和建造机船火轮，决心创办中国民族的航运业。他四处筹集资金，冒险用8000元作抵押，买回一艘价值30000元的小火轮，在1926年成立了民生航运公司。那一年，"民生号"轮船满载乘客，驶出了重庆码头，中国人开始有了自己的内河航运业。后来，民生公司又向长江中下游发展，和外国公司展开了激烈的竞争。卢作孚在竞争中毫不示弱，宣布民生公司的甲级船员一律由中国人担任。同时加强管理，对旅客不论穷富一视同仁，服务热情周到，还禁止船员收小费。这样，民生公司靠优质服务和民族自信心赢得了旅客的信任。卢作孚的民生公司成了长江航运真正的主人，同时推动了以重庆为主的长江中上游民族工商业的创立和发展。可以说，英国冒险家立德乐是长江丝绸之路的敲门人，而真正打开大门，走向开放世界的是像卢作孚这样的有爱国情怀的民族实业家。

立德乐终于能挺直腰板站在朝天门两江交汇处，他先在重庆白象街开设洋行，名为"立德乐洋行"，经营四川土特产和外国舶来品。后来又以永租的方式廉价收购了长江南岸上新街、马鞍山、瓦厂湾等九湾十八堡的土地，把洋行搬到此地，开办猪鬃厂，用来修建厂房、货栈、别墅等。立德乐还不断扩展业务，1892年他在重庆开设了第一家外资运输公司重庆有限转运公司，专门从事运输业。1893年，他又设立了利川保险公司"专保旗船货物"，成为重庆历史上第一家外资保险公司。1893年11月，立德乐仿照上海、汉口等大城市的做法，在重庆第一次设立当时称为"信局"的邮政机构，并在长江下游宜昌、汉口和上海设置分局或代理处，满足在渝外国人的通信需求。立德乐曾尝试开发川渝地区丰富的矿藏资源。1898年，他闻知重庆江北两家煤矿发生纠纷，便买通官府，寻觅代理人为其收买矿产开发权。立德乐在重庆待了12年，就赚了个盆满钵满，于是大批外国商人涌至重庆，开办各种公司，让重庆人欲说还休的开埠运动终于拉开了帷幕。

我也在历史资料里读到，1904年，立德乐打算回国安享晚年，将其在渝经营的洋行、航运等产业转让给英商隆茂洋行。抗战时期，"红房子"颇为知名，曾是美国驻渝大使馆的临时馆地，美国驻渝武官的驻地，还一度成为重庆外国侨民在南岸的主要聚会地点。重庆解放后，该洋行建筑被西南军需部和土产公司作为仓库使用。1950年9月23日，洋行仓库突然发生大火，连带烧毁了不少房屋。1953年2月，南岸区政府接管使用洋行房产，用作政府及所属机构驻地。原南岸区统计局、物价局、工商局、文教局、科委、广播局等单位曾在此办公。2002年7月4日，立德乐洋行旧址入选南岸区区级文物保护单位。2009年12月15日，入选重庆市文物保护单位。

岁月的烟尘早已散尽，直到21世纪的今天，重庆南岸一带的人还在传说那个戴高筒帽，穿燕尾服，手拿文明棍到处游逛，用蹩足的重庆话打听猪鬃价钱的立洋人。我在重庆规划展览馆名人陈列馆里见到了立德乐的铜像，那是整个展馆里唯一的外国人塑像。他背着双手站在那儿，细眯的双眼、微微上翘的胡须与嘴角都透露出一丝狡黠，瞧着像个神秘莫测又时时闪现惊奇的魔术师。

阿奇波尔德·约翰·立德乐，这位英国冒险家和商人，因为他两闯三峡，撞开了重庆开埠之门，被《大不列颠名人录》誉为"开发中国西部第一人"。《重庆历史名人录》把立德乐列为在渝留下业绩的12位外国友人之一，与史迪威、陈纳德、金九等人齐名。

这个冬天阴雨绵绵，整个重庆城都淹没在阴冷潮湿的雨雾里。我独自来到南岸上新街马鞍山口，曾经的南岸区政府已经搬了家，现在那一片是个围栏围起来的大工地，据说正在改造修建的是重庆市开埠文化遗址公园，也是开埠文化的一个露天博物馆。这里曾是重庆开埠最早的地区之一，也是最早对外开放的水码头。美、英、法等国的大使馆曾云集于此，洋行更是多达27家。这里曾是西方工业文明最早登陆重庆的"万国商埠"，也是重庆民族工业最早起航的地方之一。那幢中式外形西式装饰的"红房子"就鲜明地立在眼前，阴湿的冷雾和浓密的树丛紧紧围裹住3层小楼。楼的外观已修饰一新，雪白的内墙和深红的侧墙都刚刷过漆。门窗依然紧闭，据说屋内还在装修，残破的地方都会照原样修复。

以后，这幢小楼就是重庆开埠文化博物馆，将展出大量珍贵的实物见证重庆百年开埠史。

（嘎子 文）

一台百年发动机当年的"敦刻尔克大撤退"

　　1938年深秋，重庆西郊大渡口沿江的一片农田丘陵间，正推山平地、夜以继日地建设着一个偌大的钢铁基地。这不是一个普通的钢铁企业，在中华民族最艰难的生死关头，这里生产了大后方钢铁总量的90%，为持续抗战树立起了必胜信心……

　　江边的沙岩层发出几声闷响，一艘甲板上遮挡严密的超大驳船结结实实地靠了岸。"我们的大马力机终于到了！"欢呼雀跃的人群中，一位头戴草帽、身着西装的中年男人俯身将船上抛下的粗缆绳利索地挂进系船桩。

　　这非同小可的庞大设备，正是从汉阳铁厂西迁而来的国之重器——8000匹马力双缸卧式蒸汽机；而亲自挂系船缆的人，就是钢铁厂迁建委员会（简称"钢迁会"）常务副主任委员张连科。

　　8000匹马力蒸汽机总重量约250吨，是中国钢铁工业第一台大型轨梁轧机原动机，转速最大可达每分钟70转。1905年，晚清重臣张之洞从英国谢菲尔德市梯赛特戴维兄弟公司定制了这台设备，然后几经辗转，直到1906年才漂洋过海落户于当时红极一时的汉阳铁厂。

332

一

抗战爆发以后，上海、南京相继陷落，武汉也岌岌可危，贸易出海口被日军封锁，内地钢材、生铁奇缺，物价飞涨。在民族存亡的危急关头，中国比任何时候都更需要钢铁工业对军火生产的支撑。此时中国唯一的钢铁血脉，却仅有当年张之洞创建、业已停产多年的汉阳铁厂。

更糟糕的是，日本军方也早已盯上了曾经被西方媒体称为"亚洲之雄厂"的汉阳铁厂。钢铁厂一旦落入敌手，后果不堪设想。

1938年3月1日，为抢在武汉失守前将汉阳铁厂的机器设备和钢铁物资转移出去，钢迁会正式成立，负责拆迁汉阳铁厂及武汉附近的钢铁厂的机器设备。同时选址重庆大渡口，以綦江铁矿和南桐煤矿为原料基地新建钢铁厂。

当时正在中国采访的意大利《世界时报》记者在日记中写道，中国在移动，这是人类历史上最大的集体移民，令人诧异。大批衣衫褴褛的人们通过公路、铁路和船舶，从武汉、宜昌逃往重庆。这景象是游牧时代以后，绝无仅有的。

1938年10月，前方战事紧迫，运输工具匮乏，从各地撤离的9万吨物资和上万名工程技术人员、大批政府机关人员、学校师生和数十万难民全部拥挤在了宜昌。长江两岸滞留的钢迁会机器设备已堆积如山，8000匹马力蒸汽机亦在其中。

张连科心急如焚：撤迁必经的三峡航道就要进入长达5个月的枯水期，留给钢迁会的时间只有不到40天。要在这几十天里，完成实际需要一年的运输量，简直是匪夷所思。加之能用的船舶所需油料严重不足，要在暗礁丛生、漩涡密布的三峡运送一座齿轮3米高的8000匹马力蒸汽机这样的庞然大物，种种挑战前所未有。

危急时刻，被临时任命为交通部常务次长的重庆籍实业家、"川江船王"卢作孚亲自坐镇指挥，杀伐决断地将宜昌至重庆的水运路线，调整为"宜昌到三斗坪，三斗坪到万县，万县到重庆"，立刻实行3段运输。

3段航运，加快转运效率，短时间内让江岸滞留物资快速撤进三峡，有了一道天然屏障。不料，运输机器的钢迁会船只总是遭遇日机尾随低空轰炸。张连科决定冒险，亲自押送8000匹马力机重要部件西迁。民生轮船正过西陵峡口时，追击而来的敌机接连扔下炸弹。巨大的爆炸声中，船头陡然上扬，轰然喷溅的水花有5米多高，所幸人机得存。劫后余生的张连科睁眼看去，四周滩水奔涌激荡，船头竟逆流回旋到180度方向，这450吨位满载的大轮在惊涛骇浪中亦如落叶般无助飘荡。

历尽艰险仍不屈不挠的铁血西迁，一直持续到次年3月中旬才告结束。钢迁会共拆迁机器材料3万余吨，8000匹马力蒸汽机也跟随"宜昌大撤退"的脚步，在炮火硝烟中撤往建设中的大后方钢铁基地。不久，钢迁会在大渡口的第一座炼钢炉开工生产，战时铁荒很快得以缓解。

作为抗战后方的钢铁脊梁，钢迁会深深地牵动着社会各界及海外关注的目光。美国合众钢厂、英国Braccent公司代表和众多社会名流前来参观并纷纷题词，翁文灏先生为钢迁会题下"国之桢干"4个大字。黄埔军校教官周钦贤动情写道："在抗战期中有这么一个伟大的钢铁厂，更坚定了我们对于抗战胜利的信心。"

据统计，抗战期间，重庆兵工承担了全国械弹2/3的份额，而生产这些武器弹药所依赖的钢铁原料，几乎全部来自钢迁会在大渡口重建的这个钢铁厂。

对于那段惊心动魄的工业西迁历史，著名教育家晏阳初称之为中国实业界的"敦刻尔克大撤退"。

二

遗憾的是，多少人以生命为代价，顶着敌军炮火抢运回来的8000匹马力蒸汽机，抵渝只剩主体部分的汽缸和底座，其飞轮曲拐轴等部件在躲避轰炸时被沉入江中，一些关键的零部件也遭轰炸严重破损。

时运不济的国之重器虽是"一腔热血、满腹经纶"，却被搁置在江边一隅，任凭风吹雨打，日渐锈蚀老去。

1949年11月30日凌晨，国民党军队溃退之际，密谋炸毁钢铁厂的核心设备，尤其是在发电机房等处秘密埋置了成吨的炸药。得知消息的中共地下党组织带领17名进步工人，连夜搬运炸药抢救发动机，途中炸药突然爆炸，护厂勇士英勇牺牲。

新中国成立以后，钢铁工人当家作主，在瓦砾堆上恢复了自己的钢铁厂，生产热情高涨。很快，为响应自力更生修建成渝铁路的号召，钢铁专家决心修复8000匹马力蒸汽机，以保证成渝铁路建设的钢轨供应。

然而，弃置多年的8000匹马力蒸汽机锈蚀甚剧，诸多零部件也散落长江沿岸多处。苏联专家看后连连摇头，沉睡的马力机重启自是困难重重。在当时西南局的大力支持下，钢铁厂轧钢工程师潘继庆等人立下军令状，率领技术人员各司其职展开马力机修复工作。很快，长江边搭起了大竹棚，人们四处寻找散落的部件，手挖、人抬、除锈、除油，忙得热火朝天。功夫不负有心人，飞轮曲拐轴终于被打捞出水，迅速运往大渡口。

1951年2月4日，8000匹马力蒸汽机开始重新安装，于12月竣工投产。常年沉默的烟囱，升起了缭绕的青烟，被遗弃与损坏的机器上插上了鲜花，擦得发亮的机轴上反射着青色的润滑机油，大马力机终于"睡狮苏醒"，威风凛凛地开动起来了。

这是一个新纪元的开始。1952年4月10日，8000匹马力蒸汽机成功轧出新中国第一根重轨——中华式38kg/m重轨，并为新中国第一条铁路成渝铁路钢轨生产提供动力保证。

从此，这台曾在张之洞时代就承载着"钢铁强国"之梦的巨型蒸汽机，为蒸蒸日上的中国工业建设开足了马力。

三

"淡云微雨访重钢，钢水奔流赛两江。憾不钢花歌舞夜，高楼同听巧姑娘。"1960年3月，国歌歌词作者田汉来到大渡口钢铁厂，亲眼看到蔚为壮观的炼钢生产场面，乘兴写下了这样的诗句。

20世纪后半叶，重庆长江沿岸大渡口一带巍然矗立着高炉铁塔，铁水钢花奔流不息，型钢轧机风呼火啸，香涛院、晴川阁、中山堂、钢花路、沪汉村、钢花影剧院……十里钢城的印记，镌刻在一代代钢铁人的记忆深处，而遗存下来的 8000 匹马力双缸卧式蒸汽机就是最好的历史见证。

一直以来，8000 匹马力蒸汽机房都是钢铁厂重点保护的机要部位，机房门口甚至有警卫站岗，进出人员需持证方能入内。重钢的一些老职工也回忆说，自己从没走进过马力机房，只在机房门口敬畏地凝望过那台功勋卓著的百年马力机。

1985 年，随着中国改革开放、技术革新的步伐加快，重钢开始了大规模的现代化技术改造。原重钢型钢厂对大型轧钢机进行技改"大手术"，用先进的电动机取代蒸汽机提供动力。

新时代的钟声敲响，十里钢城以电力为动力，不仅数十倍地节约了热能，还使型钢产量由 10 多万吨增加到 30 万吨。

8000 匹马力蒸汽机作为中国最后一台以蒸汽机作动力的轧钢原动机停产下马，彻底退出了历史舞台。而她的辉煌，则见证着中国民族工业铁血西迁，并在重庆大后方崛起的重要历史。

2018 年，8000 匹马力蒸汽机入选第一批中国工业遗产保护名录。

这是一个百年发动机的传奇，也是一个城市与一个时代的难忘记忆。

它，不仅是大渡口重钢的功勋设备，更是中国钢铁工业的"活化石"。

让人欣慰的是，在 2019 年国庆前夕，位于大渡口江边的重庆工业博物馆广迎四方宾客。

就在原型钢厂区内，钢迁会生产车间旧址一侧的水泥基座上，8000 匹马力蒸汽机经重新组装，静卧于此。机身上，"1905"及"DAVY BROS LD ENGINEERS SHEFFIELD ENGLAND"（英格兰 谢菲尔德工程师——编者注）的铭文仍然清晰可见。

如今，8000 匹马力蒸汽机已然褪下历史赋予它的重任，却依然承载着中华儿女"钢铁报国"的梦想与荣光，用历经战火、饱经沧桑的钢铁身躯，书写着中国钢铁工业发奋图强、砥砺前行的峥嵘岁月。

（何鸿 文）

百年前的山顶足球场和重庆第一次"中英德比"

在重庆的第一地标解放碑,你登上其四周的任一幢百米高楼,极目远眺,隔着长江,一脉苍翠由近及远,妩媚翩跹,那就是重庆主城的花冠:南山。在南山的山脊线上,隐隐约约的塔影,像一枚精美的发簪,别在了花冠顶上。

那座塔名叫文峰塔,建成于清道光三十年(1850)。1992年,重庆市人民政府公布文峰塔为第二批市级文物保护单位。据《巴县志》记载,"文峰塔峭立山巅,凡七级,高逾十丈,万松围护,攒天一碧。"

远山如黛,塔影如幻。

有歌声飘来:"……山里面有没有住着神仙?"

这里要说的却是文峰塔下,百年前的山顶足球场。

嘘,别忙,我们先从一所名叫广益的中学校说起。

公元1886年,一个名叫罗伯特·陶维新的英国青年,经基督教英国公谊会派遣,前往中国西部传教布道。

1892年2月15日,在重庆老城一个叫大梁子的地方,陶维新兴办的"Friends Boys School"正式开课。这所英国基督教公谊会开设的教会中学,就是重庆市为数不多的百年老校之一:广益中学。大梁子,是重庆的一处老地名,距现在的解放碑,也就几百米,解放后更名为新华路。重庆广益中学建校时的英文名称为"Friends Boys School"(广益男子学校),这里的"Friends"

不能直译为"朋友"而译为"广益"。原因是，当年的四川公谊会曾议定：教会名称"Society of Friends"不译为"朋友会"而译为"公谊会"，含有"广布教义，益友天下"之意。教会在四川各地创办的中、小学校，统称为"广益学校"。

1904年，广益中学从最早的重庆城中心，迁至长江对岸的南山文峰塔下新址。斯时，广益中学的校长，已经换成了陶维新的五弟阿尔弗雷德·陶维义。陶维义与大哥陶维新不同。他不爱留胡须，偏分的头发梳理得整整齐齐；脸庞方正、深目阔唇，按照现在的说法，颜值有点高。陶维义喜爱体育运动，有一个值得骄傲的身份：曾是英国皇家空军足球队的队员。

现在，故事的主角该登台亮相了。

年轻的陶维义来自现代足球诞生地英国。当年入川时，其行李中仔仔细细地装着被称为"西南第一只"的足球。1905年广益中学迁至文峰塔下新校址，陶维义亲自主持，在没有大型工程机械的100多年前，全凭人力开山移石，在南山之巅，在文峰塔下，硬生生弄出一块标准足球场。当年那些足球队员，最快只用10来分钟，就能从足球场穿过场边陡峭山坡上茂密的马尾松林，一口气爬到文峰塔旁。

或许要问：重庆的第二个标准足球场又是多久建成？答案是：1937年，重庆大学校园内的那个标准足球场。

当然，百年前广益中学那个足球场没有草皮，更不是塑胶。那个当年令人莫名惊讶、赞叹不已的标准足球场，像一段悄无声息却又出人意料的传奇：坦荡平展，场地表面是薄薄一层细沙；用石灰划出的球场线，不论直线或弧线，都漂漂亮亮白得耀眼，甚至让人舍不得用脚踏上去。足球场静静地安卧在南山之巅的文峰塔脚下，聆听四周松涛呢喃，夕阳中默默把塔影轻揽入怀。陶维义觉得，这就是广益中学最令他心动的模样。

套用一下网语句式：陶维义是广益中学历任校长中足球踢得最好的，也是职业足球队员中唯一当过中学校长的。

100多年前的清朝末年，神奇的中国西部第一块山顶足球场，它在等待什么呢？

陶维义于 1907 年，组成了中国西部首支有球服、球鞋的正规足球队"广益中学足球队"，并命名为"重庆福克斯队"（The Chongking Foxes）。当然，足球队员们脑后还都拖着那个时代的标志：一根辫子。

但之后广益中学的足球队就像"开了挂"，演绎着令人应接不暇的传奇。

1925 年，曾远赴英国伯明翰大学攻读教育学硕士的杨芳龄，接任广益中学校长。杨芳龄从英国购回标准足球和足球鞋，以原价的 1/3 售给广益校足球队队员，以半价售给体育教师。凡校外足球队来广益进行足球赛，学校都备有丰盛的糖果、点心。不但提供伙食，有时还设宴招待。杨芳龄对足球的虔诚，与陶维义可谓异曲而同工。

有了校长的加持，广益中学足球水平因而长盛不衰。很长一段时间里，校足球队打遍重庆无敌手。

于是，本文标题中的"中英德比"，终于顺理成章地到来——

1933 年的某一天，英国军舰"FALCON"（福康）号如以往一样，静静地停泊在重庆城长江南岸一个名叫龙门浩的水域。这天风轻云淡、阳光明媚。福康号的水兵们起得比往日略早，用毕早餐，列队集合，离舰登岸，水兵们心情愉悦地往南山方向出发了。

我们知道，现代足球起源于英国。正由于这个原因，时至今日，国际足联依然保留了给英国分配 3 个世界杯参赛名额的待遇，以示"特别致敬"。

福康号的水兵们，这一天正是前往广益中学，参加一场他们期待已久的足球比赛。

福康号舰的水兵们早就耳闻广益中学环境优美，但当他们穿过镌刻着"Friends High School"英文字样的拱形石门，转过一个弯，面对那块绿树环抱的标准足球场，还是禁不住惊呼："My GOD！"

福康号水兵足球队士气高昂、兴奋不已：这一趟翻山越岭去比赛，值得！

我们至今没有窥见那天的球场影像，甚至连详尽的文字记录也付诸阙如。但是我们知道，1933 年的某一天，就在文峰塔下那块神奇的山顶足球场，英舰福康号足球队与广益中学足球队，上演了一场"中英足球德比"。

那一场"德比之战"，福康队没有打出气势如虹的"全攻全守"，"广益"

队也没有囿于稳健实用的"防守反击"。在以身体对抗为强项的"福康"队面前,"广益"队打出了行云流水般的"中式足球",最终以7:0战胜了"福康"队。

那些福康号舰的水兵们居然在中国西部,在重庆,被广益中学足球队狂灌7个球,服不服?

我只能回答:不知道。但,英舰福康号足球队在赛后,将舰上一座铜钟赠送给广益中学足球队,钟上刻有一行英文:"Friends High School, Falcon"(广益中学,福康)。

之后,那口铜钟就一直高高悬挂在广益中学有名的"月台坝"旁的香樟树上。笔者曾在20世纪70年代就读于广益中学,至今难忘的就是敲醒春夏晨曦,震落秋冬夕阳的悠扬钟声。每每在足球场上痛快淋漓出了一身汗,下场后很享受地坐在微黄的细沙地上,嗅着身边马尾松溢出的松脂清香,我就禁不住想:这个深藏不露的广益中学,竟然比北大清华的历史还悠久?这足球场真是清朝就有了?那座铜钟真是来自一艘英国军舰?终于,趁放暑假校园人少,一个在南山长大的同学,偷偷爬上那棵高大的香樟树,将铜钟上的那行英文字原封不动地描了下来。我们仔仔细细地对照英汉小词典,反反复复自行翻译那一行字。但很失望:不但没有军舰,甚至连广益2字都没有提到!最终,我们自作聪明将铜钟上的那一行英文"直译"为:朋友、学校、隼。这都啥意思?当年我们一直都不敢去向外语老师求证。悄悄爬到几十米高的香樟树上实施"取证"的行为,当时只能是我们几个铁哥们的秘密,必须守口如瓶。

现在,那口铜钟作为百年足球场的见证,被广益中学珍藏。

其实,一场"中英德比",在建于1905年的中国西部第一块标准足球场上进行,本身就是一段传奇,就够了。

那场"中英德比"之后呢?

1937年,广益中学获重庆市第一届运动会中学部足球赛冠军。

1955年,重庆市人民政府有关部门,首次组织了全市中学足球"国防杯"比赛,广益中学一举夺得"国防杯"赛冠军。

1985年、1986年、1987年,广益中学的校女子足球队连夺重庆市女子足球赛冠军，获三连冠永久奖杯一座。

……

历史进入 21 世纪。

2002 年，中国男足首次杀入世界杯决赛圈，也是至今为止唯一的一次。这个"迄今的唯一"，在中国足坛留下了最高光的记忆。最后登上飞往韩日世界杯航班的 23 名球员，无疑是当时的幸运儿；在 23 名幸运儿中，有一个司职中场的队员，名叫马明宇。

对，你肯定猜到了，马明宇也与广益足球能够扯上那么一丁点儿关系。当年，广益足球场上有一个名叫马鼎凯的学生，是绝对的主力前锋。马鼎凯后来有了一个同样酷爱踢球的儿子，儿子青出于蓝胜于蓝，竟然一路将足球踢到了韩日世界杯赛场。马鼎凯的这个儿子，小名唤作"马儿"，大名就叫马明宇。

这里，我要说到另一位姓马的重庆男人。他将自己毕生对足球的热爱，都融入了广益中学的那块有百年历史的足球场。

这个人，就是后来的广益中学体育教师兼足球教练马沛滋。

1974 年秋天，广益中学足球队的队员们轮流抬着一副担架，沿着重庆那条著名的"黄葛古道"一路向上。在低声呜咽的秋风里，担架来到广益中学足球场。他们视若严父的马教练，突然双眸一亮，似要起身说什么，但他实在没力气动弹，双唇之间也是声如游丝。但，广益中学足球队员们，在那一刻，都听见了，听懂了，铭记了！

"到足球场去"，是马教练最后一个心愿。

1974 年 12 月，马沛滋因胰腺癌去世。

2003 年，时任重庆市市长王鸿举，为一本反映重庆足球运动发展的书，题写了书名：《重庆足球》。

《重庆足球》对马沛滋作了这样的介绍：

"马沛滋 1942 年毕业于重庆大学体育系。……1953 年到广益中学任体育教师，直到 1974 年病故。在校任教 20 余年里，继续发扬了广益中学的足球传统，曾先后向省市体工队足球队培养输送优秀运动员多名，如宣世昌、王家训、梁铨襄、马鼎凯等。……"

马沛滋是一个真正的重庆男人！后来在国内很多足球比赛现场，用暴烈的重庆话吼得震天响的那一句"重庆——雄起！"我一直认为，就是广益中学那块百年足球场，唱给马沛滋老师最深情、最独特的怀念之歌。

行笔至此，我敢断言，人们同样不会忘记的，还有当年那个担任英国皇家空军足球队中锋的陶维义，以及他视为宝贝的那只被历史编号为"西南第一只"的足球。当然，还有文峰塔脚下那百年前的"西部第一块标准足球场"，还有一直被人们津津乐道、视为传奇的那一场"中英德比"……

（鲁克 文）

一个奥当女子的法国水师营

那幢白色城堡式楼房，孤独地立在面向长江南岸的一个小土坡上，远看着挺像一个腰板挺得笔直的水兵，穿一身白色戎装，百多年了依然英武帅气。

那里过去是驻扎在弹子石谦泰巷的北洋水师营务处，中日甲午战争北洋水师战败后就荒芜了。随后一小队法国士兵在"奥利号"舰长休斯特·南希的带领下，接管了这片荒地，开始了对营务处营房的重建。到1903年，一栋白色的法式券廊建筑就长期地安扎在这里，"奥当法国水师营"就成为当时重庆家喻户晓的地方。

20世纪90年代末的一个秋后的傍晚，一位发白如雪，走路蹒跚的法国老太在两位导游的搀扶下，找到南滨路好吃一条街背后的小山坡上。她们边走边瞧手里的一张发黄的老明信片，指着坡上绿树浓荫遮盖的白色小洋楼有些激动地说："是这里，瞧瞧就是这里。"

那是幢让一排餐饮小店遮挡住的法式洋楼，旁边中式翘檐大门还是老样子，只是漆掉了墙皮也剥脱了不少，瞧着有些凄凉。"就是这里，我记得这个大门，只是门顶上的该是只展翅的大鹰。"老太激动得鼻尖都红了，对旁边的中国导游说："快叫开门，我想进去瞧瞧。"她喘着粗气，有些迫不及待了。

来给她们开门的是位胖胖的中年女人，见到外国老太也愣住了。导游给她说了，这位玛利·乐和甘夫人70多年前出生在这里，她从遥远的法国找到这里来，就是想故地重游，追忆难以忘怀的中国老家。中年女人让她们进去了，说这里本来是重庆粮油机械厂，后又做粮食仓库和面粉加工厂，已经搬走好几年了，一直荒着。南岸区政府说要原样修复，开办什么酒楼，正等着开发公司来呢。

玛利夫人站在有些荒芜的院子里，石板地已经破碎了，石缝隙里野草丛生，久不打扫的枯树叶已经让雨水腐蚀了，一股刺鼻的腐烂味。院中的花台也损毁得不成样，让野藤枯枝丫厚厚地遮盖着。她还是惊喜地叫起来，手抚摸着染满苔藓的石梯坎说："看见了吧，这是我的台阶。"她从挎在手腕上的皮袋子里掏出一张老照片，有个慈祥的老奶奶搂着一个穿白色衣裤的小婴儿站在台阶前的一张餐桌上。她指着照片上的老奶奶说："这是我的祖母，小婴儿就是我。"她说："我父亲叫儒勒·乐和甘，是法国驻华领事。父亲特别爱我祖母，从法国来重庆的领事馆上任时，就一直带着我祖母。那时，我年轻的父母刚结婚不久，带着老人一起生活相当不容易。我也很喜欢祖母，她总是温暖地笑着，用暖炉似的手掌轻抚我的脸颊，对我说吃东西别吃得太多了，肚子会爆炸的。就用一根绳子把我的肚子捆起来，说这样我吃得再多都不会炸开花了。"玛利夫人笑了，有泪水在脸颊上闪烁。

玛利夫人踩着满地的枯叶，在院子里慢慢转悠，她心内封闭很久的记忆之门正一扇扇掀开，在这满院的荒芜中把过去的模样一点一点地修复过来。她指着花台说："这里种满了雏菊和绣球花，一年四季都花开不败，阳光晒在这里，就有大群的蝴蝶飞过来。我们就追着蝴蝶玩。靠大屋角的那里搭着一排葡萄藤，这个季节藤上挂满了肥大的紫葡萄，父亲爱把餐桌摆到葡萄架下，饮着红酒，吃面包片。我的中国乳母就抱着我去屋前的走廊上，瞧军舰'奥利号'闪着刺眼的灯光巡逻归来。院子里响起军人筒靴的踢踏声时，父亲举起酒杯唱起《马赛曲》，撬开了红酒瓶塞，同归来的军人们畅饮到深夜。夜风冷了，母亲就从乳母手里接过我，抱我到屋子里的小床上。有时，中国乳母会陪着我，和我一起看窗外天空闪烁的星星，给我讲中国的神话故事。我知道星空中的天河，知道天河有牛郎和织女一对情人，知道只有每年的7月7日才由喜鹊在天河搭起桥，他们才能在桥心相会。我不懂为什么让喜鹊搭桥，为什么不去那里修筑铁桥，让有情人天天相会呢？"

玛利夫人久久盯着前面的院墙，墙上爬满了巴壁草的枯藤。她发现了什么，有些激动了，冲过去拨开枯藤的枝蔓，一块大石头上刻着题词："1919年，印度支那总督保罗·杜梅尔，在此指挥建造了法国领事馆。"她又激动了，回头对两个导游很肯定地说："就是这里，我就是在这里出生的！"

那天，她们绕着转廊把每间屋子都转了遍，尽管每间屋子的门都紧锁着，窗户也让木板钉死了。可玛利夫人依然记得哪间屋子住着父母，哪间屋子是祖母住的，她和中国乳母住的是哪间。在靠楼梯的第2间屋门前，她停下来，在封闭的门和窗户前都嗅了嗅，眼圈红了，说："我还能嗅到那时的气味。我就是在这间屋子里出生的，屋里那张小木床还出生了另一个法国男孩子，记得叫吕西安·博达尔。他比我小几天，两岁多了还睡在这间屋子里。记得那时楼外的常春藤长得很旺盛，长长的挂满绿叶的藤条就从窗户缝隙伸了进来，瞧着像挂满了绿色的小铃铛。我的乳母抱着我在窗户前瞧着还在睡懒觉的小吕西安，我就摇着常春藤枝条说：叮叮当当，起床铃响了，懒猪该起床了！"她忍不住又笑起来，把旁边的导游也逗笑了。

那天，她们就坐在"我的台阶"上沉默地待到半夜，还舍不得离开。听着轮船响着汽笛和马达声缓缓在江面驶过，瞧着江对岸高楼如林，霓虹闪耀，叹息着说："想不到呀，从前这里好安静，只江对岸稀疏的民房有昏暗的灯光，江边一片漆黑。在荒僻的南岸，有时还会听见野狼嗥叫。中国乳母就抱紧我说睡觉的孩子不怕狼，听话的孩子狼不吃。"

玛利夫人走出这幢盛满记忆的法式白楼房，走出院门站在荒坡下，又回头久久盯着这幢开始苍老衰朽的楼房，泪眼模糊了。她还是很满足地昂起头说："真是奇迹！70年后，找到我出生的领事馆，真是动人心魄。这趟重庆的逗留，成为我一生中最深刻的记忆之一。仿佛普鲁斯特说的追忆似水流年……"

后来，玛利·乐和甘回法国后，把父亲当年在中国留下的明信片和寄回法国的信件编辑成一本书《是从中国，我给你写信》，她来奥当法国水兵营寻找儿时记忆的事也编进了这本书里。

时光又匆匆过去了20多年，城市在变，山川换颜，时代朝前，只有长江水浪依旧浩浩荡荡奔流向东。我抱着两部书也抱着满心的好奇，站在曾经的奥当法国水兵营前。一部是玛利·乐和甘把父亲曾经从中国寄回家里的信件和明信片编成的书《是从中国，我给你写信》，另一部是重庆籍旅英女作家虹影写给女儿的美丽又伤感的童话《奥当女孩》。两部书像两棵枝叶茂盛的藤蔓植物，根须都深扎在这里——曾经的奥当法国水兵营里。她俩一个折叠岁月时光，日暮西山时回顾太阳初升的新鲜灿烂；一个折叠现实与梦幻，在荒芜凄凉的现实里幻想美如童话的天国。而我站在已经改造成"香榭里1902"酒吧前，尽管油漆与粉刷得犹如新建，我心内还是有些怪味。特别是那个低矮的中式翘檐尖顶大门，门楣上的那几个字"大法国水师军"，我还是感受到了什么。在她与她眼里，那里的祥和温馨与童话般的美丽在我眼前如灰雾飘散。那就是一座从历史尘埃中清洗出来的石碑，除了中国曾经遭遇过的那些屈辱的往事，还有就是重庆的大门曾经敞开过，以宽厚的胸怀与世界拥抱过。

而时光如长江水匆匆流过，此时酒吧内，法国钢琴家理查德·克莱德曼把一曲《给爱德琳的诗》演奏得极为温馨柔情。烛光已点燃，红酒已开瓶，不知道迎来的宾客是谁？是那个在这里出生，长到两岁多才离开的小玛利，还是那个叫桑桑的穷小子和他的奥当小女孩？

这里已不是70多年后玛利夫人重返故地时满眼的衰败荒芜凄凉，也不是作家虹影笔下的幻境："庭院灯火通明，窗子、走廊、地板洁净整齐，栏杆扶手红漆光亮照人，喷泉喷着水花……天桥下有棵老石榴树，还有玫瑰牡丹，叫不出名的花树开得正艳，花香扑面而来……"我踏进这个收拾得干干净净的小院子内，似乎踏上百多年前从长江下游破浪而来的奥利号军舰的甲板，嗅到了刺鼻的煤烟味和机油味。那些金发碧眼的军人们，在院内跑来跑去，钉满铁钉的长筒军靴把镶着石板的院子踩踏得"嗵嗵嗵"响。他们在爬满青藤的屋前摆上聚桌，喝着从遥远的法国运来的红酒，说一些无聊的俏皮话。酒吧内传出的钢琴声是另一个时代的消费，我一步一步走上雕着花纹的阶梯，在开满紫色牵牛花的廊道上走着，似乎转过一个弯道就能瞧见小玛利在中国保姆怀里舞着小手欢叫，瞧见穷小子桑桑和奥当女孩手拉着手，踩着温暖如春的钢琴曲跳起了华尔兹。

百多年前，当那个叫立德乐的英国人把蒸汽火轮开进重庆，打开了开埠的大门，长江南岸这一带就成了重庆的外滩。法国人、英国人、德国人、美国人……各色人等纷至沓来，建立洋行、医院、教堂、领事馆、军营、俱乐部。法国海军军官虎尔斯特率领海军军舰测量川江，奥利号船长休斯特·南希建下了这座占地1600多平方米的白色城堡，供应物资、护卫航道水警。这些来自西方的殖民者，就是看中了这里曾是古丝绸之路上一个重要的商贸基地，通过这里的长江航运或西去南亚北非的古商道，可以把商贸的野心伸向更广阔的世界。

那时的人们将古堡唤作奥当军营，1911年辛亥革命之后，这里改作法国领事馆。

水师营石墙上铭刻着一行纪念文字，悼念一个汉语名字的舰长——武荡。不知那堵冰冷的石墙上流传着怎样的故事，不知他的魂魄在沧桑的百年之后是否还会夜夜归来，喝一杯刚刚沏上的热咖啡？东逝的滚滚长江水呀，早把过去的童话冲刷得干干净净，徒余这座带着法兰西文明痕迹的老城堡，立在异域的江岸孤独地守望。

站在白色古楼的走廊前，我再次打开了两本书。百年时光在折叠，人的一生在折叠，童话与现实在折叠，过去、现在和未来在折叠。只眼前的长江水平缓稳重地流淌，艳丽的朝天门大桥横过大江，形成一道彩虹似的弧线……

（嘎子 文）

重庆大事记

史前

1985年，考古工作者在重庆巫山县庙宇镇龙坪村龙骨坡，发掘出一段带有2颗白齿的残破能人左侧下颌骨化石以及一些有人工加工痕迹的骨片。

1986年又发掘出3枚门齿和一段带有2个牙齿的下牙床化石。经学者研究，龙骨坡遗址出土的遗物代表了一种能人的新亚种，后被定名为"能人巫山亚种"，一般称之为"巫山人"，距今约204万—201万年。"巫山人"化石是中国境内迄今发现最早的人类化石。

上古时期

相传夏朝（约公元前2070—公元前1600年）开国君王大禹曾娶涂山氏为妻，大禹最卓著的功绩，就是历来被传颂的治理滔天洪水。

商周时期

公元前1046年，周武王率西土之师讨伐暴君商纣王时，巴人英勇善战，在牧野之战中立下头功，于是被周武王赐封为子民，并以江州作为都城建立巴国，正式成为周朝的子国。

春秋战国

公元前316年，秦灭巴国后，张仪于公元前314年筑巴郡城；史书有"仪城江州"的记载，此次筑城也是重庆建城之始。

秦朝

公元前218年，秦始皇统一六国，实行郡县制，分天下为36郡，巴郡为其中之一。

汉

汉朝时，巴郡称江州。

晋代

魏晋南北朝时期，巴郡曾先后是荆州、益州、巴州、楚州的一个辖区。

隋朝

公元581年，即隋文帝开皇元年，废除郡制，改楚州为渝州、治巴县。这是重庆简称"渝"的由来。隋炀帝大业三年（607），又废渝州，复为巴郡。

唐朝

公元618年，又以渝州为名。公元742年，改为南平郡。公元758年，又复改为渝州。

宋朝

宋徽宗觉得渝州的"渝"有"变"的意思，于是改渝州为恭州。

公元1189年，宋光宗赵惇先封恭王再继帝位，即双重喜庆，所以升恭州为重庆府，重庆自此得名。

公元1238年，重庆知府彭大雅扩修重庆城。

公元1251年，成吉思汗之孙蒙哥登上蒙古大汗位。1259年2月，蒙哥亲率蒙古大军抵达重庆合川钓鱼城下。7月，蒙哥被钓鱼城守军炮石击中，8月伤重不治身亡。蒙哥之死，导致蒙古的第三次西征停止。因此，钓鱼城之战在世界史上占有重要地位。

元朝

公元1360年，元末义军首领明玉珍自称陇蜀王，而后在重庆建都称帝，国号大夏，所辖之地有重庆、四川、云南、贵州等。后朱元璋攻灭大夏国，又改为重庆府。

明朝

公元1371年，重庆守将戴鼎又一次大规模筑城，并形成了"九开八闭"17座城门围护的重庆城格局，其范围即现今重庆市渝中区的大部分区域。

清朝

清朝初年，有史称"湖广填四川"的大规模人口迁移行动，使得重庆有了悠久移民历史和丰富的移民文化。

1890年3月31日，中英政府签订《烟台条约续增专条》，重庆开为商埠。

民国时期

1937年11月20日，国民政府迁渝，重庆成为抗战时期的陪都，后正式成为"战时首都"。

1939年，在抗日战争时期，重庆市第一次成为中央政府直辖市。

1945年8月28日，毛泽东由延安飞抵重庆，国共两党经过43天的谈判，最后于10月10日下午6时，在重庆市渝中区中山四路65号（原德安里107号）"桂园"，签署了著名的"双十协定"（即《政府与中共代表会谈记要》）。

中华人民共和国

1949年11月30日，刘伯承、邓小平率中国人民解放军第二野战军解放重庆。

1949年后，中央政府将全国划为6个大区，每个大区都有隶属中央的直辖市，西南大区唯一的直辖市为重庆。

1952年7月1日，全长504公里的成（成都）渝（重庆）铁路竣工通车，这是西南地区第一条铁路干线，也是新中国修建的第一条铁路。

1954年6月19日，中央又将重庆等11个中央直辖市改为省辖市。重庆变为四川省辖市。

1964年至1980年的"三线建设"时期，全国各地60余个企事业单位先后迁入重庆，重庆的工业实力、道路交通、城镇建设等方面得到很大提升。

1984年，中央将重庆列为"计划单列市"，享有省一级经济管理权限。

1992年4月3日，第七届全国人民代表大会第五次会议投票通过《关于兴建长江三峡工程的决议》；三峡库区移民工作从1993年至2009年，历时16年。重庆市完成总数愈113万移民的搬迁安置工作。

1997年6月18日，重庆成为继京沪津之后第四个中央直辖市。其时下辖43个区市县，人口3002万余，面积8.24万平方公里。截至2021年12月31日，重庆下辖38个区县，常住人口3200余万。

（鲁克辑）

后 记

历经8个月的奋笔书写，这本厚沉沉的《重庆传：大江东去唱渝州》终于完成。

在我们朝气蓬勃的作者团队中，有重庆著名历史文化学者何智亚老师。他本身就是重庆城杰出又传奇的人物，当年曾主持、参与了重庆解放碑步行街、朝天门广场、重庆湖广会馆的建设或修复，重庆工业博物馆等若干重大项目的建设。他跋涉于重庆的老城、古镇，深入考察研究，撰写出版了多部重庆本土历史文化和建筑系列书籍，为城市留下了珍贵的历史档案。作为重庆城市变迁的见证者、参与者、建设者，他以其亲身经历，写出的《永远的解放碑》，将解放碑的历史，尤其是近几十年的蝶变历程翔实地呈现出来，为这不朽的地标增添了一抹新的色彩。有在重庆高速公路建设初期，还叫"重庆重点公路指挥部"时，便担任"总工办主任"的高级工程师汤乾忠老师。由于他本身就是创造天堑变通途神奇业绩行列中的一员，所以写出的《蜀道高速：重庆的路神话》格外令人感到真实、动人。

身为北碚人的作家李北兰，生命中与著名爱国实业家卢作孚多有交集：她舅舅曾是卢作孚的得力下属，而她又与其孙女卢晓蓉是好朋友，所以她写出的《卢作孚和他的花园小城北碚》能让人穿越时空，真切地感知作孚先生宽广的胸襟、高洁的人品，为民族崛起奋发的拼搏和巨大的贡献。

重庆优秀的中青年实力作家宋尾撰写的《磁器口：被历史的风吹拂的一隅》，贺彬的《关于重庆菜的4个形容词》，赵瑜的《岩崖上的"故宫城"》，简云斌的《万盛：溱州故地的蝶变风景》，唐利春的《金佛山：被佛光照耀的神山》，何鸿的《一台百年发动机当年的"敦刻尔克"大撤退》，敖斯汀的《天下大足：中国石窟艺术的下半场》，梁奕的《城门城门几丈高》，彭鑫的《渝东南：天生一群喀斯特》，吴一汀的《云卷云舒：歌乐山的节奏》皆以个体生命的感悟，真挚的情感，优美的文笔描写了重庆的一山一水、一街一巷、一门一墙……那些在他们午夜梦回里最镂心刻骨的城市记忆。

而优秀出版人、媒体人的加盟更让《重庆传》有了开阔的视野，大气的格局和扎实、严谨、思辨的风格。它们是重庆大学出版社编审邱慧撰写的《重庆离伊斯坦布尔有多远》，重庆日报记者韩毅的《山河入画：一座城的艺术范儿》，赵欣的《"西梁"传奇　无远弗届》，赵迎昭的《从西安自驾罗马：重庆火锅女子重走丝绸之路》，环球人文地理杂志总编助理张巧稚和新媒体专栏作家毛大海的《吆不到台的重庆女子》，重庆商报资深记者罗易的《钓鱼城：说不尽的迷离与伟岸》，北海日报记者许苏文的《闯海的重庆人：海上丝路波浪宽》。

本书的几位主创人员也各有实力或特色：嘎子与鲁克是我西南大学（原西南师范学院）汉语言文学系77级2班的同学。有着藏族血统的嘎子虽是康定人，但在重庆已工作生活了30多年，山城弯弯的月亮也照亮他溜溜的人生。早在20世纪80年代他就是四川和重庆颇有影响力的作家和文学杂志编辑、媒体人。他才华横溢，不但写得一手好文字，作品深受读者喜爱，更在绘画摄影上独有风格。鲁克长期研究城市建筑艺术与文化，参与了重庆非物质文化遗产吊脚楼的发掘整理研究工作，更是多部有影响力报告文学书籍的主创者。这次本书3个章节的引言皆出自他手，其文采飞扬，引人入胜。年轻的作家孙涵彬，以90后的眼光来解读和触摸这座魔幻之城及魔幻下厚实的底蕴，其青春气息和敏感恰恰与这座城的某些属性撞了个满怀。

而著名作家、第8届鲁迅文学奖获得者，我们西南大学校友的张者老师所作的序，更为该书增添光彩，令其先声夺人。

之所以把这些名字一一呈现出来，是因为在组织这本书创作的过程中时时被他们炽热的情怀，认真的态度所感染、所打动。或许正因为有这么多优秀的不同年龄、不同职业、不同身份的作者从不同的视角来"打望"、抒写重庆城和重庆人的故事，才能让《重庆传》更立体而深入地展现渝州大山大水与众不同的神奇风貌，不朽地标在中国历史中耐人寻味的地位，爽朗儿女的豪气与传奇，魔幻空间所具有的神秘身世和无限的魅力；才能更准确地勾勒重庆城如何从全世界走过，如何向外界学习，追逐丝绸之路的方向与外界友好交往、贸易，如何海纳百川，成为一座移民大城。

可以说这是多位生活在重庆这片土地上的市民对自己栖息之地的发现、讴歌、赞美与感激！其中有不少珍贵的一手资料和难得的信息，因此它是鲜活而有温度的，深情而有厚度的！

本书创作过程中得到了中共重庆市委宣传部、外文出版社、重庆出版集团、重庆市作家协会有关领导的大力支持与指导；得到了外文出版社副编审李黎老师，重庆出版集团编审杨耘老师自始至终专业、细致、热情的指导和帮助；得到了江春秀、梁萍、牟定舒、雷常茂、麦恬、张胜萍、叶莹等朋友以及很多市民的关注与出谋划策……在这里我代表《重庆传》创作团队的所有成员向他们表示深深的感谢！

当然，一本书注定无法完全承载一座历史悠久、文化厚重、风情万种的大城太多太多闪闪发光的地域以及人与事，注定是挂一漏万，有所遗憾。更会因我这个组织者的局限而有所局限或缺陷。好在，我相信这本书只是抛砖引玉的开头，仅仅是第一部《重庆传》，不久的将来会有更多的人从不同的角度来续写重庆这本大书，第二、第三部《重庆传》会纷至沓来！

轻舟已过万重山，这就是当今重庆城和重庆人面对任何艰难险阻时的态度与速度。祝福我们的重庆！祝福她一直沿着丝绸之路的方向，向西向东，向着浩瀚的海洋和广阔的天空打开自己，拥抱世界，迎来送往，不亦说乎！并因此而永远盛放，不舍昼夜……

吴景娅
2022 年 9 月 22 日

图书在版编目（CIP）数据

重庆传：大江东去唱渝州 / 吴景娅等著 . -- 北京：外文出版社，2023.3
（丝路百城传）
ISBN 978-7-119-13009-5

Ⅰ．①重… Ⅱ．①吴… Ⅲ．①文化史－研究－重庆 Ⅳ．①K297.19

中国版本图书馆 CIP 数据核字（2022）第 013806 号

出版指导：陆彩荣
出版统筹：胡开敏　文　芳
责任编辑：李　黎
特约编辑：杨　耘
装帧设计：邱　彬　魏　丹
印刷监制：章云天

重庆传
大江东去唱渝州

吴景娅 等著

©2023 外文出版社有限责任公司
出 版 人：胡开敏
出版发行：外文出版社有限责任公司
地　　址：北京市西城区百万庄大街 24 号　　邮政编码：100037
网　　址：http://www.flp.com.cn　　电子邮箱：flp@cipg.org.cn
电　　话：008610-68320579（总编室）　008610-68996182（编辑部）
　　　　　008610-68995852（发行部）　008610-68996185（投稿电话）
印　　刷：北京盛通印刷股份有限公司
经　　销：新华书店 / 外文书店
开　　本：710mm×1000mm　1/16
装　　别：精装
字　　数：350 千
印　　张：22.75
版　　次：2023 年 3 月第 1 版第 1 次印刷
书　　号：ISBN 978-7-119-13009-5
定　　价：89.00 元

版权所有 侵权必究 如有印装问题本社负责调换（电话：68996172）